会计学专业系列教材

审　计　学

（第3版）

叶忠明　阮　滢　主编

首都经济贸易大学出版社
中国农业大学出版社
·北京·

图书在版编目(CIP)数据

审计学/叶忠明,阮滢主编.—3版.—北京:首都经济贸易大学出版社,中国农业大学出版社,2010.8

ISBN 978-7-81117-730-5

Ⅰ.①审… Ⅱ.①叶… ②阮… Ⅲ.①审计学 Ⅳ.①F239.0

中国版本图书馆CIP数据核字(2010)第141429号

书　　名　审计学(第3版)

主　　编　叶忠明　阮　滢　主编

策划编辑　赵　中　　**责任编辑**　潘晓丽　梁爱荣

封面设计　郑　川　　**责任校对**　潘晓丽　梁爱荣

出版发行　首都经济贸易大学出版社
中国农业大学出版社

社　　址　北京市海淀区圆明园西路2号　　**邮政编码**　100193

电　　话　发行部 010-62731190,2620　　读者服务部 010-62732336
编辑部 010-62732617,2618　　出　版　部 010-62733440

网　　址　http://www.cau.edu.cn/caup　　**e-mail**　cbsszs@cau.edu.cn

经　　销　新华书店

印　　刷　北京时代华都印刷有限公司

版　　次　2010年8月第3版　　2010年8月第1次印刷

规　　格　787×980　16开本　32.25印张　590千字

印　　数　1～3 500

定　　价　40.00元

图书如有质量问题本社发行部负责调换

第 3 版前言

审计事业的发展始终都和社会经济的发展交相辉映，尤其是在建立社会主义市场经济的今天，审计事业以“声如千骑疾，气卷万山来”的磅礴气势融入社会主义经济监督的潮流之中，涤荡着经济领域的污秽和晦暗，成为国家治理、公司治理、市场监管的重要工具，为加强经济监督，完善国家治理，保卫经济安全，维护宏观经济良性运行，以及为保护国家、投资者、债权人和其他市场参与者的经济利益发挥了重要作用。在知识与信息融合的今天，日益凸显的审计作用已经得到社会普遍认可，引起社会的广泛关注和重视，审计事业的发展更加成熟化、规范化，审计人才的需求不断扩大，给当前审计人才培养提出了更高的要求。

为适应社会经济发展和审计人才培养的需求，依据会计学、财务管理本科专业及管理学科相关专业的一般培养目标与方案，我们分别在 1999 年 3 月和 2002 年 2 月按照注册会计师审计理论和实务编写出版了《审计学》第 1 版和第 2 版教材。时至今日，注册会计师审计的诸多内容和范围都发生了较大的变化，一些世界著名跨国公司的舞弊与失败接踵而至，世界金融危机的爆发，使得公司经营环境变幻莫测，增加了审计风险，从而对审计工作提出更高的要求。2006 年由财政部发布的中国注册会计师执业准则，充分吸收了国际审计与鉴证准则理事会于 2003 年发布的四项审计风险准则内容，强调风险导向审计，优化了准则架构，全面修订了具体准则，完善规范审计报告，在准则框架、准则项目和准则内容等方面充分体现了国际趋同要求。基于上述审计环境、审计需求和审计规范等因素的变化，我们结合新形势、新准则和新制度的要求对本书进行了全面的修订，在 2010 年修订编写了《审计学》第 3 版教材。修订后的第 3 版《审计学》教材具有以下特点：

第一，注重知识性和务实性。本书第一章围绕政府审计、内部审计、独立审计相关知识和理论进行扼要阐述，向本书使用者介绍了审计工作的全貌。从第二章起，以注册会计师审计的基本理论、基本规范、基本技术、基本实务为主进行全面阐述，并配以相应的案例加以说明，易于理解和学习。

第二，注重时代性和准确性。本书按照 2006 年我国颁发的注册会计师审计执业准则所包括的鉴证业务准则、相关服务准则和质量控制准则三大部分对全书内容进行调整修订，并及时吸收新出台的注册会计师职业道德守则，对书中相关部分内容进行补充更新。

第三，注重理论性和前瞻性。本书把当前理论界密切关注的风险导向审计作为审计实施的基本思想，在全书关于注册会计师审计的一般原则与责任、审计计划、审计证据、审计报告等有关内容中加以贯穿，并在第六章集中阐述了风险评估与应对的原理和技巧。

第四，注重系统性和规律性。本书按照业务循环分章论述控制测试与风险评估、实质性程序等审计业务（第九章至第十四章），同时在各业务循环审计中充分、全面介绍与之相应的报表项目审计程序，使得相关内容更加符合业务实际，符合教学认知规律。

本书第3版的修订编写大纲工作由郑州航空工业管理学院叶忠明教授撰写并经讨论确定，各有关老师分章修订撰写，最后由叶忠明教授对全书进行总纂，会同阮滢副教授审定全书。其中各章修订撰写分工如下：第一章，叶忠明；第二章，袁春梅；第三章，董中超；第四章，范文红；第五章，沈翠玲；第六、七章，阮滢；第八、九章，杨录强；第十章，袁春梅；第十一章，许国艺；第十二章，董中超；第十三章，沈翠玲；第十四章，赵璐；第十五章，许国艺；第十六章，范文红。

第3版修订的部分内容是在第1版和第2版的基础上得以完善和成熟的，我们对参加第1版和第2版编写工作的全体人员所付出的辛勤劳动致以衷心的感谢，特别感谢郑州航空工业管理学院张永国教授对本书修订撰写的关心和指导，同时我们还要衷心感谢所有为我们修订工作悉心提出意见的读者，以及提供帮助的有关单位和个人。由于我们学识疏浅、水平有限，相信书中还会存在错误和遗漏，敬请读者批评指正。

编　者

2010年6月

目　录

第一章　概　论

本章导读

受托责任关系源于财产所有权和经营权的分离，是审计产生的动因。审计是社会经济发展到一定时期的产物，并随着商品经济的发展而发展。审计的本质是一种专门的独立经济监督活动，鉴证有关经济行为和经济事项的声明与既定标准之间的一致程度，评价反映受托责任履行情况的经济活动的公允性、合法性和效益性，发表审计意见。审计体系所包含的政府审计、内部审计和独立审计三个部分相互补充、相互协调、相互利用、相互促进。审计理论体系由审计本质、审计目标、审计职能、审计假设、审计规范、审计方法和审计管理等要素组合而成，在审计实践中稳定地发挥指导作用。

主要内容

- 审计的起源与发展
- 审计的定义与种类
- 审计体系
- 审计理论体系

第一节　审计的起源与发展

早在公元前 3 000 多年的西周时期，已经孕育了审计的萌芽，伴随着历史的发展和经济的繁荣，至今审计已经成为一个经济社会中的独立监督行业，成为当今国家治理、公司治理、市场治理中不可缺少的监督、鉴证和评价工具，对于加强维护市场经济安全运行、促进市场经济协调发展起到了重要的作用。

一、审计产生的动因

审计产生的根本原因是社会经济中的受托责任关系。受托责任是一种普遍的经济关系，其概念源于财产权，它包括所有权和使用权（或经营权）[①]。美国审计署认为，受托责任是指受托管理并有权使用公共资源的政府和机构向公众说明他们全部活动情况的义务；加拿大审计长公署则认为，受托责任指对授予的某项职责履行义务做出回答。

受托责任关系一般涉及两个当事人。一个是委托人；另一个是受托人或代理人。委托人将财产委托给经营者进行经营，二者之间形成一个委托和受托的经营契约（或合约、合同等），在契约中明确受托人应承担的经济责任，包括受托财务责任和受托管理责任，同时要求受托人并定期向委托人报告资财的经营管理情况，这种责任就是受托责任。经委托人同意后，受托责任才能解除。这是审计产生的客观基础。

“审计因受托责任的发生而发生，又因受托责任的发展而发展”（杨时展，1990）。审计的产生是由于所有权与经营管理权的分离从而形成了委托代理关系，这样，受托者就应对委托者负有一定的受托责任，但由于双方利益的不一致和信息不对称，经营管理者即受托者总是处于信息优势的地位，凭借这种优势他们可能做出使委托者（所有者）利益受到损害的决策和事情，因此所有者为了维护自身的经济利益，必然要对经营管理者进行各种形式的监督而做出合理的制度安排，其中建立审计制度审查受托财务责任的真实性、公允性、合规性（称为财务审计），以及审查受托管理责任的经济性、效率性和效果性（称为绩效审计，也称管理审计），分别形成财务审计与绩效审计两大领域，是监督经营管理者的受托责任的最直接、最简单而且最行之有效的办法。审计行为是一种确保受托责任全面有效履行的特殊经济控制手段。审计的目标是评价受托责任的履行情况，是审计人员对经济行为和经济事项与既定标准一致程度的客观评价。

因此，审计的根本目标是将受托者的声明与受托的目标或既定标准是否一致的检验，审计机构和审计人员在接受审计委托后，采取一定的方法与程序收集审计证据，进而得出相应的审计结论。

受托责任鉴证与审计领域关系见图 1-1。

---

①关于审计产生的动因还有很多观点，例如：信息论、带理论、保险论、冲突论等，这些都是以财产所有权和经营权相分离为基础，从某一特定层面去发掘原因得到的结论。受托责任关系强调的是财产所有权和经营权相分离后还须以契约方式建立一种委托和受托关系，才真正成为审计产生的根本原因。

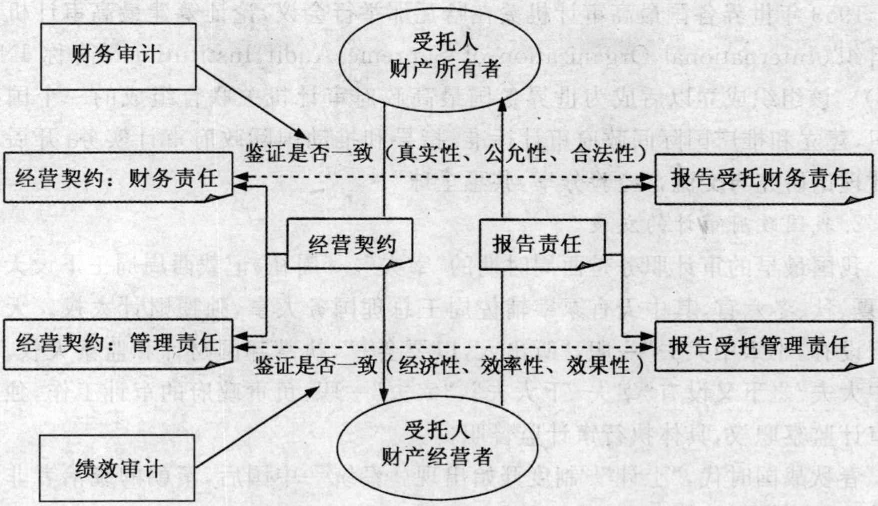

图 1-1 受托责任鉴证与审计领域关系图

二、审计发展的概况

(一)政府审计的发展

审计的产生和发展具有一定的规律性，它是国家发展到一定阶段的产物。在经济稳定或繁荣时期，审计的发展进程较快，职能作用发挥得相对到位。从历史上看，审计发展又是与封建中央集权政治的变迁基本上同步，并且受到国家的民主和法制建设水平影响(项俊波，1990)。在早期审计的发展过程中，审计的产生和发展是以政府审计为主的，只是当经济发展到一定时期时，出现经济关系复杂化和需求多样化的情况，才逐步出现内部审计和独立审计。

1. 国外政府审计的发展

政府审计主要起源于几个首先进入私有社会制度的文明古国，早期的政府审计基本属于宫廷的内部审计性质，如古埃及的奴隶主王宫设置有监督官，对官吏受托负责经管的财物收支的账目进行审查。古希腊雅典城邦由公选的代表对即将卸任的官员经管财物进行审查。古罗马奥古斯都皇帝曾下令派遣检察官分赴各地审理账目等。随着资本主义商品经济的发展，分权组织控制更为盛行，为了节约开支，提高政府工作效率和效果，英、美等国家相继发展了更加完善的政府审计，拓展传统的财务审计领域，使绩效审计成为西方发达国家政府审计的主流领域。

1953年世界各国最高审计机关在哈瓦那举行会议，论证筹建最高审计机关国际组织（International Organization of Supreme Audit Institutions，简称INTOSAI）。该组织成立以后成为世界各国最高政府审计机关联合组成的一个国际性组织，建立和推广国际间政府审计标准，指导和推动国际政府审计实务，开展政府审计理论研究与交流，“经验分享，共惠全球”。

2. 我国政府审计的发展

我国最早的审计职务是西周时期的“宰夫”。《周礼》记载西周周王下设天、地、春、夏、秋、冬六官，其中天官冢宰辅佐周王总理国务大事，独揽财计大权。天官冢宰下设有“小宰中大夫”一职，“听出入，以要会①”，执掌邦国财计和监察大权。“小宰中大夫”之下又设有“宰夫②下大夫”，“宰夫”一职，负责政府的审计工作，独立行使审计监察职权，具体执行审计监督职责。

春秋战国时代，“上计”③制度开始出现。秦统一中国后，秦朝的统治者非常重视对政治经济的监督工作，设立御史大夫掌管监察全国的民政、财政和财物审计事项，中央和地方财政支出及其使用情况均要报给御史大夫审查，“上计”在秦朝进一步规范化和法律化。汉承秦制，采用的“上计簿”、“上计律”和“上计会议”等方式把“上计”制度演绎得更加完善。

三国魏晋时代，由于仅依赖年终会审和御史大夫审核的“上计”制度不能满足统治者对不同地主阶级利益团体的监督需要，把中央机构中的尚书省按“曹”分类，设置了吏部曹、左民曹、度支曹、祠部曹、五兵曹、都官曹，还设立了独立于财计部门之外的专职审计机构——比部。隋朝废除三公六卿，正式设立三省六部，把尚书省下的都官部改为刑部，成为中央的司法机构，刑部下设比部，从组织上不仅明确了比部的审计职能，而且明确了比部的司法职能，比部的体制得以正式健全。唐朝进一步完善了比部审计制度，同时建立健全审计系统的内部牵制制度，审计方式不局限于单一的报送审计，而且采用了就地审计、巡回审计、驻在审计等多种方式。

北宋是我国封建经济发展较快的时期，审计事务基本上划归比部掌管，到公元

---

①听出入，以要会。其中“听”即听取，相当于现在的报送审核、审查，具备现代审计的监督职能，听取的过程与英文“audit”的原始意义如出一辙。

②据《周礼》记载，“宰夫之职，掌治朝之法，以正王及三公、六卿，大夫群吏之位。”也就是掌管了治理国家的法度，监督各类官员按照规定履行自己的职责，这是一种典型的审计监察职权。《周礼》另载宰夫“岁终，则令群吏正岁会；月终，则令正月要；旬终，则令正日成”，这不仅体现了宰夫这一审计行为对象是会计工作，而且也告诉了后人当时会计的基本记账和结账规则。

③上计制度是古代皇帝考核审查地方官员财政收支和从政业绩的一种制度，以及地方政府审查所辖区域的人口、土地、财物、税赋增减情况，汇总报送到上级机关，直至朝廷的一种制度。当时的上计制度是与审计制度结合为一体的。

992年(宋太宗淳化3年)在国库系统中设置了审计司①,相当于国家财政系统内设置的内部审计机构,实现了内部审计(太府寺审计司)与外部审计(比部)的有机结合,我国历史上正式出现了"审计"一词。南宋时期,还在户部下设置了审计院和磨勘司两个内部审计机构,是我国历史上中央机关内部审计机构设置较为健全的时期。

明清时代,随着封建专制与中央集权更加极端化,取消比部审计制度,把外部审计职权划归给都察院和六科给事中,另外将部分审计职权归并到主管中央财政的户部,实行了御史台(后期改为都察院)的财计监察制度,审计重心逐步移向监察系统,审计的地位和权威性得到明显提高。清朝建立健全了都察院掌管外部审计和户部内设内部审计的制度格局,于1906年设立了审计院,拟定了《审计院官制草案》,进一步完善了财计制度,建立健全审计制度与审计立法。

北洋军阀政府于1911年在国务院下设审计处,掌管全国审计监察事务,各地方政府也相继设立了审计分处,公布实施了《审计条例》,是我国公布的第一部较为完整的审计法典。1928年,民国政府依据《组织法》设立了审计院,而隶属于民国政府,借鉴国外审计的做法,建立了相关的审计法规体系,明确了政府审计主要职责是开展财务审计和财经法纪审计。

新中国的政府审计以1982年《宪法》规定实行审计监督制度为开端,迄今已经历了改革开放初期的社会主义审计工作奠基起步阶段、经济体制转型时期的审计工作稳步推进阶段和市场经济体制时期的审计工作全面发展阶段三个阶段。1982年12月,我国修改通过的《宪法》第91条规定建立政府审计制度,"在国务院下设审计机关,对国务院各部门和地方各级政府的财政财务收支,进行审计监督"。1983年我国成立审计署作为最高审计机关,也是国务院的组成部门。审计署在国务院总理领导下,主管全国的审计工作,对国务院负责并报告工作。各地方政府随之建立相应的地方审计机关,审计工作得到了组织保证,政府审计工作迅速在全国范围得到推广和重视。1988年我国颁布实施《中华人民共和国审计条例》,这是新中国审计工作进入法制化轨道的重要依据,之后在1994年颁布《审计法》(2006年修订),并陆续颁布一系列政府审计准则,规范审计行为,强化审计质量,降低审计风险。2003年6月23日时任审计长李金华向全国人民代表大会所作《关于2002年中央财政预算执行和其他财政收支审计的工作报告》,在社会上引起强烈反响,

①据《宋史·食货志》记载:宋朝元丰改制时在太府寺下设了左藏东西库、粮科院、审计司等25个职能部门,其中审计司专门负责审查太府寺全部财产物资的收发存情况。这个审计司相当于太府寺这一国库系统中种内部审计机构。

社会公众看到了审计的巨大作用和贡献，给予了高度评价，由此形成了各级审计机关每年定期向本级人民代表大会报告工作的制度。

目前我国政府审计机关已有一支由审计、会计、管理、经济、工程技术等多学科专业组成的8万多人的审计队伍，在全国范围内稳步推进和实施财政财务收支审计、财经法纪审计以及绩效审计等各项工作，为加强经济监督、开展国家治理、保卫国家经济安全，维护宏观经济良性运行发挥了重要作用，成为我国现代审计体系一支重要的生力军。

(二)内部审计的发展

内部审计最早表现为奴隶社会时期发展起来的庄园审计、宫廷审计、寺院审计、行会审计等。到20世纪初期，企业规模迅速扩大，出现跨地域跨国界的竞争和资本兼并，为了对内部分公司和子公司的监督，加强事前监控，要求开展内部监督，出现了相当数量的内部审计师。1941年国际内部审计师协会(由当时美国的内部审计师协会改名)成立，成立时仅有24个会员，现有会员17万多人(其中中国会员3 000多人)。中国于1987年加入该组织，目前已有14 000多人取得国际注册内部审计师资格。国际内部审计师协会是专门致力于推进内部审计师和内部审计职业的唯一国际组织，为内部审计服务，标志着内部审计进入了新的历史发展阶段。目前，内部审计除在财务与经营领域进行监督检查之外，发展从事鉴证与咨询服务，在衡量和评价公司治理、内部控制、风险管理和公司战略管理方面具有独到的促进和增值作用①。内部审计发展过程中，审计理论也不断完善和丰富，一批经典名著如J. B. Thurston的《内部审计的基本原理和技术》(1941)、Victor Z. Brink的《内部审计》(1941)、Lawrence B. Sawyer的《内部审计》(1973)等对世界内部审计发展起到重要的指导作用。

1984年我国多数大中型企业进行经营改制，建立并实施内部审计制度，当年内审机构约2 200个，内部审计人员约5 000人。内部审计先后在承包经营和租赁经营、现代企业制度、股份制改造、市场经济体制建立过程中，围绕查错防弊、改进管理和提高效益方面发挥了积极作用。1987年我国成立中国内部审计学会，2000年改名为中国内部审计师协会，已经制定和发布了内部审计基本准则、职业

①根据普华永道公司2005年7月的报告：大部分企业内部审计把风险和控制作为确定工作的重点：(1)82%的审计部门至少每一年开展一次企业级的风险评估，并根据结果制订年度审计计划；(2)76%审计部门每次开展审计项目开始都进行基本的风险评估，并将其结果用于审计目标；(3)38%的首席审计执行官(CAE)每年至少一次就单位内的内部控制发表全面的观点；(4)33%的首席审计执行官每年至少一次就财务报告方面的内部控制发表全面的观点。

道德准则、27 个具体审计准则和 4 个实务指南,使我国内部审计工作逐步走向规范化和标准化的轨道。目前我国内部审计专、兼职人员已达 30 万多人,采用半职业化①方式管理内部审计行业,内部审计现有的队伍规模、素质结构、服务领域和职能作用等,还远远不能满足社会经济的发展需要。

(三)独立审计的发展

1. 国外独立审计的发展

独立审计的起源可以追溯到 1 100 年前的意大利商业时代,威尼斯等一批城市已经成为连接东西方贸易的中心,商品交易频繁,货单、账单核对工作繁重,产生了以专门核对账目为职业的查账员,公元 881 年意大利人瑞申德开始从事这种工作,成为世界上最早的独立审计师。而独立审计早期的规范发展和成熟发展是在英国。1720 年,英国南海公司破产,一大批持股人瞬间变得一无所有,为了维护债权人和股东的利益,英国国会组成了 13 人调查委员会,聘请了伦敦地区享有盛誉的会计师查尔斯·斯内尔对南海公司分公司“索布里奇商社”的会计账目进行检查,拉开了真正意义上的独立审计序幕。1831 年英国《破产法》规定会计师为破产管理人,首次确立会计师在独立审计中的法律地位。1845 年英国出台《股份公司法》,规定股份公司应当聘请处于“第三者”立场的职业会计师(注册会计师,下同)实施账目审计,主要侧重于对财务会计资料进行详细审查并出具审计报告。1853 年,英国创立世界上第一个职业会计师团体——爱丁堡会计师协会。从此独立审计有了自己的队伍,注册会计师规模不断发展壮大。随着英国资本大量涌入北美大陆,独立审计也随之安家落户,1883 年一名英国职业会计师在美国发起创立了北美大陆上的第一家会计师事务所,随后在 1887 年美国出现了全国性的会计师协会,1902 年美国各州会计师团体联合组织成立“美国公共会计师联合会”,该组织于 1916 年与此前成立的美国会计师协会合并,取名为“美国会计师协会”(该协会在 1956 年又改名为“美国注册会计师协会”)。至此,欧美国家形成了职业会计师为执行主体、会计师事务所为执行机构、会计师协会为行业管理组织的现代独立审计行业格局。

20 世纪初,资本主义从自由竞争发展到垄断,美国经济后来居上,领先于世界

①所谓半职业化是针对全面职业化而言,审计行业如果全面建立了职业资格制度、职业约束制度、职业教育制度、职业市场系统等一系列职业制度,并按照该系列制度对审计人员、审计业务等进行指导管理,可以称为职业化。职业化是一个进程。就我国而言,目前内部审计缺乏职业准入资格制度,职业市场尚未建立,职业教育制度与其他行业界限尚不明显,所以本书称之为半职业化。

各国，独立审计的需求不断扩大，审计领域不断拓展，审计技术也不断更新。当时金融资本大量进入企业，债权人十分关注公司偿债能力，使得资产负债表审计得到发展。在1929—1933年资本主义经济危机期间，投资人和债权人更加关心公司盈利能力，利润表审计得到发展。同时美国1933年《证券法》要求上市公司财务报表必须接受注册会计师审计。

第二次世界大战以后，独立审计得到快速发展，传统的详细审计转向控制基础审计，独立审计队伍和审计组织规模急速扩大，独立审计在欧美发达国家的审计体系居主导地位。1977年，由代表43个国家的63个职业会计师团体创立了"国际会计师联合会"，联合会的宗旨是以统一的标准发展和提高世界范围的会计专业，促进国际范围内的会计协调（中国注册会计师协会1997年5月8日正式成为国际会计师联合会成员）。伴随着国际资本在不同国度间的快速流动，世界上出现了一些跨国开展业务的大型会计师事务所，20世纪70年代国际上出现了著名八大会计公司，之后经过竞争合并为"六大"，直至现在的"四大"，即目前全球规模最大的普华永道（PWC）、毕马威（KPMG）、德勤（DDT）和安永（EY）四家会计师事务所，这四大会计公司每个公司的从业人员在4万～7万人之间，各公司全球设有600～1 200个不等的办事机构，年收入均在100亿美元以上。

2. 我国独立审计的发展

我国的独立审计在20世纪初伴随着资本主义工商业的发展而产生。1918年北洋军阀政府颁布了《会计师暂行章程》，同年批准谢霖为中国的第一位注册会计师，谢霖随即创办了中国的第一个会计事务所——正则会计师事务所。1927年国民政府颁布了《注册会计师暂行章程》，还相继颁布了《会计师条例》、《公司法》、《税法》和《破产法》等一系列法规，1933年成立了"全国会计师协会"，审计法规的颁布实施和审计组织的发展壮大对独立审计的发展起到了很大的推动作用。由于中国的工商业一直受到外国资本和官僚资本的双重压迫，发展缓慢，独立审计并没有能够大显身手的用武之地。1949年，中国已有注册会计师2 619人。

1980年我国开始恢复独立审计制度，新中国第一家会计师事务所——上海会计师事务所成立，注册会计师按照规定可以对中外合资经营企业财务报表进行审计。1988年成立中国注册会计师协会，此后独立审计犹如雨后春笋，并逐步形成注册会计师和注册审计师、会计师事务所和审计事务所、注册会计师协会和注册审计师协会（历史上称"两师"、"两所"、"两会"）组成独立审计行业的格局。1993年我国颁布实施《注册会计师法》，"两师"、"两所"、"两会"合并，中国注册会计师协会开始充分发挥行业自律管理作用，在我国独立审计行业快速地引入职业化进程，实施注册会计师职业资格定期考试制度，陆续发布与国际逐步趋同的职业准则，严格推行后续教育，加强审计质量监管，使得我国的注册会计师审计水平得到较大幅度的提高。目前，中国注册会计师协会已拥有团体会员 5 000 多家，个人会员 14 万多人，注册会计师审计对象已从当初的“三资”企业拓展到国有企业、民营企业、外资企业等国民经济各个领域，注册会计师审计业务包括了审查企业会计报表，验证企业资本，办理企业合并、分立、清算事宜中的审计业务等诸多鉴证与咨询工作。独立审计事业与我国经济腾飞交相辉映，犹如喷薄而出的红日在我国经济领空冉冉升起，涤荡着经济污垢，守卫着经济安全。

通过政府审计、内部审计和独立审计的发展历史可以看到：受托责任关系是审计产生的客观基础，独立从事经济鉴证与监督的是审计的根本活动。审计是社会经济发展到一定时期的产物，审计规模受到经济规模的制约，审计领域受到经济复杂程度的影响，审计随着商品经济的发展而发展。同时在特定的历史时期，审计的发展也会受到政治体制的制约，以满足不同的社会需求，从而在不同历史时期具有不同的社会和政治地位。

第二节 审计的定义与种类

审计定义是对审计本质的描述和解释，便于人们通过这种解释性的判断或命题的语言，确定审计在经济活动中的地位、作用和功能，正确区分审计与其他经济活动的界限。由于早期的审计活动把财务活动作为监督对象，因此造成很长一段时间以来把审计定义描述成对财务会计的审查稽核，有的甚至把审计看成是会计的分支，这实质上是对审计的错误理解，不利于正确指导审计工作。为了准确把握审计的定义，有必要从审计的本质入手加以分析。

一、审计的本质

（一）审计属性

审计属性是提示审计活动本身所固有的性质。无论是古代审计还是现代审计，都是出于对受托责任关系的监督、鉴证和评价活动，是受利益主体委托，为利益主体服务的。无论是利益主体（委托人）是想通过审计直接纠查错弊，还是想通过审计鉴证获得更多的信息，客观上能够促使被审计单位遵守法律法规、纠正错弊行为，审计活动对被审计单位起到了经济监督的作用，因此，经济监督是审计的本质属性，经济监督属于上层建筑的范畴。

另外，审计从事经济监督和其他经济管理行为不一样，其他经济管理活动诸如财政、税务、会计、计划、统计等经济活动均有自身的经济业务，从事监督是它们诸多业务中的一项职能，例如会计本身是加强会计核算、提供会计信息，但为了保证会计信息的真实准确，会计也会通过推行各种措施、制定财务会计制度以及遵照有关法规来要求、规范、监督经济业务的发生过程和结果，这种监督属于自我监督行为，而审计除从事监督之外没有其他经济管理活动业务，是一项专门的经济监督活动。

(二)审计关系

审计关系是指审计活动所涉及的审计人、被审计人和审计委托人三者之间形成的经济责任关系。审计关系是审计活动得以有效开展的前提和保证。其中审计人是审计关系中的第一关系人，即指审计机构和审计人员，通常要求独立于其他关系人；被审计人是第二关系人，通常是财产的经营管理者，即被审计单位，他们是审计活动的监督对象，既要按照委托人要求履行经济责任，又要接受和配合审计工作；审计委托人是第三关系人，通常是财产的所有者(经营委托人)，他一方面委托经营，另一方面委托审计。审计关系中三个关系人之间形成以下两种受托责任关系：

1. 受托经营责任关系

审计委托人(财产所有者)委托被审计人(财产经营管理者)管理其财产，被审计人按照经营契约的规定经营管理所有者的财产，并定期向财产所有者报告财产经营管理情况，形成受托经营责任关系，包括受托财务责任和受托管理责任，这实质上就是产生审计活动的基础关系，这是开展审计活动的前提。

2. 受托监督责任关系

审计委托人委托或授权审计人员对财产经营者的受托财务责任或受托管理责任履行情况进行审计，审计人员按照审计契约的规定报告审计结果(提供审计报告)，这就是所谓的受托监督责任关系。其中，审计人员对受托财务责任实施的审计可以称为财务审计，对受托管理责任实施的审计可以称为管理审计。另外，在审计过程中，被审计人首先应自觉接受审计监督，并且应按照审计要求提供必要的合作和支持。

审计关系可以用图 1-2 描述如下。

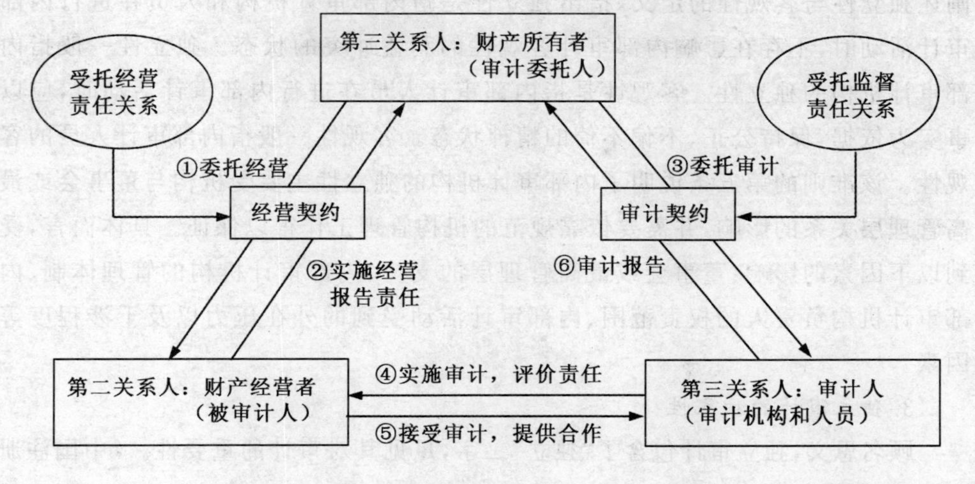

图 1-2 审计关系图

(三)独立性

从审计关系中可以看出，任何一项审计活动中都必须有三个方面的关系人参加，缺一不可，其中第一关系人即审计人必须独立于第二关系人和第三关系人之外，保持独立的地位，不受其中的任何一方影响和干扰，根据公认的标准，不偏不倚、客观公正做出判断和评价，保护各有关方面的权益，这样的审计结论才具有权威性。因此，审计是一项具有独立性的经济监督活动。

独立性是审计的灵魂，是审计价值的形成基石，是指审计组织和人员能够排除干扰和个人利害关系，不偏不倚地实施监督和鉴证，并客观、公正地出具审计报告。审计只有保持独立，才能保证审计组织和人员依法客观、公正地对受托责任信息实施监督、鉴证和评价。对于独立性的理解可以从以下几个方面进行。

1. 政府审计的独立性

《中华人民共和国国家审计基本准则》第七条规定审计机关办理审计事项，应当具备独立的审计组和具备相应业务能力的审计人员；同时第九条规定："审计机关和审计人员办理审计事项，应当客观公正，实事求是，保持应有的独立性和职业谨慎。"并在第十一条明确要求"审计人员办理审计事项，与被审计单位或者审计事项有直接利害关系的，应当回避"。一般都理解为要求做到组织独立、人员独立、职权独立、工作独立、经费独立几个方面。

2. 内部审计的独立性

我国《内部审计具体准则第 22 号——内部审计的独立性与客观性》第二条

阐述独立性与客观性的定义，指出独立性是指内部审计机构和人员在进行内部审计活动时，不存在影响内部审计客观性的利益冲突的状态。独立性一般指内部审计机构的独立性。客观性是指内部审计人员在进行内部审计活动时，应以事实为依据，保持公正、不偏不倚的精神状态。客观性一般指内部审计人员的客观性。该准则的第五条说明了内部审计机构的独立性主要受机构与董事会或最高管理层关系的影响，并需要依靠规范的机构管理工作得以保证。具体而言，受到以下因素的影响：董事会或最高管理层的支持、内部审计机构的管理体制、内部审计机构负责人的权责范围、内部审计活动受到的外在压力以及干涉程度等因素。

3. 独立审计的独立性

顾名思义，独立审计包含了“独立”二字，足见其对审计的重要性。《中国注册会计师职业道德守则第 1 号—职业道德基本原则》第三章“独立性”，要求注册会计师执行审计和审阅业务以及其他鉴证业务时，应当从实质和形式上保持独立性，不得因任何利害关系影响其客观性。会计师事务所在承办审计和审阅业务以及其他鉴证业务时，应当从整体层面和具体业务层面采取措施，以保持会计师事务所和项目组的独立性。同时在发布的《中国注册会计师职业道德规范指导意见》中指出了可能损害独立性的因素包括经济利益、自我评价、关联关系和外界压力等。其中，实质独立和形式独立的具体内容如下：

(1)实质独立。是指注册会计师在认识、意识、思想等精神和内心方面保持在审计取证、发表审计意见过程中，不受损害审计判断因素的影响，以公正、客观的态度，不依赖和屈从于外界的压力和影响。实质独立要求注册会计师在执业过程中严格保持超然性，不能主观袒护任何一方当事人，尤其不应使自己的结论依附或屈从于持反对意见的利益集团或人士的影响和压力，公正执业，保持客观和专业怀疑。实质独立是内在的，他人难以观察和度量。

(2)形式独立。是指注册会计师在承办业务时与其他审计关系人在组织、经济、工作以及社会关系等各方面不存在关联和影响。如注册会计师不得拥有被审计单位的股权或担任其高级职务，不能是企业的主要贷款人、资产受托人，或与管理层成员有亲属关系等。形式独立是显在的，他人可以按照一定要求去权衡、评价和判断注册会计师的形式独立，进而可以根据形势独立去推断出注册会计师保持实质独立的程度。

综上所述，审计的本质是一种独立的专门经济监督和鉴证活动。

二、审计的定义

关于审计的定义国内很多著作和研究报告均有不同的解释，差别均不很大。审计定义大致均按照以下要素进行组合，形成文字加以解释：审计性质（独立）、审计主体（专职机构和人员）、审计对象（被审计单位的财政、财务收支及其有关经济活动）、审计目标（真实性、公允性、合法性和有效性等）、审计职能（监督、评价和鉴证）。其中最典型的审计定义表述为"由审计机构和人员对被审计单位的财政财务资料及其相关资料所反映的经济活动进行监督、鉴证和评价"。这种关于审计的定义解释存在三点不足：第一是过分强调了审计与财务会计的关系，给人的感觉是离开会计就做不了审计；第二是定义中过分强调包含审计相关问题的组合，而没有把审计活动尤其是判断和鉴证的过程揭示出来；第三是定义的解释语言中往往会出现被定义的"审计"一词，如出现"被审计单位"一词。

审计概念经历了一个演变过程。在审计产生之初，由于社会经济活动简单，会计记录能够反映社会生产经营活动的全貌，开展审计工作以审查账簿为主，就可以获得审计证据来评价经济责任，那个时候把差错防弊作为主要审计目标，审计方法是针对账簿凭证等会计账项逐笔勾兑、详细审查。随着经济的快速发展，企业资金来源多样，不仅依靠投资者投入（事实上的投资者已经不再单一，数量非常庞大），而且银行贷款也成为重要渠道。各路投资者在投资和债权人在放贷过程中非常关心资金的回收情况，十分注重对企业偿债能力以及盈利能力的评价，因此审计被赋予了审查资产负债表以评价偿债能力、审查损益表以评价盈利能力、审查财务状况变动表（或现金流量表）以评价财务状况变动（或现金流量）情况的工作内容，审计的概念从以前的差错纠弊发展到了鉴证被审计单位会计表能否合法、公允反映企业财务状况、经营成果和资金变动情况（或现金流量情况）。随着受托责任关系的复杂化，财产所有者和经营者之间不再仅仅建立一种财务责任关系，而且还建立有管理责任关系，因此以评价受托管理责任为主的绩效审计应运而生，审计的概念便随之涵盖了财务审计和绩效审计两大领域。

本书采用美国会计师协会（AAA）审计概念委员会在1973年发布的《基本审计概念说明》审计定义：审计是为了鉴证有关经济行为和经济事项的声明与既定标准之间的一致程度，而客观地收集和评定有关证据，并将其结果传达给有关使用者的系统过程。这个定义中清晰地概括了以下几个问题：

（1）审计的对象是经济行为和经济事项的声明。其中经济行为和经济事项就是被审计单位开展的与经济相关的经营活动和管理活动；声明实质上是用来反映被审计单位对从事经济活动的结果、结论，例如发布的经济信息、披露的财务报告、披露的内部控制报告、提供的绩效报告以及相关证明等。

(2)审计的职能是评价和鉴证。就定义给出的审计对象来看，主要限于对经济行为和经济事项声明范围内有关事项的评价和鉴证。由于西方国家把审计看成是一种独立经济活动，不强调审计行政色彩，因此在监督方面提得较少，而我国目前的审计尤其是政府审计首先是一个行政角色，监督的职能体现较充分。

(3)审计的目标是一致性。定义中所提的一致性是在经济行为和经济事项的声明与既定标准两者之间的比较，确定二者之间的符合程度，从而得出履行受托经济责任的程度。一致性可以通过以下几个方面来体现：①经济行为和经济事项的声明是否遵循既定的真实标准，即真实性；②经济行为和经济事项的声明是否遵循既定的公允标准，即公允性；③经济行为和事件的声明是否遵循既定的法律标准，即合法性；④经济行为和事件的声明是否遵循既定的效益标准，即效益性。

(4)审计的核心是取证和评价。定义所提的收集和评定有关证据即我们所说的审计取证。审计证据是用来反映经济行为和事件声明的真实状态的资料，因此审计需要花费大量的资源来获取这种证据，然后用它和既定标准进行比较，得出审计结论。这是审计工作的核心环节。

(5)审计的结果需要传达给有关使用者。一般审计工作的结果都可以用审计报告形式来体现，定义要求审计人员应向有关使用者提供审计报告，其中委托人是首当其冲的使用者，除此之外还有相关的利益人，如政府部门、社会公众等。

审计的结果需要传达给有关使用者。需提示的是：审计结果使用者要正确地按照审计契约或有关规定，在允许的范围内正确使用。有些审计结果是需要向全社会公开的，如财政预算审计结果、公司财务报表审计结果等。

(6)审计是一个系统化过程。这个系统过程包括从制订审计计划开始，到实施审计程序、获取审计证据、直至形成审计意见的全过程的有机组合。

这个定义的优点是：第一，强调解释审计活动的过程，准确描述了“审计干什么”，包括了审计目标、审计对象、审计目标、审计过程、审计结果等问题；第二，体现了审计的独立服务本质，指明审计经过系统化过程需要把获得结果传达给有关使用者，这既是审计鉴证过程，也是审计的服务过程，强调了审计最终的结果要为有关利益实体或个人服务；第三，体现了当代审计的特征，扭转了传统对审计和会计之间关系的误解，暗示人们认识审计不能从会计角度来理解，而应从更为广泛的经济领域和更高层次的经济角度去认识审计。

三、审计的种类

对审计进行科学的分类，便于人们区分认识各种不同的审计活动，探索审计规律，更好地组织审计工作，充分发挥审计的作用。审计分类是按照一定的标准将内容、性质相同或相近的审计活动归属于一种审计类型，在每一个类型中，各种审计之间的界限分明。审计的主要分类包括以下内容：

（一）按审计内容分类分为财政财务收支审计和绩效审计

1. 财政财务收支审计

财政财务收支审计是指对被审计单位财政财务收支等经济活动的真实性、合规性和合法性进行监督、鉴证和评价。财政财务收支审计的目标是纠正错误、防止舞弊，促进被审计单位按照法律法规和财经法纪从事经营管理活动、披露经济信息。一般地讲，财政审计是针对掌握有财政资源管理分配权利的政府机关而言的，包括财政预算执行审计、财政决算审计和其他财政收支审计。财务审计是针对企业、事业等非政府机关而言的，日常所说的财务报表审计、会计报表审计、舞弊审计等都属于该类型。

另外，为了维护国家财经法纪的严肃性，如果发现被审单位和人员存在严重违反国家财经法规、侵占国家资财、损失浪费、失职渎职及其他损害公共利益的行为，需开展财经法纪审计或称专案审计。财经法纪审计实质上只是财政财务审计的特殊表现形式。

2. 绩效审计

绩效审计是审计机构和人员依据一定的标准，综合运用各种技术与方法，对被审计单位从事经营管理活动的经济性（economy）、效率性（efficiency）和效果性（effectiveness）进行监督、鉴证和评价，分析影响绩效的因素，提出改进绩效的建议，其目的是促进受托绩效责任的全面正确履行（简称“3E”审计）。相对于传统的财务收支审计，绩效审计更注重促进被审计单位加强管理、提高效益。现代绩效审计也把环境性（environment）、公平性（equity）增加到评价内容中（加上前文提到的“3E”，简称为“5E”审计）。日常工作中提到的管理审计、经营审计、效益审计、货币价值审计等都属绩效审计范畴。

（1）经济性审计是监督、鉴证和评价在适当考虑质量的前提下减少获得或使用资源的成本，评价资源的占用和耗费是否节约和经济，即资源的节约或损失浪费的程度。

（2）效率性审计是监督、鉴证和评价商品、服务和其他结果及其所用资源之间的关系，即评价一定的投入所能得到的产出，或一定的产出所需的投入。

(3)效果性审计是监督、鉴证和评价项目、计划或其他活动的预期结果和实际结果之间的关系。评价商品、服务或其结果在多大程度上达到政策目标、经营目标以及其他预期效果。

(4)公平性审计是监督、鉴证和评价投入资源的应用是否体现了公平原则，确认接受公共服务的团体或个人是否受到公平的待遇，需要特别照顾的弱势群体是否能够享受到更多的服务。

(5)环保性审计是监督、鉴证和评价项目、计划或其他活动中的资源开发利用、环境保护、生态循环状况和发展潜力的合理性、有效性。

(二)按审计主体分为政府审计、内部审计和社会审计

审计主体即审计人，是指具有专门的审计专业知识和技能，具备相应资格并获得有关组织认可的，独立从事专门经济监督与鉴证活动审计机构和审计人员。

1.政府审计

政府审计是指由政府审计机关和人员从事的审计活动。除政府审计之外，我国军队系统还有专门的审计机关和人员，政府审计与军队审计可以合称为国家审计。政府审计依法对国务院各部门、地方各级人民政府、国家金融机构、国有企事业单位、国家控股的股份公司以及其他拥有国有资产的单位经营管理活动的真实性、合法性、效益性进行监督、鉴证和评价。政府审计具有强制性和宏观性的特点。

2.内部审计

内部审计是由组织内部独立设置的审计机构和内部审计人员从事的审计活动。内部审计在本组织主要负责人的领导下，对本组织以及下属组织的经营活动及内部控制的适当性、合法性和有效性监督、鉴证和评价，提出管理改进措施，促进组织目标的实现，保护组织合法权益。内部审计具有内向性、广泛性、及时性的特点。

3.独立审计

独立审计也称为注册会计师审计、民间审计，是由会计师事务所和注册会计师从事的审计活动。会计师事务所和注册会计师接受委托，可以从事办理审计业务、审阅业务、其他鉴证业务和相关服务。独立审计具有合约性和有偿性特点。

(三)按审计范围分类分为全部审计和局部审计

1.全面审计

全面审计是指对被审计单位一定时期的全部经济活动所进行的审计。这种审

计范围广，工作量大，便于对被审计单位经营管理情况进行全面评价，主要适用于规模小、业务简单、信息资料较少的单位。另外，在实施经济责任审计、内部控制薄弱以及会计核算工作质量差的单位，有必要开展全面审计。

2. 局部审计

局部审计是指对被审计单位一定时间内的部分经济活动所进行的审计。它一般是根据授权人或委托的要求，并根据被审计单位的情况，有目的、有重点地选取部分业务进行审计。专题审计是针对某一特定经济活动进行的，是局部审计的特例。

（四）按审计实施时间分为事前审计、事中审计和事后审计

1. 事前审计

事前审计是在经济活动发生之前所进行的审计。例如，预算审计、计划审计、定额审计、决策审计、可行性审计等。这种审计可以预防控制即将开展经济活动中可能出现的偏差错误等风险。

2. 事中审计

事中审计是伴随经济活动的发生过程，对正在发生或已经执行完成的部分进行的审计。如工程进度审计、预算执行审计、定额消耗审计等。这种审计可以及时发现差错，便于纠正下一步将要发生事项可能出现的差错。

3. 事后审计

事后审计是在经济活动结束之后，对其结果进行的审计。一般目前开展的审计大多属于此列。例如，财务报表审计、决算审计等。

（五）按审计实施地点分为就地审计和报送审计

1. 就地审计

就地审计是审计组织和人员来到被审计单位所在地进行的审计。按照具体的方式不同，又可以分为：驻在审计、专程审计、巡回审计三种。就地审计是一种最常用的方式，采用就地审计不仅可以快捷便利审阅各种相关资料，而且能够亲历观察被审计单位的各种环境，便利于开展审计调查。

2. 报送审计

报送审计也称为送达审计，是指被审计单位按照审计组织的要求，将需要审查的资料全部送到审计组织所在地接受审计。目前对部分行政事业单位财政财务审计采用这种方式。

(六)按审计详细程度分为详细审计和抽样审计

1.详细审计

详细审计又称账项基础审计(accounting number-based audit approach),是审计人员对财务会计信息以及相关经济活动信息,按照信息来源、加工和结果过程,逐一进行检查取证,从而评价受托责任履行情况的审计活动。详细审计可以获得准确的、充足的审计证据,但是需要花费很多的审计时间和成本等资源,仅适用于对规模非常小的单位开展审计,或者没有建立内部控制的单位审计。

2.抽样审计

抽样审计是审计人员从审计对象总体中选取一定数量的样本进行测试取证,并根据测试结果,推断总体特征,从而评价受托责任履行情况的审计活动。抽样审计经历了任意抽样、经验抽样和统计抽样阶段。抽样审计最大的优点是节约审计投入,提高审计效率,但是存在抽样风险,如果样本选取不合理,甚至会影响审计意见的正确性。

(七)按审计延续性分为初审、复审和后续审计

1.初审

初审是对单个的审计项目而言,自确定审计方案开始,到得出审计意见、提出审计报告、做出审计结论和决定为止,所进行的全部审计工作。

2.复审

复审是被审计单位对审计组织和人员的意见和决定有异议,在规定时间内向上一级审计机关申请要求复查,上一级审计机关收到被审计单位的申请后,在规定时间内对被审计单位进行重新审计。复审的过程在一定程度上就是复议的过程,其目的是为保证审计机关正确行使审计监督权,防止和纠正违法或者不当的审计具体行政行为。

3.后续审计

后续审计是在对一个被审计单位实施完成一个审计项目后的一段时间内,审计组织再派出审计人员到该被审计单位,检查该被审计单位对审计决定和审计建议的执行情况,目的是检验审计决定和审计建议的合理性和可行性。

除以上分类之外,审计分类方式还有很多,比如:按照与被审计单位的关系可以分为内部审计和外部审计;按照是否提前通知被审计单位可以分为预告审计和突击审计;按照是否有固定时间可以分为定期审计和不定期审计;按照强制程度可以分为强制审计和任意审计;按照审计对象所在行业可以分为工业审计、农业审

计、商业审计、金融审计等。各种各样的审计分类虽然界限清晰，但是在实际工作中可以根据需要，有效地交叉联系起来，选择合适的类别开展工作、指导工作和总结工作。

第三节 审计体系

审计体系由政府审计、内部审计和独立审计三个部分有机组合，三者之间相互补充、相互协调、相互利用、相互促进。按照《审计法》第三十条的规定，我国政府审计机关可以依法对独立审计的机构进行指导、监督、管理，对独立审计质量进行再监督，并公布监督评价结果；同时按照《审计法》第二十九条的规定，内部审计应当接受政府审计的指导和监督。

一、政府审计

政府审计是由政府审计机关和人员依法对政府及其各部门的财政收支，以及国有的金融机构和企业事业组织的财务收支的真实性、合法性和效益性依法监督、鉴证和评价。

(一)政府审计体制

政府审计体制是指按照政府审计机关隶属关系和职责所形成的制度模式。世界各国由于政治体制、经济体制和文化传统等方面的不同，其政府审计体制也存在较大差异，大体上可以分为立法模式、司法模式、独立模式和行政模式。

1. 立法模式

立法模式的政府审计体制下，政府审计机关隶属于立法机关并与政府保持独立，向立法机关负责并向立法机关报告工作。该模式以美国、英国等国家为代表，适合于立法、司法和行政三权分立并且有较为完善的立法机构和立法程序的国家，其政府审计的权威性最强、独立性也非常高。

2. 司法模式

司法模式的政府审计体制下，政府审计机关以审计法院的组织形式设立，拥有经济司法权和享有相应的司法地位。该模式起源于法国，目前世界上典型代表的国家是法国、西班牙。

3. 独立模式

独立模式的政府审计体制下，政府审计机关独立于立法、司法和行政机关之外，既不属于国会，也不属于内阁或司法部门领导，按照法律赋予的职责独立地开展工作，不受任何国家机器的制约。该模式以日本、德国为代表，其政府审计机关的独立性最强，但权威性往往不能与独立性相呼应。

4. 行政模式

行政模式的政府审计体制下，政府审计机关隶属于政府或政府的某一部门，根据法律规定和政府所赋予的职责权限实施审计。行政模式下国家审计机关的独立性较差，可以称之为政府或部门的"大内部审计"。由于该模式和行政机关存在联系，往往有较好的权威性。如中国的审计署隶属于国务院，瑞典、瑞士等国的最高审计机构隶属于国家财政部门。

(二)政府审计机关

在我国，按照《宪法》规定，国务院和县级以上地方人民政府设立审计机关，同时根据《审计法》的规定，审计署在有关重要城市设立有派出机构(特派员办事处，目前是18个重要城市)。国务院设立审计署，在国务院总理领导下，主管全国的审计工作。审计长是审计署的行政首长。省、自治区、直辖市，设区的市、自治州、县、自治县，不设区的市、市辖区的人民政府的审计机关，分别在省长、自治区主席、市长、州长、县长、区长和上一级审计机关的领导下，负责本行政区域内的审计工作。

除政府审计之外，我国军队系统还有专门的审计机关系统，配备有专职的审计人员，政府审计与军队审计可以合称为国家审计。我国的政府审计在加强国家的审计监督，维护国家财政经济秩序，提高财政资金使用效益，促进廉政建设，保障国民经济和社会健康发展起到了积极的作用。

在政府审计机关工作的审计人员是具有公务员资格的专业人员，要求具备与其从事的审计工作相适应的专业知识和业务能力，能够独立客观开展监督和评价工作，并自觉接受职业后续教育。

(三)政府审计机关的职责

根据《审计法》的规定，我国政府审计机关的职责如下：

(1)对本级各部门(含直属单位)和下级政府预算的执行情况和决算以及其他财政收支情况，进行审计监督。

(2)对国有金融机构的资产、负债、损益进行审计监督。

(3)对国家的事业组织和使用财政资金的其他事业组织的财务收支进行审计

监督。

(4)对国有企业的资产、负债、损益进行审计监督。

(5)对国有资本占控股地位或者主导地位的企业、金融机构的审计监督。

(6)对政府投资和以政府投资为主的建设项目的预算执行情况和决算进行审计监督。

(7)对政府部门管理的和其他单位受政府委托管理的社会保障基金、社会捐赠资金以及其他有关基金、资金的财务收支进行审计监督。

(8)对国际组织和外国政府援助、贷款项目的财务收支进行审计监督。

(9)按照国家有关规定,对国家机关和依法属于审计机关审计监督对象的其他单位的主要负责人,在任职期间对本地区、本部门或者本单位的财政收支、财务收支以及有关经济活动应负经济责任的履行情况进行审计监督等。

二、内部审计

内部审计是由部门或单位内部的审计机构和内部审计人员,对内部经营活动及内部控制的适当性、合法性和有效性监督、鉴证和评价,来促进本部门或单位目标的实现。

(一)内部审计体制

由于内部审计是部门或单位内部赋予的监督活动,依据内部审计部门隶属于部门或单位内部领导层级不同,在其管理体制安排上也有不同的类型,如:隶属于股东大会、隶属于董事会、隶属于公司管理层、隶属于公司内部某一部门。客观地说,内部审计隶属的主管领导级别越高,对于保证内部审计相对独立地位和增强内部审计权威性有着实质性的作用。目前从行业看,我国的内部审计由中国内部审计师协会组织管理。内部审计体制主要有以下几种。

1.隶属于股东大会

股东大会是公司的最高权力机构,将内部审计机构设置在股东大会这种权力机构下。表面看来,由于股东大会是最高权力机构,意味着内部审计在单位内部具有最高的行政、管理和监督地位,独立性最强,但是由于股东大会仅仅是一种法律上、形式上的组织。当公司治理结构不完善或治理作用不能够按照预期发挥时,这种组织形同虚设,必然导致内部审计缺乏真正的领导关系,将会大大地影响内部审计权威性和独立性,极少有公司把内部审计机构设置于股东大会领导之下。

2. 隶属于董事会

根据公司治理的制度安排，公司董事会是股东大会的执行机构，一般通过设置投资决策委员会、审计委员会、提名和薪酬委员会、投资者关系委员会等不同的专门委员会来实施决策和行使职权。把内部审计机构设置隶属于董事会领导通常一般都是指隶属于审计委员会，此时内部审计能够根据需要及时对经营管理层各个层面开展监督和评价，具有充分的权威性和相对独立性。

3. 隶属于公司管理层

在公司管理层中，总经理是最高层级的领导，其次就是副总经理或总会计师，内部审计隶属领导层级越高，其权威性越大，独立性也较高，很多公司根据自身实际把内部审计机构归属于总经理领导，或归属于副总经理、总会计师领导。由于内部审计是公司的一个内设机构，在人员、工作、经费和相关资源等各个方面都依赖于公司主要负责人领导支持，直接将内部审计置身于管理层的领导，有利于形成审计资源充裕、审计范围不受限制、审计过程顺畅的局面。因此隶属于公司管理层仍然可以保障内部审计的权威性，但其独立性受到一定影响。

4. 隶属于内部某一部门

主要是指把内部审计设置在财务、监察等之下或与这些部门合署办公，这种情形大大削弱了内部审计的权威性，而且根本就没有独立性可言。特别是如果公司把内部审计机构设置在财务部门之下，而按照规定内部审计需要实施财务监督，也就是说内部审计反过来对财务开展监督检查，这事实上根本就行不通，或者起不到任何监督作用。

(二)内部审计机构

我国的国家机关、金融机构、企业事业组织、社会团体以及其他单位，应当按照国家有关规定建立健全内部审计制度法律、行政法规规定，设立内部审计机构的单位，没有明确规定设立内部审计机构的单位，可以根据需要设立内部审计机构，配备内部审计人员。内部审计机构表现为一个组织内设置的部审计机构如审计部、审计处、审计室等，一般属于本单位的职能部门。虽然内部审计是本单位的一个中层职能部门，它不应该行使参与管理的职能，而应该仅仅承担经济监督、见证和评价职能。内部审计机构应当接受董事会或最高管理层的指导和监督，内部审计机构负责人对内部审计机构管理的适当性和有效性负完全责任。

目前我国对内部审计人员的从业资格并没有严格的规定，更没有建立必要的资格准入制度，仅仅是要求内部审计人员具有必要的专业知识，能够恪守职业道德，履行职责、忠于职守、坚持原则，不得滥用职权、徇私舞弊、玩忽职守、泄露秘密，并自觉接受职业后续教育。目前，随着企业对监督管理人员素质要求的不断提高，内部审计人员的学历、学缘、知识结构不断改善，内部审计人员拥有公认的资格如国际注册内部审计师(CIA)越来越受到很多大公司的重视。

(三)内部审计职责

(1)对本单位及所属单位(含占控股地位或者主导地位的单位，下同)的财政收支、财务收支及其有关的经济活动进行审计。

(2)对本单位及所属单位预算内、预算外资金的管理和使用情况进行审计。

(3)对本单位内设机构及所属单位领导人员的任期经济责任进行审计。

(4)对本单位及所属单位固定资产投资项目进行审计。

(5)对本单位及所属单位内部控制制度的健全性和有效性以及风险管理进行评审。

(6)对本单位及所属单位经济管理和效益情况进行审计等。

三、独立审计

独立审计是由会计师事务所和注册会计师实施的对被审计单位经济活动和经济事项的合法性、公允性进行监督、鉴证和评价，发表审计意见的活动。

(一)注册会计师协会

注册会计师协会是注册会计师的行业组织，即注册会计师组成的社会团体。中国注册会计师协会是注册会计师行业的全国组织，各省、自治区、直辖市注册会计师协会是注册会计师行业的地方组织。中国注册会计师协会的宗旨是服务、监督、管理、协调，即以诚信建设为主线，服务本会会员，监督会员执业质量、职业道德，依法实施注册会计师行业管理，协调行业内、外部关系，维护社会公众利益和会员合法权益，促进行业健康发展。中国注册会计师协会在发挥注册会计师在社会经济活动中的鉴证和服务作用，加强对注册会计师的管理，维护社会公共利益和投资者的合法权益，促进社会主义市场经济的健康发展过程中起到重要作用。根据《中国注册会计师协会章程》的规定，中国注册会计师协会的基本职责包括：

(1)审批和管理本会会员，指导地方注册会计师协会办理注册会计师注册。

(2)拟定注册会计师执业准则、规则，监督、检查实施情况。

(3)组织对注册会计师的任职资格、注册会计师和会计师事务所的执业情况进行年度检查。

(4)制定行业自律管理规范，对违反行业自律管理规范的行为予以惩戒。

(5)组织实施注册会计师全国统一考试。

(6)组织和推动会员培训工作。

(7)组织业务交流，开展理论研究，提供技术支持。

(8)开展注册会计师行业宣传。

(9)协调行业内、外部关系，支持会员依法执业，维护会员合法权益。

(10)代表中国注册会计师行业开展国际交往活动。

(11)指导地方注册会计师协会工作。

(12)办理法律、行政法规规定和国家机关委托或授权的其他有关工作。

(二)会计师事务所和注册会计师

会计师事务所是依法设立并承办注册会计师业务的机构，不附属于任何机构，实行自收自支、独立核算、自负盈亏、依法纳税。按照《注册会计师法》的规定，我国会计师事务所分为合伙会计事务所和有限责任会计师事务所两种，会计师事务所可以由注册会计师合伙设立。

1. 合伙会计师事务所

合伙设立的会计师事务所的债务，由合伙人按照出资比例或者协议的约定，以各自的财产承担责任。合伙人对会计师事务所的债务承担连带责任。

2. 有限责任会计师事务所

会计师事务所符合下列条件的，可以是负有限责任的法人：①不少于三十万元的注册资本；②有一定数量的专职从业人员，其中至少有五名注册会计师；③国务院财政部门规定的业务范围和其他条件。负有限责任的会计师事务所以其全部资产对其债务承担责任。

设立会计师事务所，由国务院财政部门或者省、自治区、直辖市人民政府财政部门批准。申请设立会计师事务所，申请者应当向审批机关报送下列文件：①申请书；②会计师事务所的名称、组织机构和业务场所；③会计师事务所章程，有合伙协议的并应报送合伙协议；④注册会计师名单、简历及有关证明文件；⑤会计师事务所主要负责人、合伙人的姓名、简历及有关证明文件；⑥负有限责任的会计师事务所的出资证明；⑦审批机关要求的其他文件。

注册会计师(Certified Public Accountant，简称为 CPA)是指取得专门从事独立审计行业职业资格证书并在会计师事务所执业的人员。我国实行注册会计师全国统一考试制度，只有通过考试合格并从事审计工作两年以上，方可申请注册并独立从业。注册会计师执行业务，应当加入会计师事务所，注册会计师承办业务，由其所在的会计师事务所统一受理并与委托人签订委托合同。会计师事务所对本所注册会计师依照有关规定承办的业务，承担民事责任。

(三)独立审计业务

独立审计业务包括审计业务、审阅业务、其他鉴证业务和服务业务。

1. 审计业务

审计业务是注册会计师基本的鉴证业务，包括：①审查企业财务报表并出具审计报告；②验证企业资本，出具验资报告；③办理合并、分立、清算事宜中的审计业务，出具有关报告等。

2. 审阅业务

审阅业务是注册会计师在实施审阅程序的基础上，说明是否注意到某些事项，使其相信财务报表没有按照适用的会计准则规定编制，未能在所有重大方面公允反映被审阅单位的财务状况、经营成果和现金流量。

3. 其他鉴证业务

其他鉴证业务是除上述审计业务和审阅业务之外的可以增强使用者信任程度的鉴证性业务，如：预测性财务信息审核、内部控制审核、系统鉴证等。

4. 服务业务

服务业务是会计师事务所作为中介机构按照法律规定可以承揽的除鉴证以外的管理咨询、税务和会计服务业务，具体包括：

(1)对财务信息执行商定程序，注册会计师利用专业知识及其积累的经验和声誉对特定财务信息、单一财务报表或整套财务报表执行按与委托人或其相关利益人商定的程序，并报告其结果。

(2)代编财务信息。注册会计师运用会计、财务知识代理编制全部或部分财务报表，或者编制与财务相关的其他信息。

(3)税务服务。包括税务咨询、税务代理和税务筹划，如：关税服务咨询，电子商务税收服务咨询，个人税务服务咨询，购并、重组税务服务咨询，公司税服务咨询，国际税服务咨询，财产税服务咨询，转移价格税制咨询，关联纳税制度咨询，海外企业和合资企业组建等国际税务支持，税前扣除咨询，税收优惠咨询，退税咨询，以及包括并购中的税务安排，解决税务争论的方案，跨境投资税务结构筹划等一些特定领域或其他事项税务咨询。

(4)管理咨询。注册会计师可以承揽的管理咨询业务包括：与企业日常经营管理相关的管理咨询，涉及企业购并重组中的管理咨询服务，涉及企业的争端分析与调查的管理咨询服务，企业的风险管理咨询服务，代理工商登记、代编投标标书并代理招投标等其他代理咨询服务，以及破产管理人、上市公司并购重组财务顾问业务等特定领域的管理咨询业务。

(5)会计服务。包括对企业从开业、日常经营到结业整个期间的代理记账、帮助解决复杂会计问题、资产管理、对子公司及其分支机构会计管理、提供财务分析和会计财务及其内部控制的培训。

第四节 审计理论体系

审计作为一门学科，可以把在日常审计实践活动中的感性认识归纳升华为理性认识，形成审计理论。审计理论体系能够有利于人们认清审计本质和审计属性，并反过来指导解决审计实践中各种错综复杂的问题。

一、审计理论体系的内涵

审计理论体系也称为审计理论结构，是按照一定规律和逻辑组成包括审计基本概念、基本定律、基本原理、基本方法和基本结论等要素在内的知识体系。1961 年，加拿大著名审计学家莫茨(R. K. Mauts)和他的学生夏拉夫(H. A. Sharaf)合著出版了《审计理论结构(The philosophy of Auditing)》，开拓了世界上审计理论研究的先河，从哲学的高度系统地、科学地探索审计理论体系及其作用，全书分为审计理论探求、审计方法、审计假设、审计概念、审计证据、应有关注、适当反应、独立性、道德行为和审计展望 10 个部分。1978 年，美国审计学家查尔斯·W·尚德尔在其出版的《审计理论：评价、调查和判断》一书中概括了审计理论由假设、定理、结构、原则、准则五个要素构成。1985 年出版的《蒙哥马利审计学》第 10 版提出审计理论体系包括审计目标、审计准则、审计公设、审计概念、审计技术等要素，将审计目标作为整个体系的逻辑起点，建立了“目标导向的审计理论体系”。

我国审计学者对审计理论研究的部分观点有：审计理论结构包括审计目标理论和审计工作手段理论，按确定审计目标、提出审计假设、界定审计基本概念、制定审计准则、确认审计依据等要素顺序展开(王文彬　林钟高，1994)。审计理论结构包括审计目标、审计假设、审计性质、审计职能、审计程序与方法、审计职业道德、审计技术准则(李若山，1995)。审计理论体结构包括审计本质、审计目标、审计假设、审计原则、审计准则(闫金锷　林炳发，1996)。审计理论体系以审计环境作为逻辑起点，可分为审计基本理论(含审计目的、审计本质、审计职能、审计假设、审计概念、审计对象、审计原则、审计准则和审计目标以及与邻近学科的关系)和审计应用理论(含确定审计目标、收集审计证据和论证审计目标)两个层次(刘兵,1995)。审计理论结构包括审计本质、审计假设、审计目标、审计规范、审计信息审计控制等要素(蔡春,2002),等等。尽管各种意见并不趋同,但是不同观点的提出对于完善我国审计理论体系,对指导我国审计工作实践,起到了重要的作用。

审计理论体系作为一个系统,应由界限分明的组成部分(或要素)及各组成部分(要素)按照一定内在逻辑关系进行组合成一个有机整体的方式。审计理论体系的各种理论通常应解释、证明以下问题:①审计理论体系是什么;②审计理论体系有何作用;③审计理论结构包括哪些要素;④审计理论结构的第一要素是什么(逻辑起点);⑤审计理论结构逻辑起点和其他各要素之间存在什么逻辑关系或什么规律;⑥审计理论结构的要素居哪一层次或位次等。

二、审计理论体系的构成要素

(一)审计目标

审计目标是指在特定的社会历史条件,实施审计活动最终可以达到的结果和境地。审计目标通常受到上层建筑和经济基础的影响和制约,必须服从和满足上层建筑和经济基础的需要。审计目标在审计理论体系中主要是回答"审计应该有一个什么结果"的问题。审计目标一般可以分解为以下几个方面:

1. 公允性目标(或真实性、正确性)

监督、鉴证和评价被审计单位是否能够按照公认准则要求如实反映履行受托责任相关的经济信息,并被社会公众认可。例如财务报表审计的公允性为:财务报表是否在所有重大方面公允反映被审计单位的财务状况、经营成果和现金流量。公允性目标包含了传统的真实性目标,真实性目标现正在演变成公允性目标,防止差错和舞弊的发生。

2. 合法性(或合规性、遵循性)目标

监督、鉴证和评价被审计单位在履行受托经济责任过程中发生的财务收支和相关经营管理活动是否符合法律、法规、准则、经济合同或既定标准的要求,防止损害国家或个人利益的违法、违规、违纪行为发生。

3. 效益性(或有效性)目标

监督、鉴证和评价被审计单位对受托管理使用经济资源的行为是否经济节约,各项行动和措施、制度和政策是否运用有效,受托经济责任的履行状况是否达到计划、预算或经营目标预期的效果,防止损失浪费等行为发生。

4. 健全性(或完整性)目标

监督、鉴证和评价所提供反映受托责任的经济信息是否完整,防止遗漏;以及被审计单位履行受托经济责任过程中的组织治理结构、内部控制、风险管理体系是否体系健全,防止出现风险的发生。

对于政府审计、内部审计和独立审计而言,它们在以上目标的设定上具有一定的差异。①政府审计目标:《中华人民共和国国家审计基本准则》第三条规定政府审计目标为真实性、合法性、效益性三个方面。②内部审计目标:《中国内部审计基本准则》第二条在内部审计的定义解释中规定内部审计的目标是评价经营活动及内部控制的真实性、合法性和有效性来促进组织目标的实现。③独立审计目标:《中国注册会计师审计准则第 1101 号——财务报表审计的目标和一般原则》规定财务报表审计的目标是合法性和公允性。

(二)审计职能

审计的职能是审计自身固有的内在功能,是适应客观需要未完成审计任务所必须具备的能力,不受人的主观意志的支配。审计职能不是一成不变的,它是随着社会经济的发展、审计领域的扩大以及受托责任关系的变化而逐步发展和完善的。审计职能在审计理论体系中主要是回答“审计能做什么”的问题。

1. 经济监督职能

经济监督职能是审计的基本职能,是指以审计人员在审查和鉴证被审计单位受托经济责任信息的合法性、公允性和效益性的过程中,检查和揭露存在的违法违纪、舞弊欺诈、损失浪费等行为,客观地使得被审计单位合法、合规、合理、有效地履行财务责任和管理责任,从而督促被审单位纠错防弊,遵守财经纪律,改善经营管理,提高经济效益。实施经济监督职能是审计能够直接地对被审计单位履行受托责任过程中偏离既定标准事实的调整和处理。

审计的经济监督职能具体表现为:①监察和督促被审计单位在合法的范围内、在有效的程序上从事经济活动;②监察和督促有关受托人忠实地按照经营契约和有关规定履行经济责任,稽查存在的违法违纪行为,揭露存在的损失浪费现象,发现存在的缺陷风险领域,并追究其经济责任等;③监察和督促受托人改善存在的问题与缺陷,促使受托人经济行为真实、合法、有效。审计的权威性往往通过实施监督职能得到充分体现。

对于政府审计而言,在宏观层面依法对国家经济运行过程、经济行为、经济秩序开展审查,对被审计单位履行受托责任过程中偏离既定标准的行为所形成的审计结论和意见可以依法强制执行,因此政府审计经济监督具有强制性和依法性。

对于内部审计而言，在本单位领导下，为搞好内部管理，可以根据需要迅速组织力量检查各项管理制度的执行，查处单位内部违法违纪行为，预防可能出现的错弊行为，提供各项改进措施，保护本单位的合法权益不受侵害，促进改善经营管理和提高经济效益，因此内部审计经济监督具有及时性和内向性。对于独立审计而言，根据委托人的需求对被审计单位经济活动进行鉴证、审核，揭示错误和舞弊，提请纠正，促使被审计单位公允报告责任信息，合法实施经济行为，保护委托人和社会公众利益。

2. 经济鉴证职能

经济鉴证职能是指审计人员依照一定的标准，鉴别、验证、发现、证实对被审计单位履行受托责任与既定标准之间一致性的程度（即合法性、公允性和效益性的程度）并发表意见，向审计授权人或委托人出具鉴证结果和鉴证证明（如审计报告、审阅报告等）。经济鉴证职能的两个标志性环节是：①要收集审计证据，并比较证据与标准的一致性；②要出具反映鉴证结论的报告。实施经济鉴证职能是审计能够直接地对被审计单位履行受托责任过程中偏离既定标准程度的鉴别、发现和证明。

经济鉴证职能是由于委托人对受托人的信息了解不够全面（即信息不对称），此时需要委托一种专业人士来对受托履行责任的信息质量进行鉴别、验证和发现，从而判断受托人在财务责任、管理责任方面与契约责任是否一致。因此经济鉴证职能的实施需要以下条件：①由专业人士来实施，否则鉴定无法实施；②专业人士要保持高度的独立性，否则鉴定结论会有偏向。

在财务审计和绩效审计中，经济鉴证职能表现为以下行为：①鉴别、发现和证明被审计单位财政收支及其相关活动的真实性或公允性；②鉴别、发现和证明被审计单位财政收支及其相关活动的合法性或合规性；③鉴别、发现和证明被审计单位经营活动和管理活动的经济性、效率性和效果性等。

政府审计机关对开展的财政财务审计、任期经济责任审计、国际组织的援助项目和世界银行贷款项目的审计等，其核心的审计过程均是鉴证过程。独立审计中开展的财务报表审计、验资、审阅，出具审计报告、验资报告、审阅报告等业务也是鉴证的重要体现。内部审计从事单位内部的检查过程中，被赋予的鉴证职能越来越明显，根据本单位的经营管理需要，针对本单位的财务收支与经营目标完成的好坏，做出客观、公正的考评与公正，例如：单位内部审计决算审计、单位内部经济责任审计等。

3. 经济评价职能

经济评价职能是在审查和鉴证被审计单位履行受托经济责任的合法性、公允性和效益性的过程中，依据一定的标准对所查明的事实进行分析和判断，肯定成绩,指出问题,总结经验,提出改善管理、提高效率、效益的措施。实施经济评价职能是审计能够直接地对被审计单位履行受托责任过程中偏离既定标准结果的评定和建议。

经济评价职能在审计各环节都有体现,具体体现为以下四个方面:①在实施审计之前,审计人员往往需要针对被审事项选择一个可供比较的“既定标准”,往往既定标准有很多,例如法律规定的水平、合同限定的水平、历史达到的水平、行业达到的水平、目标设计的水平、计划预期的水平,审计人员不可能将被审事项逐一去和上述的每一个水准进行比较,因此需要对这些水平标准结合被审计单位实际进行评议分析,选择一个科学、合理的水平标准。②在实施审计过程中,对被审事项的评价,即评议和分析被审计单位披露信息的真实性或公允性、合法性或合规性,评议和分析经营活动和管理活动的经济性、效率性和效果性。③在实施审计过程中,对审计证据的数量和质量进行评价,即评议和分析所收集审计证据在数量上是否足够,确定有无必要补充收集审计证据;评议和分析所收集审计证据在质量上是否具有足够的证明力,确定有无必要更换审计证据或补充收集审计证据。④在审计完成阶段,要根据前面各阶段的审计结果,评定被审计单位内部控制制度是否健全和有效,评定被审计单位各项会计资料及其他经济资料是否合法、公允,评定被审计单位各项资源使用和管理活动是否经济、有效,发现存在问题的性质,分析存在问题的原因,提出完善经营的措施和改善管理的建议,即肯定成绩、发现问题、分析原因、提出建议,促进被审计单位改善经营管理和提高经济效益。

(三)审计假设

和其他学科一样,审计学科也有一系列未被确知并难以直接论证的问题,通过对这些问题进行假设,为建立审计理论和开展审计实务奠定基本前提,据此得出一定的原理、定律及结论。审计假设源于英文“auditing postulate”,“postulate”在《韦氏新国际辞典》有两种解释:一是提出一个认为是理所当然或不言自明的论题,按照这种解释可以把审计假设按照审计公设概念来理解;二是基本的前提或假定,按照这种解释可以把审计假设按照审计前提(audit hypothesis)的概念来理解。

本书按照后一种概念进行阐述。审计假设是指为了有效组织审计活动,对审计领域中一些尚未确知或无法直接验证的事物,根据客观情况或发展趋势所作的合乎逻辑的判断或认定。审计假设在审计理论体系中主要是回答“开展审计应做好哪些前提性的准备”的问题。

1. 受托责任关系假设

前文已述,受托责任关系是财产的所有权与经营权相分离时,在所有者与经营者之间由于受托经营管理而形成的一种委托与受托的关系。受托责任关系假设支持审计存在的命题。

2.独立性假设

独立性既是作为一种假设提出的命题,也是对审计的一项基本要求。如果想得到客观公正的受托经济责任履行情况鉴证结论,审计机构及人员就必须能够在地位、精神及作业上同时独立于委托人和受托人之外,保持独立地位和超然态度,并有能力排除各种干扰及约束,否则审计结论是不值得信赖的。独立性假设支持审计本质的命题。

3.合理怀疑假设

合理怀疑指审计人员可以对被审计单位履行受托责任的活动以及反映这些活动的信息的公允性、合法性和有效性进行怀疑,并通过审计取证来检验。由于被审计单位提供受托经济责任履行情况的信息和委托人所掌握的信息之间存在不对称,除非有明确的、绝对的证据,否则便没有理由完全信任,所以需要通过审计来对受托责任的公允性、合法性和有效性进行客观、公正的评价与鉴证。合理怀疑假设支持审计目标和审计取证的命题。

4.可验证性假设

可验证性是指受托经济责任可以通过收集审计证据来确定被审计事项与既定标准之间的一致性程度加以验证,包括财务审计、绩效审计中所实施的审计事项均能够获取证据加以验证和评价。可验证性假设认为履行受托责任的事实状况只有一种,用来反映受托责任的经济信息无论怎样加工、怎样变化,始终改变不了那个事实,也就是说无论审计对象如何变化,均可以按照一定方法验证信息与事实是否一致。可验证性假设支持审计取证的命题。

5.胜任能力假设

胜任能力是指审计人员具备应有的专业精神、业务素质和业务技能,准确运用专业判断,客观开展审计评价受托责任履行情况。换言之,无论被审计事项如何违背既定的标准,或无论其采用什么方式对违背行为进行伪装,只要审计人员按照规定的程序实施审查,都能够查明问题的真相。胜任能力假设支持审计可行的命题。

(四)审计规范

审计规范是为了保证审计目标顺利实现,对于审计行为和过程按照一定方式进行约束和指导的标准。审计规范是审计行为约束和引导的机制,是评判审计行为品质的依据。审计规范的对象包括:审计人员、审计项目、审计过程、审计技术、审计质量、审计道德等。审计规范在审计理论体系中主要是回答“如何规范去做审计"的问题。审计规范的方式包括如下内容：

1. 审计法律规范

审计法律规范是由国家制定或认可的、由国家强制力保证实施的调整各种审计监督关系的行为规则。审计法律规范通过审计法律条文和审计法律规范性文件表现出来。审计法律一般包括审计组织法、审计实体法、审计程序法，其中审计组织法主要规范审计机构的设置、人员任免、组成，机构之间的相互关系等；审计实体法主要规范审计机关的职责、权限等；审计程序法，主要规范审计机关和审计人员的工作程序以及复议、诉讼程序等。如《审计法》、《注册会计师法》等。

2. 审计法规规范

审计法规主要是指审计行政法规，包括由国务院颁布和地方人民政府颁布的有关规定。国务院为了贯彻执行国家法律，解决行政管理工作中存在的具体问题，颁布了大量的行政法规，如：《中华人民共和国审计法实施条例(2010 年修订)》、《经济责任审计条例》等。审计法律规范和审计法规规范均具有强制性，审计机构和人员应遵照执行，是审计约束体系的最低标准，要求审计人员必须做到，否则会受到法律追究，并承担相应的法律后果。

3. 审计制度规范

审计制度通常是由主管审计行业的国家管理部门颁布制定的各项政策和规定。我国的政府审计由审计署领导管理，内部审计由中国内部审计师协会组织管理，独立审计由中国注册会计师协会实行行业自律管理，这些部门和组织都会针对各项审计业务和审计管理颁发相应的管理制度，形成审计制度规范的重要组成部分。

4. 审计准则规范

审计准则是审计人员进行审计工作时应遵循的行为与技术标准，是审计人员执行审计业务，获取审计证据，形成审计结论，出具审计报告的专业标准。审计准则是把审计实务中一般认为公正妥善的惯例加以概括归纳而形成的原则，它虽不具备法令的强制力，但审计人员从事审计时必须遵循。如政府审计和内部审计的系列审计准则，独立审计的《中国注册会计师业务准则》和《中国注册会计师职业道德守则》等。审计准则同样可以增强社会公众对审计职业的信任、合理区分审计责任和评价审计工作质量。

5. 审计道德规范

审计道德即审计职业道德，是审计人员从事审计活动过程中，一切符合职业要求的心理意识、行为准则和行为规范的总和。比较法律、法规规范而言，它是一种较高层次的规范体系，需要审计人员参照一定标准进行自我约束达到的一种精神境界。由于道德约束与人的个人修养水准有关,为保证审计独立性和审计质量,我国的政府审计、内部审计和独立审计建立相应的道德标准,用法律法规和准则来约束审计人员遵守道德,建立了审计职业道德准则或职业道德守则。例如:政府审计应遵循的《审计职业道德准则》,内部审计应遵循的《中国内部审计职业道德准则》,独立审计应遵循的《中国注册会计师职业道德守则》等。

6. 审计文化规范

审计文化规范是指在政治、经济、技术等各种因素影响下,形成的与对受托责任进行监督、鉴证和评价活动有关的物质和精神财富的总和。审计文化由审计工作的群体意识养成积淀而成,被审计人员所接受和领会,可以感染、影响甚至约束审计人员的行为,包括审计理念、审计价值、审计精神、审计风格与审计声誉等,对审计人员思想和行为形成一种正确价值观、积极人生观的软约束导向。

(五)审计方法

审计方法随着审计的发展经历了从账项基础审计到制度基础审计,再到风险导向审计的三个阶段演变过程,这三个方法也被称为是三种审计模式。审计方法在审计理论体系中主要是回答"如何准确去做审计"的问题。

1. 账项基础审计

账项基础审计是以会计账目为基础,通过直接对会计项目进行详细审查,获取审计证据,达到查错纠弊、评价受托责任的目标。审计发展的早期,由于受到历史条件的限制,经济管理活动相对简单,会计记录基本能够反映社会生产经营活动的全貌,作为受托监督经济活动的审计,要了解生产经营活动的情况必然需要借助于会计账簿记录,因此审计多从审查账簿记录入手进行调查取证,核实财务收支信息,评价经济责任,形成了以账项为基础的审计方法。

2. 制度基础审计

制度基础审计是通过了解和评价被审计单位内部控制制度设计的健全性和执行的有效性,确定实质性测试的范围、重点和方法,即确定会计信息和相关信息的检查规模,获取审计证据,鉴证财务报表真实公允程度,评价受托责任履行情况。随着社会经济的高速增长,企业经营规模不断扩大,管理分工和层次越来越细,通过建立内部控制约束经营管理行为成为一种必然。由于健全的内部控制制度既有预防功能,也有发现与检查纠错功能,可以保证各项经济业务在各个部门中得到规范的处理。换言之,只要有完善的内部控制系统,就会减少错误和弊端发生的可能性。审计人员可以根据这一理论基础实施对内部控制制度的健全性和有效性的测试,进而决定实质性测试的范围、重点和方法,有利于减少对会计数据和经济活动的审查测试，节约审计成本，提高审计效率。

3. 风险导向审计

风险导向审计是从企业整体经营环境，借助内部控制整个系统对风险进行识别、分析、评估，根据评估的风险水平规划审计工作，确定实质性测试过程中对会计信息和相关信息的检查范围、检查重点和检查规模，获取审计证据，鉴证财务报表真实公允程度，评价受托责任履行情况。20 世纪 70 年代以来，基于风险观念上的审计方法开始在审计实务中被陆续采用。随着经济全球化、信息化的时代到来，国际经济环境变幻莫测，公司舞弊风险、财务风险和经营风险不断涌现，审计所面临的风险也不断加大和频繁显现，为缓解审计人员所面临的错综复杂的风险，借助数理统计、概率论理论、系统理论、现代信息技术的应用，在制度基础审计的基础上发展起来一种针对审计风险问题的全新审计模式——风险导向审计，建立了以评价固有风险、控制风险为评价内容的审计风险模型，解决了制度基础审计下采用抽样审查的随意性缺陷，使得审计抽样更加科学，具有代表性。2003 年，国际审计与鉴证准则理事会发布了四项与审计风险相关的准则内容，强调风险导向审计，改进并建立以评估重大错报风险为核心的审计风险模型，提供审计资源分配有效性的思路，使得审计人员可以把有限的审计资源分配到可能出现重大错报的领域。

在实践工作中，审计运用的方法很多，除各种审阅、调查、分析性复核等专门的鉴证方法之外，还要使用大量的基础性方法，如：认识方法、数学方法、经济分析方法、技术论证方法等，这些单个的方法是一种审计技巧性问题，组合在一起形成审计方法体系。从理论层次来看，这些单个方法的使用需要在账项基础审计、或制度基础审计、或风险导向审计这三种总体方法及其思想的统驭下选择使用。

（六）审计管理

为了维护审计独立性和权威性，协调审计主体有效开展工作，优化配置审计资源，节约审计成本，提高审计工作效率，降低审计风险和保证审计质量，更好地履行监督与评价的职责，需要加强审计管理工作。审计管理是对审计工作及相关方面的组织、计划、指挥、控制、协调活动的总称。审计管理在审计理论体系中主要是回答“如何有效去做审计”的问题。

一般地，审计管理主要包括组织管理、资源管理、业务管理和质量管理四个方面。其中，组织管理是对审计机构的组织战略目标、组织结构设计、审计环境等方面的管理；资源管理是对审计人员、审计时间、审计技术、审计信息、审计经费等方面的管理；业务管理是对审计计划、审计实施、审计报告及后续工作等审计业务全过程的管理；质量管理是确定审计质量方针、审计质量目标和审计职责的总称，通过审计质量策划、质量控制、质量保证和质量改进来使其实现的所有管理职能的全部活动。

具体的审计管理包括内容很多，如：审计机构管理、审计人员管理、审计技术管理、审计时间管理、审计项目管理、审计现场管理、审计信息管理、审计风险管理、审计质量管理等，在这些管理类型中审计项目管理是主线，审计质量管理是核心，其他各项管理都是通过开展审计项目、围绕质量管理而服务的。审计管理可以采用目标管理、责任管理、计划管理、制度管理等方式进行。

目前，加强审计管理、提高审计效率、保证审计质量越来越受到重视。政府审计方面，我国审计署出台了一系列审计准则之外，还针对单项管理业务出台了《审计机关审计项目计划管理办法》、《审计机关审计行政应诉管理的规定》、《审计机关审计信息工作的规定》、《审计机关审计听证的规定》、《审计机关审计项目质量控制办法（试行）》、《审计署聘请外部人员参与审计工作管理办法》等相关规定；内部审计方面，中国内部审计师协会除出台一系列业务准则之外，也专门针对审计资源、审计组织等方面出台了《中国内部审计具体准则第 24 号——内部审计机构的管理》、《中国内部审计具体准则第 29 号——内部审计人员后续教育》、《内部审计人员岗位资格证书实施办法》和《内部审计人员后续教育实施办法》等；独立审计方面，中国注册会计师协会在注册会计师注册管理、注册会计师考试管理、会计师事务所管理、业务组织管理和质量管理等方面也出台了相关的管理办法和管理标准，使审计管理工作走向了规范化的轨道。

三、审计理论体系各要素的关系

从审计理论要素所包含的审计目标、审计职能、审计假设、审计规范、审计方法和审计管理六个要素来看，审计目标是其他要素的风向标，其他要素的理论需按照审计目标理论来设计，受制于审计目标。

审计目标在审计理论体系中主要是回答“审计应该有一个什么结果”的问题，即解释审计最终要得到一个什么样结果的问题，它是审计工作的方向和航标。

审计职能在审计理论体系中主要是回答“审计能做什么”的问题，即解释审计为实现审计目标所应具备的能力问题。如果缺乏这种能力，就没有必要开展审计活动，而应该通过开展其他活动来实现这一目标。

审计假设在审计理论体系中主要是回答“开展审计应做好哪些前提性的准备”的问题，即解释为了实现审计目标需要做好哪些前提性的准备，这种前提性的准备应该是有限,其引领因素就是审计目标。如果离开审计目标的限制,可以对审计活动做出无数种假设。

审计规范在审计理论体系中主要是回答"如何规范去做审计"的问题,即解释为了实现目标应该怎么做审计,偏离规定的行为活动可能会引起哪些不良经济与社会后果的问题,所以在审计规范理论中就会融入提高效率和保证质量的措施,其最终目的仍然是实现审计目标。

审计方法在审计理论体系中主要是回答"如何准确去做审计"的问题,即解释如何准确去做审计才能实现审计目标的问题,实施审计方法的意图也是直奔审计目标而去。

审计管理在审计理论体系中主要是回答"如何有效去做审计"的问题,是解释如何有效去做才能实现审计目标的问题,或者说是解释如何有效组织开展审计工作的问题。

这六个审计目标的关系就犹如跑步比赛:审计目标是终点,审计假设是跑前准备,审计职能是跑步速度,审计规范是跑道,审计方法是跑步的准确性技能,审计管理是跑步的有效性技能,这几个方面的因素组合在一起,才能最为科学、快捷地达到最终的目标。因此审计目标是审计理论的起点,是其他各要素的主导因素,审计假设、审计职能、审计规范、审计方法和审计管理是围绕实现目标服务而在不同环节上建立的理论工具。这一关系可以用图 1-3 表示。

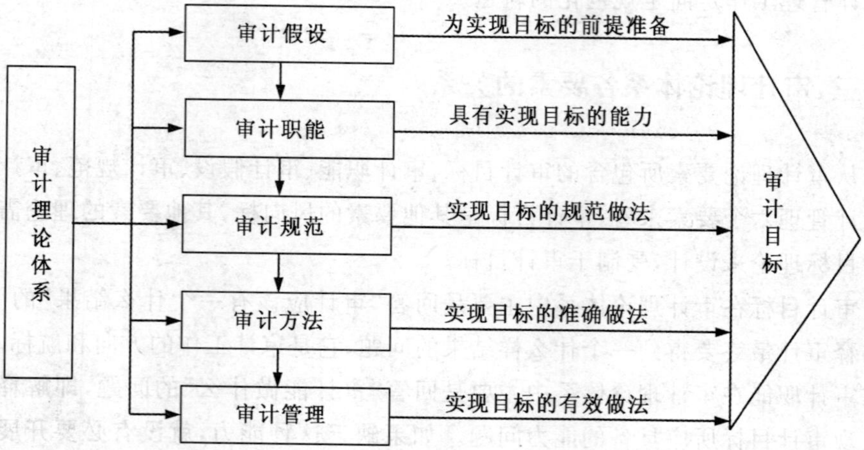

图 1-3 审计理论体系的各要素关系图

思　考　题

1. 什么是受托经济责任？为什么说审计产生的基础是受托经济责任？

2. 政府审计、内部审计和独立审计在发展历史中其政治地位、经济作用是如何逐步演变的？

3. 什么是审计关系？审计关系包括哪些方面？

4. 什么是审计的独立性？如何理解我国政府审计、内部审计、独立审计的独立性？

5. 审计的定义是什么？如何理解 AAA 的审计定义？

6. 审计分类有哪些标准？如何分类？

7. 不同的审计体制如何影响其独立性和权威性？我国的政府审计、内部审计、独立审计各有哪些职责？

8. 审计理论体系包括哪些要素？它们之间有何关系？

第二章　审计职业规范与法律责任

本章导读

本章主要介绍了注册会计师执业准则体系、注册会计师职业道德规范、会计师事务所质量控制准则和注册会计师的法律责任等方面的内容。注册会计师执业准则体系包括鉴证业务准则、相关服务准则和质量控制准则，其中鉴证业务准则包括鉴证业务基本准则、审计准则、审阅准则和其他鉴证业务准则；注册会计师在执行鉴证业务时，应当遵守中国注册会计师职业道德规范（以下简称职业道德规范）和会计师事务所质量控制准则；注册会计师的法律责任主要有民事责任、行政责任和刑事责任三种表现形式。

主要内容

- 审计业务准则
- 审计质量控制准则
- 审计职业道德规范
- 审计法律责任

第一节　审计业务准则

从本章开始所介绍的审计准则、审计目标、审计程序和审计意见等内容，均以注册会计师审计为主。2006 年 2 月，财政部出台《中国注册会计师鉴证业务基本准则》、《中国注册会计师审计准则第 1142 号——财务报表审计中对法律法规的考虑》等 48 项准则，正好顺应了经济全球化和注册会计师审计准则国际趋同的大趋势，加速实现了准则国际趋同。在注册会计师面临着不断变化的审计环境及由此带来的审计风险的大背景下，注册会计师执业准则的改进也顺应了维护市场经济的稳定有序运行、保护社会公众利益的大趋势，有利于增强审计的有效性，从而增进社会公众对行业的信心。为便于理解，本教材将注册会计师执业准则简称为“审计准则”。

一、审计准则概述

（一）审计准则的含义

审计准则是用来规范审计人员执行审计业务，获取审计证据，形成审计结论，出具审计报告的专业标准；审计准则包括政府审计准则、内部审计准则和注册会计师执业准则。政府审计准则是指由政府审计部门根据政府审计的工作性质和工作范围等特点而制定的，用以对政府审计人员执业行为进行规范的审计准则；内部审计准则是指由各内部审计组织制定的，用以规范内部审计人员执业行为的审计准则；注册会计师执业准则是指由中国注册会计师协会制定的，用以规范注册会计师执业行为的审计准则。

注册会计师执业准则是用来规范注册会计师执行审计业务，获取审计证据，形成审计结论，出具审计报告的专业标准。它是注册会计师职业规范体系的重要组成部分，是注册会计师在执行独立审计业务过程中必须遵循的行为准则，也是衡量注册会计师审计工作质量的权威性标准。注册会计师审计准则体系体现了与国际审计准则的趋同要求，满足了新形势下注册会计师的执业需求，突出了维护公众利益的行业宗旨，增强了审计准则的可操作性。

（二）审计执业准则的建设

中国注册会计师执业准则的建设主要经历了三个阶段：制定执业规则阶段（1991—1993 年）；建立准则体系阶段（1994—2003 年）；完善与提高阶段（2004 年以后）。

中国注册会计师协会自 1988 年 11 月成立以来，致力于推动注册会计师行业的规范发展和全面进步，其最大的成就在于成立后不久开始进行的执业规则建设工作。1991—1993 年，中国注册会计师协会先后发布了《注册会计师检查验证会计报表规则（试行）》等 7 个执业规则，对我国注册会计师行业走向正规化、法制化和专业化起到了积极作用。1993 年 10 月 31 日，第八届全国人民代表大会常务委员会第四次会议通过《注册会计师法》，规定中国注册会计师协会依法拟订执业准则、规则，报国务院财政部门批准后施行。经财政部批准同意，中国注册会计师协会自1994年5月开始起草独立审计准则。到2003年年中，中国注册会计师协会先后分6批制定了独立审计准则，共计48个项目，基本上建立起准则体系。

(三)审计执业准则的目标

我国制定注册会计师执业准则，应该达到的目标主要有：

(1)建立执行独立审计业务的权威性标准，规范注册会计师的执业行为，促使注册会计师恪守独立、客观、公正的基本原则，有效地发挥注册会计师的鉴证和服务作用。

(2)促使各会计师事务所和注册会计师按照统一执业准则执行审计业务，提高审计工作质量，提高业务素质和执业水平。

(3)明确注册会计师的执业责任，维护社会公众利益，保护投资者和其他利害关系人的合法权益，促进社会主义市场经济的健康发展。

(4)建立与国际审计准则相衔接的中国注册会计师执业准则。

(四)审计执业准则体系

财政部2006年出台《中国注册会计师鉴证业务基本准则》、《中国注册会计师审计准则第1142号——财务报表审计中对法律法规的考虑》等48项准则，旨在规范审计执业行为，提高审计质量，维护社会公众利益，促进社会主义市场经济的健康发展。独立审计准则建设以及准则体系的基本建立，有效地适应了注册会计师执业的需要；独立审计准则已经成为注册会计师执业的必备指南，成为衡量注册会计师执业质量的依据，成为理论研究、教学教材建设的重要推动力量；独立审计准则还是有关部门执法、判断注册会计师执业罪错的依据。

中国注册会计师执业准则体系，层次分明，内容全面，既规范了审计等具有鉴证职能的业务，又规范了代编财务信息、对财务信息执行商定程序等不具有鉴证职能的业务，涵盖了注册会计师业务领域的各个主要环节和主要方面，能够满足注册会计师业务多元化的需求，满足社会公众和相关监管部门的基本需求。在考虑中国特有的经济环境的基础上，财政部2006年2月出台48项中国注册会计师执业准则，充分借鉴了国际审计准则的规定，形成一套由鉴证业务准则、相关服务准则和质量控制准则共同构成的全面体系。中国注册会计师执业准则体系及业务准则体系的构成如图2-1和图2-2所示。

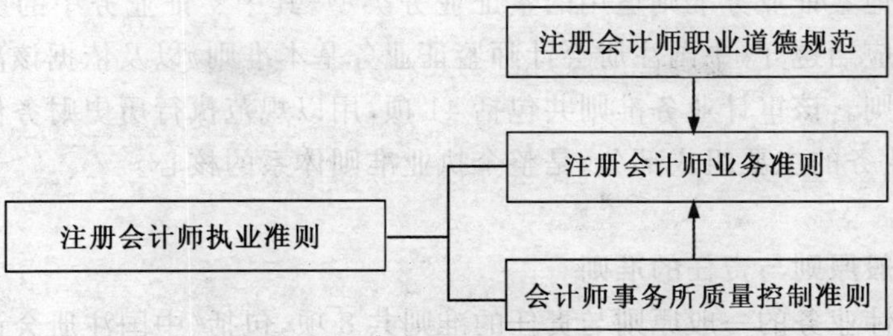

图 2-1　中国注册会计师执业准则体系

资料来源：刘明辉. 审计. 大连：东北财经大学出版社，2007：42.

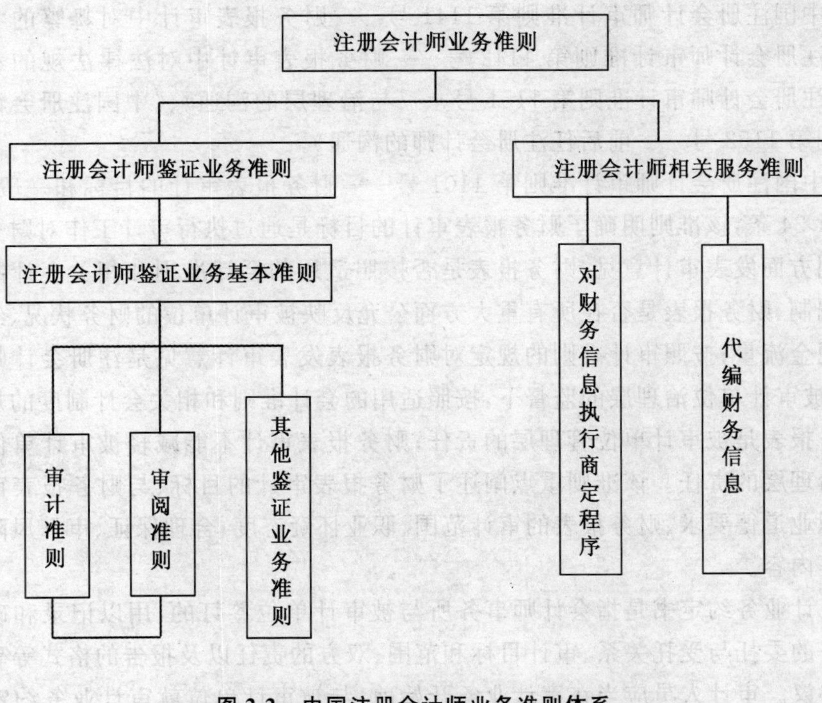

图 2-2　中国注册会计师业务准则体系

资料来源：刘明辉. 审计. 大连：东北财经大学出版社，2007：43.

二、审计业务准则

《中国注册会计师鉴证业务基本准则》主要规范执行鉴证业务，明确鉴证业务的目标和要素，确定中国注册会计师审计准则、中国注册会计师审阅准则、中国注册会计师其他鉴证业务准则适用的鉴证业务类型，其中鉴证业务中的历史财务信息审计业务应当遵守《中国注册会计师鉴证业务基本准则》以及依据该准则制定的审计业务准则。该审计业务准则共包括41项，用以规范执行历史财务信息审计业务，是鉴证业务的主要组成部分，是整个执业准则体系的核心。

(一)一般原则与责任的准则

规范审计业务的一般原则与责任的准则共8项，包括《中国注册会计师审计准则第1101号——财务报表审计的目标和一般原则》、《中国注册会计师审计准则第1111号——审计业务约定书》、《中国注册会计师审计准则第1121号——历史财务信息审计的质量控制》、《中国注册会计师审计准则第1131号——审计工作底稿》、《中国注册会计师审计准则第1141号——财务报表审计中对舞弊的考虑》、《中国注册会计师审计准则第1142号——财务报表审计中对法律法规的考虑》、《中国注册会计师审计准则第1151号——与治理层的沟通》、《中国注册会计师审计准则第1152号——前后任注册会计师的沟通》。

《中国注册会计师审计准则第1101号——财务报表审计的目标和一般原则》共8章24条，该准则明确了财务报表审计的目标是通过执行审计工作对财务报表的下列方面发表审计意见：财务报表是否按照适用的会计准则和相关会计制度的规定编制、财务报表是否在所有重大方面公允反映被审计单位的财务状况、经营成果和现金流量；按照审计准则的规定对财务报表发表审计意见是注册会计师的责任；在被审计单位治理层的监督下，按照适用的会计准则和相关会计制度的规定编制财务报表是被审计单位管理层的责任；财务报表审计不能减轻被审计单位管理层和治理层的责任。该准则重点阐述了财务报表审计的目标、与财务报表审计相关的职业道德要求、财务报表的审计范围、职业怀疑态度、合理保证、审计风险和重要性等内容。

审计业务约定书是指会计师事务所与被审计单位签订的，用以记录和确认审计业务的委托与受托关系、审计目标和范围、双方的责任以及报告的格式等事项的书面协议。审计人员应当在审计业务开始前，与被审计单位就审计业务约定条款达成一致意见，并签订审计业务约定书，以避免双方对审计业务的理解产生分歧；如果被审计单位不是委托人，在签订审计业务约定书前就应当与委托人、被审计单位就审计业务约定相关条款进行充分沟通，并达成一致意见。《中国注册会计师审计准则第1111号——审计业务约定书》共5章16条，主要对审计业务约定书的内容、审计业务的变更等方面进行了规范。

《中国注册会计师审计准则第1121号——历史财务信息审计的质量控制》共

8 章 35 条，该准则规范的范围包括对审计质量承担的领导责任、职业道德规范、客户关系和具体审计业务的接受与保持、项目组的工作委派、业务执行、监控等方面，主要目的是为了规范包括财务报表在内的历史财务信息审计的质量控制程序，明确会计师事务所人员责任。

《中国注册会计师审计准则第 1131 号——审计工作底稿》共 6 章 24 条，主要规范审计工作底稿的格式、内容和范围以及审计工作底稿的归档。审计工作底稿是审计人员对制订的审计计划、实施的审计程序、获取的相关审计证据，以及得出的审计结论做出的记录；审计人员及时编制审计工作底稿的目的在于提供充分、适当的记录作为审计报告的基础，同时提供证据以证明其按照审计准则的规定执行了审计工作。

《中国注册会计师审计准则第 1141 号——财务报表审计中对舞弊的考虑》共 14 章 90 条，出于对被审计单位舞弊的考虑，该准则对以下方面进行规范：舞弊的特征，治理层、管理层的责任和注册会计师的责任，职业怀疑态度，项目组内部的讨论，风险评估程序，识别和评估舞弊导致的重大错报风险，应对舞弊导致的重大错报风险，评价审计证据，与管理层、治理层和监管机构的沟通，无法继续执行审计业务时的考虑，审计工作记录等方面。

《中国注册会计师审计准则第 1142 号——财务报表审计中对法律法规的考虑》共 7 章 37 条，目的是规范注册会计师在财务报表审计中对法律法规的考虑以明确执业责任。该准则主要对管理层遵守法律法规的责任、对被审计单位遵守法律法规的考虑、发现违反法规行为时实施的审计程序、对违反法规行为的报告、解除业务约定等方面进行了规范。在设计和实施审计程序以及评价和报告审计结果时，注册会计师应当充分关注被审计单位违反法规行为可能对财务报表产生重大影响；在考虑被审计单位的一项行为是否违反法律法规时，注册会计师应当征询法律意见；注册会计师接受专项委托审计并报告被审计单位遵守特定法律法规的业务不适用该准则。

《中国注册会计师审计准则第 1151 号——与治理层的沟通》共 6 章 67 条，主要对沟通的对象、沟通的事项、沟通的过程以及记录等方面进行了规范；注册会计师应当就与财务报表审计相关、且根据职业判断认为与治理层责任相关的重大事项，以适当的方式及时与治理层沟通，其中直接与治理层沟通的事项包括注册会计师的责任、计划的审计范围和时间、审计工作中发现的问题、注册会计师的独立性等。

《中国注册会计师审计准则第 1152 号——前后任注册会计师的沟通》共 5 章 17 条，目的是为了规范前后任注册会计师的沟通；该准则主要对接受委托前的沟通、接受委托后的沟通、发现前任注册会计师审计的财务报表可能存在重大错报时的处理等方面进行了规范。

(二)风险评估与应对的准则

对风险评估与应对进行规范的准则共有5项,包括《中国注册会计师审计准则第1201号——计划审计工作》、《中国注册会计师审计准则第1211号——了解被审计单位及其环境并评估重大错报风险》、《中国注册会计师审计准则第1212号——对被审计单位使用服务机构的考虑》、《中国注册会计师审计准则第1221号——重要性》、《中国注册会计师审计准则第1231号——针对评估的重大错报风险实施的程序》。

注册会计师应当计划审计工作以使审计业务以有效的方式得到执行,计划审计工作包括针对审计业务制定总体审计策略和具体审计计划,以将审计风险降至可接受的低水平。《中国注册会计师审计准则第1201号——计划审计工作》共10章29条,分别从初步业务活动、总体审计策略、具体审计计划、审计过程中对计划的更改、指导、监督与复核、对计划审计工作的记录、与治理层和管理层的沟通、首次接受审计委托的补充考虑等方面进行了规范。

注册会计师应当了解被审计单位及其环境,以足够识别和评估财务报表重大错报风险,设计和实施进一步审计程序。《中国注册会计师审计准则第1211号——了解被审计单位及其环境并评估重大错报风险》共8章117条,目的是为了规范注册会计师了解被审计单位及其环境,识别和评估财务报表重大错报风险,该准则分别对风险评估程序、信息来源以及项目组内部的讨论、了解被审计单位及其环境、了解被审计单位的内部控制、评估重大错报风险、与治理层和管理层的沟通等方面进行了规范。

《中国注册会计师审计准则第1212号——对被审计单位使用服务机构的考虑》共4章24条,目的是为了规范注册会计师对被审计单位使用服务机构的考虑,以及对服务机构注册会计师的报告的考虑,该准则分别对注册会计师考虑的内容、服务机构注册会计师的报告等方面进行了规范。

《中国注册会计师审计准则第1221号——重要性》共6章19条,旨在规范注册会计师运用重要性原则、明确重要性概念及其与审计风险的关系;该准则分别对重要性的确定、重要性与审计风险的关系、评价错报的影响、与管理层和治理层的沟通等方面进行了规范。

《中国注册会计师审计准则第1231号——针对评估的重大错报风险实施的程序》共9章84条,旨在规范注册会计师针对已评估的重大错报风险确定总体应对措施、设计和实施进一步审计程序。该准则主要从针对财务报表层次重大错报风险的总体应对措施、针对认定层次重大错报风险的进一步审计程序、控制测试、实质性程序、评价列报的适当性、评价审计证据的充分性和适当性、审计工作记录等方面进行了阐述。

(三)审计证据的准则

审计证据是指注册会计师为了得出审计结论、形成审计意见而使用的所有信息,包括财务报表依据的会计记录中含有的信息和其他信息。审计业务准则中与审计证据有关的共12项。

注册会计师应当获取充分、适当的审计证据,以得出合理的审计结论,作为形成审计意见的基础。《中国注册会计师审计准则第1301号——审计证据》共5章35条,旨在规范注册会计师获取审计证据的内容、数量和质量,以及为获取审计证据所需实施的审计程序。该准则主要对审计证据的充分性和适当性、获取审计证据时对认定的运用、获取审计证据的审计程序进行了详细阐述。

《中国注册会计师审计准则第1311号——存货监盘》共6章33条,旨在规范注册会计师实施存货监盘程序。该准则主要对存货监盘计划、存货监盘程序、特殊情况的处理、存货监盘结果对审计报告的影响进行了详细阐述。

《中国注册会计师审计准则第1312号——函证》共5章28条,旨在规范注册会计师实施函证获取审计证据,主要对函证决策、询证函的设计、函证的实施与评价进行了详细说明。

《中国注册会计师审计准则第1313号——分析程序》共5章23条,旨在规范注册会计师运用分析程序以及了解分析程序的性质和目的。注册会计师应当将分析程序用作风险评估程序,以了解被审计单位及其环境,并在审计结束时运用分析程序对财务报表进行总体复核,也可将分析程序用作实质性程序。

《中国注册会计师审计准则第1314号——审计抽样和其他选取测试项目的方法》共13章48条,旨在规范注册会计师在设计审计程序时使用审计抽样和其他选取测试项目的方法。该准则对获取审计证据时对抽样风险和非抽样风险的考虑、选取测试项目以获取审计证据、统计抽样与非统计抽样方法的使用、样本设计、样本规模、选取样本、实施审计程序、误差的性质和原因、推断误差以及评价样本结果等方面进行了详细说明。

《中国注册会计师审计准则第1321号——会计估计的审计》共7章25条,旨在规范注册会计师对会计估计的审计,重点阐述了针对会计估计的重大错报风险实施的审计程序、复核和测试管理层作出会计估计的过程、运用独立估计、复核期后事项、评价审计程序的结果等方面。

《中国注册会计师审计准则第1322号——公允价值计量和披露的审计》共9章50条，旨在规范注册会计师对公允价值计量和披露的审计，重点对了解被审计单位公允价值计量和披露的程序以及相关控制活动并评估重大错报风险、评价公允价值计量的适当性和披露的充分性、利用专家的工作、针对公允价值计量和披露的重大错报风险实施的审计程序、评价审计程序实施的结果、管理层声明以及与治理层的沟通等方面进行了说明。

《中国注册会计师审计准则第1323号——关联方》共9章38条，旨在规范注册会计师对关联方和关联方交易的审计，分别对关联方的存在和披露、关联方交易的识别、检查已识别的关联方交易、管理层声明以及审计结论和报告等内容进行了阐述。

《中国注册会计师审计准则第1324号——持续经营》共9章38条，旨在规范注册会计师考虑持续经营假设的适当性，该准则对管理层的责任、注册会计师的责任、计划审计工作与实施风险评估程序、评价管理层对持续经营能力的评估、超出管理层评估期间的事项或情况、进一步审计程序以及审计结论与报告等内容进行了阐述。

《中国注册会计师审计准则第1331号——首次接受委托时对期初余额的审计》共4章16条，旨在规范注册会计师在首次接受委托时对财务报表中期初余额的审计，以明确执业责任，并重点阐述了注册会计师对财务报表期初余额所实施的审计程序、注册会计师实施期初余额审计对最终形成的审计结论和报告的影响。

《中国注册会计师审计准则第1332号——期后事项》共6章22条，旨在规范注册会计师对期后事项的审计，以明确执业责任。该准则主要针对截至审计报告日发生的事项、审计报告日后至财务报表报出日前发现的事实、财务报表报出后发现的事实、公开发行证券的考虑等内容进行阐述。

《中国注册会计师审计准则第1341号——管理层声明》共6章18条，旨在规范注册会计师获取和使用管理层声明，该准则主要针对管理层对财务报表责任的认可、将管理层声明作为审计证据、对管理层声明的记录、管理层拒绝提供声明时的措施等方面进行了阐述。

(四)利用其他主体的工作的准则

主审注册会计师是指当被审计单位财务报表包含由其他注册会计师审计的一个或多个组成部分的财务信息时，负责对该财务报表出具审计报告的注册会计师；其他注册会计师是指除主审注册会计师以外的，负责对组成部分财务信息出具审计报告的其他会计师事务所的注册会计师；当主审注册会计师利用其他注册会计师的工作时，应当确定其他注册会计师的工作将如何影响审计；涉及利用其他注册会计师的工作的审计准则有3项。

《中国注册会计师审计准则第1401号——利用其他注册会计师的工作》共6章19条，旨在规范主审注册会计师利用其他注册会计师的工作。该准则主要对接受委托担任主审注册会计师、主审注册会计师的审计程序、注册会计师之间的配合、出具审计报告的考虑等方面进行了阐述。

《中国注册会计师审计准则第1411号——考虑内部审计工作》共7章22条，主要对内部审计的范围和目标、内部审计和注册会计师的关系、了解与初步评估内部审计、沟通和协调、评价内部审计的特定工作等方面进行了阐述。

《中国注册会计师审计准则第1421号——利用专家的工作》共7章18条，旨在规范注册会计师利用专家的工作。专家是指除会计、审计之外的某一特定领域中具有专门技能、知识和经验的个人或组织；专家可以是被审计单位或会计师事务所的员工，也可以是被审计单位或会计师事务所从外部聘请的个人或组织。该准则主要对确定是否需要利用专家的工作、专家的专业胜任能力和客观性、专家的工作范围、评价专家的工作、在审计报告中提及专家的工作等方面进行了阐述。

(五)审计结论与报告的准则

涉及审计结论与报告的审计准则有4项，包括《中国注册会计师审计准则第1501号——审计报告》、《中国注册会计师审计准则第1502号——非标准审计报告》、《中国注册会计师审计准则第1511号——比较数据》、《中国注册会计师审计准则第1521号——含有已审计财务报表的文件中的其他信息》。

《中国注册会计师审计准则第1501号——审计报告》共4章22条，旨在规范注册会计师形成审计意见和出具审计报告，并规定审计报告应当包括：标题，收件人，引言段，管理层对财务报表的责任段，注册会计师的责任段，审计意见段，注册会计师的签名和盖章，会计师事务所的名称、地址及盖章，报告日期。

《中国注册会计师审计准则第1502号——非标准审计报告》共4章15条，旨在规范注册会计师出具非标准审计报告，对标准审计报告以外的其他审计报告，包括带强调事项段的无保留意见的审计报告和非无保留意见的审计报告等内容进行了说明。

《中国注册会计师审计准则第1511号——比较数据》共5章15条，旨在明确注册会计师对比较数据的责任，具体对注册会计师的责任、报告、对新任注册会计师的补充要求等方面进行了阐述。

《中国注册会计师审计准则第 1521 号——含有已审计财务报表的文件中的其他信息》共 6 章 23 条，旨在规范注册会计师考虑含有已审计财务报表的文件中的其他信息，明确执业责任。其他信息主要包括：被审计单位管理层或治理层的经营报告，财务数据摘要，就业数据，计划的资本性支出，财务比率，董事和高级管理人员的姓名，需要列示的季度数据。

（六）特殊领域审计的准则

涉及特殊领域审计的准则有 9 项，包括《中国注册会计师审计准则第 1601 号——对特殊目的审计业务出具审计报告》、《中国注册会计师审计准则第 1602 号——验资》、《中国注册会计师审计准则第 1611 号——商业银行财务报表审计》、《中国注册会计师审计准则第 1612 号——银行间函证程序》、《中国注册会计师审计准则第 1613 号——与银行监管机构的关系》、《中国注册会计师审计准则第 1621 号——对小型被审计单位审计的特殊考虑》、《中国注册会计师审计准则第 1631 号——财务报表审计中对环境事项的考虑》、《中国注册会计师审计准则第 1632 号——衍生金融工具的审计》、《中国注册会计师审计准则第 1633 号——电子商务对财务报表审计的影响》。

目前，执业体系中只有一项审阅准则，即《中国注册会计师审阅准则第 2101 号——财务报表审阅》，该准则旨在规范注册会计师执行财务报表审阅业务以明确执业责任。财务报表审阅的目标是注册会计师在实施审阅程序的基础上，说明是否注意到某些事项，使其相信财务报表没有按照适用的会计准则和相关会计制度的规定编制，未能在所有重大方面公允反映被审阅单位的财务状况、经营成果和现金流量。

第二节 审计质量控制准则

财政部 2006 年发布的《会计师事务所质量控制准则第 5101 号——业务质量控制》准则，适用于会计师事务所执行历史财务信息审计和审阅业务、其他鉴证业务及相关服务业务，目的是为了规范会计师事务所的业务质量控制，明确会计师事务所及其人员的质量控制责任。

一、质量控制制度的要素

会计师事务所应当根据本准则制定质量控制制度，以合理保证会计师事务所及其人员遵守法律法规、审计职业道德规范以及审计准则、审阅准则、其他鉴证业务准则和相关服务准则的规定；同时合理保证会计师事务所和项目负责人根据具体情况出具恰当的报告。会计师事务所业务质量控制制度应当包括针对下列要素而制定的政策和程序：

(1)对业务质量承担的领导责任。

(2)职业道德规范。

(3)客户关系和具体业务的接受与保持。

(4)人力资源。

(5)业务执行。

(6)业务工作底稿。

(7)监控。

二、对业务质量承担的领导责任

(1)会计师事务所应当制定政策和程序，培育以质量为导向的内部文化。这些政策和程序应当要求会计师事务所主任会计师对质量控制制度承担最终责任。会计师事务所的领导层及其作出的示范对会计师事务所的内部文化有重大影响。会计师事务所各级管理层应当通过清晰、一致及经常的行动示范和信息传达，强调质量控制政策和程序的重要性以及下列要求：

①按照法律法规、职业道德规范和业务准则的规定执行工作。

②根据具体情况出具恰当的报告。

(2)会计师事务所的领导层应当树立质量至上的意识。会计师事务所应当通过下列措施实现质量控制的目标：

①合理确定管理责任，以避免重商业利益轻业务质量。

②建立以质量为导向的业绩评价、薪酬及晋升的政策和程序。

③投入足够的资源制定和执行质量控制政策和程序，并形成相关文件记录。

在审计实务中，受会计师事务所主任会计师委派承担质量控制制度运作责任的人员，应当具有足够、适当的经验和能力以及必要的权限以履行其责任。

三、职业道德规范

会计师事务所应当制定政策和程序，以合理保证会计师事务所及其人员遵守职业道德规范。职业道德规范要求会计师事务所及其人员恪守客观、公正的原则，保持专业胜任能力和应有的关注，并对执业过程中获知的信息保密。

（一）遵守职业道德规范的措施

会计师事务所制定的政策和程序应当强调遵守职业道德规范的重要性，并通过下列途径予以强化：会计师事务所领导层的示范；教育和培训；监控；对违反职业道德规范行为的处理。

（二）满足独立性要求

1.独立性对于鉴证业务非常重要

会计师事务所应当制定政策和程序，以合理保证会计师事务所及其人员，包括聘用的专家和其他需要满足独立性要求的人员，保持职业道德规范要求的独立性。这些政策和程序应当使会计师事务所能够做到以下两点。

(1)向相关人员传达独立性要求。

(2)识别和评价对独立性造成威胁的情况和关系，并采取适当的防护措施以消除对独立性的威胁，或将其降至可接受的水平，必要时可解除业务约定。

2.会计师事务所制定的政策和程序的要求

(1)项目负责人向会计师事务所提供与客户委托业务相关的信息，以使会计师事务所能够评价这些信息对保持独立性的总体影响。

(2)会计师事务所人员立即向会计师事务所报告对独立性造成威胁的情况和关系，以便会计师事务所采取适当行动。

(3)会计师事务所收集相关信息，并向适当人员传达。

会计师事务所应当制定政策和程序，以合理保证能够获知违反独立性要求的情况，并采取适当行动予以解决。这些政策和程序应当包括下列要求：

(1)所有应当保持独立性的人员，将注意到的违反独立性要求的情况立即告知会计师事务所。

(2)会计师事务所将已识别的违反这些政策和程序的情况，立即传达给需要与会计师事务所共同处理这些情况的项目负责人，以及需要采取适当行动的会计师事务所内部其他相关人员和受独立性要求约束的人员。

(3)项目负责人、会计师事务所内部的其他相关人员，以及需要保持独立性的其他人员，在必要时，立即向会计师事务所告知他们为解决有关问题采取的行动，以便会计师事务所能够决定是否应当采取进一步的行动。

会计师事务所和相关项目负责人采取的适当行动，包括采取适当的防护措施以消除对独立性的威胁或将威胁降至可接受的水平，或解除业务约定。会计师事务所应当每年至少一次向所有受独立性要求约束的人员获取其遵守独立性政策和程序的书面确认函。

四、客户关系和具体业务的接受与保持

(1)会计师事务所应当制定有关客户关系和具体业务接受与保持的政策和程序，以合理保证只有在下列情况下，才能接受或保持客户关系和具体业务：

①已考虑客户的诚信，没有信息表明客户缺乏诚信。

②具有执行业务必要的素质、专业胜任能力、时间和资源。

③能够遵守职业道德规范。

在接受新客户的业务前，或决定是否保持现有业务或考虑接受现有客户的新业务时，会计师事务所应当根据具体情况获取本条前款第 1 项至第 3 项的信息。当识别出问题而又决定接受或保持客户关系或具体业务时，会计师事务所应当记录问题如何得到解决。

(2)针对有关客户的诚信，会计师事务所应当考虑下列主要事项：

①客户主要股东、关键管理人员、关联方及治理层的身份和商业信誉。

②客户的经营性质。

③客户主要股东、关键管理人员及治理层对内部控制环境和会计准则的态度。

④客户是否过分考虑将会计师事务所的收费维持在尽可能低的水平。

⑤工作范围受到不适当限制的迹象。

⑥客户可能涉嫌洗钱或其他刑事犯罪行为的迹象。

⑦变更会计师事务所的原因。

(3)在确定是否具有接受新业务所需的必要素质、专业胜任能力、时间和资源时，会计师事务所应当考虑下列事项，以评价新业务的特定要求和所有相关级别的现有人员的基本情况：

①会计师事务所人员是否熟悉相关行业或业务对象。

②会计师事务所人员是否具有执行类似业务的经验，或是否具备有效获取必要技能和知识的能力。

③会计师事务所是否拥有足够的具有必要素质和专业胜任能力的人员。

④在需要时,是否能够得到专家的帮助。

⑤如果需要项目质量控制复核,是否具备符合标准和资格要求的项目质量控制复核人员。

⑥会计师事务所是否能够在提交报告的最后期限内完成业务。

在确定是否接受新业务时,会计师事务所还应当考虑接受该业务是否会导致现实或潜在的利益冲突。如果识别出潜在的利益冲突,会计师事务所应当考虑接受该业务是否适当。在确定是否保持客户关系时,会计师事务所应当考虑在本期或以前业务执行过程中发现的重大事项,及其对保持客户关系可能造成的影响。

五、人力资源

会计师事务所应当制定政策和程序,合理保证拥有足够的具有必要素质和专业胜任能力并遵守职业道德规范的人员,以使会计师事务所和项目负责人能够按照法律法规、职业道德规范和业务准则的规定执行业务,并根据具体情况出具恰当的报告。会计师事务所制定的人力资源政策和程序应当解决下列人事问题:招聘、业绩评价、人员素质、专业胜任能力、职业发展、晋升、薪酬、人员需求预测。

会计师事务所应当制定招聘程序,以选择正直的、通过发展能够具备执行业务所需的必要素质和专业胜任能力的人员;会计师事务所可以通过下列途径提高人员素质和专业胜任能力:职业教育、职业发展(包括培训)、工作经验、由经验更丰富的员工提供辅导。会计师事务所应当在人力资源政策和程序中强调对各级别人员进行继续培训的重要性,并提供必要的培训资源和帮助,以使人员能够发展和保持必要的素质和专业胜任能力。

六、业务执行

(一)指导、监督与复核

1.总体要求

会计师事务所应当制定政策和程序,以合理保证按照法律法规、职业道德规范和业务准则的规定执行业务,使会计师事务所和项目负责人能够根据具体情况出具恰当的报告。会计师事务所通常使用书面或电子手册、标准化底稿以及指南性材料等文件使其制定的政策和程序得到贯彻,这些文件针对的事项包括:

(1)如何将业务情况简要告知项目组,使项目组了解工作目标。

(2)保证适用的业务准则得以遵守的程序。

(3)业务监督、员工培训和辅导的程序。

(4)对已实施的工作、作出的重大判断以及拟出具的报告进行复核的方法。

(5)对已实施的工作及其复核的时间和范围作出适当记录。

(6)保证所有的政策和程序是合时宜的。

2.具体要求

项目组的所有成员应当了解拟执行工作的目标。项目负责人应当通过适当的团队工作和培训,使经验较少的项目组成员清楚了解所分派工作的目标。

项目负责人对业务的监督包括:

(1)追踪业务进程。

(2)考虑项目组各成员的素质和专业胜任能力,以及是否有足够的时间执行工作,是否理解工作指令,是否按照计划的方案执行工作。

(3)解决在执行业务过程中发现的重大问题,考虑其重要程度并适当修改原计划的方案。

(4)识别在执行业务过程中需要咨询的事项,或需要由经验较丰富的项目组成员考虑的事项。

(二)咨询

咨询包括与会计师事务所内部或外部具有专门知识的人员、在适当专业层次上进行的讨论、以解决疑难问题或争议事项,会计师事务所应当建立政策和程序,以合理保证就疑难问题或争议事项进行适当咨询,可获取充分的资源进行适当咨询,咨询的性质和范围得以记录,咨询形成的结论得到记录和执行。其具体要求如下。

(1)会计师事务所应当形成一种良好的咨询氛围,鼓励会计师事务所人员就疑难问题或争议事项进行咨询。

(2)项目组应当考虑就重大的技术、职业道德及其他事项,向会计师事务所内部或在适当情况下向会计师事务所外部具备适当知识、资历和经验的其他专业人士咨询,并适当记录和执行咨询形成的结论。

(3)项目组在向会计师事务所内部或外部其他专业人士咨询时,应当提供所有相关事实,以使其能够对咨询的事项提出有见地的意见。

(4)需要向外部咨询的会计师事务所,可以利用其他会计师事务所、职业团体、监管机构或商业机构提供的咨询服务,但应当考虑外部咨询提供者是否能够胜任这项工作。

(5)项目组就疑难问题或争议事项向其他专业人士咨询所形成的记录应当经被咨询者认可。咨询形成的记录应当完整详细,包括下列内容:寻求咨询的事项、咨询的结果(包括作出的决策、决策依据以及决策的执行情况)。

(三)意见分歧

会计师事务所应当制定政策和程序,以处理和解决项目组内部、项目组与被咨询者之间以及项目负责人与项目质量控制复核人员之间的意见分歧,所形成的结论应当得以记录和执行。只有意见分歧问题得到解决,项目负责人才能出具报告。

(四)项目质量控制复核

项目质量控制复核是指在出具报告前,对项目组作出的重大判断和在准备报告时形成的结论作出客观评价的过程;会计师事务所的政策和程序应当要求在出具报告前完成项目质量控制复核。

(1)会计师事务所应当制定政策和程序,要求对特定业务实施项目质量控制复核,以客观评价项目组作出的重大判断以及在准备报告时得出的结论。这些政策和程序应当要求:

①对所有上市公司财务报表审计实施项目质量控制复核。

②规定适当的标准,据此评价上市公司财务报表审计以外的历史财务信息审计和审阅、其他鉴证业务及相关服务业务,以确定是否应当实施项目质量控制复核。

③对符合适当标准的所有业务实施项目质量控制复核。

(2)项目质量控制复核通常包括:

①与项目负责人进行讨论。

②复核财务报表或其他业务对象信息及报告,尤其考虑报告是否适当。

③选取与项目组作出重大判断及形成结论有关的工作底稿进行复核。

项目质量控制复核的范围取决于业务的复杂程度和出具不恰当报告的风险。项目质量控制复核并不减轻项目负责人的责任。

(3)会计师事务所应当制定政策和程序,保证项目质量控制复核人员的客观性。在确定项目质量控制复核人员时,会计师事务所应当避免下列情形:

①由项目负责人挑选。

②在复核期间以其他方式参与该业务。

③代替项目组进行决策。

④存在可能损害复核人员客观性的其他情形。

在业务执行过程中，项目负责人可以向项目质量控制复核人员进行咨询。当咨询问题的性质和范围十分重大时，项目组和复核人员应当谨慎从事，以使复核人员保持客观性。如果复核人员不能保持客观性，会计师事务所应当委派其他人员或聘请具有适当资格的外部人员，担当项目质量控制复核人员或该项业务的被咨询者。具有适当资格的外部人员是指会计师事务所外部的、具有担任项目负责人的必要素质和专业胜任能力的个人。

七、业务工作底稿

会计师事务所应当制定政策和程序，以使项目组在出具业务报告后及时将工作底稿归整为最终业务档案。会计师事务所应当根据业务的具体情况，确定适当的业务工作底稿归档期限。对历史财务信息审计和审阅业务、其他鉴证业务，业务工作底稿的归档期限为业务报告日后60天内。如果针对客户的同一财务信息执行不同的委托业务，出具两个或多个不同的报告，会计师事务所应当将其视为不同的业务，根据制定的政策和程序，在规定的归档期限内分别将业务工作底稿归整为最终业务档案。

1. 业务工作底稿的管理要求

(1)会计师事务所应当制定政策和程序，以安全保管业务工作底稿并对业务工作底稿保密。

(2)保证业务工作底稿的完整性。

(3)便于使用和检索业务工作底稿。

(4)按照规定的期限保存业务工作底稿。

2. 业务工作底稿的保密要求

除下列情况外，会计师事务所应当对业务工作底稿包含的信息予以保密：

(1)取得客户的授权。

(2)根据法律法规的规定，会计师事务所为法律诉讼准备文件或提供证据，以及向监管机构报告发现的违反法规行为。

(3)接受注册会计师协会和监管机构依法进行的质量检查。

八、监控

会计师事务所应当制定监控政策和程序，以合理保证质量控制制度中的政策和程序是相关、适当的，并正在有效运行。这些监控政策和程序应当包括持续考虑和评价会计师事务所的质量控制制度，如定期选取已完成的业务进行检查，以评价其遵守法律法规、职业道德规范和业务准则的情况，质量控制制度设计是否适当、运行是否有效，质量控制政策和程序应用是否得当，方便其会计师事务所和项目负责人能够根据具体情况出具恰当的业务报告。

对会计师事务所质量控制制度的监控应当由具有专业胜任能力的人员实施，监控内容包括质量控制制度设计的适当性和运行的有效性。会计师事务所可以委派主任会计师、副主任会计师或具有足够、适当经验和权限的其他人员履行监控责任，从下列方面对质量控制制度进行持续考虑和评价：

(1)确定质量控制制度的完善措施，包括要求对有关教育与培训的政策和程序提供反馈意见。

(2)与会计师事务所适当人员沟通已识别的质量控制制度在设计、理解或执行方面存在的缺陷。

(3)由会计师事务所适当人员采取追踪措施，以对质量控制政策和程序及时作出必要的修正。

第三节 审计职业道德规范

2009 年 10 月，财政部发布《中国注册会计师职业道德守则》(以下简称《职业道德守则》)，《职业道德守则》包括五个组成部分，即《中国注册会计师职业道德守则第 1 号——职业道德基本原则》、《中国注册会计师职业道德守则第 2 号——职业道德概念框架》、《中国注册会计师职业道德守则第 3 号——提供专业服务的具体要求》、《中国注册会计师职业道德守则第 4 号——审计和审阅业务对独立性的要求》和《中国注册会计师职业道德守则第 5 号——其他鉴证业务对独立性的要求》。中国注册会计师职业道德守则结构见图 2-3。

一、职业道德基本原则

审计人员应当遵守职业道德守则，规范审计职业行为，提高审计职业道德水平，维护审计职业形象，遵循诚信原则、客观和公正原则，在执行审计和审阅业务以及其他鉴证业务时保持独立性，真正履行相应的社会责任，维护公众利益。获取和保持专业胜任能力，保持应有的关注，勤勉尽责。履行保密义务，对职业活动中获知的涉密信息保密。维护职业声誉，树立良好的职业形象。职业道德基本原则包括如下内容。

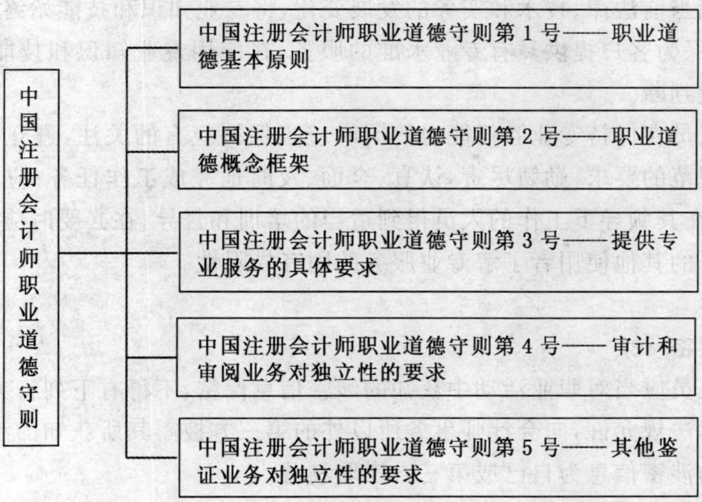

图 2-3　中国注册会计师职业道德守则结构图

(一)诚信

审计人员应当在所有的职业活动中保持正直、诚实守信,如果认为业务报告、申报资料或其他信息存在下列问题,则不得与这些有问题的信息发生牵连:含有严重虚假或误导性的陈述;含有缺少充分依据的陈述或信息;存在遗漏或含糊其辞的信息。如果注意到已与有问题的信息发生牵连,应当采取措施消除牵连。

(二)独立性

审计人员执行审计和审阅业务以及其他鉴证业务时,应当从实质和形式上保持独立性,不得因任何利害关系影响其客观性。会计师事务所在承办审计和审阅业务以及其他鉴证业务时,应当从整体层面和具体业务层面采取措施,以保持会计师事务所和项目组的独立性。

(三)客观和公正

审计人员应当公正处事、实事求是,不得由于偏见、利益冲突或他人的不当影响而损害自己的职业判断;如果存在导致职业判断出现偏差,或对职业判断产生不当影响的情形,不得提供相关专业服务。

(四)专业胜任能力和应有的关注

审计人员应当通过教育、培训和执业实践获取和保持专业胜任能力,应当持续了解并掌握当前法律、技术和实务的发展变化，将专业知识和技能始终保持在应有的水平，确保为客户提供具有专业水准的服务，在应用专业知识和技能时，应当合理运用职业判断。

审计人员在保持专业胜任能力的同时应当保持应有的关注，遵守执业准则和职业道德规范的要求，勤勉尽责，认真、全面、及时地完成工作任务；应当采取适当措施，确保在其领导下工作的人员得到适当的培训和督导；在必要时应当使客户以及业务报告的其他使用者了解专业服务的固有局限性。

（五）保密

审计人员应当对职业活动中获知的涉密信息保密，不得有下列行为：未经客户授权或法律法规允许，向会计师事务所以外的第三方披露其所获知的涉密信息；利用所获知的涉密信息为自己或第三方谋取利益。

审计人员应当对拟接受的客户或拟受雇的工作单位向其披露的涉密信息保密，应当对所在会计师事务所的涉密信息保密，在社会交往中应当履行保密义务，警惕无意中泄密的可能性，特别是警惕无意中向近亲属或关系密切的人员泄密的可能性；应当采取措施，确保下级员工以及提供建议和帮助的人员履行保密义务。

审计人员在终止与客户的关系后，应当对以前职业活动中获知的涉密信息保密；在获得新客户时可以利用以前的经验，但不得利用或披露以前职业活动中获知的涉密信息。

（六）良好的职业行为

审计人员应当遵守相关法律法规，避免发生任何损害职业声誉的行为，在向公众传递信息以及推介自己和工作时，应当客观、真实、得体，不得损害职业形象，不得夸大宣传提供的服务、拥有的资质或获得的经验，不得贬低或无根据地比较其他注册会计师的工作。

二、职业道德具体要求

（一）专业服务委托

1. 接受客户关系

在接受某一新客户关系前，注册会计师应当确定接受客户关系是否对职业道德基本原则的遵循产生威胁。对诚信或职业行为的潜在威胁可能产生于诸如与客户（如客户的所有者、管理层或相关活动）相关的有问题的事项，产生威胁的客户问题包括客户涉足非法活动(如洗钱)、缺乏诚信以及存在问题的财务报告实务。注册会计师应当评价威胁的重要程度,并在必要时采取防范措施消除威胁或将其降至可接受水平。适当的防范措施可能包括:

(1)对客户及其所有者、管理层、负责公司治理或业务活动部门进行了解。

(2)获取客户对改进公司治理或内部控制的承诺。当不能将威胁降至可接受水平时,注册会计师应当拒绝接受客户关系。

2.承接业务

注册会计师只应承接能够胜任的专业服务。在承接某一客户业务前,注册会计师应当确定承接该项业务是否对职业道德基本原则的遵循产生威胁。注册会计师应当评价已识别威胁的重要程度,并在必要时采取防范措施消除威胁或将其降至可接受水平。防范措施可能包括:

(1)适当了解客户的业务性质和经营的复杂性、专业服务的具体要求和目的、拟执行工作的性质和范围。

(2)了解相关行业和业务对象。

(3)熟悉相关监管或报告的要求。

(4)分派足够的具有专业胜任能力的员工。

(5)必要时利用专家的工作。

(6)就执行业务的时间要求与客户达成一致。

(7)遵循质量控制政策和程序,以合理保证仅承接能够胜任的业务。

如果拟依赖专家的建议或工作,注册会计师应当考虑专家的声望、专长、可用资源、适用的职业和道德准则等因素,以确定对专家的依赖是否可靠。注册会计师可通过以往与专家的交往及向他人咨询获得专家的信息。

3.客户变更委托

如果应邀或考虑以投标的方式接替其他注册会计师提供专业服务,注册会计师应当确定是否存在不能承接该项业务的专业理由或其他理由,包括对遵循职业道德基本原则产生的通过采取防范措施不能消除或降至可接受水平的威胁的情形。如果注册会计师不了解所有相关事实就承接业务,可能对专业胜任能力和应有的关注产生威胁。

注册会计师应当评价威胁的重要程度。根据业务性质,注册会计师可能需要与现任注册会计师直接沟通,以证实该项变更相关的事实和情况,并据以确定承接该项业务是否适当。注册会计师应当注意,客户变更委托的表面原因可能并未反映事实真相,可能表明客户与现任注册会计师存在意见分歧。

(二)利益冲突

注册会计师应当采取合理的措施识别可能造成利益冲突的情形。这些情形可能对职业道德基本原则的遵循产生威胁。如果注册会计师与客户存在直接竞争关系,或与客户的主要竞争者存在合营或类似关系,可能对客观性产生威胁;如果注册会计师为存在利益冲突、对所涉交易或事项存在争议的两个或多个客户提供服务,同样可能对客观和保密原则产生威胁。

注册会计师应当评价利益冲突产生威胁的重要程度,并在必要时采取防范措施消除威胁或将其降至可接受水平。在接受或保持客户关系或承接具体业务之前,注册会计师应当评价其是否与客户或第三方有任何可能产生威胁的商业利益或关系。注册会计师应当根据可能产生冲突的具体情形采取下列防范措施之一。

(1)如果会计师事务所的商业利益或活动可能与客户存在利益冲突,注册会计师应当告知客户这一情况,并获得客户同意以在此情况下执行业务。

(2)如果注册会计师为存在利益冲突的两个或多个客户服务,注册会计师应当告知所有已知相关方这一情况,并获得客户同意以在此情况下执行业务。

(3)如果注册会计师为存在竞争的不同客户提供服务,注册会计师应当告知客户这一情况,并获得客户同意在此情况下执行业务。

如果利益冲突对职业道德基本原则的遵循产生威胁,且采取防范措施不能消除该威胁或将其降至可接受水平,注册会计师应当拒绝承接或解除一个或多个存在冲突的业务合约。如果客户不同意注册会计师为存在利益冲突的其他客户提供服务的要求,注册会计师应当停止为产生利益冲突的其中一方提供服务。

(三)应客户要求提供第二次意见

如果某公司或实体不是注册会计师的现行客户,而该公司或实体要求注册会计师对现任注册会计师在运用会计、审计、报告或其他准则或原则处理有关情形和交易的情况提供第二次意见,可能对职业道德基本原则的遵循产生威胁。例如,如果第二次意见不是基于现任注册会计师可获得的相同事实,或是基于不充分的证据,可能对专业胜任能力和应有的关注产生威胁。该威胁存在与否及其重要程度取决于公司或实体提出该项要求的具体情况及其他可获得的、与发表第二次意见有关的所有事实及假设。

如果被要求提供第二次意见,注册会计师应当评价威胁的重要程度,并在必要时采取防范措施消除威胁或将其降至可接受水平。防范措施主要包括:①征得客户同意,与现任注册会计师进行沟通;②在与客户的沟通函件中阐述注册会计师意见的局限性;③向现任注册会计师提供第二次意见的复印件。

如果要求提供第二次意见的公司或实体不允许与现任注册会计师沟通,注册会计师应当在考虑所有情况的基础上确定是否提供第二次意见。

(四)收费及其他类型的报酬

(1)在专业服务的谈判中,注册会计师可以以其认为适当的收费报价。但如果报价过低,可能导致不能按照适用的执业准则执行业务,将对专业胜任能力和应有的关注产生威胁。威胁存在与否及其重要程度取决于报价水平和所提供的服务等因素。注册会计师应当评价威胁的重要程度,并在必要时采取防范措施消除威胁或将其降至可接受水平。防范措施主要包括:让客户了解业务约定条款,特别是确定收费的基础及在此报价内所能提供的服务;安排恰当的时间和合格的员工执行任务。

(2)或有收费可能对职业道德基本原则的遵循产生威胁。威胁存在与否及其重要程度取决于下列因素:业务的性质;可能的收费金额区间;确定收费的基础;是否由独立第三方复核业务处理的结果。

(3)如果注册会计师接受与客户相关的介绍费或佣金,将对客观性、专业胜任能力和应有的关注产生自身利益威胁。这种威胁非常重大,没有防范措施可以消除威胁或将其降至可接受水平。注册会计师不应向客户或其他第三方收取介绍费或佣金。

如果注册会计师为获得某一客户支付介绍费,将对客观性、专业胜任能力和应有的关注产生自身利益威胁。这种威胁非常重大,没有防范措施可以消除威胁或将其降至可接受水平。注册会计师不应向客户或其他第三方支付介绍费。

(五)专业服务营销

如果注册会计师通过广告或其他营销方式拓展业务,可能对职业道德基本原则的遵循产生潜在威胁。注册会计师不应通过广告或其他不恰当的营销方式拓展业务。注册会计师在营销专业服务时不应有损职业声誉。注册会计师应当诚实、实事求是,不应对提供的服务、拥有的资质或具备的经验夸大宣传,不应通过无根据的比较贬低其他注册会计师。

(六)礼品和招待

注册会计师或其直系亲属、近亲属,可能收到客户提供的礼品或招待。这种行为可能对职业道德基本原则的遵循产生威胁。如果接受客户的礼物,可能对客观性产生自身利益威胁；由于这种行为有可能会被公开而可能对客观性产生外在压力威胁。威胁存在与否及其重要程度取决于这种行为的性质、价值和意图。如果一个理性且掌握充分信息的第三方，在权衡所有具体事实和情况后，认为礼品或招待的价值微小且对客观性无影响。在这种情况下，注册会计师可以认为接受该项礼品或招待属于正常的商业交往，没有影响决策或获取信息的特定意图，对职业道德基本原则的遵循产生的威胁未超出可接受水平。

注册会计师应当考虑评价威胁的重要程度，并在必要时采取防范措施以消除威胁或将其降至可接受水平。如果采取防范措施不能消除威胁或将其降至可接受水平，注册会计师应当拒绝接受礼品或招待。

(七)保管客户资产

除非法律法规允许或要求，注册会计师应当拒绝承担保管客户资金或其他资产的责任。如果注册会计师根据法律法规的规定保管客户资金或其他资产，注册会计师应当履行与此有关的附加法律义务。持有客户资产可能对职业道德基本原则的遵循产生威胁，包括对客观性和职业行为产生自身利益威胁。

注册会计师受托管理他人资金(或其他资产)时，应当做到如下几点：

(1)将受托管理的资产与注册会计师个人或会计师事务所的资产分开保管。

(2)仅按照预定用途使用这些资产。

(3)随时准备向相关人员报告资产及由其产生的任何收入、红利或利得。

(4)遵守所有与持有资产和履行报告义务相关的法律法规。

注册会计师还应当注意与受托管理资产相关联对职业道德基本原则的遵循产生的威胁，例如，该资产来源于诸如洗钱等非法活动。在实施有关客户关系和具体业务接受与保持的政策和程序，以确定是否提供该类服务时，注册会计师应当对资产的来源作适当调查，并考虑其应履行的法律义务，或考虑征询法律意见。

(八)对客观和公正原则的要求

在提供专业服务时，注册会计师应当确定其与客户及其董事、管理层或雇员存在的利益或关系，是否对客观原则的遵循产生威胁。例如，家庭关系、密切的个人关系或商业关系，可能对客观性产生威胁。在提供鉴证业务时，注册会计师应当从实质上和形式上独立于鉴证客户，以能够提出无偏见、无利益冲突或无他人不当影响的结论。对客观性的威胁存在与否取决于业务的具体情形和注册会计师所执行工作的性质。注册会计师应当评价已识别威胁的重要程度，并在必要时采取防范措施消除威胁或将其降至可接受水平。防范措施可能包括：

(1)退出项目组。

(2)实施督导程序。

(3)终止产生威胁的经济利益或商业关系。

(4)与会计师事务所内部高级管理层讨论该事项。

(5)与客户治理层讨论该事项。

如果防范措施不能消除威胁或将其降至可接受水平，注册会计师应当拒绝接受业务委托或解除业务约定。

第四节　审计法律责任

随着市场经济体系在我国的逐步建立和完善，企业法人和社会个人的风险意识也逐步加强，对注册会计师的服务有了更进一步的认识。如何避免注册会计师的法律责任，不仅关系到注册会计师行业的发展，也会影响整个社会经济秩序。审计法律责任是审计职业发展到一定时期的产物，是促使审计职业责任有效履行的一种社会强制。

一、审计法律责任的成因及表现形式

(一)审计法律责任的成因

审计法律责任是指审计人员在承办审计业务的过程中，由于未能履行审计业务合同条款，或者未能保持审计过程中应有的执业谨慎或职业道德，或者出于故意而不做充分披露，从而出具了不实报告，导致审计报告的使用者遭受损失，依照法律规定由审计人员或会计师事务所承担的责任。审计法律责任的成因主要有：

1.违约

违约是指注册会计师未能履行合约(包括书面和口头)上的某些具体条款而使他人蒙受损失，注册会计师应根据合约的规定承担违约责任。

2.过失

评价注册会计师的过失，是以其他合格注册会计师相同条件下可做到的谨慎为标准的。过失按其程度不同分为普通过失和重大过失。

注册会计师的普通过失是指注册会计师没有完全遵循审计业务准则的要求，没有保持职业上应有的合理的谨慎。注册会计师的重大过失是指注册会计师根本没有遵循专业准则或没有按专业准则的基本要求执行审计。如果注册会计师的审计程序到位，因未足够谨慎而要被追究法律责任，一般视为普通过失；因审计程序未到位而被追究法律责任，一般视为重大过失。另外，还有一种过失叫共同过失，即对他人有过失，而受害方自己由于未能保持合理的谨慎因而蒙受损失。

3. 舞弊

注册会计师舞弊，也称注册会计师欺诈，是以欺骗或坑害他人为目的，作案具有不良动机。主观上的过错与故意，决定着注册会计师应承担的法律责任的轻重程度。过失是由于注册会计师未履行合理的职业谨慎造成的，是非故意的行为。舞弊则不同，舞弊是故意的行为，注册会计师的过失与舞弊在主观上有本质的区别。

当然，从利益受损方的角度来看，无论是欺诈或过失，由于有关财务报告存在的错误而使他们作出决策而导致的结果是一样的，而他们往往处于信息资源的弱势地位，并且遭受到了损失，在他们作为原告要证实被告犯有欺诈行为或重大过失行为，比证实被告犯有普通过失行为要困难得多，出于保护弱者的考虑，一般情况下，重大过失将作为"推定欺诈"处理。

(二)审计法律责任的表现形式

中国注册会计师的法律责任包括行政责任、民事责任和刑事责任三种。

注册会计师应承担的民事责任主要是停止侵害委托人或其他利害关系人的经济利益，并赔偿所造成的损失；行政责任是指注册会计师违反法律法规，发生舞弊或过失行为并给有关方面造成经济等损失后，由政府部门或自律性组织对其追究的具有行政性质的责任；刑事责任是指注册会计师触犯了刑律，构成犯罪，将受到刑事制裁。三种责任之间并行不悖，但不能相互代替，行政责任与刑事责任可由国家行政机关(主要指财政部门)与司法部门主动追究，而民事责任则要由受害方提起民事诉讼，国家机关不能依职权主动介入。

注册会计师的过失或欺诈行为，将导致会计师事务所受到处罚，而管理欠缺的会计师事务所由于受到相应的处罚，也会给注册会计师行业的发展带来不利影响。

资料来源：中国注册会计师协会编. 审计. 北京：经济科学出版社，2007：91.

二、审计法律责任的具体规定

我国已经颁布的《注册会计师法》、《公司法》、《刑法》、《证券法》、《股票发行与交易管理暂行条例》、《最高人民法院关于受理证券市场因虚假陈述引发的民事侵权纠纷案件有关问题的通知》等法律法规，都规定了注册会计师的法律责任，包括行政责任、民事责任和刑事责任，其法律责任条款见于《注册会计师法》、《公司法》、

《证券法》和《刑法》等规定中。

(一)注册会计师的行政责任

(1)《股票发行与交易管理暂行条例》规定:"会计师事务所出具的文件有虚假、严重误导性内容或者有重大遗漏的,根据不同情况,单处或者并处警告、没收非法所得、罚款;情节严重的,暂停其从事证券业务或者撤销其从事证券业务许可证。对负有直接责任的注册会计师给予警告或者处以 3 万元以上 30 万元以下的罚款;情节严重的,撤销其从事证券业务的资格。"

(2)《公司法》第二百一十九条规定:"承担资产评估、验资或者验证的机构提供虚假证明文件的,没收违法所得,处以违法所得 1 倍以上 5 倍以下的罚款,并可由有关主管部门依法责令该机构停业,吊销直接责任人员的资格证书。承担资产评估、验资或者验证的机构因过失提供有重大遗漏的报告,责令改正,情节较重的,处以所得收入 1 倍以上 3 倍以下的罚款,并可由有关部门依法责令该机构停业,吊销直接责任人的资格证书。"

(3)《注册会计师法》第三十九条规定:"会计师事务所违反本法第二十条、第二十一条规定的,由省级以上人民政府财政部门给予警告,没收违法所得,可以并处违法所得 1 倍以上 5 倍以下的罚款;情节严重的,并可以由省级以上人民政府财政部门暂停其经营业务或者予以撤销。注册会计师违反本法第二十条、第二十一条规定的,由省级以上人民政府财政部门给予警告,情节严重的,可以由省级以上人民政府财政部门暂停其执行业务或者吊销注册会计师证书。"

(4)《证券法》第一百八十二条规定:"为股票的发行或上市出具审计报告、资产评估报告或法律意见书等文件的专业机构和人员,违反本法第三十九条规定买卖股票的,责令依法处理非法获得股票,没收违法所得,并处以所买卖的股票等值以下的罚款。"

《证券法》第一百八十九条规定:"社会中介机构及其从业人员在证券交易活动中作出虚假陈述或信息误导的,责令改正,处以 3 万元以上 20 万下的罚款。"《证券法》第二百零二条的规定:"为证券的发行、上市或者证券交易活动出具审计报告、资产评估报告或者法律意见书等文件的专业机构,就其所应负责的内容弄虚作假的,没收违法所得,并处以违法所得 1 倍以上 5 倍以下的罚款,并由有关部门责令该机构停业,吊销直接责任人员的资格证书。"

(二)注册会计师的民事责任

(1)《注册会计师法》第四十二条规定:"会计师事务所违反本法规定,给委托人、其他利害关系人造成损失的,应当依法承担赔偿责任。”

(2)《证券法》第二百零二条的规定:“为证券的发行、上市或者证券交易活动出具审计报告、资产评估报告或者法律意见书等文件的专业机构,就其所应负责的内容弄虚作假的并造成损失的,承担连带赔偿责任。”

(3)最高人民法院的四个司法解释。为了明确注册会计师的民事赔偿责任,最高人民法院下达了四个司法解释,其中法函[1996]56 号、法释[1997]10 号、法释[1998]13 号三个司法解释文件是针对注册会计师验资赔偿责任而下达的,对如何确定会计师事务所的赔偿金额进行了说明;这三个文件是针对所有注册会计师事务所的。另外的第四个司法解释《最高人民法院关于受理证券市场因虚假陈述引发的民事侵权纠纷案件有关问题的通知》,主要是对《证券法》中上市公司虚假陈述责任承担规定的落实,但规定了对虚假陈述民事赔偿案件被告人的虚假陈述行为,须经中国证监会及其派出机构调查,生效处罚决定后,法院方依法受理。注册会计师的民事责任必然受到这个司法解释的约束。

(三)注册会计师的刑事责任

(1)《股票发行与交易管理暂行条例》第七十三条规定:“会计师事务所、资产评估机构和律师事务所违反本条例规定,出具的文件有虚假、严重误导性内容或者有重大遗漏的,根据不同情况,单处或者并处警告,没收非法所得、罚款;情节严重的,暂停其从事证券业务或者撤销其从事证券业务许可证。对前款所列行为负有直接责任的注册会计师、专业评估人员和律师,给予警告或者处以 3 万元以上 30 万元以下的罚款;情节严重的,撤销其从事证券业务的资格。”在第七十七条和第七十八条还规定:“违反本条例规定,给他人造成损失的,应当依法承担民事责任。构成犯罪的,依法追究刑事责任。”

(2)《中华人民共和国审计法》第五十二条规定:审计人员滥用职权、徇私舞弊、玩忽职守或者泄露所知悉的国家秘密、商业秘密的,依法给予处分;构成犯罪的依法追究刑事责任。

(3)《注册会计师法》第三十九条、《公司法》第二百一十九条、《证券法》第一百八十九条和二百零二条都规定了注册会计师的违法行为如构成犯罪的,都要依法追究刑事责任。

(4)《刑法》第二百二十九条规定:“承担资产评估、验资、验证、会计、审计、法律服务等职责的中介组织的人员故意提供虚假证明文件,情节严重的,处 5 年以下有期徒刑或者拘役,并处罚金;前款规定人员如索取他人财物或者非法收受他人财物的,犯前款罪的,处 5 年以上 10 年以下有期徒刑,并处罚金;第一款人员如果严重不负责任，出具的证明文件有重大失实的，造成严重后果的，处3年以下有期徒刑或者拘役，并处或者单处罚金。”

《刑法》第一百三十八条和第一百六十条规定：“申请公司登记使用虚假证明文件或者采取其他欺诈手段虚报注册资本，欺骗公司登记主管部门，取得公司登记，虚报注册资本数额巨大，后果严重或者有其他严重情节的，处3年以下有期徒刑或者拘役，并处或者单处虚报注册资本金额1%以上5%以下罚金。单位犯前款罪的，对单位判处罚金，并对其直接负责的主管人员和其他直接责任人员处3年以下有期徒刑或者拘役。”第一百六十条规定：“在招股说明书、认股书、公司、公司债券募集办法中隐瞒重要事实或者编造重大虚假内容，发行股票或者公司、公司债券，数额巨大，后果严重或者有其他严重情节的，处5年以下有期徒刑或者拘役，并处或者单处非法募集资金金额1%以上5%以下罚金。单位犯前款罪的，对单位判处罚金，并对其直接负责的主管人员或其他直接责任人员，处5年以下有期徒刑或者拘役。”

《刑法》第一百八十一条规定：“证券监管及经营机构编造并且传播影响证券交易的虚假信息，扰乱证券交易市场，造成严重后果的，处5年以下有期徒刑或者拘役，并处或者单处1万元以上10万元以下罚金。证券交易所、证券公司的从业人员、证券业协会或者证券管理部门的工作人员，故意提供虚假信息或者伪造、变造、销毁交易记录，诱骗投资者买卖证券，造成严重后果的，处五年以下有期徒刑或者拘役，并处或者单处1万元以上10万元以下罚金；情节特别恶劣的，处5年以上10年以下有期徒刑，并处2万元以上20万元以下罚金。单位犯前款罪的，对单位判处罚金，并对其直接负责的主管人员和其他直接责任人员，处5年以下有期徒刑或者拘役。”

《刑法》第二百二十九条规定：“承担资产评估、验资、会计、审计法律服务等职责的中介组织的人员故意提供虚假证明文件，情节严重的，处5年以下有期徒刑或者拘役，并处罚金。前款规定的人员，索取他人财物或者非法收受他人财物，犯前款罪的，处5年以上10年以下有期徒刑，并处罚金。第一款规定人员，严重不负责任，出具的证明文件有重大失实，造成严重后果的，处3年以下有期徒刑或者拘役，并处或者单处罚金。”

(5)2001年4月发布的《最高人民检察院公安部关于经济犯罪案件追诉标准的规定》，对《刑法》第二百二十九条第一款和第二款中介组织人员提供虚假证明文件案规定了追诉标准，即中介组织的人员故意提供虚假证明文件涉嫌如下情形之一的，应予追诉：①给国家、公众或者其他投资者造成的直接经济损失数额在50万元以上的；②虽未达到上述数额标准，但因提供虚假证明文件，受过行政处罚两次以上，又提供虚假证明文件的；③造成恶劣影响的。同时该案件追诉标准对《刑法》第二百二十九条第三款中介机构出具证明文件重大失实案也规定了追诉标准，即中介组织的人员严重不负责，出具的证明文件有重大失实的，涉嫌下列情形之一的，应予追诉：①给国家、公众或者其他投资者造成的直接经济损失数额在一百万元以上的；②造成恶劣影响的。这些法律条款具体规定了注册会计师的违法行为到了什么程度将被追诉刑事责任。

资料来源：中国注册会计师协会编. 审计. 北京：经济科学出版社，2007：98.

思考题

1. 注册会计师执业准则体系包括哪些准则？
2. 注册会计师执业准则中的鉴证业务准则包括哪些准则？
3. 会计师事务所业务质量控制制度应当包括哪些要素？
4. 什么是审计职业道德基本原则？
5. 审计法律责任有哪些表现形式？

第三章　审计目标与审计过程

本章导读

审计目标与审计环境有关，不同的社会环境、不同的审计发展阶段有不同的审计目标。目前财务报表审计目标可以概括为对其合法性和公允性发表审计意见。审计过程就是审计目标实现的过程，由于不同的审计发展阶段有不同的审计目标，因而，审计目标的实现过程也随之有不同的组织方式。目前的审计过程一般是在对被审计单位进行风险评估的基础上实施进一步审计程序，包括控制测试和实质性程序，为便于进行风险评估和控制测试，一般将企业的经营业务过程分为若干业务循环。此外在整个审计过程中与被审计单位的沟通是必不可少的。

主要内容

- 审计目标
- 业务循环
- 审计过程与审计目标的实现
- 审计过程中的沟通

第一节　审计目标

一、审计目标的演变

审计目标是审计职能的最终实现。审计的目标取决于审计环境，不同的审计环境下有不同的审计需求。如出于对国家财政和财经法纪的监督需要产生了政府审计，为加强组织内部的财务监督和其他管理方面的监督需要产生了内部审计，出于维护股东利益的需要，产生了注册会计师行业，由其对上市公司的财务报告进行审计。因此，审计目标因不同的审计需求而有所不同，而在不同的审计发展阶段又有不同的审计需求，随之也有不同的审计目标。

(一)详细审计

详细审计阶段的审计目标以“查错纠弊”为主。在1720年的“南海公司事件”中诞生了世界上第一位注册会计师,直至20世纪30年代为止这一段时期内,还未进入大规模生产的工业时代,英国始终处于经济发展前列,英国会计师职业界也处于世界前列水平,因而形成了以详细审计为主的“英式审计”。它要求尽可能对每笔会计事项都加以检查。例如,要将一本账簿上的记录与另一本账簿上的记录机械地进行对照,将购货、销售等日记账记录与供货单位发货票等原始凭证逐一进行复核。审计人员的工作记录和痕迹是一行接一行、一页接一页地用有色笔在账页上打“√”等符号,他们把精力集中在核对账目是否相符上。这种工作需要艰苦地、认真地对几乎所有账簿、全部账页、全部记录进行核对。在这种情况下,相关账务处理和检查方面的知识成为审计师们的“看家本领”。因此,“查错纠弊”是详细审计阶段的审计目标。

(二)资产负债表审计

资产负债表审计阶段的审计目标以公证资产负债表项目的可靠性、真实性为主。随着大规模工业化的生产发展,少数有限股东所提供的资本已不足以满足企业规模化生产发展的资金需求,经营中所需要的资金主要转向由银行等债权人提供贷款解决,银行为了恰当地评估借款人的偿债能力,要求借款人提供经审核的资产负债表,并据此来评价债务人的偿债能力和资产的流动性。1895年2月9日,纽约州银行协会理事会建议加盟银行要求申请贷款企业按统一格式报送财务报表。1907年,美国银行协会信贷信息委员会也建议,应向经过注册会计师审计的贷款人提供较为优惠的贷款。1908年,美国银行协会批准了这一建议。之后不久,美国注册会计师协会也发布、修订了对资产负债表进行审计的工作标准。详细审计法需要审核所有的会计凭证、会计账簿和会计报表,因而手续烦琐、耗时多、费用开支大。而资产负债表审计更多集中于彻底审查少数重要的会计账户,并关注比簿记员权力更大的管理层舞弊的可能性,它不对全部的经济业务进行逐个检查,因而费用更低,更为借款企业所接受。资产负债表审计从产生、发展到走向繁荣,前后大概经历了40年时间。显然,在资产负债表审计阶段,“查错纠弊”已不再是当时的主要审计目标,而对资产负债表项目余额的真实性和可靠性进行公证成为这一阶段的主要审计目标。这样,在资产负债表审计阶段,审计的功能由防护性转向公证性。

(三)财务报表审计

财务报表审计目标是对被审计单位财务报表的合法性、公允性发表意见及“发现舞弊”并重。随着生产规模的进一步扩大，企业经营业务日趋增多，并且越来越复杂，而且市场参与主体也不仅关注企业的资产负债表，而转向多种财务报表并重。于是，审计师逐渐采用抽样审计的模式，通过抽取样本对其实施审计，然后根据样本审计结果来评价整个财务报表的合法性和公允性。但是，日渐流行的以抽样审计为代表的对财务报表发表意见的审计模式并未能防止管理人员舞弊案件的大量增加，给社会大众带来重大损失。社会大众出于保护自身利益的考虑，纷纷要求审计师将“发现舞弊”作为审计的主要目标之一。

二、审计总目标

就财务报表审计而言，审计的职能在于提高被审财务报表的可信赖程度，因而其对应的审计目标就是对鉴证对象即被审财务报表发表意见。《中国注册会计师审计准则第 1101 号——财务报表审计的目标和一般原则》第四条规定：“财务报表审计的目标是注册会计师通过执行审计工作，对财务报表的下列方面发表审计意见：(一)财务报表是否按照适用的会计准则和相关会计制度的规定编制；(二)财务报表是否在所有重大方面公允反映被审计单位的财务状况、经营成果和现金流量。”概括地说，就是对被审财务报表的合法性和公允性发表意见。

合法性指的是被审计单位的所有重大经营业务都遵守了法律法规或其他合同及标准的规定，对所有经营业务的反映和披露都遵循了会计准则和相关制度的要求。审计准则中强调了财务报表是否按照适用的会计准则和会计制度的规定编制，即要求注册会计师对被审计单位经济业务会计处理的正确性进行评价，判断其是否遵循了会计准则，是否选择了恰当的会计制度，是否进行了恰当的会计估计，财务报表反映的信息是否具有相关性、可靠性、可比性和可理解性，相关经济业务是否在财务报表中和表外做出充分的披露，使财务报告使用者容易理解。其中并未提及揭露违法行为，但并不意味着注册会计师从事财务报表审计不需要承担揭露违法行为的职责，注册会计师应该合理地关注被审计单位可能存在的重大违法行为并进行反映和揭露。

对会计准则和会计制度的遵循还体现在会计政策的变更上。会计政策一般情况下一旦确定，即采用某种会计方法来对某一经济业务进行处理，如无特殊原因，则不应改变，否则即违反了会计准则的规定。如遇国家政策法令的变化，或变更会计政策后能更真实地反映企业的实际经营情况，则应对会计政策发生变更的原因进行充分的披露，否则即违反了会计准则的规定。

公允性即被审计单位是否按照一般公认准则要求如实反映履行受托责任相关的经济信息，并被社会公众认可。公允性目标包含了传统的真实性目标。也就是说，财务报表的公允性是指被审计单位财务报表是否在所有重大方面公允地反映了被审计单位的财务状况、经营成果和现金流量。

举例来说，会计准则中规定了对正常使用的固定资产应当计提折旧，被审计单位遵循了会计准则的要求对其固定资产计提了折旧，但其会计处理却不一定公允。一方面对其资产使用寿命的估计影响到会计处理的公允性，如对一般电脑等电子设备估计了超过5年以上等过长的使用寿命则不尽公允，会造成当期利润的虚高；另一方面折旧方法的选择是否符合资产的耗用情况也影响到会计处理的公允性，如按照平均年限法对一般房屋计提折旧较为公允，而按照车流量法对大桥、道路等资产计提折旧则较为合理。类似的情况还有按照产量、用量等参数对相关成本、费用进行合理的归集和分配等都体现了公允性的原则。对财务报表公允性的判断要求审计人员对被审计单位的具体经营情况和生产过程等有较为深入和认真的了解才能够做到，在评价被审计单位财务报表的公允性时应当考虑财务报表是否与对被审计单位环境的了解情况相一致，财务报表的列报、结构和内容是否合理，财务报表是否真实地反映了交易和事项的经济实质。

这里强调"在所有重大方面"是因为由于内部控制的固有限制、会计核算的失误、注册会计师采用抽样审计而非详细审计的原因，会计报表难以绝对正确、真实反映全部经营状况和经营成果，注册会计师也不可能绝对保证已审财务报表公允地、全面地反映这些问题，换而言之，即便经过审计的会计报表也难免存在这样或那样的问题、错误和遗漏，如果这些存在的错误和遗漏对财务报告使用者正确理解和运用不构成影响或影响很小，则称为是"不重要的"，反之如果存在的错误和遗漏对财务报告使用者造成很大的影响，影响到其决策，则称为"重要的"。

三、审计具体目标

审计总目标是对被审单位财务报表的合法性、公允性发表意见，即证实被审计单位财务报表的合法性、公允性。审计具体目标是审计总目标的分解，是审计总目标的子目标，每一个具体目标达到了，总目标也就实现了。

(一)管理层的认定

在现代市场经济中，股份有限公司是市场主要参与主体，上市公司向社会公众股东发行股份，公众股东选出代表组成董事会，并聘请管理层对公司的日常经营进行管理，管理层通过编制财务报表向公众股东汇报其受托责任的履行情况，即公司的经营情况，注册会计师对管理层提交的财务报表进行审计并发表意见。合法的、公允的财务报表至少包含这样六层意思：第一，报表上的数据是真实的，没有虚构；

第二，所有的相关经济业务都已在报表中反映，没有遗漏；第三，报表上的数据计算准确，金额没有错误；第四，没有违反权责发生制原则，所有经济业务都计入了正确的会计期间；第五，会计科目之间分类正确，没有归错账户；第六，需要说明和强调的事项均已在附注中作了充分的揭示。只要按照会计准则的要求公允地编制的财务报表就应该包含这样六项意思，否则就违反了会计准则的要求。我们把这些意思表示称为管理层的"认定"，或说"断言、声称"。如果能够证实被审计单位财务报告的这六层意思是否真实，即证实管理层的这些"认定"，就可以发表意见认为编制的财务报表是合法的、公允的。

认定是指管理层对财务报表各组成要素的确认、计量、列报做出的明确或隐含的表达。管理层的认定是多方面的，而且有些认定是明确的，有些认定则是隐含的。如某公司 2009 年 12 月 31 日资产负债表列示存货期末总额为 167 689 045.75 元，就这项数据，我们可以直接得出被审计单位管理层的两项明确的认定：

(1)2009 年 12 月 31 日的存货资产是真实存在的。

(2)2009 年 12 月 31 日的存货余额是 167 689 045.75 元。

另外，我们还可以得出三项管理层隐含性的认定：

①全部存货均已在资产负债表中予以反映，没有隐瞒或遗漏。

②资产负债表中反映的存货所有权归被审计单位所有。

③存货的使用不受任何限制，没有被抵押或存在任何法律纠纷。

注册会计师应当明确了解管理层的认定，详细运用各类交易、账户余额、列报认定，作为评估重大错报风险以及设计与实施进一步审计程序的基础。

1. 注册会计师对期末账户余额运用的认定通常分为下列类别

(1)存在。存在是指报表上记录的资产、负债和所有者权益是存在的。存在针对的是真实性的问题，即报表中没有虚构项目或金额。例如，资产负债表存货项目期末余额为 167 689 045.75 元，表明资产负债表日存货是存在的，而不是虚构的。如果管理当局有意识虚构购货业务，造成原材料虚增，或把应在下期入账的购货业务计入本期，并包括到存货项目中，那么我们就认为管理层对存货"存在"的认定是虚假的，不能得到证实。一般情况下，被审计单位有可能虚构资产项目而不会虚构负债项目。

(2)权利和义务。它是指记录的资产由被审计单位拥有或控制，记录的负债是被审计单位应当履行的偿还义务。权利与义务的认定仅适用于对资产负债表所列项目的认定。其中，权利包括所有权和使用权，义务包括法律性质的义务和非法律性质的义务。涉及所有权的项目一般包括货币资金、存货、固定资产、无形资产等；涉及使用权的项目通常指租入的各项资产；涉及法律性质义务的项目有应付账款、应付票据、应交税费、应付债券、各项借款等；涉及非法律性义务的项目如短期性的退休金等。如将属于他人而存放于被审计单位仓库的商品计入被审计单位的存货项目，则未能满足“权利”认定，将不属于被审计单位的债务如代缴税金等作为负债入账内则未能满足“义务”认定。

(3)完整性。完整性是指所有应当记录的资产、负债和所有者权益均已记录。即完整性认定解决的是，管理层有无存在漏记项目、少记项目甚至省略项目的情况，它与资产负债表项目是否被低估有关。例如被审计单位为了获取银行贷款而故意少记负债、隐瞒应付账款而不入账就违反了完整性的认定。一般情况下，被审计单位有可能隐瞒、少记负债项目而不会隐瞒、少记资产项目。

(4)计价和分摊。它是指资产、负债和所有者权益以恰当的金额包括在财务报表中，与之相关的计价或分摊调整已恰当记录。计价和分摊主要考虑金额问题，所以围绕金额问题的认定应该考虑以下一系列因素：金额是如何形成的(即依照何种方法和原则)；金额的计算过程是否正确；金额的选择是否恰当(如总值、净值、净现值、重置成本等选择)。例如，会计报表反映存货项目余额为167 689 045.75元，从计价和分摊认定来看，注册会计师就要从以下几个方面来进行验证：存货的计价方法是否恰当；运用这一方法计算结果是否正确；167 689 045.75元存货中是否存在损坏变质等减值情形；账、证、表之间是否一致。

2. 注册会计师对所审计期间的各类交易和事项运用的认定通常分为下列类别

(1)发生。发生即记录的交易和事项已发生，且与被审计单位有关。如报表上记录销售收入、销售成本等是实际发生的，而不是虚构的，即真实性问题。发生认定主要解决交易和事项有无高估或夸大的错误。例如，被审计单位虚构销售业务造成当期利润增高即未能满足“发生”认定。一般而言，收入项目易被虚构，违反“发生”认定。

(2)完整性。完整性指所有应当记录的交易和事项均已记录，即实际发生的交易和事项是否都在账面上得到反映，有无实际发生却隐瞒或遗漏少记未入账的交易或事项。如本年度实际发生成本费用5 000万元，而仅入账4 000万元，即违反了完整性认定。一般而言，成本费用类项目易被隐瞒，违反“完整性”认定。

(3)准确性。准确性是指与交易和事项有关的金额及其他数据已恰当记录，即各类交易和事项的计量属性选择恰当，计算过程和结果正确，账证表之间的钩稽、核对无误。

(4)截止。截止是指交易和事项已记录于正确的会计期间，即没有违反权责发生制的原则。截止常伴随着销售、采购和资金业务。发生销售时，货物的发出、资金的结转、收入成本的确认和债权债务的确认要记入正确的会计期间，不能提前或推迟确认收入。同样，存货的采购、领用，资金的结转等都要记入正确的会计期间。

(5)分类。分类是指交易和事项已记录于恰当的账户。例如，应计入主营业务收入的项目若记入了其他业务收入项目则违反了分类的认定,类似的还有其他业务收入与营业外收入的区别,各类长短期项目之间的区别,资本性的支出与费用性支出之间的区别,各类预收应收等债权债务之间的区别等。

3. 注册会计师对列报运用的认定通常分为下列类别

(1)发生以及权利和义务。它是指披露的交易、事项和其他情况已发生,且与被审计单位有关;虚假披露了未发生的交易、事项和其他情况或披露了与被审计单位无关的交易或事项则违反了该项认定。例如对被审计单位在附注中披露的银行存款的质押情况进行核实就是对"权利和义务"认定的证实。

(2)完整性。完整性即所有应当包括在财务报表中的披露均已包括。即所有应对财务报表项目进行解释、强调和其他对报表使用者而言重要的信息是否在附注中进行充分的披露,不存在遗漏的情况。例如对关联方和关联交易进行核实,看其是否充分披露即是为了证实该项认定。

(3)分类和可理解性。它是指财务信息已被恰当地列报和描述,且披露内容表述清楚。例如检查固定资产的主要类别是否已正确披露,收入的主要来源是否已正确披露等即是对该项认定的证实。

(4)准确性和计价。它是指财务信息和其他信息已公允披露,且金额恰当。例如检查是否对各项报表项目的会计政策、核算方法作充分披露即是对该项认定的证实。

(二)一般审计目标

上面讨论了管理层认定的含义,要对财务报表发表意见就要对管理层认定进行证实,而且后面还会提到,对不同类别的认定要制定不同的审计计划,实施不同的审计程序。针对管理层的这些认定,我们总结出一些审计目标,称为一般审计目标。一般审计目标概括了财务报表各项目审计时共同具有的方向和应达到的目的,是注册会计师拟订单个项目审计计划、实施单个项目审计程序的指南。也就是说,对于不同类型的审计,不同的经营业务性质,不同的报表项目有不同的审计目标,但对于所有的经营业务和报表项目而言,不外乎以下几项目标,即一般审计目标。

(1)总体合理性目标。它是注册会计师根据所掌握的全部信息资料,评价账户余额的合理性。实现总体合理性目标,在于帮助注册会计师评价账户余额是否存在重要错报或舞弊,如果注册会计师对总体合理性目标不满意,那么他应实施进一步审计程序,获取证据以评价对影响总体合理性的其他具体目标是否符合要求。

(2)真实性目标。它是根据管理层对"存在"与"发生"认定推论确定的,是指财务报表各项目所列余额或发生额是否真实,有无高估金额的审计目标。

(3)完整性目标。它是根据管理层对“完整性”的认定推论的,是指财务报表各项目所列示的金额是否包括全部应列示的金额,有无低估、漏记金额的目标。

(4)所有权目标。它是根据管理层对“权利与义务”的认定推论确定的,是指资产项目所列金额确属公司所有的目标。

(5)估价目标。它是根据管理层对“计价与分摊”认定推论确定的,是指财务报表各项目所列金额经过正确计价和分摊的目标。

(6)截止目标。它是根据管理层对“截止”认定推论确认的,指接近资产负债表日的交易已记入适当期间的目标。

(7)机械准确性目标。它是根据管理层对“计价与分摊”认定推论确定的,指有关报表的资料、数据、计算、加总及钩稽关系正确的目标。

(8)披露目标。它是根据管理当局“分类和可理解性”认定推论确定的,指财务报表中恰当地反映了账户余额和相应披露要求的目标。

(9)分类目标。它是根据管理当局“分类和可理解性”认定推论确定的,指各个项目和每个账户记录是否在财务报表中恰当列示的目标。

审计总目标是最抽象、层次最高的目标,它针对财务报表整体审计而言;一般审计目标受审计总目标的制约,是概括化的、居中间层次的目标,它针对各财务报表项目审计共同具有的某些属性而言,适用于所有项目审计。

(三)项目审计目标

财务报表包括资产负债表、利润表、现金流量表、所有者权益状况变动表和财务报表附注,如果这五个组成部分中的每一个都得到了证实,就可以对整个财务报表发表意见了。四张会计报表又是由一些报表项目组成的,财务报表附注则是对重要项目的详细解释披露和强调。如果把一个报表中的每个项目进行证实,并审核各项目在附注中的披露情况,则可以对这张报表发表意见。因此,审计总目标的实现过程就变为对每一个报表项目的合法性和公允性进行证实。对每一个报表项目的相关认定进行证实就是项目审计目标。项目审计目标受一般审计目标的制约,是最具操作性的、居最低层次的目标,它针对单个项目审计而言,仅适用于单个财务报表项目。

如前所述,每一项认定都可以推论并确定若干项的一般审计目标。项目审计目标除依据管理层认定和一般审计目标外,还要考虑被审计单位经营状况、被审计项目的性质和内容、被审计单位所属行业的特殊性等因素予以确定。以下是针对存货项目审计所确定的目标。

(1)全部存货及销售成本合理,看起来无重要错报、舞弊(根据总体合理性的一般目标确定)。

(2)资产负债表中记录的存货是真实存在的(根据真实性一般目标确定)。

(3)公司对所有存货均拥有所有权(根据所有权一般目标确定)。

(4)存货未做任何抵押,处置权无任何限制(根据所有权一般目标确定)。

(5)存货账面数量与实物一致,存货的入账价格计算正确,单价与数量乘积计算无误,数据加总过程计算准确,各表单、凭证、账表之间核对一致(根据估价一般目标确定)。

(6)当存货发生减值迹象时,已计提恰当的减值准备(根据估价一般目标确定)。

(7)年末存货采购和商品销售已计入了正确的会计期间,未有提前或推迟确认现象(根据截止一般目标确定)。

(8)存货项目的总计数与总账一致(根据机械准确性一般目标确定)。

(9)存货已恰当地分为原材料、在产品、半成品、产成品、低值易耗品和委托加工材料等类别(根据分类一般目标确定)。

(10)存货主要种类或计价基础已经在附注中披露,存货的抵押或转让情况也已作披露(根据披露一般目标确定)。

(11)其他目标。如果存在以外币为计价单位的购销业务,则应增加与外币有关的审计目标。

注册会计师确定好各层次的审计目标以后,应围绕审计目标拟定审计程序,实施审计测试,获取充分适当的审计证据,评价每项审计目标实现程度,最后综合结论,发表审计意见。

第二节　业务循环

财务报表是对经济业务的反映,对财务报表进行审计就是看其是否合法、公允地反映了各项经营业务的实际情况,所以被审计单位的实际经营情况是本质,财务报表只是现象,因而对被审计单位经营情况的了解是十分必要的。

不同业务性质、不同规模、不同管理水平的企业其各项经营业务过程是不一样的,为了研究方便,我们以一般制造性企业为例来分析其经营业务过程。本书所指业务过程是指企业从采购、生产到销售货物和服务的一系列活动。企业经营业务过程可以分为几个不同的业务循环,业务循环是只在特定的环节才发生的相关的事件组,事件是发生在某一时点的活动或动作,每个业务循环包含不止一个事件。客户订购、货物装运、打印销售报告等都是业务循环中的事件。一般经营业务过程可以分成四个主要的业务循环。

(1)销售与收款循环是指提供货物或服务给客户的一系列活动,如签订合同、运输、交割、记账、收款等。

(2)购置与付款循环是指购买存货、固定资产和服务的一系列活动,如订购、验收、记账、付款等。

(3)存货与生产循环是指将所购得的资源转换成货物和服务的过程。生产过程包括对人员、设备和存货的组织与调配,可能是生产、组装、生长、采掘或清洁等,包括成本的结转与分配,与其他循环相比,存货与生产循环更加复杂。

(4)筹资与投资循环包括通过各种渠道融入资金的过程和各种投资行为,可能包括订立合同、取得(投出)资金、支付(取得)利息、归还款项(收回投资)等。

下面以销售与收款循环和购置与付款循环为例展开讨论,其他业务循环在后面相关章节详细说明。

一、销售与收款循环

不同类型组织的收入循环是相似的,全部或部分包括以下业务。

(1)响应客户询问。可能由销售人员来处理客户询问。在一些行业中(如电脑和软件),产品非常复杂,这时,销售人员在帮助客户理解公司产品并为其挑选合适产品的过程中起着很重要的作用。

(2)与客户达成提供货物或服务的协议。协议的例子有客户的订购单或公司与客户之间签订的购销合同。这一职责的关键人员是订单输入人员和销售人员。

(3)提供货物或服务给客户。显而易见,这一职责对盈利过程至关重要。对于服务,关键的职员是服务的提供者;对于产品,仓库保管人员和运送人员都起着非常积极的作用。

(4)为客户开具账单。在这一事件中,公司向客户确认债权,记录应收账款并为其开具账单。

(5)收现。向客户收取现金。

(6)将款项存入银行。出纳将款项存入银行。

(7)准备报告。销售与收款循环中需要准备许多不同类型的报告,如订购清单、发运凭证及现金收据等。

二、购置与付款循环

正如销售与收款循环,不同类型的组织之间的购置与付款循环都是相近的,全部或部分包括以下业务。

(1)与供应商磋商。在购买之前,公司可能会与几个供应商就采购产品或服务的有关问题及供货价格、交易方式进行谈判。

(2)请购处理。首先由直接使用人或单位填制请购单,经相关人员审核批准,然后传递给采购部门由其向供应商统一订购。

(3)与供应商达成购买商品/服务的协议。与供应商达成的协议可能包括订货单和购货合同。

(4)收到产品/服务。应确保收到正确的产品/服务,并对产品/服务采取适当的形式进行验收以确认其质量符合要求。在大型企业中,由单独的验收部门对产品的收取负责。验收部门收到产品之后将其送到仓库或拨付资产使用部门。

(5)确认应付账款。产品收到之后,供应商送来发票,如果账单准确无误,应付账款会计记录负债。

(6)选择要支付的发票。许多公司根据资金计划挑选发票进行支付,一般按周或按月支付。

(7)开支票或承兑汇票付款。选好要支付的应付账款后,开出票据并交给供应商。

三、业务循环对于审计的意义

前面讲到,对财务报表的合法性、公允性发表意见可以分解为对每一个报表组成部分的每一个项目的相关认定进行证实。理解业务循环的意义在于审计过程的组织和分工以及重大错报漏报风险的评价。在对各认定进行证实的过程中,可以按照财务报表科目进行分工,也可以按照业务循环来分工。按照业务循环进行分工的优点在于更有效率、更符合实际。比如销售与收款过程中可能涉及的财务报表科目有主营业务收入、主营业务税金及附加、应交税费、应收账款、应收票据等,一项销售业务的发生可能同时要反映在上述几个账户上,也就是说,上述几个账户中的某几项纪录反映的是同一项销售业务,或者说如果能证实这一项经济业务的合法、公允,就能证实这一系列相关报表项目的合法、公允,如果把这一组相关的报表项目分配给不同的人去审计,则每个人都需要对它所反映的经济业务实质进行证实,不利于审计效率的提高。

另一方面,从上面的例子中可以看出,对业务循环的了解有助于发现业务过程的处理是否严密,相关控制是否恰当,是否容易产生错误和舞弊,风险是大还是小,审计的时候应该关注哪些重点等。

各业务循环所涉及的财务报表项目如图 3-1 所示。

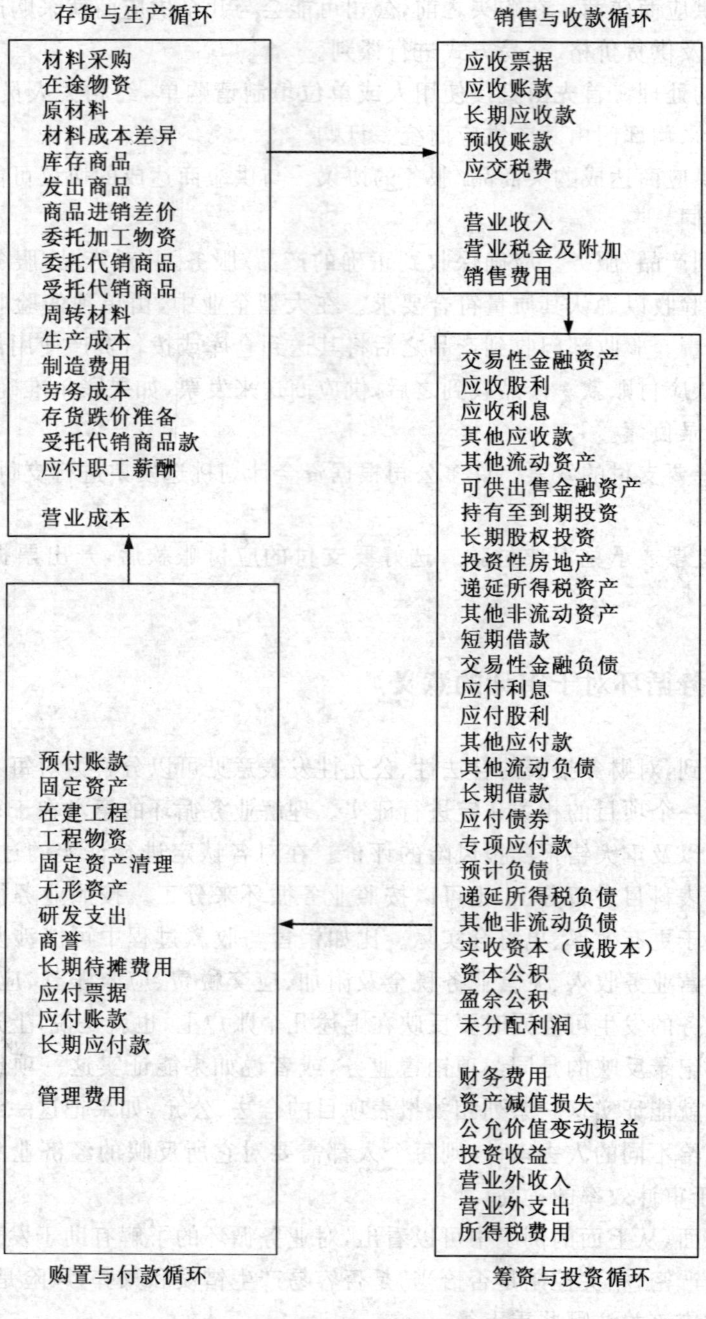

图 3-1　业务循环与财务报表项目间的联系

审计人员在确定业务循环时还应注意各循环之间有一定联系，比如筹资与投资循环同购置与付款循环紧密联系，存货与生产循环与其他所有循环紧密联系。

第三节 审计过程与审计目标的实现

各项审计目标是在审计过程中通过制订计划、实施测试、收集证据、发表意见来得以实现的。审计过程是指从签订审计业务约定书后开始实施审计工作到结束的整个过程，一般来说，包括四个阶段：审计计划阶段、实施风险评估程序阶段、在风险评估的基础上实施进一步审计程序阶段和审计终结阶段。

一、审计计划阶段

首先，注册会计师应当在审计业务开始时进行初步业务活动。针对保持客户关系和具体审计业务实施相应的质量控制程序，以确认不存在因管理层诚信问题而影响注册会计师保持该项业务意愿的情况；评价遵守职业道德规范的情况，包括评价独立性，以确认注册会计师已具备执行业务所需要的独立性和专业胜任能力；就业务约定条款与被审计单位达成一致理解，以确定与被审计单位不存在对业务约定条款的误解。

然后应制订审计计划。审计计划包括总体审计策略和具体审计计划，审计计划应由项目负责人和其他关键项目成员共同参与制订。

总体审计策略用以确定审计范围、时间和方向，并指导制订具体审计计划。总体审计策略主要是要明白以下几个问题：第一，本次审计的对象是谁，有哪些特征；第二，本次审计的目的是什么，有哪些要求；第三，本次审计的重点是什么，大致进展如何组织安排；第四，派哪些人去，让他们执行哪些程序，做到什么标准，什么时间去做，如何检查指导等。

具体审计计划比总体审计策略更加详细，其内容包括为获取充分、适当的审计证据以将审计风险降至可接受的低水平，项目组成员拟实施的审计程序的性质、时间和范围。具体审计计划应该包括如何评价、何时评价被审计单位财务报表中的错误或舞弊风险，为评价这些风险应该了解哪些领域、获取哪些证据；在识别和评价出重大错报风险后，下一步应该采取哪些审计程序，何时执行这些程序，对哪些对象实施；其他需要实施的审计程序。

二、实施风险评估程序

进行风险评估的目的有二，一是为了发现重大错误、舞弊，所以要了解被审计单位的环境、业务流程等因素，分析被审计单位可能发生的错误或舞弊领域；二是为了提高审计效率，对高风险审计领域实施相应充分的审计程序，对低风险审计领域可以更加依赖审计抽样。注册会计师应在了解被审计单位及其环境的基础上实施风险评估程序，以识别和评估财务报表层次以及各类交易、账户余额、列报认定层次的重大错报风险。

风险评估程序主要包括：在了解被审计单位及其环境的整个过程中识别风险，并考虑各类交易、账户余额、列报；将识别的风险与认定层次可能发生错报的领域相关联；评价识别的风险是否重大；考虑识别出的风险是否会导致财务报表发生重大错报。

三、实施进一步审计程序

注册会计师实施风险评估程序本身并不足以为发表审计意见提供充分、适当的审计证据，注册会计师还应当实施进一步审计程序，包括实施控制测试和实质性程序。因此，注册会计师评估财务报表重大错报风险后，应当运用职业判断，针对评估的财务报表层次重大错报风险确定总体应对措施，并针对评估的认定层次重大错报风险设计和实施进一步审计程序，以将审计风险降至可接受的低水平。

控制测试的主要目的之一在于提高审计效率，即对各业务过程的关键控制环节进行测试，以确定被审计单位的内部控制系统能够防止出现错误或舞弊从而影响财务报表的合法性和公允性的可靠程度。如果相关过程控制非常严密、有效，说明出现错误或舞弊的可能性很小，则可以更多地依赖审计抽样，从而提高审计效率。当然，是否需要进行控制测试取决于注册会计师的职业判断，如果不打算信赖被审计单位的内部控制系统则无需进行控制测试。

实质性程序是对具体的交易、余额和列报采取有效的方法获取充分、适当的证据的过程，无论被审计单位内部控制系统多么有效，都必须实施实质性程序才能作为对财务报表发表意见的基础。有关实质性程序的具体内容在后面具体的业务循环审计中展开讨论。

四、审计终结阶段

审计终结阶段是审计过程的最后一个阶段，其核心工作是围绕审计目标实现情况，发表审计意见和出具审计报告。具体包括：复核审计工作底稿；审核期后事项；汇总审计差异及差异调整；形成审计意见；编制审计报告。

第四节　审计过程中的沟通

在审计过程中，注册会计师应当根据自己的职业判断就与财务报表审计相关的重大事项，以适当的方式及时与被审计单位相关人员进行沟通。沟通的主要目的是，就审计范围和时间以及注册会计师、治理层和管理层各方在财务报表审计和沟通中的责任，取得相互了解；及时向治理层告知审计中发现的与治理层责任相关的事项；共享有助于注册会计师获取审计证据和治理层履行责任的其他信息。

一、沟通的对象

沟通的对象因不同的事项而有所不同。注册会计师应当考虑在业务约定条款中明确与治理层所有人员直接沟通的权利。如果无法清楚地识别需要与哪些人员沟通，注册会计师应当与委托人商定。如果被审计单位设有审计委员会或监事会，注册会计师应当着重与审计委员会或监事会沟通。在审计中，注册会计师应当就财务报表审计相关事项与管理层讨论，在与治理层沟通特定事项前，注册会计师通常先与管理层讨论，除非这些事项不适合与管理层讨论，不适合与管理层讨论的事项包括管理层的胜任能力和诚信问题等。如果被审计单位设有内部审计职能，注册会计师可以在与治理层沟通特定事项前，先与内部审计人员讨论有关事项。

注册会计师应当直接与治理层沟通的事项主要包括：注册会计师的责任；计划的审计范围和时间；审计工作中发现的问题；注册会计师的独立性。

注册会计师应当就其责任直接与治理层沟通，注册会计师的责任一般应在审计业务约定书中约定清楚。注册会计师应当向治理层说明，注册会计师的责任是对管理层在治理层监督下编制的财务报表发表审计意见，对财务报表的审计并不能减轻管理层和治理层的责任。

二、沟通的内容

注册会计师应当就计划的审计范围和时间直接与治理层作简要沟通。沟通时,注册会计师应当保持职业谨慎,以防止由于具体审计程序易于被治理层,尤其是承担管理责任的治理层所预见等原因而损害审计工作的有效性。

(一)与审计范围和时间相关的事项

(1)注册会计师拟如何应对由于舞弊或错误导致的重大错报风险。

(2)注册会计师对与审计相关的内部控制采取的方案。

(3)重要性的概念,但不宜涉及重要性的具体底线或金额。

(4)审计业务受到的限制或法律法规对审计业务的特定要求。

(5)注册会计师与治理层商定的沟通事项的性质。

(6)当被审计单位设有内部审计职能时,注册会计师拟利用内部审计工作的范围,以及双方如何更好地协调和配合工作。

(7)治理层对内部控制和舞弊的态度、认识和措施。

(8)与拟实施的审计程序相关的事项,这些程序是在法律法规和审计准则的规定之外、应治理层或管理层要求而实施的。

(9)治理层对会计准则和相关会计制度,以及与财务报表相关的法律法规和其他事项等方面的变化做出的反应。

(10)治理层对以前的沟通如何做出反应。

(11)其他相关事项。

(二)需就审计工作中发现的问题与治理层直接沟通的事项

(1)注册会计师对被审计单位会计处理质量的看法。

(2)审计工作中遇到的重大困难。

(3)尚未更正的错报,除非注册会计师认为这些错报明显不重要。

(4)审计中发现的、根据职业判断认为重大且与治理层履行财务报告过程监督责任直接相关的其他事项。

(5)被审计单位的会计政策、会计估计和财务披露。

注册会计师在审计中遇到的重大困难可能有:管理层在提供审计所需信息时出现严重拖延;不合理地要求缩短完成审计工作的时间;为获取充分、适当的审计证据需要付出的努力远远超过预期;无法获取预期的证据;管理层对注册会计师施加的限制;管理层不愿按照注册会计师的要求对持续经营能力做出评估,或拒绝将评估期间延伸至资产负债表日起的 12 个月。

注册会计师应当要求管理层更正所有已知错报,除非认为错报明显不重大。如果错报未予更正,注册会计师应当就此与治理层沟通,并再次提请予以更正。对未更正的重大错报,注册会计师应当逐笔与治理层沟通。对未更正的大量小额错报,注册会计师可以向治理层提供列明这些错报的笔数和累计影响额的汇总表,而不必沟通每笔错报的细节。此外,还应考虑与治理层讨论未能更正错报的原因及其影响,包括对未来财务报表可能产生的影响。

(三)若被审计单位是上市公司,注册会计师应当就独立性与治理层直接沟通的事项

(1)就审计项目组成员、会计师事务所其他相关人员以及会计师事务所按照法律法规和职业道德规范的规定保持了独立性做出声明。

(2)根据职业判断,注册会计师认为会计师事务所与被审计单位之间存在的可能影响独立性的所有关系和其他事项,其中包括会计师事务所在财务报表涵盖期间为被审计单位和受被审计单位控制的组成部分提供审计、非审计服务的收费总额。

(3)为消除对独立性的威胁或将其降至可接受的水平,已经采取的相关防护措施。

如果被审计单位是非上市公司,但可能涉及重大的公众利益,注册会计师也可以考虑上述内容是否适用。

如果出现了违反与注册会计师独立性有关的职业道德规范的情形,注册会计师应当尽早就该情形及已经或拟采取的补救措施与治理层直接沟通。

三、沟通的形式和时间

沟通的形式涉及口头或书面沟通、详细或简略沟通、正式或非正式沟通。注册会计师就审计工作中发现的重大问题和注册会计师的独立性与治理层沟通时,应当采取书面形式,其他事项的沟通,既可以采用书面形式,也可以采用口头形式。

注册会计师在确定采用何种沟通形式时,除了考虑特定事项的重要程度外,还应当考虑下列因素。

(1)管理层是否已就该事项与治理层沟通。

(2)被审计单位的规模、经营结构、控制环境和法律结构。

(3)如果执行的是特殊目的财务报表审计,注册会计师是否同时审计该被审计单位的通用目的财务报表。

(4)法律法规的规定。

(5)治理层的期望,包括与注册会计师定期会面或沟通的安排。

(6)注册会计师与治理层保持联系和对话的数量。

(7)治理层的成员是否发生重大变化。

注册会计师应当在书面文件中约定沟通文件仅供治理层使用,未经注册会计师事先书面同意,沟通文件不得被引用、提及或向其他人披露。

对于需要沟通的事项,注册会计师应当及时与被审计单位进行沟通。具体而言,沟通的时间又因沟通事项的重大程度和性质,以及治理层拟采取的措施等业务环境的不同而不同。对于计划事项的沟通,通常在审计业务的早期进行,如系首次接受委托,沟通可以随同对业务约定条款的协商一并进行;对于审计中遇到的重大困难,如果治理层能够协助注册会计师克服这些困难,或者这些困难可能导致出具保留意见或无法表示意见的审计报告,应尽快予以沟通;对于注册会计师注意到的内部控制设计或实施中的重大缺陷,应尽快与管理层或治理层沟通;对于审计中发现的与财务报表或审计报告相关的事项,包括注册会计师对被审计单位会计处理质量的看法,应在最终完成财务报表前进行沟通;对于注册会计师的独立性,应在最终完成财务报表前或在对独立性威胁及其防护措施作出重大判断时进行沟通;如果同时审计特殊目的财务报表或其他历史财务信息,沟通时间应与通用目的财务报表审计的沟通时间相协调。

注册会计师应当记录与治理层沟通的重大事项。如果以被审计单位编制的纪要作为沟通的记录,注册会计师应当确定这些纪要恰当地记录了沟通的内容,并将其副本形成审计工作底稿。

思考题

1. 对于两个不同的上市公司的审计业务而言,其审计总目标是否相同?其一般审计目标是否相同?其具体审计目标是否相同?为什么?

2. 就某一资产负债表中的货币资金项目而言,其管理层认定是什么?

3. 管理层认定和审计目标之间是什么逻辑关系?

4. 业务循环与财务报表项目之间是什么关系?

5. 审计过程中进行充分的沟通可以达到哪些效果?

第四章　审计证据与审计工作底稿

本章导读

审计证据和审计工作底稿是审计中的两个核心概念。审计凭证据"说话"。收集和评价审计证据是审计人员得出审计结论、支撑审计意见的基础。审计人员应当获取充分、适当的审计证据，以得出合理的审计结论，作为形成审计意见的基础。各国所发布的审计准则和国际审计准则都特别强调审计证据对审计意见的重要性。而审计工作底稿是审计证据的载体。要实现审计目标，就必须收集和评价审计证据，形成审计工作底稿。审计整个过程，就是根据审计证据形成审计结论和审计意见的过程。

主要内容

- 审计证据
- 审计工作底稿

第一节　审计证据

为规范我国注册会计师在财务报表审计中获取审计证据的内容、数量和质量及所需实施的审计程序，中国注册会计师协会制订了《中国注册会计师审计准则第1301号——审计证据》。审计人员应严格按照具体准则的要求，做好有关审计证据的获取、整理和分析工作。

一、审计证据的含义

审计证据是指审计人员为了得出审计结论、形成审计意见而使用的所有信息，包括财务报表依据的会计记录中含有的信息和其他信息。

（一）会计记录中含有的信息

依据会计记录编制财务报表是被审计单位管理层的责任，审计人员应当测试会计记录以获取审计证据。财务报表依据的会计记录一般包括对初始分录的记录和支持性记录,如支票、电子资金转账记录、发票、合同、总账、明细账、记账凭证和未在记账凭证中反映的对财务报表的其他调整,以及支持成本分配、计算、调节和披露的手工计算表和电子数据表。上述会计记录是编制财务报表的基础,构成注册会计师执行财务报表审计业务所需获取的审计证据的重要部分。

(二)其他信息

会计记录中含有的信息本身并不足以提供充分的审计证据作为对财务报表发表审计意见的基础,审计人员还应当获取用作审计证据的其他信息。可用作审计证据的其他信息包括审计人员从被审计单位内部或外部获取的会计记录以外的信息,如被审计单位会议记录、内部控制手册、询证函的回函、分析师的报告、与竞争者的比较数据等;通过询问、观察和检查等审计程序获取的信息,如通过检查存货获取存货存在性的证据等;自身编制或获取的可以通过合理推断得出结论的信息,如审计人员编制的各种计算表、分析表等。

财务报表依据的会计记录中包含的信息和其他信息共同构成了审计证据,两者缺一不可。如果没有前者,审计工作将无法进行;如果没有后者,可能无法识别重大错报风险。只有将两者结合在一起,才能将审计风险降至可接受的低水平,为审计人员发表审计意见提供合理基础。

二、审计证据的特性

审计人员应当保持职业怀疑态度,运用职业判断,评价审计证据的充分性和适当性。

(一)审计证据的充分性

审计证据的充分性是对审计证据数量的衡量,主要与审计人员确定的样本量有关。例如,对某个审计项目实施某一选定的审计程序,从200个样本中获得的证据要比从100个样本中获得的证据更充分。

审计人员需要获取的审计证据的数量受错报风险的影响,并受到错报发生的可能性以及记录金额的重要性的影响。错报风险越大,需要的审计证据可能越多。具体来说,在可接受的审计风险水平一定的情况下,重大错报风险越大,审计人员就应实施越多的测试工作,将检查风险降至可接受水平,以将审计风险控制在可接受的低水平范围内。

(二)审计证据的适当性

审计证据的适当性是对审计证据质量的衡量,即审计证据在支持各类交易、账户余额、列报(包括披露,下同)的相关认定或发现其中存在错报方面具有相关性和可靠性。相关性和可靠性是审计证据适当性的核心内容,只有相关且可靠的审计证据才是高质量的。

1.审计证据的相关性

审计证据要有证明力,必须与审计人员的审计目标相关。例如,审计人员在审计过程中怀疑被审计单位发出存货却没有给顾客开票,需要确认销售是否完整。审计人员应当从发货单中选取样本,追查与每张发货单相应的销售发票副本,以确定是否每张发货单均已开具发票。如果审计人员从销售发票副本中选取样本,并追查至与每张发票相应的发货单,由此所获得的证据与完整性目标就不相关。

审计证据是否相关必须结合具体审计目标来考虑。在确定审计证据的相关性时,审计人员应当考虑以下几点:

(1)特定的审计程序可能只为某些认定提供相关的审计证据,而与其他认定无关。例如,检查期后应收账款收回的记录和文件,可以提供有关存在和计价的审计证据,但是不一定与期末截止是否适当相关。

(2)针对同一项认定可以从不同来源获取审计证据或获取不同性质的审计证据。例如,审计人员可以分析应收账款的账龄和应收账款的期后收款情况,以获取与坏账准备计价有关的审计证据。

(3)只与特定认定相关的审计证据并不能替代与其他认定相关的审计证据。例如,有关存货实物存在的审计证据并不能够替代与存货计价相关的审计证据。

2.审计证据的可靠性

审计证据的可靠性是指审计证据的可信程度。例如,审计人员亲自检查存货所获得的证据,就比被审计单位管理层提供给审计人员的存货数据更可靠。

审计证据的可靠性受其来源和性质的影响,并取决于获取审计证据的具体环境。审计人员在判断审计证据的可靠性时,通常会考虑下列原则:

(1)从外部独立来源获取的审计证据比从其他来源获取的审计证据更可靠。从外部独立来源获取的审计证据由完全独立于被审计单位以外的机构或人士编制并提供,未经被审计单位有关职员之手,从而减少了伪造、更改凭证或业务记录的可能性,因而其证明力最强。此类证据如银行询证函回函、应收账款询证函回函、保险公司等机构出具的证明等。相反,从其他来源获取的审计证据,由于证据提供者与被审计单位存在经济或行政关系等原因,其可靠性应受到质疑。此类证据如被审计单位内部的会计记录、会议记录等。

(2)内部控制有效时内部生成的审计证据比内部控制薄弱时内部生成的审计证据更可靠。如果被审计单位有着健全的内部控制且在日常管理中得到一贯地执行,会计记录的可信赖程度将会增加。如果被审计单位的内部控制薄弱,甚至不存在任何内部控制,被审计单位内部凭证记录的可靠性就大为降低。例如,如果与销售业务相关的内部控制有效,审计人员就能从销售发票和发货单中取得比内部控制不健全时更加可靠的审计证据。

(3)直接获取的审计证据比间接获取或推论得出的审计证据更可靠。例如,审计人员观察某项控制的运行得到的证据比询问被审计单位某项内部控制的运行得到的证据更可靠。间接获取的证据有被涂改及伪造的可能性,降低了可信赖程度。推论得出的审计证据,其主观性较强,人为因素较多,可信赖程度也受到影响。

(4)以文件、记录形式(无论是纸质、电子或其他介质)存在的审计证据比口头形式的审计证据更可靠。例如,会议的同步书面记录比对讨论事项事后的口头表述更可靠。口头证据本身并不足以证明事实的真相,仅仅提供一些重要线索,为进一步调查确认所用。如审计人员在对应收账款进行账龄分析后,可以向应收账款负责人询问逾期应收账款收回的可能性。如果该负责人的意见与审计人员自行估计的坏账损失基本一致,则这一口头证据就可成为证实审计人员对有关坏账损失的判断的重要证据。但在一般情况下,口头证据往往需要得到其他相应证据的支持。

(5)从原件获取的审计证据比从传真件或复印件获取的审计证据更可靠。审计人员可审查原件是否有被涂改或伪造的迹象,排除伪证,提高证据的可信赖程度。而传真件或复印件容易是变造或伪造的结果,可靠性较低。

3.充分性和适当性之间的关系

充分性和适当性是审计证据的两个重要特征,两者缺一不可,只有充分且适当的审计证据才是有证明力的。

审计人员需要获取的审计证据的数量也受审计证据质量的影响。审计证据质量越高,需要的审计证据数量可能越少。也就是说,审计证据的适当性会影响审计证据的充分性。例如,被审计单位内部控制健全时生成的审计证据更可靠,审计人员只需获取适量的审计证据,就可以为发表审计意见提供合理的基础。

需要注意的是,尽管审计证据的充分性和适当性相关,但如果审计证据的质量存在缺陷,那么审计人员仅靠获取更多的审计证据可能无法弥补其质量上的缺陷。例如,审计人员应当获取与销售收入完整性相关的证据,实际获取到的却是有关销售收入真实性的证据,审计证据与完整性目标不相关,即使获取的证据再多,也证明不了收入的完整性。同样地，如果审计人员获取的证据不可靠，那么证据数量再多也难以起到证明作用。

4.评价充分性和适当性时的特殊考虑

(1)对文件记录可靠性的考虑。审计工作通常不涉及鉴定文件记录的真伪，审计人员也不是鉴定文件记录真伪的专家，但应当考虑用作审计证据的信息的可靠性，并考虑与这些信息生成与维护相关的控制的有效性。

如果在审计过程中识别出的情况使其认为文件记录可能是伪造的，或文件记录中的某些条款已发生变动，审计人员应当作出进一步调查，包括直接向第三方询证，或考虑利用专家的工作以评价文件记录的真伪。例如，如发现某银行询证函回函有伪造或篡改的迹象，审计人员应当作进一步的调查，并考虑是否存在舞弊的可能性。必要时，应当通过适当方式聘请专家予以鉴定。

(2)使用被审计单位生成信息时的考虑。如果在实施审计程序时使用被审计单位生成的信息，审计人员应当就这些信息的准确性和完整性获取审计证据。例如，在审计收入项目时，审计人员应当考虑价格信息的准确性以及销售量数据的完整性和准确性。在某些情况下，审计人员可能需要确定实施额外的审计程序，如利用计算机辅助审计技术(CAATs)来重新计算这些信息，测试与信息生成有关的控制等。

(3)证据相互矛盾时的考虑。如果针对某项认定从不同来源获取的审计证据或获取的不同性质的审计证据能够相互印证，与该项认定相关的审计证据则具有更强的说服力。例如，审计人员通过检查委托加工协议发现被审计单位有委托加工材料，且委托加工材料占存货比重较大，经发函询证后证实委托加工材料确实存在。委托加工协议和询证函回函这两个不同来源的审计证据互相印证，证明委托加工材料真实存在。

如果从不同来源获取的审计证据或获取的不同性质的审计证据不一致，表明某项审计证据可能不可靠，审计人员应当追加必要的审计程序。上例中，如果审计人员发函询证后证实委托加工材料已加工完成并返回被审计单位。委托加工协议和询证函回函这两个不同来源的证据不一致，委托加工材料是否真实存在受到质疑。这时，审计人员应追加审计程序，确认委托加工材料收回后是否未入库或被审计单位收回后予以销售而未入账。

(4)获取审计证据时对成本的考虑。审计人员可以考虑获取审计证据的成本与所获取信息的有用性之间的关系，但不应以获取审计证据的困难和成本为由减少不可替代的审计程序。

在保证获取充分、适当的审计证据的前提下，控制审计成本也是会计师事务所增强竞争能力和获利能力所必需的。但为了保证得出的审计结论、形成的审计意见是恰当的，审计人员不应将获取审计证据的成本高低和难易程度作为减少不可替代的审计程序的理由。例如，在某些情况下，存货监盘是证实存货存在性认定的不可替代的审计程序，审计人员在审计中不得以检查成本高和难以实施为由而不执行该程序。

三、审计证据的种类

审计证据按照不同的分类标准，一般可以分为下列几种类型：

（一）按照证据外在形式分类

按照审计证据的外在具体形态，可将其划分为实物证据、书面证据、口头证据和环境证据。

1. 实物证据

实物证据是指通过实际观察或盘点所取得的，用以证实实物资产的真实性和完整性的证据。例如，库存现金的数额可以通过有形资产检查加以验证，各种存货和固定资产也可以通过有形资产检查的方式证明其是否确实存在。实物证据通常是证明实物资产是否存在的最有说服力的证据，但实物证据并不能完全证明被审计单位对实物资产拥有所有权。另外，通过对某些实物资产的清点，虽然可以确定其实物数量，但质量好坏（将影响资产的价值）有时难以作出判断。因此，对于取得实物证据的账面资产，还应就其所有权归属及其价值情况另行审计。

2. 书面证据

书面证据是指审计人员所获取的各种以书面文件为形式的一类证据。在审计过程中，审计人员往往要大量地获取和利用书面证据。书面证据是审计证据的主要组成部分，也被称为基本证据。最常见的书面证据主要包括以下几种。

(1)会计记录。会计记录包括各种自制的原始凭证、记账凭证、账簿记录等，是审计人员取自被审计单位内部的一类非常重要的审计证据。审计人员在检查财务报表项目时，往往需追溯检查被审计单位的会计账簿和各种凭证。例如，审计人员要查明所审计年度内被审计单位出售的一台机器设备是否经适当记载时，首先要查阅固定资产明细账，检查机器设备在持有年度内的累计折旧额是否等于出售时所转销的“累计折旧”的账面金额，并检查明细账上所列的原始成本金额是否与出售时贷记“固定资产”账户的金额一致，同时还应检查出售所得的货币收入是否已恰当地计入现金或银行存款日记账。假如固定资产明细账、总账和日记账分别由三位职员独立负责，或由具有良好内部控制的电子计算机系统所产生，且各种证据彼此一致，则这些证据就能强有力地证明：机器设备的出售业务已被恰当地记录。另外，除各种会计凭证、会计账簿外，可作为这类审计证据的还有各种试算表和汇总表等。

(2)被审计单位管理层声明书。被审计单位管理层声明书是审计人员从被审计单位管理层所获取的书面声明，其主要内容是以书面的形式确认被审计单位在审计过程中所做的各种重要的陈述或保证。它属于可靠性较低的内部证据，不可替代审计人员实施其他必要的审计程序。

(3)其他书面文件。其他书面文件是指其他有助于审计人员形成审计结论和意见的书面文件，如被审计单位董事会及股东大会会议记录，重要的计划、合同资料，被审计单位的或有损失，关联方交易等。

3. 口头证据

口头证据是指被审计单位的有关人员对审计人员的提问进行口头答复所形成的一类证据。一般而言，口头证据本身并不足以证明事情的真相，但审计人员往往可以通过口头证据发掘出一些重要线索，从而有利于对某些需审核的情况做进一步的调查，以搜集到更为可靠的证据。在审计过程中，审计人员应把各种重要的口头证据形成记录，并应获得被询问者的签名确认。一般情况下，口头证据往往需要得到其他相应证据的支持。

4. 环境证据

环境证据亦称状况证据，是指对被审计事项产生影响的各种环境因素所形成的审计证据。例如，有关行业和宏观经济的运行情况、企业内部控制情况、被审计单位管理人员的素质、各种管理条件和管理水平等。

环境证据一般不属于基本证据，不能用于直接证实有关被审事项，但它可以帮助审计人员了解被审事项所处的环境或发展的状况，为判断被审事项和确证已收集其他证据的程度提供依据，因而，环境证据仍然是审计人员进行判断所必须掌握的资料。通常，运用调查、询问和观察等手段是审计人员获取环境证据的有效途径。审计人员可以通过设计调查表、记录询问观察事项等方式来形成审计工作底稿，作为发表审计意见依据的环境证据。

(二)按照证据的证明力分类

按照证据对审计结论的支持程度，可将审计证据分为直接证据和间接证据。

1. 直接证据

直接证据是指与被证实项目及具体审计项目直接有关的证据。例如，通过函证方式验证应收账款余额，所获取的证据可以证明应收账款余额是否正确，该证据就属于直接证据。

2. 间接证据

间接证据是指与被证实项目及具体审计项目无直接关系的证据。例如，环境证据就是间接证据，无法直接说明某一报表项目是否正确。各种原始凭证和记账凭证也属于间接证据，它们也无法直接说明某一报表项目是否正确。尽管间接证据不能直接说明被证实项目或具体审计目标，但它可以减少需获取的直接证据的数量和规模，从而降低审计成本，提高审计效率。

(三)按照证据的来源分类

按照证据的来源，可将审计证据分为外部证据、内部证据和亲知证据。

1. 外部证据

外部证据是由被审计单位以外的组织机构或人士编制的书面证据，一般具有较强的证明力。外部证据又可分为直接递交给审计人员的外部证据以及由被审计单位持有并提交给审计人员的外部证据。前者如应收账款函证回函、被审计单位律师与其他独立的专家关于被审计单位资产所有权和或有负债等的证明函件等。后者如银行对账单、购货发票、应收票据、有关的契约及合同等，证明力较前者相对较弱。

2. 内部证据

内部证据是由被审计单位内部机构或职员编制和提供的书面证据。包括被审计单位的会计记录、被审计单位管理层声明书，以及其他各种由被审计单位编制和提供的书面文件。一般而言，内部证据不如外部证据可靠，但当内部证据在外部流转并得到印证时则具有较高的可靠性；或者在被审计单位内部控制较为健全的情况下，内部证据的可靠程度也是较高的。

3. 亲知证据

亲知证据是由审计人员为证明某个事项而自己动手编制的各种计算表、分析表等。这类证据的可信程度取决于审计人员观察误差的风险大小。通常情况下，亲知证据具有较强的可靠性。

四、获取审计证据的审计程序

审计人员面临的主要决策之一，就是通过实施审计程序，获取充分、适当的审计证据，以满足对财务报表发表意见。审计程序是指在审计过程中的某个时间，对将要获取的某类审计证据如何进行收集的详细指令。审计人员可根据需要单独或综合运用以下程序，以获取充分、适当的审计证据。

（一）检查记录或文件

检查记录或文件是指审计人员对被审计单位内部或外部生成的，以纸质、电子或其他介质形式存在的记录或文件进行审查。检查记录或文件的目的是对财务报表所包含或应包含的信息进行验证。例如，被审计单位通常对每一笔销售交易都保留一份顾客订单、一张发货单和一份销售发票副本。这些凭证对于审计人员验证被审计单位记录的销售交易的正确性是有用的证据。

检查记录或文件可提供可靠程度不同的审计证据，审计证据的可靠性取决于记录或文件的来源和性质。外部记录或文件通常被认为比内部记录或文件可靠，因为外部凭证经被审计单位的客户出具，又经被审计单位认可，表明交易双方对凭证上记录的信息和条款达成一致意见。另外，某些外部凭证编制过程非常谨慎，通常由律师或其他有资格的专家进行复核，因而具有较高的可靠性，如土地使用权证、保险单、契约和合同等文件。

（二）检查有形资产

检查有形资产是指审计人员对资产实物进行审查。检查有形资产程序主要适用于存货和现金，也适用于有价证券、应收票据和固定资产等。检查有形资产可为其存在性提供可靠的审计证据，但不一定能够为权利和义务或计价认定提供可靠的审计证据。检查存货项目前，可先对客户实施的存货盘点进行观察。

（三）观察

观察是指审计人员察看相关人员正在从事的活动或执行的程序。例如，对客户执行的存货盘点或控制活动进行观察。观察提供的审计证据仅限于观察发生的时点，并且在相关人员已知被观察时，相关人员从事活动或执行程序可能与日常的做法不同，从而会影响审计人员对真实情况的了解。因此，审计人员有必要获取其他类型的佐证证据。

（四）询问

询问是指审计人员以书面或口头方式，向被审计单位内部或外部的知情人员获取财务信息和非财务信息，并对答复进行评价的过程。知情人员对询问的答复可能为审计人员提供尚未获悉的信息或佐证证据，也可能提供与已获悉信息存在重大差异的信息，审计人员应当根据询问结果考虑修改审计程序或实施追加的审计程序。询问本身不足以发现认定层次存在的重大错报，也不足以测试内部控制运行的有效性，审计人员还应当实施其他审计程序，以获取充分、适当的审计证据。

(五)函证

函证是指审计人员为了获取影响财务报表或相关披露认定的项目的信息，通过直接来自第三方的对有关信息和现存状况的声明，获取和评价审计证据的过程。例如对应收账款余额或银行存款的函证。通过函证获取的证据可靠性较高，因此，函证是受到高度重视并经常被使用的一种重要程序。

审计人员应当确定是否有必要实施函证以获取认定层次的充分、适当的审计证据。在作出决策时，审计人员应当考虑评估的认定层次重大错报风险，以及通过实施其他审计程序获取的审计证据如何将检查风险降至可接受的水平。

1.函证决策

审计人员应当对银行存款、借款(包括零余额账户和在本期内注销的账户)及与金融机构往来的其他重要信息实施函证，并应当对应收账款实施函证，除非有充分证据表明应收账款对财务报表不重要或函证很可能无效。如果不对应收账款函证，审计人员应当在工作底稿中说明理由。如果认为函证很可能无效，审计人员应当实施替代审计程序，获取充分、适当的审计证据。

函证的内容通常还涉及下列账户余额或其他信息：①短期投资；②应收票据；③其他应收款；④预付账款；⑤由其他单位代为保管、加工或销售的存货；⑥长期投资；⑦委托贷款；⑧应付账款；⑨预收账款；⑩保证、抵押或质押；⑪或有事项；⑫重大或异常的交易。

审计人员采用审计抽样或其他选取测试项目的方法选择函证样本时，样本应当足以代表总体，并包括：①金额较大的项目；②账龄较长的项目；③交易频繁但期末余额较小的项目；④重大关联方交易；⑤重大或异常的交易；⑥可能存在争议以及产生重大舞弊或错误的交易。

审计人员通常以资产负债表日为截止日，在资产负债表日后适当时间内实施函证。如果重大错报风险评估为低水平，审计人员可选择资产负债表日前适当日期为截止日实施函证，并对所函证项目自该截止日起至资产负债表日止发生的变动实施实质性程序。

2.询证函的设计

审计人员应当根据特定审计目标设计询证函。在设计询证函时，审计人员应当考虑所审计的认定以及可能影响函证可靠性的因素，这些因素主要包括：①函证的方式;②以往审计或类似业务的经验;③拟函证信息的性质;④选择被询证者的适当性;⑤被询证者易于回函的信息类型。

审计人员可采用积极的或消极的函证方式实施函证,也可将两种方式结合使用。如果采用积极的函证方式,审计人员应当要求被询证者在所有情况下必须回函,确认询证函所列示信息是否正确,或填列询证函要求的信息。如果采用消极的函证方式,审计人员只要求被询证者仅在不同意询证函列示信息的情况下才予以回函。

3. 函证的实施与评价

当实施函证时,审计人员应当对选择被询证者、设计询证函以及发出和收回询证函保持控制。通常应当采取下列措施对函证实施过程进行控制:

(1)将被询证者的名称、地址与被审计单位有关记录核对。

(2)将询证函中列示的账户余额或其他信息与被审计单位有关资料核对。

(3)在询证函中指明直接向接受审计业务委托的会计师事务所回函。

(4)询证函经被审计单位盖章后,由审计人员直接发出。

(5)将发出询证函的情况形成审计工作记录。

(6)将收到的回函形成审计工作记录,并汇总统计函证结果。

如果被询证者以传真、电子邮件等方式回函,审计人员应当直接接收,并要求被询证者寄回询证函原件。如果采用积极的函证方式实施函证而未能收到回函,审计人员应当考虑与被询证者联系。如果未能得到被询证者的回应,审计人员应当实施替代审计程序。替代审计程序应当能够提供实施函证所能够提供的同样效果的审计证据。如果实施函证和替代审计程序都不能提供财务报表有关认定的充分、适当的审计证据,审计人员应当实施追加的审计程序。

在评价实施函证和替代审计程序获取的审计证据是否充分、适当时,审计人员应当考虑:①函证和替代审计程序的可靠性;②不符事项的原因、频率、性质和金额;③实施其他审计程序获取的审计证据。在评价函证的可靠性时,审计人员应当考虑:①对询证函的设计、发出及收回的控制情况;②被询证者的胜任能力、独立性、授权回函情况、对函证项目的了解及其客观性;③被审计单位施加的限制或回函中的限制。

如果有迹象表明收回的询证函不可靠,审计人员应当实施适当的审计程序予以证实或消除疑虑。审计人员应当评价函证及函证以外的审计程序的实施结果是否为所审计的认定提供了充分、适当的审计证据。

(六)重新计算

重新计算是指审计人员以人工方式或使用计算机辅助审计技术,对记录或文件中的数据计算的准确性进行核对。重新计算通常包括计算销售发票和存货的总金额，加总日记账和明细账，检查折旧费用和预付费用的计算，检查应纳税额的计算等。

(七)重新执行

重新执行是指审计人员以人工方式或使用计算机辅助审计技术，重新独立执行作为被审计单位内部控制组成部分的程序或控制。例如，审计人员利用被审计单位的银行存款日记账和银行对账单，重新编制银行存款余额调节表，并与被审计单位编制的银行存款余额调节表进行比较。

(八)分析程序

分析程序是指审计人员通过研究不同财务数据之间以及财务数据与非财务数据之间的内在关系，对财务信息作出评价。分析程序还包括调查识别出的、与其他相关信息不一致或与预期数据严重偏离的波动和关系。

1.分析程序的目的

审计人员实施分析程序的目的包括：

(1)用作风险评估程序，以了解被审计单位及其环境。审计人员实施风险评估程序的目的在于了解被审计单位及其环境并评估财务报表层次和认定层次的重大错报风险。

(2)当使用分析程序比细节测试能更有效地将认定层次的检查风险降至可接受的水平时，分析程序可以用作实质性程序。在针对评估的重大错报风险实施进一步审计程序时，审计人员可以将分析程序作为实质性程序的一种，单独或结合其他细节测试，收集充分、适当的审计证据。

(3)在审计结束或临近结束时对财务报表进行总体复核。审计人员应当运用分析程序，在已收集的审计证据的基础上，对财务报表整体的合理性作最终把握，评价报表仍然存在重大错报风险而未被发现的可能性，考虑是否需要追加审计程序，以便为发表审计意见提供合理基础。

2.用作风险评估程序

(1)总体要求。在实施风险评估程序时，审计人员运用分析程序的目的是了解被审计单位及其环境并评估重大错报风险，审计人员应当围绕这一目的运用分析程序。在这个阶段运用分析程序是强制要求。

(2)在风险评估程序中的具体运用。审计人员在将分析程序用作风险评估程序时，应当遵守《中国注册会计师审计准则第 1211 号——了解被审计单位及其环境并评估重大错报风险》的相关规定。审计人员可以将分析程序与询问、检查和观察程序结合运用,以获取对被审计单位及其环境的了解,识别和评估财务报表层次及具体认定层次的重大错报风险。

在运用分析程序时,审计人员应重点关注关键的账户余额、趋势和财务比率关系等方面,对其形成一个合理的预期,并与被审计单位记录的金额、依据记录金额计算的比率或趋势相比较。如果分析程序的结果显示的比率、比例或趋势与审计人员对被审计单位及其环境的了解不一致,并且被审计单位管理层无法提出合理的解释,或者无法取得相关的支持性文件证据,审计人员应当考虑其是否表明被审计单位的财务报表存在重大错报风险。

3.用作实质性程序

(1)总体要求。审计人员应当针对评估的认定层次重大错报风险设计和实施实质性程序。实质性程序包括对各类交易、账户余额、列报(包括披露)的细节测试以及实质性分析程序。

实质性分析程序的运用包括以下几个步骤:①识别需要运用分析程序的账户余额或交易;②确定期望值;③确定可接受的差异额;④识别需要进一步调查的差异;⑤调查异常数据关系;⑥评估分析程序的结果。

(2)确定实质性分析程序对特定认定的适用性。并非所有认定都适合使用实质性分析程序。研究不同财务数据之间以及财务数据与非财务数据之间的内在关系是运用分析程序的基础,如果数据之间不存在稳定的可预期关系,审计人员将无法运用实质性分析程序,而只能考虑利用检查、函证等其他审计程序收集充分、适当的审计证据,作为发表审计意见的合理基础。

(3)数据的可靠性。审计人员对已记录的金额或比率作出预期时,需要采用内部或外部的数据。来自被审计单位内部的数据包括:①前期数据,并根据当期的变化进行调整;②当期的财务数据;③预算或预测;④非财务数据等。外部数据包括:①政府及政府有关部门发布的信息,如通货膨胀率、利率、税率,有关部门确定的生产或进出口配额等;②行业监管者、贸易协会以及行业调查单位发布的信息,如行业平均增长率;③经济预测组织,包括某些银行发布的预测消息,如某些行业的业绩指标等;④公开出版的财务信息;⑤证券交易所发布的信息等。

(4)作出预期的准确程度。准确程度是对预期值与真实值之间接近程度的度量,也称精确度。分析程序的有效性很大程度上取决于审计人员形成的预期值的准确性。预期值的准确性越高,审计人员通过分析程序获取的保证水平将越高。

(5)已记录金额与预期值之间可接受的差异额。在设计和实施实质性分析程序时,审计人员应当确定已记录金额与预期值之间可接受的差异额。在确定可接受的差异额时,审计人员应当主要考虑各类交易、账户余额、列报及相关认定的重要性和计划的保证水平。通常，可容忍错报越低，可接受的差异额越小；计划的保证水平越高，可接受的差异额越小。

4. 用于总体复核

(1)总体要求。在审计结束或临近结束时，审计人员运用分析程序的目的是确定财务报表整体是否与其对被审计单位的了解一致，审计人员应当围绕这一目的运用分析程序。审计人员在这个阶段运用分析程序是强制要求。

(2)总体复核阶段分析程序的特点。在总体复核阶段执行分析程序，所进行的比较和使用的手段与风险评估程序中使用的分析程序基本相同，但两者的目的不同。在总体复核阶段实施的分析程序主要在于强调并解释财务报表项目自上个会计期间以来发生的重大变化，以证实财务报表中列报的所有信息与审计人员对被审计单位及其环境的了解一致、与审计人员取得的审计证据一致。因此，两者的主要差别在于实施分析程序的时间和重点不同，以及所取得的数据的数量和质量不同。另外，因为在总体复核阶段实施的分析程序并非为了对特定账户余额和披露提供实质性的保证水平，因此，并不如实质性分析程序那样详细和具体，而往往集中在财务报表层次。

(3)再评估重大错报风险。在运用分析程序进行总体复核时，如果识别出以前未识别的重大错报风险，审计人员应当重新考虑对全部或部分各类交易、账户余额、列报评估的风险是否恰当，并在此基础上重新评价之前计划的审计程序是否充分，是否有必要追加审计程序。

上述审计程序单独或组合起来，可用作风险评估程序、控制测试和实质性程序。

第二节　审计工作底稿

为规范注册会计师财务报表审计业务工作底稿的格式、内容、范围以及审计工作底稿的归档，中国注册会计师协会制订了《中国注册会计师审计准则第1131号——审计工作底稿》。审计人员应严格按照具体准则的要求，做好有关审计工作底稿的各项工作。

一、审计工作底稿的含义

审计工作底稿是指审计人员对制订的审计计划、实施的审计程序、获取的相关审计证据，以及得出的审计结论作出的记录。审计工作底稿是审计证据的载体，审计人员在审计过程中形成的审计工作记录和获取的资料。它形成于审计过程，也反映整个审计过程。

二、审计工作底稿的编制目的

审计人员应当及时编制审计工作底稿，以实现下列目的：

(一)提供充分、适当的记录，作为审计报告的基础

审计工作底稿是审计人员形成审计结论，发表审计意见的直接依据。及时编制审计工作底稿有助于提高审计工作的质量，便于在出具审计报告之前，对取得的审计证据和得出的审计结论进行有效复核和评价。

(二)提供证据，证明审计人员按照审计准则的规定执行了审计工作

在会计师事务所因执业质量而涉及诉讼或有关监管机构进行执业质量检查时，审计工作底稿能够提供证据，证明会计师事务所是否按照审计准则的规定执行了审计工作。

三、审计工作底稿的性质

(一)审计工作底稿的存在形式

审计工作底稿可以以纸质、电子或其他介质形式存在。随着信息技术的广泛运用，审计工作底稿的形式从传统的纸质形式扩展到电子或其他介质形式。但无论审计工作底稿存在于哪种介质，会计师事务所都应当针对审计工作底稿设计和实施适当的控制，以实现下列目的：

(1)使审计工作底稿清晰地显示其生成、修改及复核的时间和人员。

(2)在审计业务的所有阶段，尤其是在项目组成员共享信息或通过互联网将信息传递给其他人员时，保护信息的完整性。

(3)防止未经授权改动审计工作底稿。

(4)允许项目组和其他经授权的人员为适当履行职责而接触审计工作底稿。

在实务中，为便于复核，审计人员可以将以电子或其他介质形式存在的审计工作底稿通过打印等方式，转换成纸质形式的审计工作底稿，并与其他纸质形式的审

计工作底稿一并归档，同时，单独保存这些以电子或其他介质形式存在的审计工作底稿。

(二)审计工作底稿通常包括的内容

审计工作底稿通常包括总体审计策略、具体审计计划、分析表、问题备忘录、重大事项概要、询证函及回函、管理层声明书、核对表、有关重大事项的往来信件(包括电子邮件)，以及对被审计单位文件记录的摘要或复印件等。此外，审计工作底稿通常还包括业务约定书、管理建议书、项目组内部或项目组与被审计单位举行的会议记录、与其他人士(如其他审计人员、律师、专家等)的沟通文件及错报汇总表等。

一般情况下，分析表主要是指对被审计单位财务信息执行分析程序的记录。例如，记录对被审计单位本年各月收入与上一年度的同期数据进行比较的情况，记录对差异的分析等。

问题备忘录一般是指对某一事项或问题的概要的汇总记录。在问题备忘录中，审计人员通常记录该事项或问题的基本情况、执行的审计程序或具体审计步骤，以及得出的审计结论。例如，有关存货监盘审计程序或审计过程中发现问题的备忘录。

核对表一般是指会计师事务所内部使用的、为便于核对某些特定审计工作或程序的完成情况的表格。例如，特定项目(如财务报表列报)审计程序核对表、审计工作完成情况核对表等。它通常以列举的方式列出审计过程中审计人员应当进行的审计工作或程序以及特别需要提醒注意的问题，并在适当情况下索引至其他审计工作底稿，便于审计人员核对是否已按照审计准则的规定进行审计。

审计工作底稿通常不包括已被取代的审计工作底稿的草稿或财务报表的草稿、对不全面或初步思考的记录、存在印刷错误或其他错误而作废的文本，以及重复的文件记录等。由于这些草稿、错误的文本或重复的文件记录不直接构成审计结论和审计意见的支持性证据，因此，审计人员通常无需保留这些记录，在审计工作底稿归档时予以清理。

四、编制审计工作底稿的总体要求

审计人员编制的审计工作底稿，应当使得未曾接触该项审计工作的有经验的专业人士清楚地了解：①按照审计准则的规定实施的审计程序的性质、时间和范围；②实施审计程序的结果和获取的审计证据；③就重大事项得出的结论。

有经验的专业人士，是指对下列方面有合理了解的人士：①审计过程；②相关法律法规和审计准则的规定；③被审计单位所处的经营环境；④与被审计单位所处行业相关的会计和审计问题。

五、审计工作底稿的格式、要素和范围

(一)确定审计工作底稿的格式、要素和范围时应考虑的因素

在确定审计工作底稿的格式、内容和范围时，审计人员应当考虑下列因素：

(1)实施审计程序的性质。通常，不同的审计程序会使得审计人员获取不同性质的审计证据，由此审计人员可能会编制不同格式、内容和范围的审计工作底稿。例如，审计人员编制的有关函证程序的审计工作底稿（包括询证函及回函、有关不符事项的分析等）和存货监盘程序的审计工作底稿（包括盘点表、审计人员对存货的测试记录等）在内容、格式及范围方面是不同的。

(2)已识别的重大错报风险。识别和评估的重大风险水平的不同可能导致审计人员实施的审计程序和获取的审计证据不尽相同。例如，如果审计人员识别出应收账款存在较高的重大错报风险，而其他应收款的重大错报风险较低，则审计人员可能对应收账款实施较多的审计程序并获取较多的审计证据，因而对测试应收账款的记录会比针对测试其他应收款记录的内容多且范围广。

(3)在执行审计工作和评价审计结果时需要作出判断的范围。审计程序的选择和实施及审计结果的评价通常需要不同程度的职业判断。例如，运用非统计抽样的方法选取样本进行应收账款函证程序时，审计人员可能基于应收账款账龄、以前的审计经验及是否为关联方欠款等因素，考虑哪些应收账款存在较高的重大错报风险，并运用职业判断在总体中选取样本，并对作出职业判断时的考虑事项进行适当的记录。因此，在作出职业判断时所考虑的因素及范围可能使审计人员作出不同的内容和范围的记录。

(4)已获取审计证据的重要程度。审计人员通过执行多项审计程序可能会获取不同的审计证据，有些审计证据的相关性和可靠性较高，有些质量则较差，审计人员可能区分不同的审计证据进行有选择性地记录，因此，审计证据的重要程度也会影响审计工作底稿的格式、内容和范围。

(5)已识别的例外事项的性质和范围。有时审计人员在执行审计程序时会发现例外事项，由此可能导致审计工作底稿在格式、内容和范围方面的不同。例如，某个函证的回函表明存在不符事项，如果在实施恰当的追查后发现该例外事项并未构成错报，审计人员可能只在审计工作底稿中解释发生该例外事项的原因及影响。反之，如果该例外事项构成错报，审计人员可能需要执行额外的审计

程序并获取更多的审计证据，由此编制的审计工作底稿在内容和范围方面可能有很大不同。

(6)当从已执行审计工作或获取审计证据的记录中不易确定结论或结论的基础时，记录结论或结论基础的必要性。在某些情况下，特别是在涉及复杂的事项时，审计人员仅将已执行的审计工作或获取的审计证据记录下来，并不容易使其他有经验的审计人员通过合理的分析，得出审计结论或结论的基础。此时审计人员应当考虑是否需要进一步说明并记录得出结论的基础(即得出结论的过程)及该事项的结论。

(7)使用的审计方法和工具。使用的审计方法和工具可能影响审计工作底稿的格式、内容和范围。例如，如果使用计算机辅助审计技术对应收账款的账龄进行重新计算时，通常可以针对总体进行测试，而采用人工方式重新计算时，则可能会针对样本进行测试，由此形成的审计工作底稿会在格式、内容和范围方面有所不同。

考虑以上因素有助于审计人员确定审计工作底稿的格式、内容和范围是否恰当。审计人员在考虑以上因素时需注意，根据不同情况确定审计工作底稿的格式、内容和范围均是为达到本准则第四条所述的编制审计工作底稿的目的，特别是提供证据的目的。例如，细节测试和实质性分析程序的审计工作底稿所记录的审计程序有所不同，但两类审计工作底稿都应当充分、适当地反映审计人员执行的审计程序。

(二)审计工作底稿的要素

通常，审计工作底稿包括下列全部或部分要素：

(1)被审计单位名称。

(2)审计项目名称。

(3)审计项目时点或期间。

(4)审计过程记录。

(5)审计结论。

(6)审计标志及其说明。

(7)索引号及编号。

(8)编制者姓名及编制日期。

(9)复核者姓名及复核日期。

(10)其他应说明事项。

下面分别对以上所述要素中的第(4)～(9)项进行说明。

(三)审计过程记录

在记录审计过程时,应当特别注意以下几个方面:

1.特定项目或事项的识别特征

在记录实施审计程序的性质、时间和范围时,审计人员应当记录测试的特定项目或事项的识别特征。记录特定项目或事项的识别特征可以实现多种目的。例如,便于对例外事项或不符事项进行检查,以及对测试的项目或事项进行复核。

识别特征是指被测试的项目或事项表现出的征象或标志。识别特征因审计程序的性质和所测试的项目或事项不同而不同。对某一个具体项目或事项而言,其识别特征通常具有唯一性,这种特性可以使其他人员根据识别特征在总体中识别该项目或事项并重新执行该测试。为帮助理解,以下列举部分审计程序中所测试的样本的识别特征。

如在对被审计单位生成的订购单进行细节测试时,审计人员可能以订购单的日期或编号作为测试订购单的识别特征。需要注意的是,在以日期或编号作为识别特征时,审计人员需要同时考虑被审计单位对订购单编号的方式,例如,若被审计单位按年对订购单依次编号,则识别特征是××年的××号;若被审计单位仅以序列号进行编号,则可以直接将该号码作为识别特征。

对于需要选取或复核既定总体内一定金额以下的所有项目的审计程序,审计人员可能会以实施审计程序的范围作为识别特征,例如,总账中一定金额以上的所有会计分录。

对于需要系统化抽样的审计程序,审计人员可能会通过记录样本的来源、抽样的起点及抽样间隔来识别已选取的样本,例如,若被审计单位对发运单顺序编号,测试的发运单的识别特征可以是4月1日至9月30日的发运台账,从第12345号发运单开始每隔125号系统抽取发运单。

对于需要询问被审计单位中特定人员的审计程序,审计人员可能会以询问的时间、被询问人的姓名及职位作为识别特征。

对于观察程序,审计人员可能会以观察的对象或观察过程、观察的地点和时间作为识别特征。

2.重大事项

审计人员应当根据具体情况判断某一事项是否属于重大事项。重大事项通常包括:

(1)引起特别风险的事项。

(2)实施审计程序的结果,该结果表明财务信息可能存在重大错报,或需要修正以前对重大错报风险的评估和针对这些风险拟采取的应对措施。

(3)导致审计人员难以实施必要审计程序的情形。

(4)导致出具非标准审计报告的事项。

审计人员应当及时记录与管理层、治理层和其他人员对重大事项的讨论,包括讨论的内容、时间、地点和参加人员。

有关重大事项的记录可能分散在审计工作底稿的不同部分。将这些分散在审计工作底稿中的有关重大事项的记录汇总在重大事项概要中,不仅可以帮助审计人员集中考虑重大事项对审计工作的影响,还便于审计工作的复核人员全面、快速地了解重大事项,从而提高复核工作的效率。对于大型、复杂的审计项目,重大事项概要的作用尤为重要。因此本准则第十四条第一款规定,审计人员应当考虑编制重大事项概要,将其作为审计工作底稿的组成部分,以有效地复核和检查审计工作底稿,并评价重大事项的影响。

3.针对重大事项如何处理矛盾或不一致的情况

如果识别出的信息与针对某重大事项得出的最终结论相矛盾或不一致,审计人员应当记录形成最终结论时如何处理该矛盾或不一致的情况。上述情况包括但不限于审计人员针对该信息执行的审计程序、项目组成员对某事项的职业判断不同而向专业技术部门的咨询情况,以及项目组成员和被咨询人员不同意见(如项目组与专业技术部门的不同意见)的解决情况。

记录如何处理识别出的信息与针对重大事项得出的结论相矛盾或不一致的情况是非常必要的,它有助于审计人员关注这些矛盾或不一致,并对此执行必要的审计程序以恰当地解决这些矛盾或不一致。但是,对如何解决这些矛盾或不一致的记录要求并不意味着审计人员需要保留不正确的或被取代的资料。例如,某些信息初步显示与针对某重大事项得出的最终结论相矛盾或不一致,审计人员发现这些信息是错误的或不完整的,并且初步显示的矛盾或不一致可以通过获取正确或完整的信息得到满意的解决,则审计人员无需保留这些错误或不完整的信息。此外,对于职业判断的差异,若初步的判断意见是基于不完整的资料或数据,则审计人员也无需保留这些初步的判断意见。

(四)审计结论

审计人员恰当地记录审计结论非常重要,审计人员需要根据所实施的审计程序及获取的审计证据得出结论,并以此作为对财务报表形成审计意见的基础。在记录审计结论时需注意,在审计工作底稿中记录的审计程序和审计证据是否足以支持所得出的审计结论。

(五)审计标志及其说明

审计工作底稿中可使用各种审计标志，但应说明其含义，并保持前后一致。以下是审计人员在审计工作底稿中列明标志并说明其含义的例子，供参考。在实务中，审计人员也可以依据实际情况运用更多的审计标志。

∧：纵加核对

<：横加核对

B：与上年结转数核对一致

T：与原始凭证核对一致

G：与总分类账核对一致

S：与明细账核对一致

T/B：与试算平衡表核对一致

C：已发询证函

C\：已收回询证函

(六)索引号及编号

通常，审计工作底稿需要注明索引号及顺序编号，相关审计工作底稿之间需要保持清晰的钩稽关系。在实务中，审计人员可以按照所记录的审计工作的内容层次进行编号。例如，固定资产汇总表的编号为 C1，按类别列示的固定资产明细表的编号为 C1-1，以及列示单个固定资产原值及累计折旧的明细表编号，包括房屋建筑物(编号为 C1-1-1)、机器设备(编号为 C1-1-2)、运输工具(编号为 C1-1-3)及其他设备(编号为 C1-1-4)。相互引用时，需要在审计工作底稿中交叉注明索引号。

以下是不同审计工作底稿之间相互索引的例子，供参考。

例如，固定资产的原值、累计折旧及净值的总额应分别与固定资产明细表的数字互相钩稽。以下是从固定资产汇总表工作底稿(表 4-1)及固定资产明细表工作底稿(表 4-2)中节选的部分，以作相互索引的示范。

表 4-1　　固定资产汇总表(工作底稿索引号：C1)(节选)

工作底稿索引号	固定资产	20×8 年 12 月 31 日	20×7 年 12 月 31 日
C1-1	原值	×××	×××
C1-1	累计折旧	×××	×××
	净值	×××T/B∧	×××B∧

表 4-2　　　　固定资产明细表(工作底稿索引号:C1-1)(节选)

工作底稿索引号	固定资产	期初余额	本期增加	本期减少	期末余额
	原　值				
C1-1-1	1.房屋建筑物	×××		×××	×××S
C1-1-2	2.机器设备	×××	×××		×××S
C1-1-3	3.运输工具	×××			×××S
C1-1-4	4.其他设备	×××			×××S
	小　计	×××B∧	×××∧	×××∧	×××<C1∧
	累计折旧				
C1-1-1	1.房屋建筑物	×××			×××S
C1-1-2	2.机器设备	×××	×××		×××S
C1-1-3	3.运输工具	×××			×××S
C1-1-4	4.其他设备	×××			×××S
	小　计	×××B∧	×××∧	×××∧	×××<C1∧
	净　值	×××B∧			×××C1∧

注:“∧”纵加核对相符;“<”横加核对相符。

(七)编制人员和复核人员及日期

为明确责任,在记录实施审计程序的性质、时间和范围时,审计人员应当记录:

(1)审计工作的执行人员及完成该项审计工作的日期。

(2)审计工作的复核人员及复核的日期和范围。

在需要项目质量控制复核的情况下,还需要注明项目质量控制复核人员及复核的日期。

通常,需要在每一张审计工作底稿上注明执行审计工作的人员和复核人员、完成该项审计工作的日期以及完成复核的日期。

在实务中,如果若干页的审计工作底稿记录同一性质的具体审计程序或事项,并且编制在同一个索引号中,此时可以仅在审计工作底稿的第一页上记录审计工作的执行人员和复核人员并注明日期。例如,应收账款函证核对表的索引号为L3-1-1/21,相对应的询证函回函共有20份,每一份应收账款询证函回函索引号以L3-1-2/21、L3-1-2/21……L3-1-21/21表示,对于这种情况,就可以仅在应收账款函证核对表上记录审计工作的执行人员和复核人员并注明日期。

六、审计工作底稿的归档

《会计师事务所质量控制准则第 5101 号——业务质量控制》和《中国注册会计师审计准则第 1131 号——审计工作底稿》对审计工作底稿的归档作出了具体规定，涉及归档工作的性质和期限、审计工作底稿保管期限等方面。

(一)审计工作底稿归档工作的性质

在出具审计报告前，审计人员应完成所有必要的审计程序，取得充分、适当的审计证据并得出适当的审计结论。由此，在审计报告日后将审计工作底稿归整为最终审计档案是一项事务性的工作、不涉及实施新的审计程序或得出新的结论。

如果在归档期间对审计工作底稿作出的变动属于事务性的，审计人员可以作出变动，主要包括：

(1)删除或废弃被取代的审计工作底稿。

(2)对审计工作底稿进行分类、整理和交叉索引。

(3)对审计档案归整工作的完成核对表签字认可。

(4)记录在审计报告日前获取的、与审计项目组相关成员进行讨论并取得一致意见的审计证据。

(二)审计档案的分类

在实务中，审计档案可以分为永久性档案和当期档案。这一分类主要是基于具体实务中对审计档案使用的时间而划分的。

1. 永久性档案

永久性档案是指那些记录内容相对稳定，具有长期使用价值，并对以后审计工作具有重要影响和直接作用的审计档案。例如，被审计单位的组织结构、批准证书、营业执照、章程、重要资产的所有权或使用权的证明文件复印件等。若永久性档案中的某些内容已发生变化，审计人员应当及时予以更新。为保持资料的完整性以便满足日后查阅历史资料的需要，永久性档案中被替换下的资料一般也需保留。例如，被审计单位因增加注册资本而变更了营业执照等法律文件，被替换的旧营业执照等文件。可以汇总在一起，与其他有效的资料分开，作为单独部分归整在永久性档案中。

2. 当期档案

当期档案是指那些记录内容经常变化，主要供当期和下期审计使用的审计档案。例如，总体审计策略和具体审计计划。

(三)审计工作底稿归档的期限

审计人员应当按照会计师事务所质量控制政策和程序的规定，及时将审计工作底稿归整为最终审计档案。审计工作底稿的归档期限为审计报告日后 60 天内。如果审计人员未能完成审计业务，审计工作底稿的归档期限为审计业务中止后的 60 天内。

如果针对客户的同一财务信息执行不同的委托业务，出具两个或多个不同的报告，会计师事务所应当将其视为不同的业务，根据会计师事务所内部制定的政策和程序，在规定的归档期限内分别将审计工作底稿归整为最终审计档案。

(四)审计工作底稿归档后的变动

1. 需要变动审计工作底稿的情形

一般情况下，在审计报告归档之后不需要对审计工作底稿进行修改或增加。审计人员发现有必要修改现有审计工作底稿或增加新的审计工作底稿的情形主要有以下两种：

(1)审计人员已实施了必要的审计程序，取得了充分、适当的审计证据并得出了恰当的审计结论，但审计工作底稿的记录不够充分。

(2)审计报告日后，发现例外情况要求审计人员实施新的或追加审计程序，或导致审计人员得出新的结论。例外情况主要是指审计报告日后发现与已审计财务信息相关，且在审计报告日已经存在的事实，该事实如果被审计人员在审计报告日前获知，可能影响审计报告。例如，审计人员在审计报告日后才获知法院在审计报告日前已对被审计单位的诉讼、索赔事项作出最终判决结果。例外情况可能在审计报告日后发现，也可能在财务报表报出日后发现，审计人员应当按照《中国注册会计师审计准则第 1332 号——期后事项》第四章“财务报表报出后发现的事实”的相关规定，对例外事项实施新的或追加的审计程序。

2. 变动审计工作底稿时的记录要求

在完成最终审计档案的归整工作后，如果发现有必要修改现有审计工作底稿或增加新的审计工作底稿，无论修改或增加的性质如何，审计人员均应当记录下列事项。

(1)修改或增加审计工作底稿的时间和人员，以及复核的时间和人员。

(2)修改或增加审计工作底稿的具体理由。

(3)修改或增加审计工作底稿对审计结论产生的影响。

(五)审计工作底稿的保存期限

会计师事务所应当自审计报告日起,对审计工作底稿至少保存10年。如果审计人员未能完成审计业务,会计师事务所应当自审计业务中止日起,对审计工作底稿至少保存10年。值得注意的是,对于连续审计的情况,当期归整的永久性档案虽然包括以前年度获取的资料(有可能是10年以前),但由于其作为本期档案的一部分,并作为支持审计结论的基础。因此,审计人员对于这些对当期有效的档案,应视为当期取得并保存10年。如果这些资料在某个审计期间被替换,被替换资料可以从被替换的年度起至少保存10年。

在完成最终审计档案的归整工作后,审计人员不得在规定的保存期限届满前删除或废弃审计工作底稿。

思　考　题

1.什么是审计证据？审计证据的种类主要有哪些？

2.如何理解审计证据的特性？

3.获取审计证据的审计程序有哪些？如何实施？

4.审计工作底稿的含义与编制目的如何？

5.审计工作底稿的基本要素有哪些？在实务中应当注意哪些问题？

6.如何理解审计工作底稿的归档工作？

第五章　签约与计划审计工作

本章导读

谨慎签约和合理计划审计工作是审计业务顺利实施的重要前提。会计师承接审计业务时，应与被审计单位签订审计业务约定书。同时，审计人员应科学评估重要性和审计风险，合理计划审计工作。本章首先介绍了审计业务约定书的概念、作用和内容，接着阐述了审计重要性的内涵及审计重要性水平的两个层次，分析说明审计人员如何确定及运用审计重要性水平。同时，本章还阐述了审计风险的概念和特征，介绍了审计风险的构成要素并简要阐述了审计风险的评估与应对。最后，本章阐述了如何制订审计计划以合理计划审计工作，主要包括审计计划的概念、作用、内容、更改与记录等。

主要内容

- 承接审计业务
- 审计重要性
- 审计风险
- 制订审计计划

第一节　承接审计业务

会计师事务所是独立核算、自负盈亏的社会中介组织，承接审计业务是事务所生存和发展的基础。审计人员在承接审计业务时，会计师事务所需与被审计单位签订审计业务约定书。

一、审计业务约定书的概念和作用

审计业务约定书是指会计师事务所与被审计单位签订的，用以记录和确认审计业务的委托与受托关系、审计目标和范围、双方的责任以及报告的内容、格式等事项的书面协议(孙晶,2009)。

会计师事务所承接任何审计业务,都应与被审计单位签订审计业务约定书。为了规范审计业务约定书的签订工作,财政部发布了《中国注册会计师审计准则第1111号——审计业务约定书》。该准则要求,注册会计师应当在审计业务开始前,与被审计单位就业务约定条款达成一致意见,并签订审计业务约定书,以避免双方对审计业务的理解产生分歧。如果被审计单位不是委托人,在签订约定书前,注册会计师应当与委托人、被审计单位就审计业务约定相关条款进行充分沟通,并达成一致意见。审计业务约定书具有经济合同的性质,一经约定各方签字认可,即成为会计师事务所与被审计单位之间在法律上生效的契约,对签约各方均具有法定约束力。

签署审计业务约定书的目的是为了明确约定各方的权利和责任义务,促使各方遵守约定事项并加强合作,保护签约各方的正当利益。审计业务约定书主要有如下两方面作用。

一方面,它有助于促进会计师事务所与被审计单位之间的相互了解。在签订审计业务约定书过程中,会计师事务所与被审计单位就业务约定书所涉及内容进行沟通,这样有助于双方避免对审计业务的理解产生分歧,尤其有助于使被审计单位了解审计人员的审计责任及其应对会计师事务所提供的协助和合作。

另一方面,它可以作为双方衡量责任义务履行情况的依据和证据。审计业务约定书作为一种具有经济合同意义性质的书面协议,其中详细规定了合约双方当事人的权利义务,合约双方当事人都必须严格按照条款规定履行其责任义务,因此,审计业务约定书可以作为会计师事务所和被审计单位双方相互检查评价约定义务履行情况的依据。同时还应提到的是,如果审计过程中因为会计师事务所和被审计单位之中一方当事人的原因而导致出现合同终止或法律诉讼,作为衡量双方当事人约定义务履行情况依据的审计业务约定书,便自然而然成为确定会计师事务所和被审计单位双方应负责任的重要证据。

在这里值得一提的是,会计师事务所在签订审计业务约定书之前,应指派审计人员对被审计单位基本情况进行了解,并就审计业务约定相关条款特别是委托目的、审计范围、审计收费、被审计单位应提供的资料和信息以及必要工作条件与协助等进行充分沟通,并达成一致意见。签订审计业务约定书之前的工作主要有明确审计业务的性质和范围,初步了解被审计单位的基本情况,会计师事务所评价专业胜任能力,商定审计收费,明确被审计单位应协助的工作几个方面。

二、审计业务约定书的内容

会计师事务所就上述事项与被审计单位协商一致后，即可指派人员起草审计业务约定书。

（一）审计业务约定书的基本内容

审计业务约定书的具体内容可能因被审计单位的不同而存在差异，但应当包括下列主要方面。

（1）财务报表审计的目标。

（2）管理层对财务报表的责任。

（3）管理层编制财务报表采用的会计准则和相关会计制度。

（4）审计范围，包括指明在执行财务报表审计业务时遵守的中国注册会计师审计准则。

（5）执行审计工作的安排，包括出具审计报告的时间要求。

（6）审计报告格式和对审计结果的其他沟通形式。

（7）由于测试的性质和审计的其他固有限制，以及内部控制的固有局限性，不可避免地存在着某些重大错报可能仍然未被发现的风险。

（8）管理层为审计人员提供必要的工作条件和协助。

（9）审计人员不受限制地接触任何与审计有关的记录、文件和所需要的其他信息。

（10）管理层对其作出的与审计有关的声明予以书面确认。

（11）审计人员对执业过程中获知的信息保密。

（12）审计收费，包括收费的计算基础和收费安排。

（13）违约责任。

（14）解决争议的方法。

（15）签约双方法定代表人或其授权代表的签字盖章，以及签约双方加盖的公章。

以上各项是审计业务约定书的必备条款。在审计业务约定书中明确上述条款，有助于避免委托人对审计业务的目标和作用等产生误解。需要指出的是，会计师事务所或被审计单位（或委托人）如需修改、补充审计业务的约定内容，应当以适当的方式获得对方的确认。

（二）审计业务约定书的特殊考虑

1. *考虑特殊需要*

如果情况需要，审计人员应当考虑在审计业务约定书中列明下列内容。

(1)在某些方面对利用其他注册会计师和专家工作的安排。

(2)与审计涉及的内部审计人员和被审计单位其他员工工作的协调。

(3)预期向被审计单位提交的其他函件或报告。

(4)与治理层整体直接沟通。

(5)在首次接受审计委托时,对与前任审计人员沟通的安排。

(6)审计人员与被审计单位之间需要达成进一步协议的事项。

2.连续审计

对于连续审计,审计人员应当考虑是否需要根据具体情况修改业务约定的条款,以及是否需要提醒被审计单位注意现有的业务约定条款。

审计人员可以与被审计单位签订长期审计业务约定书。但如果出现下列情况,应当考虑重新签订审计业务约定书:

(1)有迹象表明被审计单位误解审计目标和范围。

(2)需要修改约定条款或增加特别条款。

(3)高级管理人员、董事会或所有权结构近期发生变动。

(4)被审计单位业务的性质或规模发生重大变化。

(5)法律法规的规定。

(6)管理层编制财务报表采用的会计准则和相关会计制度发生变化。

3.审计业务变更

在完成审计业务前,如果被审计单位要求审计人员将审计业务变更为保证程度较低的鉴证业务或相关服务,审计人员应当考虑变更业务的适当性。

通常,可能导致被审计单位要求变更业务的原因主要有情况变化对审计服务的需求产生影响、对原来要求的审计业务的性质存在误解以及审计范围存在限制三个方面。在同意将审计业务变更为其他服务前,审计人员还应当考虑变更业务对法律责任或业务约定条款的影响。如果变更业务引起业务约定条款的变更,审计人员应当与被审计单位就新条款达成一致意见。

如果认为变更业务具有合理的理由,并且按照审计准则的规定已实施的审计工作也适用于变更后的业务,审计人员可以根据修改后的业务约定条款出具报告。如果没有合理的理由,审计人员不应当同意变更业务。在不同意变更业务而审计单位又不允许继续执行原审计业务的情况下,审计人员应当解除业务约定,并考虑是否有义务向被审计单位董事会或股东会等方面说明解除业务约定的理由。

三、审计业务约定书示例

审计业务约定书的内容和格式可因每一个被审计单位而有所不同,但作为其

必备条款的基本内容应相同。审计业务约定书如下【例 5-1】:

【例 5-1】

审计业务约定书

甲方:ABC 股份有限公司

乙方:××会计师事务所

兹由甲方委托乙方对 2001 年度财务报表进行审计,经双方协商,达成以下约定。

一、业务范围与审计目标

1. 乙方接受甲方委托,对甲方按照企业会计准则和《××会计制度》编制的 2001 年 12 月 31 日的资产负债表,2001 年度的利润表、股东权益变动表和现金流量表以及财务报表附注(以下统称财务报表)进行审计。

2. 乙方通过执行审计工作,对财务报表的下列方面发表审计意见。

(1)财务报表是否按照企业会计准则和《××会计制度》的规定编制;

(2)财务报表是否在所有重大方面公允反映甲方的财务状况、经营成果和现金流量。

二、甲方的责任与义务

(一)甲方的责任

1. 根据《中华人民共和国会计法》及《企业财务会计报告条例》,甲方及甲方负责人有责任保证会计资料的真实性和完整性。因此,甲方管理层有责任妥善保存和提供会计记录(包括但不限于会计凭证、会计账簿及其他会计资料),这些记录必须真实、完整地反映甲方的财务状况、经营成果和现金流量。

2. 按照企业会计准则和《××会计制度》的规定编制财务报表是甲方管理层的责任,这种责任包括:①设计、实施和维护与财务报表编制相关的内部控制,以使财务报表不存在由于舞弊或错误而导致的重大错报;②选择和运用恰当的会计政策;③作出合理的会计估计。

(二)甲方的义务

1. 及时为乙方的审计工作提供其所要求的全部会计资料和其他有关资料(在 2002 年×月×日之前提供审计所需的全部资料),并保证所提供资料的真实性和完整性。

2. 确保乙方不受限制地接触任何与审计有关的记录、文件和所需的其他信息。

3. 甲方管理层对其作出的与审计有关的声明予以书面确认。

4. 为乙方派出的有关工作人员提供必要的工作条件和协助,主要事项将由乙方于外勤工作开始前提供清单。

5. 按本约定书的约定及时足额支付审计费用以及乙方人员在审计期间的交通、食宿和其他相关费用。

三、乙方的责任和义务

(一)乙方的责任

1. 乙方的责任是在实施审计工作的基础上对甲方财务报表发表审计意见,乙方按照中国注册会计师审计准则(以下简称审计准则)的规定进行审计。审计准则要求注册会计师遵守职业道德规范,计划和实施审计工作,以对财务报表是否不存在重大错报获取合理保证。

2. 审计工作涉及实施审计程序,以获取有关财务报表金额和披露的审计证据。选择的审计程序取决于乙方的判断，包括对由于舞弊或错误导致的财务报表重大错报风险的评估。在进行风险评估时，乙方考虑与财务报表编制相关的内部控制，以设计恰当的审计程序，但目的并非对内部控制的有效性发表意见。审计工作还包括评价管理层选用会计政策的恰当性和作出会计估计的合理性，以及评价财务报表的总体列报。

3. 乙方需要合理计划和实施审计工作，以使乙方能够获取充分、适当的审计证据，为甲方财务报表是否不存在重大错报获取合理保证。

4. 乙方有责任在审计报告中指明所发现的甲方在重大方面没有遵循企业会计准则和《××会计制度》编制财务报表且未按乙方的建议进行调整的事项。

5. 由于测试的性质和审计的其他固有限制，以及内部控制的固有局限性，不可避免地存在着某些重大错报在审计后可能仍然未被乙方发现的风险。

6. 在审计过程中，乙方若发现甲方内部控制存在乙方认为的重要缺陷，应向甲方提交管理建议书。但乙方在管理建议书中提出的各种事项，并不代表已全面说明所有可能存在的缺陷或已提出所有可行的改善建议。甲方在实施乙方提出的改善建议前应全面评估其影响。未经乙方书面许可，甲方不得向任何第三方提供乙方出具的管理建议书。

7. 乙方的审计不能减轻甲方及甲方管理层的责任。

（二）乙方的义务

1. 按照约定时间完成审计工作，出具审计报告。乙方应于 2002 年×月×日前出具审计报告。

2. 除下列情况外，乙方应当对执行业务过程中知悉的甲方信息予以保密：

(1)取得甲方的授权。

(2)根据法律法规的规定，为法律诉讼准备文件或提供证据，以及向监管机构报告发现的违反法规行为。

(3)接受行业协会和监管机构依法进行的质量检查。

(4)监管机构对乙方进行行政处罚（包括监管机构处罚前的调查、听证）以及乙方对此提起行政复议。

四、审计收费

1. 本次审计服务的收费是以乙方各级别工作人员在本次工作中所耗费的时间为基础计算的。乙方预计本次审计服务的费用总额为人民币××万元。

2. 甲方应于本约定书签署之日起×日内支付×%的审计费用，剩余款项于审计报告草稿完成日结清。

3. 如果由于无法预见的原因，致使乙方从事本约定书所涉及的审计服务实际时间较本约定书签订时预计的时间有明显的增加或减少时，甲乙双方应通过协商，相应调整本约定书第四条第(1)项下所述的审计费用。

4. 如果由于无法预见的原因，致使乙方人员抵达甲方的工作现场后，本约定书所涉及的审计服务不再进行，甲方不得要求退还预付的审计费用；如上述情况发生于乙方人员完成现场审计工作，并离开甲方的工作现场之后，甲方应另行向乙方支付人民币××元的补偿费，该补偿费应于甲方收到乙方的收款通知之日起×日内支付。

5. 与本次审计有关的其他费用（包括交通费、食宿费等）由甲方承担。

五、审计报告和审计报告的使用

1. 乙方按照《中国注册会计师审计准则第 1501 号——审计报告》和《中国注册会计师审计准则第 1502 号——非标准审计报告》规定的格式和类型出具审计报告。

2. 乙方向甲方致送审计报告一式××份。

3. 甲方在提交或对外公布审计报告时，不得修改乙方出具的审计报告及其后附的已审计财务报表。当甲方认为有必要修改会计数据、报表附注和所作的说明时，应当事先通知乙方，乙方将考虑有关的修改对审计报告的影响，必要时，将重新出具审计报告。

六、本约定书的有效期间

本约定书自签署之日起生效，并在双方履行完毕本约定书约定的所有义务后终止。但其中第三(二)2、四、五、八、九、十项并不因本约定书终止而失效。

七、约定事项的变更

如果出现不可预见的情况，影响审计工作如期完成，或需要提前出具审计报告时，甲、乙双方均可要求变更约定事项，但应及时通知对方，并由双方协商解决。

八、终止条款

1. 如果根据乙方的职业道德及其他有关专业职责、适用的法律法规或其他任何法定的要求，乙方认为已不适宜继续为甲方提供本约定书约定的审计服务时，乙方可以采取向甲方提出合理通知的方式终止履行本约定书。

2. 在终止业务约定的情况下，乙方有权就其于本约定书终止之日前对约定的审计服务项目所做的工作收取合理的审计费用。

九、违约责任

甲乙双方按照《中华人民共和国合同法》的规定承担违约责任。

十、适用法律和争议解决

本约定书的所有方面均应适用中华人民共和国法律进行解释并受其约束。本约定书履行地为乙方出具审计报告所在地，因本约定书所引起的或与本约定书有关的任何纠纷或争议(包括关于本约定书条款的存在、效力或终止，或无效之后果)，双方选择第__种解决方式。

(1)向有管辖权的人民法院提起诉讼；

(2)提交××仲裁委员会仲裁。

十一、双方对其他有关事项的约定

本约定书一式两份，甲、乙方各执一份，具有同等法律效力。

甲方：ABC 股份有限公司(盖章)	乙方：××会计师事务所(盖章)
授权代表：(签名并签章)	授权代表：(签名并签章)
二〇〇八年×月×日	二〇〇八年×月×日

资料来源：中国注册会计师协会.《中国注册会计师审计准则第 1111 号——审计业务约定书》指南，2006.

第二节　审计重要性

审计重要性是审计中一个非常重要的概念。由于审计时间和审计成本的限制，详细审计已经变得不可能，抽样审计应运而生。在抽样审计下，为保证审计的效率和质量，审计人员在审计的计划阶段、实施阶段及报告阶段会运用到审计重要性原则。审计人员并不会审查财务报表的所有资料，对财务报表的可靠性也不能百分之百的加以保证，他们只对那些影响财务报表质量的重要信息和重大事项加以揭示。

一、审计重要性的内涵

审计重要性是指审计人员预计被审计单位财务报表中错报的严重程度。如果审计人员预计被审计单位财务报表中的错报足以影响报表使用者的决策，那么该错报就达到了重要性水平。重要性水平是重要性的具体标准，是量化的审计重要性。对于重要性这个概念，可以从以下几方面理解。

首先，重要性概念必须从财务报表使用者的角度来考虑。因为财务报表是为了满足财务报表使用者的信息需要而编制的，财务报表的使用者包括企业的投资者、债权人、政府、社会公众等。他们需要利用财务报表提供的信息作出各种经济决策。这里，财务报表使用者是指具有一定的理解能力并能够理性地作出判断和决策的使用者。因此，判断一项业务重要与否，应视其在财务报表中的错报或漏报对财务报表使用者所作决策的影响程度而定。若一项业务在报表中的错报或漏报足以改变或影响报表使用者的判断，则该项错报或漏报就是重要的，否则就是不重要的。

其次，重要性需要审计人员运用职业判断。对重要性水平的初步判断，是审计人员认为财务报表中能容忍其存在、不影响正常使用者决策的最大错报或漏报金额。这一判断是审计人员所作的重要决策之一，它需要大量的职业判断。重要性的初步判断受到许多因素的影响，审计人员需要综合考虑。考虑的主要因素有：以往审计中确定的重要性水平及其运用结果；有关法规对财务报告的要求及其最新的变化；被审计单位的经营规模及业务性质；内部控制与审计风险的评估结果；财务报表各项目的性质及其相互关系；财务报表各项目的金额及其波动幅度等。一般来说，审计人员不能过于谨慎，将重要性水平确定过低，会导致审计人员扩大审计范围或追加审计程序，带来过高的审计成本，浪费人力和时间；相反，如果将重要性水平确定过高，又会加大审计风险，可能会在执行审计程序时比应当执行的审计程序减少，审计范围小，从而可能得出错误的审计结论。错误的审计结论会给审计人员带来法律诉讼。因此，重要性水平确定得过高和过低，对审计人员都不利，应当合理确定重要性水平（王卿丽，2009）。

再次，重要性的判断离不开特定的环境。不同企业面临不同的环境，因而判断重要性的标准也不相同。例如，某一金额对某个企业的财务报表来说是重要的，而对另一个企业的财务报表可能是不重要的。对某一特定企业而言，重要性也会因时间的不同而改变（翟新生，2004）。

最后，重要性的判断应从数量和质量两方面去考虑。数量也即从金额上考虑错报，一般来说，金额大的错报或漏报比金额小的错报或漏报更重要。质量也即从性质上考虑错报，某项错报或漏报从量的方面看并不重要，从其性质方面考虑，却可能是重要的。主要表现在以下几个方面：①涉及舞弊与违法行为的错报或漏报。因为舞弊与违法行为反映了管理层或其他人员的诚信和可信度存在问题。对于财务报表使用者而言，蓄意错报或漏报比相同金额的笔误更重要。②可能引起履行合同义务的错报或漏报。某项错报或漏报使得企业的营运资金增加了几百元，从数量上看并不重要，但这项错报或漏报使营运资金从低于贷款合同规定的营运资金数变为稍稍高于贷款合同规定的营运资金数，这就影响了贷款合同所规定的义务，所以是重要的。③影响收益趋势的错报或漏报。在其他情况下认为不重要的错报或漏报，如果影响到收益变动的趋势，应引起注意。例如，某项错报或漏报使收益每年递增1%的趋势变为本年收益下降1%，或使亏损变为盈利等，就具有重要性。④不期望出现的错报或漏报。一般情况下，如果发现现金和实收资本账户存在错报或漏报，就应当引起高度重视。

另外，小金额错报或漏报的累积，可能会对财务报表产生重大影响，审计人员对此应当予以关注。因为，单独地看，一笔小金额的错报或漏报无论是在性质上，还是在数量上都是不重要的。但对财务报表整体而言，如果企业每个星期（月份）均出现同样的小金额错报或漏报，全年累计起来，就有可能成为上万元的错报或漏报，就有可能变成大金额的错报或漏报。在这种情况下，必然会对财务报表产生重大影响。所以，审计人员应当对此予以充分的关注。

二、审计重要性水平的两个层次

在审计过程中，审计人员应当考虑两个层次的重要性水平，即财务报表层次的重要性和各类交易、账户余额、列报层次的重要性。

（一）财务报表层次的重要性水平

财务报表层次的重要性水平即被审计单位总的可容忍错报。由于独立审计的目的是对财务报表的合法性、公允性发表审计意见，因此，审计人员必须考虑财务报表层次的重要性，只有这样，才能得出财务报表是否合法、公允的整体性结论。

（二）各类交易、账户余额、列报（包括披露，下同）认定层次的重要性水平

由于财务报表所提供的信息来源于各账户或各项交易，审计人员只有通过验证各账户和各项交易，才能得出财务报表是否合法、公允的整体性结论，因此审计人员还必须考虑各类交易、账户余额、列报层次的重要性水平。

三、审计重要性水平的确定

审计人员应在了解被审计单位及其环境（包括内部控制）的基础上，考虑可能影响财务报表层次的重要性水平的各种因素，采用合理的方法，确定重要性水平。

（一）确定审计重要性水平应考虑的因素

审计人员在确定审计重要性水平时应考虑的因素如下：

1. 以往的审计经验

以往审计中所运用的重要性水平，如果较为适当，可以作为本年度确定重要性水平的重要依据，审计人员可以依据这一重要性水平，考虑被审计单位经营环境和经营业务的变化，对其加以修正。

2. 有关法规对财务会计的要求

一般地说，审计人员执行年度财务报表审计时，应当谨慎判断重要性水平，因为有关法规对企业财务报表的编制可能存在特别的要求。如果企业存在可由管理层自主决定处理的会计事项，审计人员应从严确定重要性水平。

3. 被审计单位的经营规模及业务性质

规模不同的企业，其重要性水平也有所不同。规模大的企业，其重要性水平的绝对值一般比规模小的企业要大，但相对值一般要比规模小的企业小。企业所处行业的性质对重要性也有较大影响。因为，不同行业的企业，其会计核算的工作组织以及所遵循的会计规范均存在较大的差异。

4. 内部控制与审计风险的评估结果

如果内部控制较为健全，可信赖程度高，可以将重要性水平定得高一些，以节省审计成本。由于重要性与审计风险之间成反向关系，重要性水平越高，审计风险越低；反之，重要性水平越低，审计风险越高。如果审计风险评估为高水平，则意味着重要性水平较低，应收集较多的审计证据，以降低审计风险。这里，重要性水平的高低指的是金额的大小，一般来说，5 000 元的重要性水平比 4 000 元的重要性水平高。重要性水平是审计人员从财务报表使用者的角度进行判断的结果。如果重要性水平是 5 000 元，则意味着低于 4 000 元的错报与漏报不会影响到财务报表使用者的判断与决策，审计人员仅仅需要通过执行有关审计程序查出高于 5 000 元的错报与漏报；如果重要性水平是 4 000 元，则金额在 4 000 元到 5 000 元之间的错报或漏报仍然会影响到财务报表使用者的判断与决策，审计人员需要通过执行有关审计程序查出金额在 4 000 元到 5 000 元之间的错报或漏报。显然，重要性水平为 5 000 元时的审计风险要比重要性水平为 4 000 元时的审计风险低。

5. 财务报表各项目的性质及其相互关系

财务报表项目的重要程度是存在差别的，财务报表使用者对某些报表项目要比另外一些报表项目更为关心。一般而言，财务报表使用者十分关心流动性较强的项目，因此，审计人员应当从严制定重要性水平。由于财务报表各项之间是相互联系的，审计人员在确定重要性水平时，不得不考虑这种相互联系。

6. 财务报表各项目的金额及其波动幅度

财务报表各项目的金额及其波动幅度可能成为财务报表使用者作出反应的信号，因此，审计人员在确定重要性水平时，应当深入研究这些金额及其波动幅度（孙颖，2008）。

（二）两个层次重要性水平的确定

1. 财务报表层次重要性水平的确定

审计人员应当合理选用重要性水平的基数，采用固定比率、变动比率等方法确定财务报表层次的重要性水平。其基本思路是审计人员选择一个恰当的基准，再选择一个适当的百分比乘以该基准，从而得到财务报表层次的重要性水平。即

$$财务报表层次重要性水平 = 基准 \times 百分比$$

（1）恰当选择基准。财务报表层次重要性水平的基准通常包括总资产、净资产、销售收入、费用总额、毛利、净利润等，审计人员应当合理选用。在选择适当的基准时，审计人员应当考虑的因素包括：财务报表的要素（如资产、负债、所有者权益、收入和费用等）、适用的会计准则和相关会计制度所定义的财务报表指标以及

适用的会计准则和相关会计制度提出的其他具体要求；对某被审计单位而言，是否存在财务报表使用者特别关注的财务报表项目（如特别关注与评价经营成果相关的信息）；被审计单位的性质及所在行业；被审计单位的规模、所有权性质以及融资方式。

审计人员对基准的选择有赖于被审计单位的性质和环境。例如，对以盈利为目的的被审计单位，来自经常性业务的税前利润或税后净利润可能是一个适当的基准；而对收益不稳定的被审计单位或非营利组织，选择税前利润或税后净利润作为判断重要性水平的基准就不合适。对资产管理公司，净资产可能是一个适当的基准。审计人员通常选择一个相对稳定、可预测且能够反映被审计单位正常规模的基准。由于销售收入和总资产具有相对稳定性，审计人员经常将其用作确定计划重要性水平的基准。

(2)合理选择百分比。在确定恰当的基准后，审计人员通常运用职业判断合理选择百分比，据以确定重要性水平。一般而言，对于按收付实现制核算的预算单位和非营利性的事业单位，按收入或指出总额的0.5%～2%确定；对于按权责发生制核算的企事业单位，可按资产总额的0.5%～1%确定，或者按流动资产或净资产的1%～2%确定，也可按营业收入的0.5%～1%确定，还可按净利润的5%～10%确定。

前已述及，对重要性的评估需要职业判断。审计人员执行具体审计业务时，可能认为采用比上述百分比更高或更低的比例是适当的。当根据不同的基准计算出不同的重要性水平时，审计人员应当根据实际情况决定采用何种计算方法更为恰当。一般而言，当资产负债表和利润表的重要性水平不一致时，应选取重要性水平的较低者。

同时，应该注意，规模越大的企业，允许的错报或漏报的金额比率越小；而规模越小的企业，相对而言，其允许的错报或漏报的金额比率越大。此外，审计人员在确定重要性时，通常考虑以前期间的经营成果和财务状况、本期的经营成果和财务状况、本期的预算和预测结果、被审计单位情况的重大变化（如重大的企业购并）以及宏观经济环境和所处行业环境发生的相关变化。例如，审计人员在将净利润作为确定某被审计单位重要性水平的基准时，因情况变化使该被审计单位本年度净利润出现意外的增加或减少，审计人员可能认为选择近几年的平均净利润作为确定重要性水平的基准更加合适。

2.各类交易、账户余额、列报层次重要性水平的确定

各类交易、账户余额、列报认定层次的重要性水平称为“可容忍错报”。可容忍

错报的确定以审计人员对财务报表层次重要性水平的初步评估为基础。它是在不导致财务报表存在重大错报的情况下，审计人员对各类交易、账户余额、列报确定的可接受的最大错报。

(1)确定各类交易、账户余额、列报层次重要性水平时应考虑的因素。在确定各类交易、账户余额、列报认定层次的重要性水平时，审计人员应当考虑的主要因素有：各类交易、账户余额、列报的性质及错报的可能性；各类交易、账户余额、列报的重要性水平与财务报表层次重要性水平的关系；各类交易、账户余额、列报审计成本的高低。由于为各类交易、账户余额、列报确定的重要性水平即可容忍错报，对审计证据数量有直接的影响，因此审计人员应当合理确定可容忍错报。

(2)各类交易、账户余额、列报层次重要性水平的确定方法。各类交易、账户余额、列报层次重要性水平的确定方法有如下两种。

一种是不分配的方法。采用不分配的方法确定各类交易、账户余额、列报层次重要性水平实际上是根据事务所的以往经验统一确定各类交易、账户余额、列报层次重要性水平与报表层次重要性水平的比例关系，供审计人员在执行审计业务时直接运用(王磊等，2009)。例如，事务所将应收账款的重要性水平统一确定为报表层次重要性水平的30%，审计人员在进行某单位审计时，确定报表层次重要性水平为500万元，那么应收账款的重要性水平为：500×30%=150(万元)。

另一种是分配的方法。采用分配方法时，分配的对象一般是资产负债表账户。基本原理是按照资产的一定百分比确定各账户的重要性水平，在此基础上根据审计人员的职业判断对各账户的重要性水平再加以调整。

假设某公司的总资产的构成如表5-1所示，审计人员初步判断的财务报表层次的重要性水平是资产总额的1%，即200万元，即资产账户可容忍的错报或漏报为200万元。现审计人员按这一重要性水平分配给各资产账户，如表5-1所示。

表5-1　　重要性水平的分配　　单位：万元

项目	金额	甲方案	乙方案
库存现金	500	5	5
应收账款	2 100	21	28
存货	4 200	42	80
固定资产	7 000	70	47
无形资产	6 200	62	40
总计	20 000	200	200

表 5-1 中，甲方案是按 1%进行同比例分配，一般来说，这并不可行，审计人员就根据其职业判断，对方案甲进行修正。由于应收账款和存货错报或漏报的可能性较大，故应分配较高的重要性水平，以节省审计成本。其他资产项目如固定资产、无形资产错漏报的可能性相对较少，因此可以分配较高的重要性水平，由此形成乙方案。假定审计存货后，仅发现错报和漏报 55 万元，且审计人员认为所执行的审计程序已经足够，则可将剩下的 25 万元再分配给应收账款。

四、审计重要性的运用

《中国注册会计师审计准则第 1221 号——重要性》第九条指出："在确定审计程序的性质、时间和范围以及评价错报的影响时，注册会计师应当考虑重要性。"由此可见，审计重要性的运用贯穿于审计的整个过程。

(一)审计计划阶段对重要性水平的运用

在审计计划阶段，审计人员应当对重要性水平作出初步判断，确定计划的重要性水平，进而确定所需审计证据的数量。在该阶段，审计人员需要编制审计计划。在编制审计计划时，审计人员应当对审计的重要性、审计风险进行适当评估，而初步判断的目的是确定所需审计证据的数量。

重要性是影响审计证据充分性的一个十分重要的因素。重要性水平与审计证据之间成反向关系。重要性水平越低，应获取的审计证据越多。例如，为合理保证存货账户的错报或漏报不超过 3 000 元所需收集的审计证据，比为了合理保证该账户错报或漏报不超过 4 000 元所需收集的审计证据要多。在理解这一关系时，必须注意，重要性水平不同于重要的审计项目。审计项目越重要，所需收集的审计证据越多。例如，存货占资产总额的 30%时的审计项目，比占 20%时的审计项目需要收集更多的审计证据。

因此，审计人员在编制审计计划时，应当根据所确定的审计重要性水平，合理确定所需的审计证据，并据此决定审计程序的性质、时间和范围。

(二)审计实施阶段对重要性水平的运用

在审计执行阶段，随着审计过程的推进，审计人员应当及时评价计划阶段确定的重要性水平是否仍然合理，并根据具体环境的变化或者根据审计执行过程中获取的信息，调整计划的重要性水平，进而修订进一步审计程序的性质、时间和范围。

在确定审计程序后，如果审计人员决定接受更低的重要性水平，审计风险将增加。如有可能,审计人员可通过扩大控制测试范围或实施追加的控制测试以及修改计划实施的实质性程序的性质、时间和范围来相应降低评估的重大错报风险和检查风险。

(三)审计报告阶段对重要性水平的运用

在审计报告阶段运用重要性,要求审计人员根据前两个阶段的审计结果和职业经验,判断财务报表中是否存在重大错报,以便据此确定出具审计报告的类型。审计报告阶段对重要性水平的运用主要通过评价错报的影响来进行。《中国注册会计师审计准则第 1221 号——重要性》第十三条指出:“注册会计师应当评估在审计过程中已识别但尚未更正错报的汇总数是否重大。”

1.尚未更正错报的汇总数

尚未更正错报的汇总数包括已经识别的具体错报和推断误差。

(1)已经识别的具体错报。是指审计人员在审计过程中发现的,能够准确计量的错报。包括下列两类:一是对事实的错报。这类错报产生于被审计单位收集和处理数据的错误,对事实的忽略、误解或故意舞弊行为。二是对涉及主观决策的错报。这类错报产生于管理层和审计人员对会计评估值的判断差异以及管理层和审计人员对选择与运用会计政策的判断的差异(曲绍明,2008)。

(2)推断误差。也称“可能误差”,是审计人员对不能明确、具体地识别的其他错报的最佳估计数。通常包括两类:一是通过样本测试估计出的推断误差,它是预计总体错报与已经识别的具体错报的差额。例如,应收账款年末余额为 3 000 万元,审计人员抽查 10%的样本发现金额有 400 万元的高估,高估部分为账面金额的 20%,据此审计人员推断总体的错报金额为 600 万元(3 000×20%),那么上述 400 万元就是已识别的具体错报,其余 200 万元(600－400)即推断误差。二是通过实质性程序推断出的估计错报。例如,审计人员根据客户的预算资料及行业趋势等因素,对年度销售费用独立做出估计,并与客户账面金额比较,发现两者间有 40%的差异。考虑到估计的精确性有限,审计人员根据经验认为 10%的差异通常是可接受的,而剩余 30%的差异需要合理解释并取得佐证性证据,假定审计人员对其中 5%的差异无法得到合理解释或不能取得佐证性证据,则该部分差异金额即为推断误差。

2.评价尚未更正错报的汇总数的影响

审计人员需要在出具审计报告之前,评价尚未更正错报单独或汇总数的影响是否重大,主要通过比较尚未更正错报的汇总数与财务报表层次的重要性水平来进行。需要指出的是,审计人员在评价尚未更正错报是否重大时,不仅需要考虑每项错报对财务报表的单独影响，而且需要考虑所有错报汇总数对财务报表的影响及其形成原因。

尚未更正错报与财务报表层次的重要性相比会出现以下三种情况：

(1)尚未更正错报的汇总数超过重要性水平。如果审计人员认为尚未更正错报的汇总数超过重要性水平，审计人员应当考虑通过扩大审计程序的范围或者要求管理层调整财务报表来降低审计风险。如果管理层拒绝调整财务报表，并且扩大审计程序范围的结果并不能使审计人员认为尚未更正错报的汇总数降到重要性水平以下，那么审计人员应考虑出具非无保留意见的审计报告。

(2)尚未更正错报的汇总数接近重要性水平。如果已识别但尚未更正错报的汇总数接近重要性水平，审计人员应考虑该汇总数连同尚未发现的错报是否可能超过重要性水平，并考虑通过实施追加的审计程序或者要求管理层就已经确定的错报调整财务报表以降低审计风险。

(3)尚未更正错报的汇总数远低于重要性水平。如果已识别但尚未更正错报的汇总数远低于重要性水平，则该错报是不重要的。在这种情况下，审计人员可以出具无保留意见的审计报告。

第三节　审计风险

审计风险是审计中的一个重要概念，一直是审计理论界和实务界关注的焦点。在审计工作中，审计人员必须时刻注意审计风险，关注可能导致审计风险的重要事项，通过计划和实施审计工作，获取充分、适当的审计证据，将审计风险降低至可接受的低水平。

一、审计风险的概念及特征

(一)审计风险的概念

对于审计风险，国内外并无完全统一的定义。《国际审计准则》认为审计风险是“审计人员对实质上误报的财务资料可能提供不适当意见的风险”。而《美国审计准则说明》则认为审计风险是“审计人员对含有重要错报的财务报表没有适当修正审计意见的风险”。2006 年我国新发布的审计准则《中国注册会计师审计准则第 1101 号——财务报表审计的目标和一般原则》第十七条则将审计风险定义为“财务报表存在重大错报而注册会计师发表了不恰当审计意见的可能性”。虽然对审计风险的定义不尽相同,但其实质却并无太大差别。定义都反映出审计风险不仅包含了财务报表本身所带来的风险,还有审计人员发表错误审计意见可能带来的风险。

(二)审计风险的特征

审计风险具有一定的特征,了解其特征,有助于降低或控制审计风险。审计风险的特征具有如下几个方面:

1.客观性

审计风险的客观性也可以称为审计风险的普遍性,它取决于自身形成原因的必然性。风险总是存在于一切审计活动之中,是一种必然存在不可避免的审计现象,只是有些情况下这些风险并未产生灾难性的后果或对审计人员并未构成实质性的损失而已。所以,通过对审计风险的研究,人们只能认识和控制审计风险,只能在有限的空间和时间内改变风险存在和发生的条件,降低其发生的频率和减少损失的程度,而不能也不可能完全消除风险(罗申军,2008)。

2.不确定性

所谓不确定性是指一种损失的可能性。新审计准则中明确把审计风险定义为“财务报表存在重大错报而注册会计师发表了不恰当审计意见的可能性”,这种可能性即造成损失的不确定性。主要体现在两个方面:审计风险给会计师事务所或审计人员造成的损失的不确定性;财务报表中的错报与漏报给财务报表使用者造成损失的不确定性进而也不一定会使审计人员受到追究。

3.危害性

审计风险可能造成的危害并不只是针对作为审计主体的会计师事务所或审计人员,同时还涉及其他利益相关群体。审计风险可能造成危害主要是因为审计风险可能导致最终的审计失败。这种情况一旦发生,就会造成严重的经济后果。就会计事务所而言,必然会降低其可信度,影响审计人员的形象,严重者还会招惹官司。就被审计单位而言,企业某些重大的经济事项信息必然会被披露,这就可能严重影响企业的形象、企业的资信度,尤其是上市公司,其股票价格必然会产生剧烈的震荡。就社会公众、广大投资者而言,他们是最直接的受害者,他们在不恰当的审计报告的误导下,可能会做出错误的投资决策,使自己的经济利益受损。

4.可控性

由前可知,审计风险是一种客观存在,它不以人的意志为转移。同时,在错综复杂的经济活动中，审计人员不可能洞察一切，也不可能无止境地设计和实施审计程序以发现所有的重大错报和漏报。因此，审计风险无法完全消除。但是，这并不意味着审计人员对审计风险的发生无能为力。审计人员可以运用专业技能和丰富的经验，恰当地预测和正确评估审计风险，并采取相应的审计程序和审计方法，使其得到有效的控制，而现代风险导向审计就是控制审计风险的一种有效方法。

二、审计风险的构成要素

《中国注册会计师审计准则第 1101 号——财务报表审计的目标和一般原则》第十八条指出："审计风险取决于重大错报风险和检查风险。"无疑，重大错报风险和检查风险为审计风险的构成要素。

（一）重大错报风险

《中国注册会计师审计准则第 1101 号——财务报表审计的目标和一般原则》第十八条明确指出："重大错报风险是指财务报表审计前存在重大错报的可能性。"该定义表明：重大错报风险是财务报表审计前其报表本身固有的风险；错报（包括漏报，下同）的金额或性质应该是重大的，是其单独或连同其他错报一起足以影响报表使用者的判断或决策的错报，否则，则属于非重大错报；重大错报风险仅仅是一种可能，本身并不能绝对确定重大错报的存在；错报应包括财务报表金额的错误或舞弊以及报表附注披露内容的错误或舞弊。

审计人员在设计审计程序以确定财务报表整体是否存在重大错报时，应当从财务报表层次和各类交易、账户余额、列报认定层次（以下简称认定层次）考虑重大错报风险。即重大错报风险包括两个层次：财务报表层次的重大错报风险和认定层次的重大错报风险。

1. 财务报表层次的重大错报风险

财务报表层次重大错报风险通常与控制环境有关，并与财务报表整体存在广泛联系，可能影响多项认定，但难以界定于某类交易、账户余额、列报的具体认定。与控制环境有关的此类风险如管理层缺乏诚信，监督层不能对管理层进行有效监督等，但也可能与其他因素有关，如金融危机、企业所处行业处于衰退期。此类风险难以被界定于某类交易、账户余额、列报的具体认定。相反，此类风险增大了一个或多个不同认定发生重大错报的可能性，与舞弊引起的风险特别相关。

2.认定层次的重大错报风险

认定层次的重大错报风险包括传统的固有风险和控制风险。

(1)认定层次的固有风险。认定层次的固有风险是假设不存在相关的内部控制,某一认定发生重大错报的可能性,无论该错报单独考虑,还是连同其他错报构成重大错报。导致此风险的因素多种多样,范围已不再仅仅局限于企业的账户、财务报表本身,甚至扩展到了整个企业的经营管理系统及其所处客观环境。一般来说,影响固有风险的因素主要有以下几个方面:被审计单位所处的外部环境、竞争能力;被审计单位经营管理人员的品行和能力;容易产生错误和舞弊的账户或交易;要利用专家工作结果予以佐证的重要交易或事项的复杂程度;确定账户金额时,需要运用估计和判断的程度;在正常的会计处理程序中容易被漏记的交易或事项等(王汇琴,2009)。

(2)认定层次的控制风险。认定层次的控制风险是指某项认定发生了重大错报,无论该错报单独考虑,还是连同其他错报一并考虑构成重大错报,而该错报没有被企业的内部控制及时防止、发现和纠正的可能性。控制风险取决于财务报表编制单位内部控制的设计和运行的有效性。由于内部控制的固有局限性,某种程序的控制风险始终存在。控制风险影响因素主要包括被审计单位内部控制制度的健全和有效性程度、管理人员的诚信度以及被审计单位的经济情况等。

由于固有风险和控制风险不可分割地交织在一起,有时无法单独进行评估,审计准则通常不再单独提到固有风险和控制风险,而只是将这两者合并成为“重大错报风险”。但这并不意味着审计人员不可以单独对固有风险和控制风险进行评估。相反,审计人员既可以对两者进行单独评估,也可以对两者进行合并评估。具体方法取决于会计师事务所偏好的审计技术和方法。

(二)检查风险

检查风险是指某一认定存在错误,该错报单独或连同其他错报是重大的,但审计人员未能发现这种错报的可能性。检查风险受限于审计程序的设计合理与否、审计程序的执行是否有效以及审计人员执业素质的高低。由于审计时间、审计成本等的限制,审计人员通常并不对所有的交易、账户余额和列报进行检查,因此,检查风险不可能为零。

(三)重大错报风险与检查风险的关系

认定层次的重大错报风险与检查风险之间关系密切,可以用公式表述如下:

审计风险＝重大错报风险×检查风险

由该公式可以看出，当审计风险既定时，评估的重大错报风险越高，可接受的检查风险水平越低，需要的审计证据数量就越多；评估的重大错报风险越低，可接受的检查风险水平越高，需要的审计证据数量也越少。也即在既定的审计风险水平下，可接受的检查风险水平与认定层次重大错报风险的评估结果呈反向变化关系。假设针对某一认定，审计人员将可接受的审计风险水平设定为5%，审计人员实施风险评估程序后将某一认定的重大错报风险评估为20%，则根据上述公式，可接受的检查风险水平为25%(5%/20%×100%)。

总之，审计人员应当合理设计审计程序的性质、时间和范围，并有效执行审计程序，获取认定层次充分适当的审计证据，以便在审计工作完成时，能够以可接受的审计风险对财务报表整体发表意见。

三、重大错报风险的评估与应对

审计人员了解客户及其环境的目标是识别和评估财务报表重大错报风险，具体应当识别和评估财务报表层次以及各类交易、账户余额、列报认定层次的重大错报风险，并采取相应的应对措施。

(一)重大错报风险的评估

1.评估重大错报风险的审计程序

在识别和评估重大错报风险时，审计人员应当实施下列审计程序：

(1)在了解被审计单位及其环境的整个过程中识别风险，并考虑各类交易、账户余额、列报。

(2)将识别的风险与认定层次可能发生错报的领域相联系。

(3)考虑识别的风险是否重大。

(4)考虑识别的风险导致财务报表发生重大错报的可能性。

审计人员应当利用实施重大错报风险评估程序获取的信息，包括在评价控制设计和确定其是否得到执行时获取的审计证据，作为支持风险评估结果的审计证据。审计人员应当根据风险评估结果，确定实施进一步审计程序的性质、时间和范围。

2.可能表明被审计单位存在重大错报风险的事项和情况

《中国注册会计师审计准则第1211号——了解被审计单位及其环境并评估重大错报风险》第九十八条指出，注册会计师应当关注下列可能表明客户存在重大错报风险的事项和情况：①在经济不稳定的国家或地区开展业务；②在高度波动的市场开展业务；③在严厉、复杂的监管环境中开展业务；④持续经营和资产流动性出现问题，包括重要客户流失；⑤融资能力受到限制；⑥行业环境发生变化；⑦供应链发生变化；⑧开展新产品或提供新服务，或进入新的业务领域；⑨开辟新的经营场所；⑩发生重大收购、重组或其他非经常性事项；⑪拟出售分支机构或业务分部；⑫复杂的联营或合资；⑬运用表外融资、特殊目的的实体以及其他复杂的融资协议；⑭重大的关联方交易；⑮缺乏具备胜任能力的会计人员；⑯关键人员变动；⑰内部控制薄弱；⑱信息技术战略与经营战略不协调；⑲信息技术环境发生变化；⑳安装新的与财务报告有关的重大信息技术系统；㉑经营活动或财务报告受到监管机构的调查；㉒以往存在重大错报或本期期末出现重大会计调整；㉓发生重大非常规交易；㉔按照管理层特定意图记录的交易；㉕应用新颁布的会计准则或相关会计制度；㉖会计计量过程复杂；㉗事项和交易在计量时存在重大不确定性；㉘存在未决诉讼和或有负债。

3.重大错报风险评估的特别考虑

作为风险评估的一部分，审计人员应当运用职业判断，确定识别的风险哪些是需要特别考虑的重大错报风险（简称特别风险）。特别风险通常与重大的非常规交易和判断事项有关。

非常规交易是指由于金额或性质异常而不经常发生的交易。由于非常规交易具有诸如管理层更多地介入会计处理、数据收集和处理涉及更多的人工成分、复杂的计算或会计处理方法、非常规交易的性质可能使被审计单位难以对由此产生的特别风险实施有效控制的特征，因此，与重大非常规交易相关的特别风险可能导致更高的重大错报风险。

判断事项通常包括作出的会计估计。由于对涉及会计估计、收入确认等方面的会计原则存在不同的理解，同时因为所要求的判断可能是主观和复杂的，或需要对未来事项作出假设，因此，与重大判断事项相关的特别风险也可能导致更高的重大错报风险。

与重大非常规交易或判断事项相关的风险很少受到日常控制的约束，审计人员应当了解被审计单位是否针对该特别风险设计和实施了控制。如果管理层未能实施控制以恰当应对特别风险，审计人员应当认为内部控制存在重大缺陷，并考虑其对风险评估的影响。

（二）审计风险的应对

在重大错报风险评估的基础上，审计人员应当针对评估的财务报表层次重大错报风险确定总体应对措施，并针对评估的认定层次重大错报风险设计和实施进一步审计程序，以将审计风险降低至可接受的低水平。

1.针对财务报表层次重大错报风险的总体应对措施

审计人员应当针对评估的财务报表层次重大错报风险确定下列总体应对措施：

(1)向项目组强调在收集和评价审计证据过程中保持职业怀疑态度的必要性。

(2)分派更有经验或具有特殊技能的审计人员，或利用专家的工作提供更多的督导。

(3)在选择进一步审计程序时，应当注意使某些程序不被管理层预见或事先了解。

(4)对拟实施审计程序的性质、时间和范围作出总体修改。

2.针对认定层次重大错报风险的进一步审计程序

审计人员应当针对评估的认定层次重大错报风险设计和实施进一步审计程序，包括审计程序的性质、时间和范围。审计人员设计和实施的进一步审计程序的性质、时间和范围，应当与评估的认定层次重大错报风险具备明确的对应关系。在应对评估的风险时，合理确定审计程序的性质是最重要的。

进一步审计程序的目的包括通过实施控制测试以确定内部控制运行的有效性，通过实施实质性程序以发现认定层次的重大错报。进一步审计程序的类型包括检查、观察、询问、函证、重新计算、重新执行和分析程序，不同的审计程序应对特定认定错报风险的效力不同。

还需指出的是，审计人员对认定层次重大错报风险的评估应以获取的审计证据为基础，并可能随着不断获取审计证据而作出相应的变化。如果通过实施进一步审计程序获取的审计证据与初始评估获取的审计证据相矛盾，审计人员应当修正风险评估结果，并相应修改原计划实施的进一步审计程序，而对风险评估的修正是一个持续不断的过程，应贯穿于审计过程的始终。

第四节　制订审计计划

会计师事务所在接受了审计委托后，首先要制订审计计划，以便合理安排审计工作。《中国注册会计师审计准则第 1201 号——计划审计工作》指出："注册会计师应当计划审计工作，使审计业务以有效的方式得到执行。"审计人员应当严格按此具体准则的要求，做好审计计划工作。

一、审计计划的概念和作用

（一）审计计划的概念

审计计划是指审计人员为了完成各项审计业务，达到预期的审计目的，在具体执行审计程序之前编制的工作计划。

审计计划通常有审计项目负责人于外勤工作开始之前起草。审计计划在执行过程中，情况会不断发生变化，常常会产生预期计划与实际不一致的情况，这是就应及时对审计计划进行修订和补充。对审计计划的补充、修订贯穿于整个审计过程。审计人员在整个审计过程中，应当按照审计计划执行审计业务。

（二）审计计划的作用

(1)审计计划是审计人员收集充分、适当的证据的前提条件。

(2)审计计划是保持合理的审计成本，提高审计工作的效率和质量的保证。通过审计计划，审计项目负责人可以通过预先的计划安排，使所有参加审计工作的人员有一个合理的分工、搭配，从而能协调一致地完成审计工作。

(3)审计计划是加强审计人员与被审计单位之间的沟通，避免发生误解的有效途径。

审计人员和会计师事务所在执行审计业务中，要保持良好的信誉，要最大限度地减轻自己的法律责任，最根本的要求就是要收集充分、适当的审计证据。会计师事务在保证工作质量和信誉良好的前提下，保持成本的合理性，有助于事务所增强竞争能力。为此，避免与被审计单位之前发生误解，与被审计单位保持良好的关系，对于一合理的成本完成优质的工作非常重要。

因此，对任何一个审计项目，对任何一家会计师事务所而言，不论其业务繁简，也不论其规模大小，审计计划都是至关重要的，只是审计计划在不同情况下的繁简、粗细程度有所不同。

二、审计计划的前导——初步业务活动

为确保审计计划的顺利实施，按时、按质地完成审计工作，事务所在制订审计计划之前，应当做一些必要的准备工作，即开展初步业务活动。

初步的业务活动是审计计划的前导，是审计人员计划审计工作、制订审计计划时必不可少的工作，是审计人员必须执行的审计程序，用以确保全部的审计工作都

能够符合质量控制准则和职业道德规范的基本要求。对于开展初步业务活动，新审计准则《准则第 1201 号——计划审计工作》第二章第六条针对连续审计业务规定："注册会计师应当在本期审计业务开始时开展下列初步业务活动。"第九章第二十七条规定："在首次接受审计委托前，注册会计师应当执行下列程序……。"审计人员在签约前如果没有开展初步业务活动，就不得接受客户委托。无论是首次接受审计委托还是连续审计，在确定是否建立和保持客户关系之前，都应当开展初步业务活动。这是必须执行的审计程序，不可以无端地简化省略，甚至放弃而直接接受客户委托。此外，对于规模较小、业务活动和会计记录相对简单、内部控制有限的小型被审计单位，也必须开展初步业务活动，只是开展初步业务活动的内容有所不同。应在满足评估小型被审计单位可审计性需要的前提下开展初步业务活动，以确定是否接受委托。审计人员开展初步业务活动不仅有助于确保在计划审计工作时审计人员具备开展业务所需要的独立性和专业胜任能力，避免客户对业务约定条款的误解，而且有助于避免因管理层诚信问题而影响审计人员承接该项业务意愿的情况。

按照《准则第 1201 号——计划审计工作》第二章中规定，审计人员开展的初步业务活动包括以下几个方面：针对保持客户关系和具体审计业务实施相应的质量控制程序；评价遵守职业道德规范的情况，包括评价独立性；就业务约定条款与被审计单位达成一致理解。

(一)针对保持客户关系和具体审计业务实施相应的质量控制程序

按照审计准则的规定，审计业务的接受与保持的决定是由会计师事务所决定的，审计项目的负责人不一定参与决策过程(张继勋，2008)。即使这样，项目负责人也应当针对保持客户关系和具体审计业务实施相应的质量控制程序，以确定客户关系和具体审计业务的接受与保持是否适当，从而确定决策的适当性。项目负责人应当考虑：有关客户关系和具体业务的接受与保持的质量控制程序是否得到恰当的遵守；本期或前期审计中发现的重大事项及其对保持客户关系的影响。

(二)评价遵守职业道德规范的情况

审计项目组全体成员在审计业务全过程应当恪守独立、客观、公正的原则，保持应有的专业胜任能力和应有的职业关注，并对审计过程中获悉的信息保密，这是注册会计师职业道德规范的基本要求。为了确保参与审计的审计人员已经具备应有的独立性和专业胜任能力，且不存在因管理层诚信问题而影响审计人员保持该项业务的意愿等情况，需要在计划其他重要审计工作之前，评价遵守职业道德规范的情况。

(三)就业务约定条款与客户达成一致理解

尽管在业务约定书之前已经就约定条款与委托人、客户进行了充分的沟通,并以书面形式写入了业务约定书,以避免双方因理解上的不同而产生分歧,但是审计人员还应当进一步确认客户不存在对业务约定条款的误解。在确定接受或保持客户关系后,审计人员应按照《准则第 1111 号——审计业务约定书》的规定,在审计业务开始前与被审计单位协商沟通。就审计业务约定条款达成一致意见后,及时签订或修改审计业务约定书,避免双方对审计业务的理解产生分歧。

三、审计计划的内容

中国注册会计师审计准则第 1201 号第四条规定:"计划审计工作包括针对审计业务制定总体审计策略和具体审计计划,以将审计风险降至可接受的低水平。"因此,审计计划包括总体审计策略和具体审计计划两部分。

(一)总体审计策略

总体审计策略是对审计的预期范围和实施所作的规划,是审计人员从接受委托到出具审计报告整个过程基本工作内容的综合计划。总体审计策略用以确定审计范围、时间和方向,并指导制订具体审计计划。

1. 制定总体审计策略时考虑的事项

在制定总体审计策略时,审计人员应当考虑以下主要事项,同时这些事项也会影响具体审计计划。

(1)审计范围。审计人员应当确定审计业务的特征,包括采用的会计准则和相关会计制度、特定行业的报告要求以及被审计单位组成部分的分布等,以界定审计范围。具体来说,在确定审计范围时,审计人员需要考虑下列事项:编制财务报表适用的会计准则和相关会计制度;特定行业的报告要求,如某些行业的监管部门要求提交的报告;预期的审计工作涵盖范围,包括需审计的集团内组成部分的数量及所在地点;其他审计人员参与审计集团内组成部分的范围;内部审计工作的可利用性及对内部审计工作的拟依赖程度;被审计单位使用服务机构的情况及审计人员如何取得有关服务机构内部控制设计、执行和运行有效性的证据;被审计单位的人员和相关数据可利用性等方面。

(2)报告目标、时间安排及所需沟通。总体审计策略的制定应当包括明确审计业务的报告目标，以计划审计的时间安排和所需沟通的性质，包括提交审计报告的时间要求，预期与管理层和治理层沟通的重要日期等。为计划报告目标、时间安排和所需沟通，审计人员需要考虑：被审计单位的财务报告时间表、就审计工作的性质、范围和时间与管理层和治理层所举行的会议的组织工作以及项目组成员之间预期沟通的性质和时间安排等。

(3)审计方向。总体审计策略的制定应当包括考虑影响审计业务的重要因素，以确定项目组工作方向，包括确定适当的重要性水平，初步识别可能存在较高的重大错报风险的领域，初步识别重要的组成部分和账户余额，评价是否需要针对内部控制的有效性获取审计证据，识别被审计单位、所处行业、财务报告要求及其他相关方面最近发生的重大变化等。

2. 总体审计策略的内容

总体审计策略应能恰当地反映审计人员对审计范围、报告目标和审计方向考虑的结果。审计人员应当在总体审计策略中清楚地说明下列内容：①向具体审计领域调配的资源，包括向高风险领域分派有适当经验的项目组成员，就复杂的问题利用专家工作等；②向具体审计领域分配资源的数量，包括安排到重要存货存放地观察存货盘点的项目组成员的数量，对其他审计人员工作的复核范围，对高风险领域安排的审计时间预算等；③何时调配这些资源，包括是在期中审计阶段还是在关键的截止日期调配资源等；④如何管理、指导、监督这些资源的利用，包括预期何时召开项目组预备会和总结会，预期项目负责人和经理如何进行复核，是否需要实施项目质量控制复核等。

总体审计策略的详略程度应当随被审计单位的规模及该项审计业务的复杂程度的不同而变化。在小型被审计单位审计中，全部审计工作可能由一个很小的审计项目组执行，项目组成员间容易沟通和协调，总体审计策略可以相对简单。

(二)具体审计计划

1. 具体审计计划与总体审计策略的关系

制定总体审计策略和具体审计计划的过程紧密联系，并且两者的内容也紧密相关。总体审计策略一经制定，审计人员应当针对总体审计策略中所识别的不同事项，制订具体审计计划，并考虑通过有效利用审计资源以实现审计目标。值得注意的是，虽然编制总体审计策略的过程通常在具体审计计划之前，但是两项计划活动并不是孤立、不连续的过程，而是内在紧密联系的，对其中一项的决定可能会影响甚至改变对另外一项的决定。在实务中，审计人员将制定总体审计策略和具体审计计划相结合进行，可能会使计划审计工作更有效率及效果，并且审计人员也可以采用将总体审计策略和具体审计计划合并为一份审计计划文件的方式，以提高编制及复核工作的效率，增强其效果。

2.具体审计计划的内容

具体审计计划是根据总体审计策略，对为了实现审计目标而采取的各项审计程序的性质、时间、范围作出的详细说明。审计人员应当为审计工作制订具体审计计划。具体审计计划比总体审计策略更加详细，其内容包括为获取充分、适当的审计证据以将审计风险降至可接受的低水平，项目组成员拟实施的审计程序的性质、时间和范围。具体审计计划应当包括以下程序：

(1)风险评估程序。据《中国注册会计师审计准则第1211号——了解被审计单位及其环境并评估重大错报风险》规定，为了足够识别和评估财务报表重大错报风险，审计人员计划实施的风险评估程序的性质、时间和范围。同时应兼顾其他准则中规定的、针对特定项目在审计计划阶段应执行的程序及记录要求。

(2)计划实施的进一步审计程序。随着审计工作的推进，对审计程序的计划会一步步深入，并贯穿于整个审计过程。通常，审计人员计划的进一步审计程序可以分为进一步审计程序的总体方案和拟实施的具体审计程序(包括进一步审计程序的具体性质、时间和范围)两个层次。据《中国注册会计师审计准则第1231号——针对评估的重大错报风险实施的程序》规定，针对评估的认定层次的重大错报风险，审计人员计划实施的进一步审计程序的性质、时间和范围。

(3)其他审计程序。具体审计计划应当包括根据中国注册会计师审计准则的规定，审计人员针对审计业务需要实施的其他审计程序。计划的其他审计程序可以包括上述进一步程序的计划中没有涵盖的、根据其他审计准则的要求审计人员应当执行的既定程序。例如，阅读含有已审计财务报表的文件中的其他信息，寻求与被审计单位律师直接沟通等。

四、审计计划的更改与记录

审计人员应严格按照制订的审计计划实施审计工作，但这并不意味着审计计划一成不变。计划审计工作并非审计业务的一个孤立阶段，而是一个持续的、不断修正的过程，贯穿于整个审计业务的始终。由于未预期事项、条件的变化或在实施审计程序中获取的审计证据等原因，审计人员应当在审计过程中对总体审计策略和具体审计计划作出必要的更新和修改。审计人员应根据更新和修改后的总体审计策略和具体审计计划，相应调整实施审计工作。

审计人员应当记录审计计划，既包括记录总体审计策略和具体审计计划，也包括在审计工作过程中作出的任何重大更改。审计人员对总体审计策略的记录，应当包括为恰当计划审计工作和向项目组传达重大事项而作出的关键决策。审计人员对具体审计计划的记录，则应能够反映计划实施的风险评估程序的性质、时间和范围，以及针对评估的重大错报风险计划实施的进一步审计程序的性质、时间和范围。同时，审计人员应当记录对总体审计策略和具体审计计划作出的重大更改及其理由，以及对导致此类更改的事项、条件或审计程序结果采取的应对措施。由于原来的总体审计策略和具体审计计划已经制订（包括项目负责人的复核），在实务中，如果只是针对某一方面或某几方面更改审计计划，审计人员可以保留原有的总体审计策略、具体审计计划以及已经执行的审计程序的记录，并根据本准则的要求，将对审计计划的重大修改情况记录在进一步审计程序表和重大事项概要中。当然，如果对计划的修改涉及整个计划的各个方面，以及多个类别的交易、账户余额和列报，为使整套审计工作底稿内容、脉络更清晰，此时审计人员可以考虑重新编制总体审计策略和具体审计计划，并保留原有的总体审计策略和具体审计计划。不论采用何种方法，审计人员均要注意对计划更改的记录要符合准则的要求。

在记录过程中，审计人员对计划审计工作记录的形式和范围，取决于被审计单位的规模和复杂程度、重要性、具体审计业务的情况以及对其他审计工作记录的范围等事项。审计人员可以使用标准的审计程序表或审计工作完成核对表，但应当根据具体审计业务的情况作出适当修改。

思　考　题

1. 什么是审计业务约定书？签订审计业务约定书有什么作用？
2. 什么是审计重要性？
3. 什么是审计风险？审计重要性与审计风险、审计证据之间存在什么关系？
4. 总体审计策略包括哪些内容？
5. 制订审计计划有何作用？
6. 具体审计计划包括哪些内容？
7. 在制定总体审计策略时，应考虑哪些事项？

第六章 风险评估与应对

本章导读

顺应复杂审计环境的变化，审计模式从最初的账项审计阶段、制度基础审计阶段发展到现代风险导向审计阶段。风险导向审计的理论精髓是以评估风险为切入点，将对重大错报风险的识别、评估和应对贯穿于整个审计过程，最终将审计风险降低至可接受的水平，由此，风险评估与应对是风险导向审计的一项重要程序。本章在风险管理的背景下，全面贯彻风险导向审计思想，结合审计风险准则，介绍审计人员应当了解被审计单位及其环境，以足够识别和评估财务报表重大错报风险，针对评估的重大错报风险确定总体应对措施，设计和实施进一步审计程序，将审计风险降低至可以接受的水平。

主要内容

- 风险管理及风险评估
- 了解被审单位及其环境(除内部控制外)
- 了解被审单位的内部控制
- 评估重大错报风险
- 重大错报风险的应对
- 控制测试
- 实质性程序

第一节 风险管理及风险评估

风险无处不在，风险影响组织的生存能力和竞争能力，也影响组织在行业中的竞争力以及在市场上的声誉和形象，风险与经济组织的营运相随相伴。人们对风险和风险管理的认识随着社会进步和经济的发展而日渐成熟。

企业风险管理是指对影响企业策略和目标实现的各种风险进行辨识、分析、衡量和评估，提出管理风险的措施和决定接受风险程度的过程。企业只有对面临的来自内外部的各种风险进行分析和控制，及时采取应对措施以降低风险，才能确保实现目标。有效的风险管理对保护企业资产的安全与完整，顺利实现企业营运活动目标，应对复杂经济环境做出正确决策等方面具有十分重要的意义。

对财务报表审计来说，风险管理主要关注风险评估过程，包括识别与财务报告相关的经营风险以及针对风险采取的措施，因此，风险评估是风险管理的重要技术程序，本节参照 COSO[①] 于 2004 年正式发布《企业风险管理——整合框架》介绍风险管理主要要素及风险评估技术。结合审计准则对风险导向审计模式下财务报表审计中的风险评估技术作出说明。

一、风险管理主要要素及风险评估技术

COSO 于 2004 年 9 月正式发布了《企业风险管理——整合框架》，其涵盖和拓展了《内部控制——整合框架》，成为世界通行的内部控制权威文献，被国际和各国审计准则制定机构、银行监管机构和其他方面采纳。《企业风险管理——整合框架》风险管理主要要素的风险评估技术因企业组织的复杂程度、规模大小、行业特色等而各异，到目前为止没有试图完整展现风险评估技术的例示，在此仅简要说明了应用企业风险管理框架的主要要素要用到的一些常见技术。

（一）风险管理主要要素

风险存在于整个经济组织的经营活动中，企业只有建立适当的风险管理反应机制，采用一些风险管理的方法，并不断随着内外部环境因素的变化而调整，才能减少和控制风险因素的影响，将损失控制在可以承受的范围内，从而实现企业各项目标。COSO 确定的企业风险管理的定义是：由企业的董事会、管理层和其他人员实施的，从战略层面开始并贯穿整个企业的一个过程。这个过程的设计是为了识别可能影响企业的潜在事件并按企业接受风险的态度管理风险，为实现企业目标提供合理的保证。在此框架下，COSO 确定的企业风险管理的八项要素是：内部环境、目标设定、事件识别、风险评估、风险应对、控制活动、信息和沟通、监控，企业风险管理构件主要要素如图 6-1 所示。

①COSO（Committee of Sponsoring Organizations）是 Treadway 委员会（Treadway Commission，即反欺诈财务报告全国委员会，于 1985 年发起成立）的发起组织委员会，1992 年 COSO 发布了著名的《内部控制——整合框架》（1994 年局部修订），成为内部控制领域最为权威的文献之一。2003 年 7 月，COSO 发布了《企业风险管理——整合框架（征求意见稿）》，经过一年多的意见反馈、研究和修改，2004 年 9 月正式发布。

内部环境

风险管理理念——风险容量——董事会——诚信和道德价值观——对胜任能力的要求——组织结构——权力和职责的分配——人力资源准则

目标设定

战略目标——相关目标——选定的目标——风险容量——风险容限

事项识别

事项——影响因素——事项识别技术——事项相互依赖性——事项类别——区分风险和机会

风险评估

固有风险和剩余风险——估计可能性和影响——数据来源——评估技术——事项之间的关系

风险应对

评价可能的应对措施——选定的应对——组合观

控制活动

与风险应对相结合——控制活动的类型——政策和程序——对信息系统的控制——主体的特殊性

信息与沟通

信息——沟通

监控

持续监控活动——个别评价——报告缺陷

图 6-1 企业风险管理构件主要要素

资料来源：美 COSO 制定、发布. 企业风险管理——应用技术. 张宜霞，译. 大连：东北财经大学出版社，2006：3.

1. 内部环境

内部环境包括组织的基调，它影响组织中人员的风险意识，是企业风险管理所有其他构成要素的基础，为其他要素提供约束和结构。内部环境因素包括：主体的风险管理理念、风险容量、董事会的监督，人员的诚信、道德价值观和胜任能力，以及管理层分配的权力和职责、组织和开发其员工的方式。

2. 目标设定

每一个组织都面临来自外部和内部的一系列风险，确定目标是有效的事项识别、风险评估和风险应对的前提。设定战略层次的目标，为经营目标、报告目标和合规目标奠定了基础。目标与组织的风险容量相协调。

3. 事项识别

对组织产生各种正、负面影响的潜在事项识别。正面影响预示着机会，可以将其反馈到战略和目标设定过程之中；负面影响预示风险，应予以评估和应对。

4. 风险评估

使组织能够考虑潜在事项影响目标实现的程度。管理层从可能性和影响程度两个角度对事项进行评估，通常采用定性和定量相结合的方法，考察整个组织中潜在事项的正面和负面影响。

5. 风险应对

风险应对包括风险回避、降低、分担和承受。在风险评估后对风险的可能性和影响效果以及成本效益考虑的基础上，选择能够使剩余风险处于期望风险容限以内的应对。

6. 控制活动

控制活动是帮助确保管理层的风险应对得以实施的政策和程序。控制活动的发生贯穿于整个组织，遍及各个层级和各个职能机构。包括批准、授权、验证、调节、经营业绩审核、资产安全及职责分离等。

7. 信息与沟通

有关的信息以保证人们能履行其职责的形式和时机予以识别、获取和沟通。

8. 监控

对企业风险管理进行监控，即随时对其构成要素的存在和运行进行评估。

(二)风险管理过程

根据 COSO 确定的企业风险管理八项基本要素：控制环境、目标设定、事件识别、风险评估、风险应对、控制活动、信息和沟通、监控，实施风险管理，风险管理过程如图 6-2 所示，主要包括以下六个方面。

1. 内部环境分析

确立所处的位置和背景，如董事会和管理层的风险管理哲学、管理理念等状况

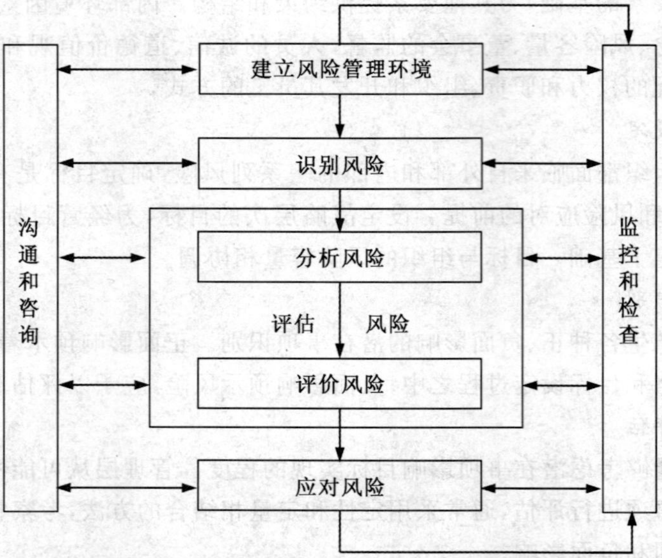

图 6-2 风险管理过程

资料来源:中国内部审计协会编.国际内部审计理论与实务(专题讲座集萃),2003:233.

如何?如企业显示有鼓励支持慈善、教育和社区服务活动的社会责任等。这一状况将影响企业对业务活动的选择和为使风险被控制在可以接受的水平而采取的措施。通常"正确"的高层基调有助于组织的人员做事在法律和道德上都是正确的。

2.目标设定分析

考虑管理层是如何将一个组织的使命与战略相关的目标联系起来,如何协调战略和相关目标,协调风险容量和风险容限(是相对于目标实现而言所能接受的偏离程度)的描述等。

3.风险事件识别和风险评估

归集类似的潜在事项,辨别出所有可能发生的、影响企业实现其目标的重要事件(情况),即所有风险,形成风险组合观等,然后分析风险发生的可能性(概率)和影响(损失),包括定量和定性的分析,评价相关风险并对其排序等。

4.风险反应

在风险评估的基础上管理层考虑接受风险,避免风险,还是减轻风险,进而采取相应措施,包括评估与风险容限相关的风险应对备选方案、评估应对备选方案的成本和收益等的考虑。

5. 控制活动和风险信息沟通

考虑控制活动本身如何充当风险应对？一系列设计的工作控制程序和政策，如何减少日常工作中的风险以及意外事件带来的风险，以确保工作正常进行。

考虑风险信息是否及时、准确传递，并及时在工作人员、管理层和治理层之间进行有效沟通，以使其了解信息，履行相应的控制职责。信息如何在组织里流动，有效的沟通会出现在组织中的向下、平行和向上的流动。信息如何被应用并提供以支持企业风险管理。与外部方面也要有效沟通。

6. 监控风险管理的有效性

对风险管理水平的监控，包括对内部控制系统运行情况的持续监控，对定期检查结果的评价和对异常事件处理情况的评价。

(三)风险评估技术

风险评估技术包括定量的技术和定性的技术。在不要求进行定量时，或者在定量评估所需的充分可靠数据实际上无法取得或者获取和分析数据不具有成本效益性时，管理层通常采用定性的评估技术。然而，定量技术能带来更高的精确度，通常应用在更加复杂的活动中，以便对定性技术进行补充。风险评估技术主要包括三类：定性技术、概率技术在内的定量技术、非概率技术。其中，定性技术包括固有风险和剩余风险评估，风险排序和调查问卷，还包括检查列表、矩阵分析、SWOT(强势、弱项、机会、威胁)分析、实物检查、流程图、事件树等技术；概率技术在内的定量技术包括风险价值、风险市场价值、损失分布、事后检验等技术；非概率技术包括敏感性分析、情景分析、压力测试、设定基准等技术。

此外，还包括如何在风险图、热图(用颜色代表风险水平可能性或影响)或数字表达中描绘风险以及不同主体层级视角的风险评估技术等，在此无意囊括所有风险评估技术，只就固有风险和剩余风险评估、风险价值作简单说明。

1. 固有风险和剩余风险评估

固有风险是管理层没有采取任何措施来改变风险的可能性或影响的情况下，一个主体(如企业)所面临的风险。剩余风险是在管理层的风险应对之后所残余的风险。剩余风险反映的是管理层用来减轻固有风险的预定措施得以有效实施后仍然存在的风险。这些措施可能包括与消费者、产品或其他中心事项有关的多元化战略，规定范围、授权和其他协议的政策和程序，按绩效审查和采取监督员工的措施，或是使重复决策或交易审批标准化和加速自动化标准等。这些措施可以降低一个潜在事项发生的可能性、影响或同时降低二者。

2. 风险价值

风险价值(VaR)是概率技术的一种,概率技术度量是建立在事项行为的分布假设基础上的一系列结果的可能性和影响。概率技术包括“风险”模型(包括风险价值、风险现金流量和风险收益)、损失事项评估和事后检验。

风险价值(VaR)模型建立在一个项目或一组项目价值变化的分布假设基础上,预计它在一个规定的时期内不会超过一个给定的置信度。这些模型被用来估计那些预期很少发生的价值变化的极端范围,如估计那些预计不超过95%或99%置信度的损失水平。管理层选择预期的置信度和时间范围,在此基础上部分地根据风险容限进行风险评估。

风险价值的一个应用是风险市场价值,它被交易机构和一些非交易机构用来评估影响金融工具的价格变动风险。风险市场价值被定义为,在特定置信度下的给定时间范围内,在一种金融工具或投资组合上可以预期到的估计最大损失。例如,一个投资公司评估其交易组合价值变化的风险。在95%的置信度下,它估计任何一天内的最大损失,假设组合的价值变化可以用一个正态分布来表示,它考虑了所有可能的情况(张宜霞,2006)。

(四)风险管理的局限性

风险管理的局限性表现为经营决策者的人性弱点的现实,多个人员合谋舞弊,风险控制的高成本效益比率,控制程序没有正常运行,管理人员超越控制程序等。因此,风险管理可能有助于确保管理层知道企业的进展,但不能确保经营目标本身的实现,对企业的任何目标都不能提供绝对的保证。

二、财务报表审计中的风险评估

(一)风险评估意义

从风险评估入手,综合分析影响目标实现的各种因素,探求风险管理的风险导向审计是现代审计的主流。风险导向审计是以识别被审计单位的重大错报风险、分析导致被审计单位财务报告出现重大错报的各种因素,评估重大错报风险,并针对评估的重大错报风险确定应对审计程序的一种审计模式。风险评估是实施风险导向审计的重要程序,风险评估程序以了解被审计单位及其环境为内容,以识别和评估财务报表重大错报风险为目的,在设计和实施进一步审计程序之前实施的程序。风险评估了解的内容包括:行业状况、法律环境与监管环境以及其他外部因素;被审计单位的性质;被审计单位对会计政策的选择和运用;被审计单位的目标、战略以及相关经营风险;被审计单位财务业绩的衡量和评价;被审计单位的内部控制等。通过全面细致的了解,以识别和评估财务报表层和认定层次的重大错报风险。

了解被审计单位及其环境是一个连续和动态地收集、更新与分析信息的过程,贯穿于整个审计过程的始终。审计人员应当运用职业判断确定需要了解被审计单位及其环境的程度,如果获取的信息足以识别和评估重大错报风险,设计和实施进一步审计程序,说明了解的程序是适宜的。要求审计人员了解被审计单位及其环境程度等同于管理层是不可取的,因为获取超量的信息通常会伴随审计成本不必要的增加。

了解被审计单位及其环境是十分必要的程序,特别是为审计人员在下列关键环节作出职业判断提供重要基础:①确定重要性水平,并随着审计工作的进程评估对重要性水平的判断是否仍然适当;②考虑会计政策的选择和运用是否恰当,以及财务报表的列报(包括披露,下同)是否适当;③识别需要特别考虑的领域,包括关联方交易、管理层运用持续经营假设的合理性,或交易是否具有合理的商业目的等;④确定在实施分析程序时所使用的预期值;⑤设计和实施进一步审计程序,以将审计风险降至可接受的低水平;⑥评价所获取审计证据的充分性和适当性。

(二)风险评估程序和信息来源

为了解被审计单位及其环境而实施的程序称为"风险评估程序"。审计人员应当实施下列风险评估程序以了解被审计单位及其环境,获取足够信息,评估重大错报风险。风险评估程序包括:询问被审计单位管理层和内部其他相关人员;分析程序;观察和检查、其他审计程序等。审计人员在实施上述审计程序时,可以有选择地使用,无须在了解被审计单位及其环境的每个方面均同时使用所有的风险评估程序。

1.询问被审计单位管理层和内部其他相关人员

询问程序是了解被审计单位及其环境的一个重要程序和重要的信息来源。一般情况下,审计人员可以考虑向管理层和财务负责人询问下列事项。

(1)管理层所关注的主要问题。如新的竞争对手、主要客户和供应商的信息、新的税收、环保法规的实施对被审计单位的影响、公司战略及经营目标的变化等。

(2)被审计单位最近的财务状况、经营成果和现金流量。

(3)可能影响财务报告的交易和事项,或者目前发生的重大会计处理问题。如重大的事宜等。

(4)被审计单位发生的其他重要变化。如所有权结构变化、组织结构变化以及内部控制的变化等。

尽管审计人员通过询问管理层和财务负责人可以获得大部分信息,但是询问被审计单位其他人员可能为审计人员提供不同的信息,有助于识别重大错报风险。因此,审计人员除了询问管理层和对财务报告负有责任的人员外,还应当考虑询问内部审计人员、采购人员、生产人员、销售人员等其他人员,并考虑询问不同级别的员工,以获取对识别重大错报风险有用的信息。

在确定所要获取的信息和选择询问对象时,应当考虑被审计单位人员的不同层次及所掌握的信息范围,从有助于识别和评估重大错报风险的角度加以确定。一般情况是:

(1)询问治理层,有助于审计人员理解财务报表编制的环境。

(2)询问内部审计人员,有助于了解被审计单位内部审计针对内部控制设计和运行的有效性所实施的工作及管理层对内部审计发现问题采取的态度。

(3)询问内部法律顾问,有助于审计人员了解有关法律法规的遵循情况、产品保证和售后责任、与业务合作伙伴的安排、合同条款的含义以及诉讼情况等。

(4)询问参与生成、处理或记录复杂或异常交易的员工,有助于审计人员评估被审计单位选择和运用某项会计政策的适当性。

(5)询问营销或销售人员,有助于了解被审计单位的营销策略及其变化、销售趋势以及与客户的合同安排。

(6)询问采购人员和生产人员,有助于了解被审计单位的原材料采购和产品生产等情况。

(7)询问仓库人员,有助于了解原材料、产成品等存货的进出、保管和盘点等情况。

2.分析程序

分析程序是指审计人员通过研究不同财务数据之间以及财务数据与非财务数据之间的内在关系,并对发现的与其他相关信息不一致或与预期数据严重偏离、较大波动和异常关系进行调查和分析,对财务信息做出评价的程序。分析程序既可用作风险评估程序和实质性程序,也可用于对财务报表的总体复核。审计人员实施分析程序有助于识别异常的交易或事项,以及对财务报表和审计产生影响的金额、比率和趋势,确定重点审计领域和事项,以较低的审计成本实现审计目标。

运用分析程序的一个重要前提是数据之间存在的某种预期关系,并且有理由预计这些关系将继续存在,因此,在实施分析程序时,审计人员应当预期可能存在的合理关系，并与被审计单位记录的金额、依据记录金额计算的比率或趋势相比较；如果发现异常或未预期到的关系，审计人员应当在识别重大错报风险时考虑这些比较结果。例如，如果被审计单位本期的生产及销售情况没有发生重要的变化，那么本期的毛利率与上期的毛利率也应大体相等，如果被审计单位本期毛利率畸高或畸低，就有虚假销售的嫌疑，销售收入、销售成本及存货的确认可能存在重大错报风险，应实施进一步审计程序加以核实。

如果使用了高度汇总的数据，实施分析程序的结果仅可能初步显示财务报表存在重大错报风险，审计人员应当将分析结果连同识别重大错报风险时获取的其他信息一并考虑，即针对数据汇总的每一来源实施更为详细的分析程序。

3.观察和检查

观察和检查程序可以印证对管理层和其他相关人员的询问结果，并可提供有关被审计单位及其环境的信息，审计人员应当实施下列观察和检查程序。

(1)观察被审计单位的生产经营活动；这一程序有助于增强审计人员对被审计单位人员如何进行生产经营活动及实施内部控制的了解。

(2)检查文件、记录和内部控制手册；这一程序包括检查被审计单位的相关会议记录或纪要，如股东大会、董事会会议记录或纪要，检查与其他单位的签约或协议，各业务流程操作指引和内部控制手册，被审计单位的章程，各种会计资料、账簿、凭证。

(3)阅读由管理层和治理层编制的报告；这一程序包括阅读被审计单位经营计划和战略书、管理层会议记录和纪要、年度中期和期终财务报告、内部管理报告、其他特殊目的的报告，对重要经营环节和外部因素的评价等。

(4)实地察看被审计单位的生产经营场所和设备；这一程序有助于审计人员了解被审计单位的性质及其经营活动，增强对被审计单位经营活动及重大影响因素的了解。

(5)追踪交易在财务报告信息系统中的处理过程(穿行测试)。通过追踪几笔交易在业务流程中如何生成、记录、处理和报告，以及相关内部控制如何执行，确定被审计单位的交易流程和内部控制是否与之前通过其他程序所获得的了解一致，并确定相关控制是否得到执行。

(三)其他审计程序和信息来源(包括项目组讨论)

1.其他审计程序

如果根据职业判断认为从被审计单位外部获取的信息有助于识别重大错报风

险，审计人员应当实施其他审计程序以获取这些信息。包括，询问被审计单位聘请的外部法律顾问、专业评估师、投资顾问和财务顾问等。

阅读外部信息，包括证券分析师、银行、评估机构出具的经济或市场环境状况的报告，经济与贸易方面的期刊报纸，法规或金融出版物，以及政府部门或民间组织发布的行业报告和统计数据等。

2.其他信息来源

审计人员应当考虑在承接客户或续约过程中获取的信息，以及向被审计单位提供其他服务所获得的经验是否有助于识别重大错报风险。通常，对新的审计业务，审计人员应在业务承接阶段对被审计单位及环境有一个初步的了解，以确定是否承接该业务。对于连续审计的业务，也应在每年的续约过程中对上年审计做总体评价，并更新对被审计单位的了解和风险评估的结果，以确定是否续约。审计人员还可以考虑通过向被审计单位提供其他服务，如执行中期财务报表审阅业务所获得的经验是否有助于识别重大错报风险。

对于连续审计业务，如果拟利用在以前期间获取的信息，审计人员应当确定被审计单位及其环境是否已发生变化，以及该变化是否可能影响以前期间获取的信息在本期审计中的相关性。例如，审计人员前期已经了解内部控制的设计和执行情况，但其环境可能在本期发生变化，导致内部控制也发生相应的变化。审计人员此时需要实施询问或穿行测试，以确定该变化是否可能会影响相关信息在本期审计中的相关性。

还应提及的是，为了有效地实施风险评估程序，准确识别和评估重大错报风险，审计负责人应当组织项目组成员对财务报表存在重大错报的可能性进行讨论（项目组讨论），并运用职业判断确定讨论的目标、内容、人员、时间和方式。项目组在讨论时应当强调在整个审计过程中保持职业怀疑态度，警惕可能发生重大错报的迹象，并对这些迹象进行严格追踪。

项目组通过讨论可以使成员更好地了解在各自负责的领域中，由于舞弊或错误导致财务报表重大错报的可能性，并了解各自实施审计程序的结果如何影响审计的其他方面，包括对确定进一步审计程序的性质、时间和范围的影响。

项目组讨论的内容一般包括，被审计单位面临的经营风险、财务报表容易发生错报的领域以及发生错报的方式，特别是由于舞弊导致重大错报的可能性。参与讨论的人员包括项目组的关键成员。如果项目组需要拥有信息技术或其他特殊技能的专家，这些专家也应参与讨论。讨论的方式可以视情况而定，在整个审计过程中项目组成员要持续交换有关财务报表发生重大错报可能性的信息。

第二节　了解被审计单位及其环境（除内部控制外）

一、总体要求

审计人员应当从下列方面了解被审计单位及其环境：①行业状况、法律环境与监管环境以及其他外部因素；②被审计单位的性质；③被审计单位对会计政策的选择和运用；④被审计单位的目标、战略以及相关经营风险；⑤被审计单位财务业绩的衡量和评价；⑥被审计单位的内部控制。上述六个方面既有被审计单位的外部环境，也有被审计单位的内部因素，内外部环境及因素可能会相互影响，因此，审计人员在对被审计单位及其环境的各个方面进行了解和评估时，应当考虑各因素之间的相互关系。

在针对上述六个方面实施风险评估程序的性质、时间和范围时，审计人员应当考虑审计业务的具体情况和相关审计经验，并识别被审计单位及其环境在上述各个方面与以前期间相比发生的重大变化。被审计单位的内部控制的相关内容将单列一节说明。

二、行业状况、法律环境与监管环境以及其他外部因素

（一）行业状况

了解行业状况有助于审计人员识别与被审计单位所处行业有关的重大错报风险。审计人员应当了解被审计单位的行业状况，主要包括：①所在行业的市场供求与竞争；②生产经营的季节性和周期性；③产品生产技术的变化；④能源供应与成本；⑤行业的关键指标和统计数据。

实务中，审计人员可以采用查阅内、外部资料，包括中期财务报告、管理报告、特殊目的报告以及股东大会、董事会会议、高级管理层会议的会议记录；政府或民间组织发布的行业报告、宏观经济统计数据、行业统计数据以及贸易和商业杂志等信息资料。询问被审计单位管理层及员工、观察和检查相关业务流程及原始财务凭证、实施分析程序等多种审计程序和多种信息来源实施风险评估程序，了解以下内容。

(1)被审计单位所处行业的总体发展趋势如何,市场需求及市场容量和价格的竞争情况如何,被审计单位有哪些最重要的竞争对象,市场份额如何划分及变化趋势或信息,与竞争对象相比主要的竞争优势是什么?竞争者是否采取了重大资本运作,技术革新对被审计单位的生产经营活动将产生什么影响。

(2)该行业是否受经济周期波动的影响,采取了什么行动应对这一状况,使被审计单位生产经营波动受到影响最小化,被审计单位管理层是否有重大决策,采取了什么行动。

(3)被审计单位的生产技术水平在行业中的地位怎样,拥有技术专利情况如何?是否研发了新的技术以应对市场环境变化,替代材料对产品技术性能的影响。

(4)能源消耗在成本中所占的比重有多少,能源价格的变化对成本的影响如何?是否有新的可替代能源。

(5)被审计单位重要业绩指标与同行业平均水平或同行业中规模相近的其他单位的相关数据相比情况如何?存在重大差异的原因。

(二)法律环境及监管环境

审计人员应当了解被审计单位所处的法律环境及监管环境,主要包括:①适用的会计准则、会计制度和行业特定惯例;②对经营活动产生重大影响的法律法规及监管活动;③对开展业务产生重大影响的政府政策,包括货币、财政、税收和贸易等政策;④与被审计单位所处行业和所从事经营活动相关的环保要求。

实务中,审计人员可能采用查阅内、外部资料、询问、检查等程序和多种信息来源实施风险评估程序,了解以下内容。

(1)国家对某一行业是否有特殊的监管要求,如对银行、保险等行业的特殊监管要求。

(2)是否存在新出台的法律法规,如有关产品责任、劳动安全或环境保护的法律法规等,对被审计单位有何影响。

(3)国家财政、货币、税收和贸易等方面政策的变化是否会对被审计单位的经营活动产生影响。

(4)与被审计单位相关的税务法规是否发生变化。

(三)其他外部因素

审计人员应当了解影响被审计单位经营的其他外部因素,主要包括:①宏观经济的景气度;②利率和资金供求状况;③通货膨胀水平及币值变动;④国际经济环境和汇率变动。

实务中，审计人员可能采用查阅内、外部资料、询问、检查等程序和多种信息来源实施风险评估程序，了解以下内容：

(1)当前的宏观经济状况以及未来的发展趋势。

(2)目前国内或本地区的经济状况，如增长率、失业率、利率变化、通货膨胀等怎样影响被审计单位的经营活动。

(3)被审计单位的经营活动是否受到汇率波动或全球市场力量的影响等。

另外，审计人员应当考虑被审计单位所在行业的业务性质或监管程度是否可能导致特定的重大错报风险，考虑项目组是否配备了具有相关知识和经验的成员。

三、被审计单位的性质

了解被审计单位的性质有助于审计人员理解预期在财务报表中反映的各类交易、账户余额、列报。审计人员应当主要从下列方面了解被审计单位的性质：①所有权结构；②治理结构；③组织结构；④经营活动；⑤投资活动；⑥筹资活动。实务中，审计人员可以查阅被审计单位的组织结构图、关联方清单、公司章程、对外签订的主要销售、采购、投资、债务合同以及单位内部的管理报告、财务报告、生产经营情况分析、高层会议记录等；实地察看被审计单位的主要生产经营场所、询问管理层和相关人员、实施分析程序获取重要财务指标等程序，了解被审计单位的性质。具体包括：

1.了解所有权结构

审计人员应当了解所有权结构以及所有者与其他人员或单位之间的关系，考虑关联方关系是否已经得到识别，以及关联方交易是否得到恰当核算。例如，应考虑直接控股公司、间接控股公司和其他股东的构成及其关系；应当根据《中国注册会计师审计准则第 1323 号——关联方》的规定，了解被审计单位识别关联方的程序，获取被审计单位提供的所有关联方信息，并考虑关联方关系是否已经得到识别，关联方交易是否得到恰当记录和充分披露。

2.了解治理结构

审计人员应当了解被审计单位的治理结构，考虑治理层是否能够在独立于管理层的情况下对被审计单位事务(包括财务报告)做出客观判断。例如，董事会成员的构成，是否有独立董事，是否设立审计委员会等监督机构，良好的治理结构可以对被审计单位的经营和财务运作实施有效的监督。

3.了解组织结构

审计人员应当了解被审计单位的组织结构，考虑复杂组织结构可能导致的重大错报风险，包括财务报表合并、商誉摊销和减值、长期股权投资核算以及特殊目的实体核算等问题。例如，是否拥有众多的子公司、合营企业、联营企业以及涉及的股权投资类别的判断及会计处理。

4. 了解经营活动

审计人员应当了解被审计单位的经营活动，主要包括：①主营业务的性质。如，主营业务是从事制造业还是商品批发与零售；金融服务业务的类别等。②与生产产品或提供劳务相关的市场信息。包括，主要客户和合同、市场份额、定价政策、产品声誉、营销策略等。③业务的开展情况。④联盟、合营与外包情况。⑤从事电子商务的情况。⑥地区与行业分布。⑦生产设施、仓库的地理位置及办公地点。⑧关键客户。如被审计单位是否有高度依赖的特定客户、客户的还款情况如何。⑨重要供应商。主要的原材料供应商是否稳定、付款条件优惠、价格变化的影响等。⑩劳动用工情况。⑪研究与开发活动及其支出。⑫关联方交易。

5. 了解投资活动

审计人员应当了解被审计单位的投资活动，主要包括：①近期拟实施或已实施的并购活动与资产处置情况；②证券投资、委托贷款的发生与处置；③资本性投资活动，包括固定资产和无形资产投资，以及近期或计划发生的变动；④不纳入合并范围的投资。

6. 了解筹资活动

审计人员应当了解被审计单位的筹资活动，有助于评估被审计单位在融资方面的压力，并进一步考虑被审计单位在可预见未来的持续经营能力。主要包括：①债务结构和相关条款，包括担保情况及表外融资；②固定资产的租赁；③关联方融资；④实际受益股东；⑤衍生金融工具的运用。例如，衍生金融工具是用于交易目的还是套期的目的，以及运用的种类、范围和交易对手等。

四、被审计单位对会计政策的选择和运用

审计人员应当了解被审计单位对会计政策的选择和运用，是否符合适用的会计准则和相关会计制度，是否符合被审计单位的具体情况。在了解被审计单位对会计政策的选择和运用是否适当，实施风险评估程序时审计人员应当重点关注被审计单位本期会计政策的选择与运用与前期相比发生的重大变化，包括对本期新发生的交易或事项选用会计政策，对前期不重大而本期重大的交易或事项选用的会计政策，重要的会计政策变更及新会计准则发布施行的影响等。审计人员应当分别关注下列重要事项。

1.重要项目的会计政策和行业惯例

重要项目的会计政策包括收入确认方法，存货的计价方法，投资核算，固定资产的折旧方法，坏账准备、存货跌价准备和其他资产减值准备的确定，借款费用资本化方法，合并财务报表的编制方法等。

另外，审计人员应当熟悉行业惯例。当被审计单位采用与行业惯例不同的会计处理方法时，应了解其原因，并考虑会计处理方法的恰当性。

2.重大和异常交易的会计处理方法

审计人员应当考虑对重大和异常交易的会计处理方法是否恰当。如与被审计单位行业相关的重大交易，银行向客户发放贷款、证券公司对外投资、高科技公司的研发投资活动等的会计处理方法的恰当性。

3.在新领域和缺乏权威性标准或共识的领域，采用重要会计政策产生的影响

在新领域和缺乏权威性标准或共识的领域，审计人员应当关注被审计单位选用了哪些会计政策，选用这些会计政策的原因，选用这些会计政策产生了什么影响。

4.会计政策的变更

在被审计单位变更会计政策时，审计人员应当考虑变更的原因及其适当性，并考虑是否符合适用的会计准则和相关会计制度的规定；确定会计政策的变更能否提供更可靠、更相关的会计信息；会计政策的变更是否得到了恰当的披露。

5.被审计单位何时采用以及如何采用新颁布的会计准则和相关会计制度

审计人员应考虑被审计单位是否已按照新会计准则的要求编制财务报表，做好相关衔接调整工作。除此之外，审计人员还应对被审计单位下列与会计政策运用相关的情况予以关注：是否采用激进的会计政策、方法、估计和判断；是否拥有足够的资源支持会计政策的运用，如财务人员的知识与能力、信息技术的运用、数据及相关信息的采集与分类等。

审计人员应当考虑，被审计单位是否按照适用的会计准则和相关会计制度的规定恰当地进行了列报，并披露了重要事项。列报和披露的主要内容包括：财务报表及其附注的内容、结构、格式，财务报表使用的术语，项目在财务报表中的分类及列报信息的来源等。

五、被审计单位的目标、战略以及相关经营风险

审计人员应当了解被审计单位的目标和战略，以及可能导致财务报表重大错报的相关经营风险。

(一)目标、战略以及相关经营风险

目标是企业经营活动的指针。公司管理层或治理层一般会根据企业经营面临的外部环境和内部各种因素,制定合理可行的经营目标。战略是公司管理层为实现经营目标采用的总体层面的策略和方法。为了实现某一既定的经营目标,公司可能准备多个应对战略。随着外部环境变化,公司会对目标和战略作出相应的调整。经营风险源于对被审计单位实现目标和战略产生不利影响的重大情况、事项、环境和行动,或源于不恰当的目标和战略。审计人员应当了解被审计单位是否存在与下列方面有关的目标和战略,并考虑相应的经营风险。

(1)行业发展,及其可能导致的被审计单位不具备足以应对行业变化的人力资源和业务专长等风险。

(2)开发新产品或提供新服务,及其可能导致的被审计单位产品责任增加等风险。

(3)业务扩张,及其可能导致的被审计单位对市场需求的估计不准确等风险。

(4)新颁布的会计法规,及其可能导致的被审计单位执行法规不当或不完整,或会计处理成本增加等风险。

(5)监管要求,及其可能导致的被审计单位法律责任增加等风险。

(6)本期及未来的融资条件,及其可能导致的被审计单位由于无法满足融资条件而失去融资机会等风险。

(7)信息技术的运用,及其可能导致的被审计单位信息系统与业务流程难以融合等风险。

(二)风险评估程序

审计人员可通过询问管理层了解被审计单位目标和战略、政策与程序,通过与管理层沟通以及查阅经营规划和相关文件获取对被审计单位目标和战略的了解。还可以考虑通过外部信息来源了解被审计单位的战略、目标的适应性问题及来自于战略、目标的经营风险及可能产生的重大错报风险等。

多数经营风险最终都会产生财务后果,从而影响财务报表。审计人员应当根据被审计单位的具体情况考虑经营风险是否可能导致财务报表发生重大错报。

管理层通常制定识别和应对经营风险的策略,审计人员应当了解被审计单位的风险评估过程。

小型被审计单位通常没有正式的计划和程序来确定其目标、战略并管理经营风险。审计人员应当询问管理层或观察小型被审计单位如何应对这些事项。

六、被审计单位财务业绩的衡量和评价

被审计单位内部或外部对财务业绩的衡量和评价可能对管理层产生压力，促使其采取行动改善财务业绩或歪曲财务报表。审计人员应当了解被审计单位财务业绩的衡量和评价情况，考虑这种压力是否可能导致管理层采取行动，以至于增加财务报表发生重大错报的风险。例如，企业向银行过度借款，财务业绩可能达不到借款合同对财务指标的要求；基于纳税的考虑管理层有意采取不适当的方法降低盈利水平；管理层希望维持或增加股价或盈利走势采用过度激进的会计核算方法；企业采用过度激励性报酬政策使管理层及员工有可能铤而走险等。

(一)财务业绩衡量和评价

在了解被审计单位财务业绩衡量和评价情况时，审计人员应当关注下列信息：①关键业绩指标；②业绩趋势；③预测、预算和差异分析；④管理层和员工业绩考核与激励性报酬政策；⑤分部信息与不同层次部门的业绩报告；⑥与竞争对手的业绩比较；⑦外部机构提出的报告。

(二)风险评估程序

审计人员应当关注被审计单位内部财务业绩衡量所显示的未预期到的结果或趋势，管理层的调查结果和纠正措施，以及相关信息是否显示财务报表可能存在重大错报。通常，审计人员可利用询问、查阅、分析程序等获得对被审计单位财务业绩的衡量和评价的了解，了解哪些业绩指标是其他关键利益方关注的重点，业绩衡量标准受到何因素的影响等。审计人员应当考虑管理的业绩指标与关键利益拥有者的预期的一致性，并考虑不一致的情况对管理层的压力，及其相关信息可能显示的对财务报表存在的错报风险。

审计人员还应考虑财务业绩衡量指标的可靠性。如果拟利用被审计单位内部信息系统生成的财务业绩衡量指标，审计人员应当考虑相关信息是否可靠，以及利用这些信息是否足以实现审计目标。

对于小型被审计单位来说，通常没有正式的财务业绩衡量和评价程序，管理层往往依据某些关键指标，作为评价财务业绩和采取适当行动的基础，审计人员应当了解管理层使用的关键指标。

第三节　了解被审计单位的内部控制

一、内部控制基本理论

（一）内部控制及要素

内部控制是被审计单位为了合理保证财务报告的可靠性、经营的效率和效果以及对法律法规的遵守，由治理层、管理层和其他人员设计和执行的政策和程序。对内部控制内涵的理解至少包括三方面：第一，对责任主体的理解，设计和实施内部控制的责任主体是治理层、管理层和全体员工，组织中的每一个人都对内部控制负有责任；第二，对保证程度的理解，内部控制的目标是合理保证，而不是绝对保证。具体包括：①与管理层履行财务报告编制责任密切相关的财务报告可靠性合理保证；②与经济有效使用企业资源以最优实现企业目标相关的经营的效率性和效果性合理保证；③与严格遵守相关法律法规相关的遵循性合理保证。第三，对实现内部控制目标手段的理解，即是设计和执行控制政策及程序。

内部控制包括控制环境；风险评估过程；信息系统与沟通；控制活动；对控制的监督五要素。本教材采用了《中国注册会计师审计准则第 1211 号——了解被审计单位及其环境并评估重大错报风险》规定的内部控制框架，被审计单位可能并不一定采用这种分类方式来设计和执行内部控制，对内部控制要素的分类提供了了解内部控制的框架，但无论对内部控制要素如何进行分类，审计人员都应当重点考虑被审计单位某项控制，是否能够以及如何防止或发现并纠正各类交易、账户余额、列报存在的重大错报。审计人员可以使用不同的框架和术语描述内部控制的不同方面，但必须涵盖上述内部控制五个要素所涉及的各个方面。小型被审计单位通常采用非正式和简单的内部控制实现其目标，参与日常经营管理的业主（以下简称业主）可能承担多项职能，内部控制要素没有得到清晰区分，审计人员应当综合考虑小型被审计单位内部控制要素能否实现其目标。

1. 控制环境

控制环境包括治理职能和管理职能，以及治理层和管理层对内部控制及其重要性的态度、认识和措施。良好的控制环境是实施有效内部控制的基础。控制环境主要包括以下要素：

（1）对诚信和道德价值观念的沟通与落实。

(2)对胜任能力的重视。

(3)治理层的参与程度。

(4)管理层的理念和经营风格。

(5)组织结构。

(6)职权与责任的分配。

(7)人力资源政策与实务。

2. 风险评估过程

风险评估过程是企业确认和分析与其目标实现相关的风险过程,它形成了风险管理的基础。

3. 信息系统与沟通

信息系统与沟通主要指用以生成、记录、处理和报告交易、事项和情况,对相关资产、负债和所有者权益履行经营管理责任的程序和记录等,与财务报告相关的信息系统,以及使员工了解各自在与财务报告有关的内部控制方面的角色和职责,员工之间的工作联系,以及向适当级别的管理层报告例外事项的方式等与财务报告相关的沟通。

4. 控制活动

控制活动是指有助于确保管理层的指令得以执行的政策和程序,包括与授权、业绩评价、信息处理、实物控制和职责分离等相关的活动。

5. 对控制的监督

对控制的监督是指被审计单位评价内部控制在一段时间内运行有效性的过程,该过程包括及时评价控制的设计和运行,以及根据情况的变化采取必要的纠正措施。

(二)与审计相关的控制

内部控制的目标旨在合理保证财务报告的可靠性、经营的效率和效果以及对法律法规的遵守。财务报告审计的目标是对财务报表是否不存在重大错报发表审计意见。尽管要求审计人员在财务报表审计中考虑与财务报表编制相关的内部控制,但目的并非对被审计单位内部控制的有效性发表意见。因此,审计人员考虑的只是与财务报表审计相关的内部控制,不是被审计单位整体的内部控制。

1. 为实现财务报告可靠性目标设计和实施的控制

与审计相关的控制,包括被审计单位为实现财务报告可靠性目标设计和实施的控制。审计人员应当运用职业判断,考虑一项控制单独或连同其他控制是否与评估重大错报风险以及针对评估的风险设计和实施进一步审计程序有关。在运用职业判断时，审计人员应当考虑下列因素：①审计人员确定的重要性水平；②被审计单位的性质；③被审计单位的规模；④被审计单位经营的多样性和复杂性；⑤法律法规和监管要求；⑥作为内部控制组成部分的系统的性质和复杂性。

2. 其他与审计相关的控制

(1)用以保证信息完整性和准确性的控制。如果在设计和实施进一步审计程序时拟利用被审计单位内部生成的信息，审计人员应当考虑用以保证该信息完整性和准确性的控制可能与审计相关。审计人员的经验及在了解被审计单位及其环境中获知的信息有助于识别与审计相关的控制。

(2)用以保证经营效率、效果及对法律法规遵守的控制。如果用以保证经营效率、效果的控制以及对法律法规遵守的控制与实施审计程序时评价或使用的数据相关，审计人员应当考虑这些控制可能与审计相关。例如对生产数据的控制，如果审计人员实施分析程序时使用了这些数据，这些控制就可能与审计相关。但也有一些控制与审计无关，例如，航空公司用于维护航班时间表的自动控制系统与审计无关。

(3)用以保护资产的内部控制。用以保护资产的内部控制可能包括与实现财务报告可靠性和经营效率、效果目标相关的控制。审计人员在了解保护资产的内部控制各项要素时，可仅考虑其中与财务报告可靠性目标相关的控制，不考虑经营效率、效果目标。例如，只有所用材料成本没有入账，才会影响财务报表的可靠性，防止材料浪费的控制通常与审计不相关。

(三)对内部控制了解的深度

对内部控制了解的深度是指在了解被审计单位环境时对内部控制了解的程序，包括评价控制的设计和评价控制设计和执行的风险评估程序，确定控制是否得到执行，但不包括对控制是否得到一贯执行的测试。

1. 评价控制的设计

审计人员在了解内部控制时，应当评价控制的设计，并确定其是否得到执行。评价控制的设计是指考虑一项控制单独或连同其他控制是否能够有效防止或发现并纠正重大错报。控制得到执行是指某项控制存在且被审计单位正在使用。设计不当的控制可能表明内部控制存在重大缺陷，审计人员在确定是否考虑控制得到执行时，应当首先考虑控制的设计。

2. 评价控制设计和执行的风险评估程序

审计人员通常实施下列风险评估程序，以获取有关控制设计和执行的审计证据。

(1)询问被审计单位的人员。

(2)观察特定控制的运用。

(3)检查文件和报告。

(4)追踪交易在财务报告信息系统中的处理过程(穿行测试)。

注意,询问本身并不足以评价控制的设计以及确定其是否得到执行,审计人员应当将询问与其他风险评估程序结合使用。

除非存在某些可以使控制得到一贯运行的自动化控制,审计人员对控制的了解并不能够代替对控制运行有效性的测试。

(四)内部控制的人工和自动化成分

1.考虑内部控制的人工和自动化特征及其影响

内部控制可能既包括人工成分又包括自动化成分,被审计单位的性质和经营的复杂程度会对采用人工控制和自动控制的成分产生影响,因而不同被审计单位控制系统中采用的人工控制和自动化控制的情况不一。

不同的控制系统将影响交易生成、记录、处理和报告的方式,如果采用信息技术系统处理交易和其他数据,系统和程序可能包括与财务报表重大账户认定相关的控制或包括人工控制作用的有效发挥。在风险评估以及设计和实施进一步审计程序时,审计人员应当考虑内部控制的人工和自动化特征及其影响,以恰当应对由于使用信息技术系统或人工系统而产生的风险。

2.信息技术的优势及内部控制特定风险

信息技术通常在下列方面提高被审计单位内部控制的效率和效果:

(1)在处理大量的交易或数据时,一贯运用事先确定的业务规则,并进行复杂运算。

(2)提高信息的及时性、可获得性及准确性。

(3)有助于对信息的深入分析。

(4)加强对被审计单位政策和程序执行情况的监督。

(5)降低控制被规避的风险。

(6)通过对操作系统、应用程序系统和数据库系统实施安全控制,提高不相容职务分离的有效性。

但是,信息技术也可能对内部控制产生特定风险,审计人员应当从下列方面了解信息技术对内部控制产生的特定风险。

(1)系统或程序未能正确处理数据,或处理了不正确的数据,或两种情况同时并存。

(2)在未得到授权情况下访问数据,可能导致数据的毁损或对数据不恰当的修改,包括记录未经授权或不存在的交易,或不正确地记录了交易。

(3)信息技术人员可能获得超越其履行职责以外的数据访问权限,破坏了系统应有的职责分工。

(4)未经授权改变主文档的数据。

(5)未经授权改变系统或程序。

(6)未能对系统或程序作出必要的修改。

(7)不恰当的人为干预。

(8)数据丢失的风险或不能访问所需要的数据。

3. 人工成分的适用范围及内部控制特定风险

内部控制的人工成分在处理下列需要主观判断或酌情处理的情形时可能更为适当:

(1)存在大额、异常或偶发的交易。

(2)存在难以定义、防范或预见的错误。

(3)为应对情况的变化,需要对现有的自动化控制进行调整。

(4)监督自动化控制的有效性。

同时,由于受人为因素的影响,人工控制的适用范围受到限制,并将产生特定风险。审计人员应当考虑人工控制在下列情形中可能是不适当的:

(1)存在大量或重复发生的交易。

(2)事先可预见的错误能够通过自动化控制得以防范或发现。

(3)控制活动可得到适当设计和自动化处理。

审计人员应当从下列方面了解人工控制产生的特定风险:

(1)人工控制可能更容易被规避、忽视或凌驾。

(2)人工控制可能不具有一贯性。

(3)人工控制可能更容易产生简单错误或失误。

在了解内部控制时,审计人员应当考虑被审计单位是否通过建立有效的控制,以恰当应对由于使用信息技术系统或人工系统而产生的风险。

(五)内部控制的局限性

内部控制存在下列固有局限性,无论如何设计和执行,审计人员都不能认为它是完美无缺的。只能对财务报告的可靠性提供合理的保证。内部控制的局限性主要包括:

(1)在决策时人为判断可能出现错误和由于人为失误而导致内部控制失效。

例如，因执业人员业务水平和工作能力的差别错误决策、错误理解信息系统程序，进行了错误修改，或因粗心大意而错误执行某项程序造成控制失效。

(2)可能由于两个或更多的人员进行串通或管理层凌驾于内部控制之上而被规避。例如，批准报销的人员与出纳串通，报销本不属于企业的正常开支的经济事项；高级管理人员可能不顾及内部控制的规定而强制下级人员违规操作或作不实记录，使内部控制形同虚设。

(3)企业管理层制定内部控制时要考虑成本效益原则。从而在控制设计时并没有采用更完善有效的控制。

另外，小型被审计单位拥有的员工通常较少，限制了其职责分离的程度，业主凌驾于内部控制之上的可能性较大，审计人员应当考虑一些关键领域是否存在有效的内部控制。

二、了解控制环境

在评价控制环境的设计和实施情况时，审计人员应当了解管理层在治理层的监督下，是否营造并保持了诚实守信和合乎道德的文化，以及是否建立了防止或发现并纠正舞弊和错误的恰当控制。通常，在审计业务签约阶段，审计人员需要对控制环境作出了解和评价。

在评价控制环境的设计时，审计人员应当考虑构成控制环境的下列要素，以及这些要素如何被纳入被审计单位业务流程。

(一)对诚信和道德价值观念的沟通与落实

诚信和道德价值观念是控制环境的重要组成部分，影响到重要业务流程的设计和运行和内部控制整体有效性的理解。被审计单位是否存在道德行为规范，以及道德规范的沟通和落实情况，决定了是否能产生诚信和道德的行为。审计人员执业时考虑的主要因素包括：

(1)被审计单位是否有书面的行为规范并向所有员工传达。

(2)被审计单位的企业文化是否强调诚信和道德价值观念的重要性。

(3)管理层是否身体力行，高级管理人员是否起表率作用。

(4)对违反有关政策和行为规范的情况，管理层是否采取适当的惩罚措施。

(二)对胜任能力的重视

胜任能力是指完成某一职位工作所应有的知识和能力。管理层对胜任能力的重视包括对于特定工作所需的胜任能力水平的设定，以及达到该水平所必需的知识和能力的要求。

审计人员在就被审计单位对胜任能力的重视情况进行了解和评估时，考虑的主要因素包括：

(1)主管人员和相关人员是否能胜任承担的工作和职责。

(2)信息管理人员是否具备与业务性质相适应的胜任能力，是否通过培训增强其技能等。

(3)财务人员是否具备理解和运用会计准则和相关会计制度所需的技能。

(三)治理层的参与程度

被审计单位的控制环境在很大程度上受治理层的影响。治理层的职责应在被审计单位的章程和政策中予以规定。治理层通常通过其自身活动，并在审计委员会的支持下监督被审计单位的财务报告政策和程序。因此，董事会、审计委员会或类似机构应关注被审计单位的财务报告，并监督被审计单位的会计政策以及内部、外部审计工作和结果。治理层的职责包括监督用于复核内部控制有效性的政策和程序设计是否合理，执行是否有效。

审计人员在对被审计单位治理层的参与程度进行了解和评估时，考虑的主要因素有：

(1)董事会、审计委员会或类似机构是否独立于管理层，其成员是否具备适当的经验和资历，道德品质是否高尚。

(2)董事会、审计委员会或类似机构是否对经营风险的监控有足够的关注，进而影响被审计单位和管理层的风险管理过程。

(3)董事会、审计委员会或类似机构是否与内部审计机构和外部审计有联系和沟通，其性质和频率是否与被审计单位的规模和业务复杂程度相匹配，是否充分参与了监督财务报告的编制与披露。

(4)董事会、审计委员会或类似机构会议数量和工作时间情况。

(5)董事会成员是否保持相对稳定性。

(四)管理层的理念和经营风格

管理层的理念是一整套共同的信念和态度，它决定着企业从战略制订和执行到日常活动的决策方式和行事作风。管理层的理念反映在管理层制定的一系列政策、程序及内部控制的设计与运行上，而不是书面形式上，只有建立适当的控制机制，控制理念才能产生预期的效果。在有效的控制环境中，管理层的理念和经营风格可以创造积极的氛围，促进内部控制和业务流程的有效运行，同时创造减少错报发生可能性的环境。

管理层的经营风格表明管理层所能接受的业务风险性质和能力，对审计人员评估重大错报风险有重要的意义。因此，审计人员在了解和评估被审计单位管理层理念和经营风格时，应考虑的因素主要有：

(1)管理层对内部控制的重视程度，特别是收到内部控制缺陷及违规事件的报告时的反映。

(2)董事会、审计委员会或类似机构是否对管理层实施有效监督。

(3)管理层在承担和监控经营风险方面的偏好是激进还是保守。

(4)管理层对于财务人员及信息管理人员是否给予了适当关注。

(5)对于重大会计事项，管理层是否征询审计人员的意见，在选择会计政策和做出会计估计时是否过于激进。

(五)组织结构

组织结构为计划、运作、控制及监督经营活动提供了一个整体框架。它明确规定一个组织内部各部门和工作人员的权限和责任。通过集权或分权决策，可在不同部门间进行适当的职责划分，建立适当层次的报告体系。建立合理的组织结构有助于建立良好的内部控制环境。审计人员在了解和评估被审计单位组织结构时，应考虑的因素主要有：

(1)组织的性质和形式，包括相关的管理职能和报告关系。

(2)组织制定的内部责任和权力的划分方法。

(六)职权与责任的分配

组织结构将影响职权与责任的分配，职权与责任的划分方法影响到责任的理解、传达、沟通和执行任务时的责任感，关系到权利的使用范围与权限以及企业应配置给员工的资源等。职权与责任的分配深得人心，可增强整个组织的控制意识。

审计人员在了解和评估被审计单位职权与责任的分配时，应考虑的因素主要有：

(1)被审计单位内部是否有明确的职责划分，是否明确划分业务授权、执行与记录，资产保管与维护等职责。

(2)信息系统职能部门的结构安排是否明确了职责分配。

(3)是否建立特定职能的授权机制等。

(七)人力资源政策与实务

人力资源政策与实务涉及招聘、培训、考核、晋升和薪酬等方面。人力资源政策与程序的有效性,通常取决于执行人状况。人才是企业实现可持续发展的宝贵财富,能否拥有优秀及值得信赖的职员很大程度上取决于其人力资源政策与实务。审计人员在了解和评估被审计单位人力资源政策与实务时,应考虑的因素主要有:

(1)被审计单位在关键岗位(如,会计、财务、信息系统等方面)是否有适当的政策和程序。

(2)是否有书面的员工岗位职责手册,或对工作职责和期望进行适当的沟通。

(3)人力资源政策与程序是否清晰等。

(八)了解控制环境应考虑的主要问题

1. 审计人员应当考虑控制环境的各个要素是否得到执行

因为管理层也许建立了合理的内部控制,但却未有效执行。审计人员应当考虑将询问与其他风险评估程序相结合以获取审计证据。通过询问管理层和员工,审计人员可能了解管理层如何就业务规程和道德价值观念与员工进行沟通。

通过观察和检查,审计人员可能了解管理层是否建立了正式的行为守则,在日常工作中行为守则是否得到遵守,以及管理层如何处理违反行为守则的情形。

2. 控制环境对评估重大错报风险的影响

控制环境对重大错报风险的评估具有广泛影响,审计人员应当考虑控制环境的总体优势是否为内部控制的其他要素提供了适当的基础,并且未被控制环境中存在的缺陷所削弱。通常令人满意的控制环境有助于降低发生舞弊的风险,而薄弱的控制环境很难让人相信控制流程的有效。

因为,控制环境本身并不能防止或发现并纠正各类交易、账户余额、列报认定层次的重大错报,所以审计人员在评估重大错报风险时应当将控制环境连同其他内部控制要素产生的影响一并考虑。例如,将控制环境与对控制的监督和控制活动一并考虑。

3. 对小型被审计单位控制环境的评价

在小型被审计单位,可能无法获取以文件形式存在的有关控制环境要素的审计证据,审计人员应当重点了解管理层对内部控制设计的态度、认识和措施。

三、了解被审计单位的风险评估过程

风险评估过程的作用是识别、评估和管理影响其经营目标实现的各种风险。被审计单位的风险评估过程包括识别与财务报告相关的经营风险，以及针对这些风险采取的措施。审计人员应当了解被审计单位的风险评估过程和结果。被审计单位的风险评估过程有效，审计人员可以因为控制风险低而减少实质性审计程序。

(一)识别经营风险

风险普遍存在于企业，企业运营及不同层级都会面临各种各样的风险，风险对其生存和竞争能力产生影响。风险有来自外部、内部的不同风险，外部风险包括法律风险、政治风险和经济风险；内部风险包括来自企业自身的战略风险、财务风险、营运风险等。内外部风险是相关联的，外部的经营环境变化影响企业内部管理与决策上的风险，企业内部管理决策也会增加或降低外部风险的影响。被审计单位管理层应当确定能承受的风险水平，识别这些风险并采取一定的应对措施。可能产生风险的事项和情形包括：①新的法律法规会强迫经营者改变政策及战略；②经济环境的变化会影响到资本支出及扩张决策；③技术的发展会影响研究与开发的性质及时间；④信息处理系统的使用或对原系统升级；⑤业务快速扩张使内部控制失效；⑥发展海外经营的特别风险；⑦实施新会计准则增大财务报告错报的风险等。

审计人员应当询问管理层识别出的经营风险，并考虑这些风险是否可能导致重大错报。在审计过程中，如果识别出管理层未能识别的重大错报风险，审计人员应当考虑被审计单位的风险评估过程为何没有识别出这些风险，以及评估过程是否适合于具体环境。识别较高经营风险可以从以下方面进行：①识别企业必需的资源，并确定潜在最大风险；②识别可能引起的负债；③考虑以前有过的风险及变化引起的新风险；④由于挑战或机会可能带来的风险。

(二)评价被审计单位风险评估过程的设计和执行

在评价被审计单位风险评估过程的设计和执行时，审计人员应当确定(如，询问)管理层如何识别与财务报告相关的经营风险，如何估计该风险的重要性，如何评估风险发生的可能性，以及如何采取措施管理这些风险。审计人员在对被审计单位整体层面的风险评估过程进行了解和评估时，考虑的主要因素包括：

(1)被审计单位是否已建立并沟通其整体目标,并辅以具体策略和业务流程层面的计划。

(2)被审计单位是否已建立风险评估过程,包括识别风险,估计风险的重大性,评估风险发生的可能性以及确定需要采取的应对措施。

(3)被审计单位是否已建立某种机制,识别和应对可能对被审计单位产生重大且普遍影响的变化,如在金融机构中建立资产负债管理委员会。

(4)会计部门是否建立了某种流程,以识别会计准则的重大变化。

(5)当被审计单位业务操作发生变化并影响交易记录的流程时,是否存在沟通渠道以通知会计部门。

(6)风险管理部门是否建立了某种流程,以识别经营环境包括监管环境发生的重大变化。

在审计过程中,审计人员如果识别与财务报表有关的风险因素,可以通过向管理层询问和检查有关文件确定被审计单位的风险评估过程是否也发现了该风险;如果识别出管理层未能识别的重大错报风险,审计人员应当考虑被审计单位的风险评估过程未能识别风险的原因,以及评估过程是否适合于具体环境。

另外,在小型被审计单位,管理层可能没有正式的风险评估过程,审计人员应当与管理层讨论其如何识别经营风险以及如何应对这些风险。

四、了解信息系统与沟通

(一)了解与财务报告相关的信息系统

与财务报告相关的信息系统,包括用以生成、记录、处理和报告交易、事项和情况,对相关资产、负债和所有者权益履行经营管理责任的程序和记录。与财务报告相关的信息系统所生成信息的质量,对管理层能否作出恰当的经营管理决策以及编制可靠的财务报告具有重大影响。

与财务报告相关的信息系统应当与业务流程相适应。业务流程是指被审计单位开发、采购、生产、销售、发送产品和提供服务、保证遵守法律法规、记录信息等一系列活动。与财务报告相关的信息系统通常包括下列职能:①识别与记录所有的有效交易;②及时、详细地描述交易,以便在财务报告中对交易作出恰当的分类;③恰当计量交易,以便在财务报告中对交易的金额作出准确记录;④恰当确定交易生成的会计期间;⑤在财务报表中恰当列报交易。

审计人员应当从下列方面了解与财务报告相关的信息系统:

(1)在被审计单位经营过程中,对财务报表具有重大影响的各类交易。

(2)在信息技术和人工系统中,对交易生成、记录、处理和报告的程序。

(3)与交易生成、记录、处理和报告有关的会计记录、支持性信息和财务报表中的特定项目。

(4)信息系统如何获取除各类交易之外的对财务报表具有重大影响的事项和情况。

(5)被审计单位编制财务报告的过程,包括作出的重大会计估计和披露。

(6)管理层凌驾于账户记录控制之上的风险。在了解与财务报告相关的信息系统时,审计人员应当特别关注由于管理层凌驾于账户记录控制之上,或规避控制行为而产生的重大错报风险,并考虑被审计单位如何纠正不正确的交易处理。

(二)了解与财务报告相关的沟通

与财务报告相关的沟通包括使员工了解各自在与财务报告有关的内部控制方面的角色和职责,员工之间的工作联系,以及向适当级别的管理层报告例外事项的方式。审计人员应当了解被审计单位内部如何对财务报告的岗位职责,以及与财务报告相关的重大事项进行沟通。审计人员还应当了解管理层与治理层之间的沟通,以及被审计单位与外部的沟通。

审计人员在对沟通进行了解和评估时,考虑的主要问题包括:

(1)管理层就员工的职责和控制责任是否进行了有效的沟通。

(2)对于与客户、供应商、监督者及外部人士的沟通事项,管理层是否及时采取适当行动。

(3)被审计单位是否受到某些监管机构发布的监管要求的约束。

(4)针对可疑的不恰当事项和行为是否建立了沟通渠道,沟通渠道是否畅通。

(5)外部人士在多大程度上获知被审计单位的行为守则。

此外,由于小型被审计单位的规模小,报告层次相对较少,与财务报告相关的信息系统和沟通可能不如大型被审计单位正式和复杂,缺少书面政策与程序的规定,审计人员应当考虑这种特征对评估重大错报风险的影响。

五、了解控制活动

审计人员应当了解控制活动,以足够评估认定层次的重大错报风险和针对评估的风险设计进一步审计程序。控制活动是指有助于确保管理层的指令得以执行的政策和程序，控制活动包括与授权、业绩评价、信息处理、实物控制和职责分离等相关的活动。

(一)了解与授权有关的控制活动

审计人员应当了解与授权有关的控制活动，包括一般授权和特别授权。一般授权是指管理层制定的要求组织内部遵守的普遍适用于某类交易或活动的政策。特别授权是指管理层针对特定类别的交易或活动逐一设置的授权。审计人员应当了解对主要经营活动是否都有必要的控制政策和程序。

(二)了解与业绩评价有关的控制活动

审计人员应当了解与业绩评价有关的控制活动，主要包括被审计单位分析评价实际业绩与预算(或预测、前期业绩)的差异，综合分析财务数据与经营数据的内在关系，将内部数据与外部信息来源相比较，评价职能部门、分支机构或项目活动的业绩，以及对发现的异常差异或关系采取必要的调查与纠正措施。如了解管理层在预算、利润和其他财务及经营业绩方面是否有清晰的目标，如何记录并积极加以监控。

(三)了解与信息处理有关的控制活动

审计人员应当了解与信息处理有关的控制活动，包括信息技术一般控制和应用控制。信息技术一般控制是指与多个应用系统有关的政策和程序，有助于保证信息系统持续恰当地运行(包括信息的完整性和数据的安全性)，支持应用控制作用的有效发挥，通常包括数据中心和网络运行控制，系统软件的购置、修改及维护控制，接触或访问权限控制，应用系统的购置、开发及维护控制。信息技术应用控制是指主要在业务流程层次运行的人工或自动化程序，与用于生成、记录、处理、报告交易或其他财务数据的程序相关，通常包括检查数据计算准确性，审核账户和试算平衡表，设置对输入数据和数字序号的自动检查，以及对例外报告进行人工干预。

(四)了解实物控制

审计人员应当了解实物控制，主要包括了解对资产和记录采取适当的安全保护措施，对访问计算机程序和数据文件设置授权，以及定期盘点(如，现金、存货等)并将盘点记录与会计记录相核对。实物控制的效果影响资产的安全，从而对财务报表的可靠性及审计产生影响。

(五)了解职责分离

审计人员应当了解职责分离，主要包括了解被审计单位如何将交易授权、交易记录以及资产保管等职责分配给不同员工，以防范同一员工在履行多项职责时可能发生的舞弊或错误。当信息技术运用于信息系统时，职责分离可以通过设置安全控制来实现。了解是否建立了适当的保护措施，以防止未经授权接触文件、记录和资产等。

(六)了解和评估控制活动应注意的主要问题

在了解控制活动时，审计人员应当重点考虑一项控制活动单独或连同其他控制活动，是否能够以及如何防止或发现并纠正各类交易、账户余额、列报存在的重大错报。如果多项控制活动能够实现同一目标，审计人员不必了解与该目标相关的每项控制活动。

在了解其他内部控制要素时，如果获取了控制活动是否存在的信息，审计人员应当确定是否有必要进一步了解这些控制活动。

小型被审计单位通常难以实施适当的职责分离，例如，授权审批与实行采购可能是同一人，审计人员应当考虑小型被审计单位采取的控制活动能否有效实现控制目标。

六、了解对控制的监督

对控制的监督是指被审计单位评价内部控制在一段时间内运行有效性的过程，该过程包括及时评价控制的设计和运行，以及根据情况的变化采取必要的纠正措施。审计人员应当了解被审计单位对与财务报告相关的内部控制的监督活动，并了解如何采取纠正措施。

(一)了解对控制的持续监督活动和专门的评价活动

审计人员应当了解被审计单位对控制的持续监督活动和专门的评价活动。持续的监督活动通常贯穿于被审计单位的日常经营活动与常规管理工作中。被审计单位可能使用内部审计人员或具有类似职能的人员对内部控制的设计和执行进行专门的评价。被审计单位也可能利用与外部有关各方沟通或交流所获取的信息监督相关的控制活动。

用于监督活动的很多信息都由被审计单位的信息系统产生，为避免由于信息错误从而导致管理层从监督活动中得出的是错误的结论。审计人员应当了解与被审计单位监督活动相关的信息来源，以及管理层认为信息具有可靠性的依据。如果拟利用被审计单位监督活动使用的信息(包括内部审计报告)，审计人员应当考虑该信息是否具有可靠的基础，是否足以实现审计目标。

(二)应注意的主要问题

审计人员在对被审计单位整体层面的监督进行了解和评估时，应注意的主要问题包括：

(1)被审计单位是否定期评价内部控制。

(2)被审计单位人员履行正常职责，能够在多大程度上获得内部控制是否有效运行的证据。

(3)与外部的沟通能够在多大程度上证实内部产生的信息或者指出存在的问题。

(4)管理层是否会采纳内部审计和外部审计有关内部控制的建议。

(5)管理层及时纠正控制运行偏差情况的方法。

(6)管理层处理监管机构的报告及建议的方法。

(7)是否存在协助管理层监督内部控制的职能部门。

另外，小型被审计单位通常没有正式的持续监督活动，且持续的监督活动与日常管理工作难以明确区分，业主往往通过其对经营活动的亲自参与来识别财务数据中的重大错报或差异，并对控制活动采取纠正措施，审计人员应当考虑业主对经营活动的密切参与能否有效实现其对控制的监督目标。

需要说明的是，内部控制的一些要素，如控制环境更多地对被审计单位整体层面产生影响，而另一些要素，如控制活动则可能更多地与特定业务流程相关。实务中，审计人员应当从被审计单位整体层面和业务流程层面分别了解和评价被审计单位内部控制。整体层面的控制和信息技术一般控制通常在所有业务活动中普遍存在。业务流程层面控制主要是对购置与付款、工薪与人事等业务循环交易的控制。整体层面的控制对内部控制在所有业务流程中得到严格的设计和执行具有重要影响。整体层面的控制较差甚至可能使最好的业务流程层面控制失效。

第四节　评估重大错报风险

一、评估财务报表层次和认定层次的重大错报风险

评估重大错报风险是风险评估阶段的最后一个步骤。审计人员应当识别和评估财务报表层次以及各类交易、账户余额、列报认定层次的重大错报风险，评估结果将作为确定进一步审计程序的基础，以应对识别的风险。

(一)识别和评估重大错报风险的审计程序

在识别和评估重大错报风险时，审计人员应当实施下列审计程序：

(1)在了解被审计单位及其环境的整个过程中识别风险，并考虑各类交易、账户余额、列报。

(2)将识别的风险与认定层次可能发生错报的领域相联系。

(3)考虑识别的风险是否重大。

(4)考虑识别的风险导致财务报表发生重大错报的可能性。

例如，被审计单位所面临的行业竞争激烈，市场趋于饱和，形势比较严峻，影响到产品的市场销售状况；由于销售出现困难，被审计单位被迫市场降价，可能导致年末存货成本高于其可变现净值而需要计提存货跌价准备，进而表明存货计价认定可能发生错报；此时，审计人员还需要考虑产品的市场价格下降的幅度，该产品在被审计单位产品中所占的比重等，以确定识别的风险对财务报表的影响是否重大。如果价格下降幅度大，销售毛利率为负，存货跌价问题严重，存货计价认定发生错报的风险重大；但如果此时发现被审计单位存货期末余额不大，被审计单位对存货跌价准备的计提实施了比较有效的内部控制，计提了相应的存货跌价准备，那么，审计人员识别的存货计价风险导致财务报表发生重大错报的可能性相应降低。

审计人员应当利用实施风险评估程序获取的信息，包括在评价控制设计和确定其是否得到执行时获取的审计证据，作为支持风险评估结果的审计证据。审计人员应当根据风险评估结果，确定实施进一步审计程序的性质、时间和范围。

(二)可能表明被审计单位存在重大错报风险的事项和情况

审计人员应当关注下列可能表明被审计单位存在重大错报风险的事项和情

况:①在经济不稳定的国家或地区开展业务;②在高度波动的市场开展业务;③在严厉、复杂的监管环境中开展业务;④持续经营和资产流动性出现问题,包括重要客户流失;⑤融资能力受到限制;⑥行业环境发生变化;⑦供应链发生变化;⑧开发新产品或提供新服务,或进入新的业务领域;⑨开辟新的经营场所;⑩发生重大收购、重组或其他非经常性事项;⑪拟出售分支机构或业务分部;⑫复杂的联营或合资;⑬运用表外融资、特殊目的实体以及其他复杂的融资协议;⑭重大的关联方交易;⑮缺乏具备胜任能力的会计人员;⑯关键人员变动;⑰内部控制薄弱;⑱信息技术战略与经营战略不协调;⑲信息技术环境发生变化;⑳安装新的与财务报告有关的重大信息技术系统;㉑经营活动或财务报告受到监管机构的调查;㉒以往存在重大错报或本期期末出现重大会计调整;㉓发生重大的非常规交易;㉔按照管理层特定意图记录的交易;㉕应用新颁布的会计准则或相关会计制度;㉖会计计量过程复杂;㉗事项或交易在计量时存在重大不确定性;㉘存在未决诉讼和或有负债。

(三)重大错报风险的层次

审计人员应当确定,识别的重大错报风险是与特定的某类交易、账户余额、列报的认定相关,还是与财务报表整体广泛相关,进而影响多项认定。

例如,以下风险因素可能与财务报表层次重大错报风险相关:①源于薄弱的被审计单位内部控制或信息技术一般控制;②与管理层凌驾和舞弊相关的风险因素;③小企业考虑成本效益原则,在内控的设计上存在部分缺陷等。

例如,以下风险因素可能与认定层次重大错报风险相关:①与收入确认相关的特定风险;②与存货计价有关的特定风险;③与财务报表披露相关的特定风险。

财务报表层次的重大错报风险很可能源于薄弱的控制环境。薄弱的控制环境带来的风险可能对财务报表产生广泛影响,难以限于某类交易、账户余额、列报,审计人员应当采取总体应对措施。例如,对管理层诚信缺乏信任可能对财务报表产生广泛影响;管理层对内部控制的重要性缺乏认识,没有建立必要的制度和程序,此时,需要审计人员采取总体应对措施。

在评估重大错报风险时,审计人员应当将所了解的控制与特定认定相联系。某些重大错报可能与特定的某些交易、账户余额、列报的认定相关。如被审计单位存在的合资,这一事项表明长期股权投资账户的认定可能存在重大错报风险。

控制可能与某一认定直接相关,也可能与某一认定间接相关。关系越间接,控制对防止或发现并纠正认定错报的效果越小。例如销售经理对分地区的销售网点的销售情况进行复核,与销售收入完整性的认定只是间接相关。相应地,该项控制在降低销售收入完整性认定中的错报风险方面的效果,要比与该认定直接相关的控制(如将发货单与开具的销售发票相核对)的效果差。

审计人员应当考虑对识别的各类交易、账户余额、列报认定层次的重大错报风险予以汇总和评估,以确定进一步审计程序的性质、时间和范围。表 6-1 给出了评估认定层次的重大错报风险汇总表示例。

表 6-1　　评估认定层次的重大错报风险汇总表

重大账户	认定	识别的重大错报风险	风险评估结果
列示重大账户。如销售收入	列示相关的认定。如发生、完整性、计价等	汇总实施审计程序识别出的与该重大账户的某项认定相关的重大错报风险	评估该项认定的重大错报风险水平(考虑控制设计的合理性,执行效果)

审计人员可能识别出有助于防止或发现并纠正特定认定发生重大错报的控制。在确定这些控制是否能够实现上述目标时,审计人员应当将控制活动和其他要素综合考虑。如将销售和收款的控制置于其所在的流程和系统中考虑,以确定其能否实现控制目标。因为单个的控制活动(如将发货单与开具的销售发票相核对)本身并不足以控制重大错报风险,只有多种控制活动和内部控制的其他要素综合作用才足以控制重大错报风险。

(四)内部控制对财务报表可审计性的影响

审计人员通过对内部控制的了解发现下列情况,并对财务报表局部或整体的可审计性产生疑问或认为管理层在财务报表中做出了虚假陈述,以至于到了无法审计的程度。审计人员应当考虑出具保留意见或无法表示意见的审计报告。

(1)被审计单位会计记录的状况和可靠性存在重大问题,不能获取充分、适当的审计证据以发表无保留意见。

(2)对管理层的诚信存在严重疑虑。

必要时,审计人员应当考虑解除业务约定。

二、需要特别考虑的重大错报风险

(一)特别风险的判断

作为风险评估的一部分,审计人员应当运用职业判断,确定识别的风险哪些是需要特别考虑的重大错报风险(以下简称特别风险)。在确定哪些风险是特别风险时,审计人员应当在考虑识别出的控制对相关风险的抵消效果前,根据风险的性质、潜在错报的重要程度和发生的可能性,判断风险是否属于特别风险。

在确定风险的性质时,审计人员应当考虑下列事项:①风险是否属于舞弊风险;②风险是否与近期经济环境、会计处理方法和其他方面的重大变化有关;③交易的复杂程度;④风险是否涉及重大的关联方交易;⑤财务信息计量的主观程度,特别是对不确定事项的计量存在较大区间;⑥风险是否涉及异常或超出正常经营过程的重大交易。

(二)非常规交易和判断事项导致的特别风险

非常规交易是指由于金额或性质异常而不经常发生的交易。判断事项通常包括作出的会计估计。特别风险通常与重大的非常规交易和判断事项有关。由于非常规交易具有下列特征,与重大非常规交易相关的特别风险可能导致更高的重大错报风险:①管理层更多地介入会计处理;②数据收集和处理涉及更多的人工成分;③复杂的计算或会计处理方法;④非常规交易的性质可能使被审计单位难以对由此产生的特别风险实施有效控制。

由于下列原因,与重大判断事项相关的特别风险可能导致更高的重大错报风险:①对涉及会计估计、收入确认等方面的会计原则存在不同的理解;②所要求的判断可能是主观和复杂的,或需要对未来事项作出假设。

(三)考虑与特别风险相关的控制

对特别风险,审计人员应当评价相关控制的设计情况,并确定其是否已经得到执行。与重大非常规交易或判断事项相关的风险很少受到日常控制的约束,审计人员应当了解被审计单位是否针对该特别风险设计和实施了控制。

如果管理层未能实施控制以恰当应对特别风险,审计人员应当认为内部控制存在重大缺陷,并考虑其对风险评估的影响。

三、仅通过实质性程序无法应对的重大错报风险

作为风险评估的一部分,如果认为仅通过实质性程序获取的审计证据无法将认定层次的重大错报风险降至可接受的低水平,审计人员应当评价被审计单位针对这些风险设计的控制,并确定其执行情况。

在被审计单位对日常交易采用高度自动化处理的情况下,审计证据可能仅以电子形式存在,其充分性和适当性通常取决于自动化信息系统相关控制的有效性,审计人员应当考虑仅通过实施实质性程序不能获取充分、适当审计证据的可能性。例如,某企业通过高度自动化的过程确定销售产品的种类和数量,生成销售通知

单，并通过系统中设定的销售确认和收款条件收款。除了系统中的相关信息以外，该企业没有其他有关销售的订单和发货记录。在这种情况下，如果认为仅通过实施实质性程序不能获取充分、适当的审计证据，审计人员应当考虑依赖的相关控制的有效性，并对其进行了解、评估和测试。

审计人员可以通过编制表格（表 6-2）来汇总以上识别的重大错报风险，并判定它们的性质。

表 6-2 识别的重大错报风险汇总表

识别的重大错报风险	是否与财务报表整体广泛相关	相关的交易类别、账户余额和列报认定	对财务报表的影响	是否属于特别风险	是否属于仅通过实质性程序无法应对的重大错报风险
记录识别的重大错报风险	考虑是否属于财务报表层次的重大错报风险	列示相关的各类交易、账户余额、列报及其认定	描述对财务报表的影响和可能导致的重大错报风险	考虑是否属于特别风险	考虑是否属于仅通过实质性程序无法应对的重大错报风险

四、对风险评估的修正

审计人员对认定层次重大错报风险的评估应以获取的审计证据为基础，并可能随着不断获取审计证据而作出相应的变化。例如，审计人员对重大错报风险的评估可能基于预期控制运行有效这一判断，但在测试控制运行的有效性时，发现相关控制在被审计期间并未有效运行或一贯运行。另外，在实施实质性程序后，审计人员可能发现错报的金额和频率比在风险评估时预计的金额和频率高。如果通过实施进一步审计程序获取的审计证据与初始评估获取的审计证据（初始评估的重大错报风险水平）相矛盾，审计人员应当修正风险评估结果，并相应修改原计划实施的进一步审计程序。因此，评估重大错报风险与了解被审计单位及其环境一样，也是一个连续和动态收集、更新与分析信息的过程，并贯穿于整个审计过程的始终。

最后，审计人员应当及时将注意到的内部控制设计或执行方面的重大缺陷告知适当层次的管理层或治理层。如果识别出被审计单位未加控制或控制不当的重大错报风险，或认为被审计单位的风险评估过程存在重大缺陷，审计人员应当就此类内部控制缺陷与治理层沟通。

审计人员应当就下列风险评估的内容形成审计工作记录：

(1)项目组对由于舞弊或错误导致财务报表发生重大错报的可能性进行的讨

论，以及得出的重要结论。

(2)对被审计单位及其环境各个方面的了解要点(包括对内部控制各项要素的了解要点)、信息来源以及实施的风险评估程序。

(3)在财务报表层次和认定层次识别、评估出的重大错报风险。

(4)识别出的特别风险和仅通过实质性程序无法应对的重大错报风险，以及对相关控制的评估。

第五节　重大错报风险的应对

审计人员应当针对评估的财务报表层次重大错报风险确定总体应对措施，并针对评估的认定层次重大错报风险设计和实施进一步审计程序，以将审计风险降至可接受的低水平。在确定总体应对措施以及设计和实施进一步审计程序的性质、时间和范围时，审计人员应当运用职业判断。

一、针对财务报表层次重大错报风险的总体应对措施

(一)审计人员应当针对评估的财务报表层次重大错报风险确定下列总体应对措施

(1)向项目组强调在收集和评价审计证据过程中保持职业怀疑态度的必要性。

(2)分派更有经验或具有特殊技能的审计人员，或利用专家的工作；必要时，要考虑利用信息技术、税务、评估、精算等方面的专家的工作。

(3)提供更多的督导；审计项目组的高级别成员，如项目负责人、项目经理等经验丰富的人员要进行更专业、更及时的指导和监督并加强项目质量复核。

(4)在选择进一步审计程序时，应当注意使某些程序不被管理层预见或事先了解；避免既定思维审计或审计套路影响针对重大错报风险的进一步程序，增强审计程序有效性，审计人员可以采用以下方式提高审计的不可预见性：①调整实施审计的时间，使其超出被审计单位的预期；②选取不同的地点实施审计程序或变化所选定的测试地点；③采取不同的审计抽样方法，使每期抽取的样本不同；④对风险较小或低于设定重要性水平的余额或认定进行测试。

(5)对拟实施审计程序的性质、时间和范围作出总体修改。

(二)对源于控制环境的财务报表层次重大错报风险的考虑

审计人员对控制环境的了解影响其对财务报表层次重大错报风险的评估。有效的控制环境可以使审计人员增强对内部控制和被审计单位内部产生的证据的信赖程度,薄弱的控制环境可能产生财务报表层次重大错报风险。如果控制环境存在缺陷,审计人员在对拟实施审计程序的性质、时间和范围作出总体修改时应当考虑:

(1)在期末而非期中实施更多的审计程序;控制环境的缺陷通常会削弱期中获得审计证据的可信赖程度。

(2)主要依赖实质性程序获取审计证据;控制环境存在缺陷通常会削弱其他控制要素的作用,导致审计人员无法信赖内部控制,而主要依赖实质性程序获取审计证据。

(3)修改审计程序的性质,获取更具说服力的审计证据;主要是调整拟实施审计程序的类别及组合。

(4)扩大审计程序的范围。可以扩大样本规模,采用更详细的数据实施分析程序等。

(三)财务报表层次重大错报风险及其总体应对措施,对总体方案的影响

财务报表层次重大错报风险可能对财务报表的多项认定产生广泛影响,并相应增加审计人员对认定层次重大错报风险的评估难度。因此,审计人员评估的财务报表层次重大错报风险以及采取的总体应对措施,对拟实施进一步审计程序的总体方案具有重大影响。进一步审计程序包括控制测试和实质性程序,而实质性程序又包括细节测试和实质性分析程序。

拟实施进一步审计程序的总体方案包括实质性方案和综合性方案。实质性方案是指审计人员实施的进一步审计程序以实质性程序为主;综合性方案是指审计人员在实施进一步审计程序时,将控制测试与实质性程序结合使用。当评估的财务报表层次重大错报风险属于高风险水平时,拟实施进一步审计程序的总体方案更倾向于实质性方案。反之,则采用综合性方案。重大错报风险评估与应对及进一步审计程序总体方案关系见图 6-3。

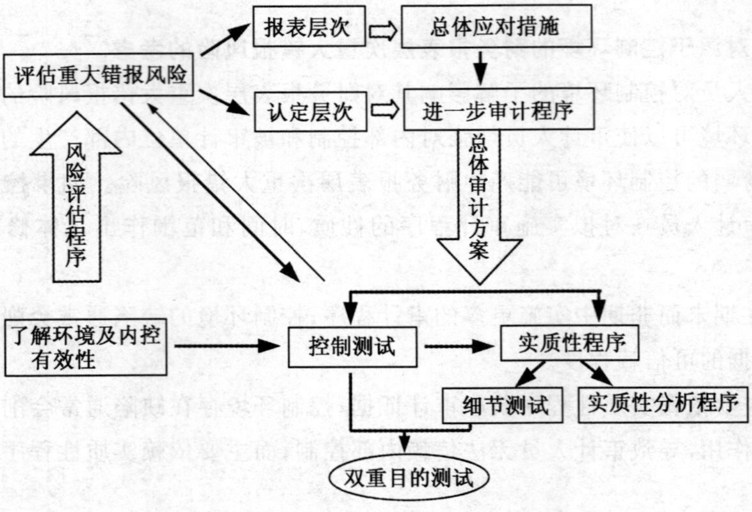

图 6-3 重大错报风险评估与应对及进一步审计程序总体方案关系

二、针对认定层次重大错报风险的进一步审计程序

(一)进一步审计程序的内涵和要求

审计人员应当针对评估的认定层次重大错报风险设计和实施进一步审计程序,包括审计程序的性质、时间和范围。

1.进一步审计程序的含义

进一步审计程序是指审计人员针对评估的各类交易、账户余额、列报(包括披露,下同)认定层次重大错报风险实施的审计程序,包括控制测试和实质性程序。

审计人员应当考虑进一步审计程序的性质、时间和范围。在应对评估的风险时,合理确定审计程序的性质往往是最重要的。

2.进一步审计程序的设计与实施

审计人员设计和实施的进一步审计程序的性质、时间和范围,应当与评估的认定层次重大错报风险具备明确的对应关系。审计人员实施的审计程序应具有目的性和针对性。

在设计进一步审计程序时,审计人员应当考虑下列因素。

(1)风险的重要性。如果预计风险造成的后果越严重,越需要精心设计有针对性的进一步审计程序。

(2)重大错报发生的可能性。重大错报发生的可能性越大,越需要精心设计进一步审计程序。

(3)涉及的各类交易、账户余额、列报的特征。审计人员需要针对不同的交易、账户余额、列报的特征及其产生的不同的认定层次重大错报风险设计有针对性的进一步审计程序。

(4)被审计单位采用的特定控制的性质。不同的控制,特别是自动化控制对审计人员设计进一步审计程序具有重要影响。

(5)审计人员是否拟获取审计证据,以确定内部控制在防止或发现并纠正重大错报方面的有效性。如果审计人员在风险评估时预期内部控制运行有效,随后拟实施的进一步审计程序就必须包括控制测试,且实质性程序自然会受到之前控制测试结果的影响。

3.进一步审计程序的方案选择

审计人员应当根据对认定层次重大错报风险的评估结果,恰当选用实质性方案或综合性方案。通常情况下,出于成本效益的考虑可以采用综合性方案设计进一步审计程序,即将控制测试与实质性程序结合使用。但在某些情况下,如仅通过实质性程序无法应对重大错报风险,则必须通过实施控制测试,才能有效应对评估出的某一认定的重大错报风险;而在另一些情况下,审计人员可能认为仅实施实质性程序是适当的。无论选择何种方案,审计人员都应当对所有重大的各类交易、账户余额、列报设计和实施实质性程序。

此外,小型被审计单位可能不存在能够被审计人员识别的控制活动,审计人员实施的进一步审计程序可能主要是实质性程序。在缺乏控制的情况下,审计人员应当考虑仅通过实施实质性程序是否能够获取充分、适当的审计证据。

(二)进一步审计程序的性质

1.进一步审计程序性质的含义

进一步审计程序的性质是指进一步审计程序的目的和类型。进一步审计程序的目的包括通过实施控制测试以确定内部控制运行的有效性,通过实施实质性程序以发现认定层次的重大错报。进一步审计程序的类型包括检查、观察、询问、函证、重新计算、重新执行和分析程序。不同的审计程序应对特定认定错报风险的效力不同。例如,控制测试对于与成本完整性认定相关的重大错报风险更有效力;而实质性分析程序对于与成本估价相关的重大错报风险更有效力。所以,在应对评估的风险时,合理确定审计程序的性质是非常重要的。

2.进一步审计程序性质的选择

审计人员应当根据认定层次重大错报风险的评估结果选择审计程序。评估的认定层次重大错报风险越高,对通过实质性程序获取的审计证据的相关性和可靠性的要求越高,从而可能影响进一步审计程序的类型及其综合运用。如审计人员判断某类交易协议的完整性存在更大的重大错报风险时,除了查阅相关文件、协议外,还应向第三方询问或发函询证协议条款的完整性。

在确定拟实施的审计程序时,审计人员应当考虑评估的认定层次重大错报风险产生的原因,包括考虑各类交易、账户余额、列报的具体特征以及内部控制。

如果在实施进一步审计程序时拟利用被审计单位信息系统生成的信息,审计人员应当就信息的准确性和完整性获取审计证据。

(三)进一步审计程序的时间

进一步审计程序的时间是指审计人员何时实施进一步审计程序,或审计证据适用的期间或时点。

审计人员可以在期中或期末实施控制测试或实质性程序。当重大错报风险较高时,审计人员应当考虑在期末或接近期末实施实质性程序;或采用不通知的方式,或在管理层不能预见的时间实施审计程序。在期中实施进一步审计程序,可能有助于审计人员在审计工作初期识别重大事项,并在管理层的协助下及时解决这些事项;或针对这些事项制定有效的实质性方案或综合性方案。如果在期中实施了进一步审计程序,审计人员还应当针对剩余期间获取审计证据,以应对被审计单位管理层在审计人员于期中实施了进一步审计程序后对期中以前的相关会计记录调整甚至篡改的情况。

在确定何时实施审计程序时,审计人员应当考虑下列因素:

(1)控制环境。良好的控制环境可以抵消在期中实施进一步审计程序的局限性,使审计人员在确定实施进一步审计程序的时间时有更大的灵活度。

(2)何时能得到相关信息。需要考虑某些控制活动发生的时间,进而能够获取信息。

(3)错报风险的性质。被审计单位某些粉饰财务报表相关数据的行为往往发生在期末等特定的时间,此时审计人员只能在这一特定的时间实施审计程序。

(4)审计证据适用的期间或时点。审计人员应该根据需要获取的特定审计证据确定何时实施进一步审计程序。

还有一些特殊情况限制进一步审计程序时间的选择,如某些审计程序只能在期末或期末以后实施,包括将财务报表与会计记录相核对,检查财务报表编制过程中所作的会计调整等。另外,如果被审计单位在期末或接近期末发生了重大交易,或重大交易在期末尚未完成,审计人员应当考虑交易的发生或截止等认定可能存在的重大错报风险，并在期末或期末以后检查此类交易。

(四)进一步审计程序的范围

进一步审计程序的范围是指实施进一步审计程序的数量，包括抽取的样本量，对某项控制活动的观察次数等。在确定审计程序的范围时，审计人员应当考虑下列因素：

(1)确定的重要性水平；确定的重要性水平越低，进一步审计程序的范围越大。

(2)评估的重大错报风险；评估的重大错报风险越高，对拟获取的审计证据的相关性、可靠性的要求越高，进一步审计程序的范围越大。

(3)计划获取的保证程度。计划获取的保证程度越高，对测试结果可靠性要求越高，进一步审计程序的范围越大。

一般，随着重大错报风险的增加，审计人员应当考虑扩大审计程序的范围。但是，只有当审计程序本身与特定风险相关时，扩大审计程序的范围才是有效的。

为了提高进一步审计程序的效率，审计人员可以使用计算机辅助审计技术对电子化的交易和账户文档进行更广泛的测试，包括从主要电子文档中选取交易样本，或按照某一特征对交易进行分类，或对总体而非样本进行测试。通常，审计人员使用恰当的抽样方法通常可以得出有效结论。如果存在下列情形，审计人员依据样本得出的结论可能与对总体实施同样的审计程序得出的结论不同，出现不可接受的风险：①从总体中选择的样本量过小；②选择的抽样方法对实现特定目标不适当；③未对发现的例外事项进行恰当的追查。因此，需要慎重考虑抽样过程对审计程序范围的影响是否能够有效实现审计目标。

此外，审计人员在综合运用不同审计程序时，不仅应当考虑各类审计程序的性质，还应当考虑测试的范围是否适当。

第六节　控制测试

一、控制测试的内涵和要求

(一)控制测试的内涵

控制测试是指测试控制运行的有效性。测试控制运行的有效性与确定控制是否得到执行所需获取的审计证据是不同的。在实施风险评估程序以获取控制是否得到执行的审计证据时，审计人员应当确定某项控制是否存在，被审计单位是否正在使用。

在测试控制运行的有效性时，审计人员应当从下列方面获取关于控制是否有效运行的审计证据：①控制在所审计期间的不同时点是如何运行的；②控制是否得到一贯执行；③控制由谁执行；④控制以何种方式运行。如果被审计单位在所审计期间内的不同时期使用了不同的控制，审计人员应当考虑不同时期控制运行的有效性。

因此，控制运行有效性强调的是控制能够在各个不同时点按照既定设计得以一贯执行。在测试控制运行的有效性时，审计人员需要抽取足够数量的交易进行检查或对多个不同时点进行观察。而在了解控制是否得到执行实施风险评估程序时只需抽取少量的交易或观察某几个时点。

需要注意的是，审计人员可以考虑在评价控制设计和获取其得到执行的审计证据的同时测试控制运行有效性，以提高审计效率。尽管，为评价控制设计和确定控制是否得到执行而实施的某些风险评估程序并非专为控制测试而设计，但可能提供有关控制运行有效性的审计证据，此时，审计人员应当考虑这些审计证据是否足以实现控制测试的目的。例如，审计人员在了解被审计单位费用预算管理制度（执行风险评估程序）存在并执行的同时，也获得了其运行有效的审计证据，当然，此时审计人员还应考虑审计证据是否充分、适当地反映了被审计单位费用预算管理制度在各个不同时点按照既定设计得到一贯执行。

(二)控制测试的要求

控制测试并非在任何情况下都需要实施。当存在下列情形之一时，审计人员应当实施控制测试：

1.在评估认定层次重大错报风险时，预期控制的运行是有效的

如果在评估认定层次重大错报风险时预期控制的运行是有效的，审计人员应当实施控制测试，就控制在相关期间或时点的运行有效性获取充分、适当的审计证据。

这项控制测试的假设前提是审计人员在了解内部控制认为某项控制存在并预期有效，如果这项控制在不同时点都得到了一贯执行，与该项控制有关的财务报表认定发生重大错报的可能性就不大。出于成本效益的考虑，审计人员可以通过实施控制测试而减少实质性程序。

因此，只有认为控制设计合理、能够防止或发现并纠正认定层次的重大错报，审计人员才有必要对控制运行的有效性实施测试。

2. 仅实施实质性程序不足以提供认定层次充分、适当的审计证据

如果认为仅实施实质性程序获取的审计证据无法将认定层次重大错报风险降至可接受的低水平，审计人员应当实施相关的控制测试，以获取控制运行有效性的审计证据。

二、控制测试的性质

(一)控制测试性质的含义

控制测试性质是指控制测试所使用的审计程序的类型及其组合。审计人员应当选择适当类型的审计程序以获取有关控制运行有效性的保证。想要从控制测试中获取的保证水平是决定控制测试性质的主要因素之一。计划的保证水平越高，对有关控制运行有效性的审计证据的可靠性要求越高，控制测试类型选择要越谨慎。当拟实施的进一步审计程序主要以控制测试为主，尤其是仅实施实质性程序获取的审计证据无法将认定层次重大错报风险降至可接受的低水平时，审计人员应当获取有关控制运行有效性的更高的保证水平。

虽然，控制测试与了解内部控制的目的不同，但两者采用审计程序的类型通常相同，包括询问、观察、检查和穿行测试。此外，控制测试的程序还包括重新执行。通常，只有当询问、观察、检查程序结合在一起仍无法获得充分的证据时，才会考虑采用重新执行来证实控制是否有效运行。如果需要进行大量的重新执行，审计人员就要考虑通过实施控制测试以缩小实质性程序的范围是否有效。

询问本身并不足以测试控制运行的有效性，审计人员应当将询问与其他审计程序结合使用，以获取有关控制运行有效性的审计证据。将询问与检查或重新执行结合使用，通常能够比仅实施询问和观察获取更高的保证；观察提供的证据仅限于观察发生的时点，本身不足以测试控制运行的有效性。

(二)确定控制测试的性质时的要求

1. 考虑特定控制的性质

审计人员应当根据特定控制的性质选择所需实施审计程序的类型。某些控制可能存在反映控制运行有效性的文件记录，审计人员应当考虑检查这些文件记录以获取控制运行有效性的审计证据；某些控制可能不存在文件记录(如一项自动化的控制活动)，或文件记录与证实控制运行有效性不相关，审计人员应当考虑实施检查以外的其他审计程序(如询问或观察)，以获取有关控制运行有效性的审计证据。

2.考虑测试与认定直接相关和间接相关的控制

在设计控制测试时,审计人员不仅应当考虑与认定直接相关的控制,还应当考虑这些控制所依赖的与认定间接相关的控制,以获取支持控制运行有效性的审计证据。例如,被审计单位可能针对超出信用额度的例外赊销交易设置报告和审核制度(与认定直接相关的控制),在测试该项制度的运行有效性时,不仅应当考虑审核的有效性,还应当考虑例外赊销报告中信息的准确性有关的控制(与认定间接相关的控制)是否有效运行。

3.应用控制的自动化

对于一项自动化的应用控制,由于信息技术处理过程的内在一贯性,审计人员可以利用该项控制得以执行的审计证据和信息技术一般控制(特别是对系统变动的控制)运行有效性的审计证据,作为支持该项控制在相关期间运行有效性的重要审计证据。

4.考虑控制测试的目的提高审计效率

控制测试的目的是评价控制是否有效运行;细节测试的目的是发现认定层次的重大错报。尽管两者目的不同,但审计人员可以考虑针对同一交易同时实施控制测试和细节测试,以实现双重目的。如果拟实施双重目的的测试,审计人员应当仔细设计和评价测试程序。

5.考虑实施实质性程序的结果对控制测试结果的影响

实施实质性程序未发现某项认定存在错报,并不能说明与该项认定有关的控制有效运行的;但如果实施实质性程序发现被审计单位没有识别出的重大错报,审计人员应当对相关控制运行的有效性予以考虑(通常表明内部控制存在重大缺陷,控制风险较高),审计人员应当就这些缺陷与管理层和治理层进行沟通,并采取相应措施应对,如调整实质性程序的性质、扩大审计范围等。

三、控制测试的时间

控制测试的时间直接关系到通过控制测试获取的审计证据的时间问题。涉及两个问题:一是证据什么时候获得和它可能被运用到审计期间的哪一部分;二是在本审计期间对以前期间控制设计和运行有效性的审计证据的依赖程度。所以,审计人员应当根据控制测试的目的确定控制测试的时间,并确定拟信赖的相关控制的时点或期间。

如果仅需要测试控制在特定时点的运行有效性,审计人员只需要获取该时点的审计证据。如果需要获取控制在某一期间有效运行的审计证据,仅获取与时点相关的审计证据是不充分的，审计人员应当辅以其他控制测试，包括测试被审计单位对控制的监督。

（一）对期中审计证据的考虑

对于控制测试，审计人员在期中实施此类程序具有更积极的作用。即使已经获取了有关控制在期中运行有效性的审计证据，仍然需要考虑如何能够将控制在期中运行有效性的审计证据合理延伸至期末。如果已获取有关控制在期中运行有效性的审计证据，并拟利用该证据，审计人员应当实施下列审计程序：

1. 获取这些控制在剩余期间变化情况的审计证据

如果这些控制在剩余期间发生了变化，审计人员需要了解并测试控制的变化对期中审计证据的影响；如果这些控制在剩余期间没有发生变化，审计人员可能决定信赖期中获取的审计证据。

2. 确定针对剩余期间还需获取的补充审计证据

在执行时，审计人员应当考虑下列因素：

(1)评估的认定层次重大错报风险的重大程度。评估的认定层次重大错报风险对财务报表的影响越大，需要获取的剩余期间的补充证据越多。

(2)在期中测试的特定控制。例如，对自动化运行的控制，审计人员更可能测试信息系统一般控制的运行有效性，以获取控制在剩余期间运行有效的证据。

(3)在期中对有关控制运行有效性获取的审计证据的程度。期中获取的审计证据比较充分，可以考虑适当减少剩余期间的补充证据。

(4)剩余期间的长度。剩余期间越长，需要获取的剩余期间补充证据越多。

(5)在信赖控制的基础上拟减少进一步实质性程序的范围。审计人员对相关控制的信赖程度越高，拟减少的进一步实质性程序的范围就越大，此时，需要获取的剩余期间的补充证据越多。

(6)控制环境。在总体拟信赖控制的前提下，控制环境越薄弱，需要获取的剩余期间的补充证据越多。

此外，通过测试剩余期间控制的运行有效性或测试被审计单位对控制的监督，审计人员也可以获取补充审计证据。

（二）对以前审计证据的考虑

审计人员在本期审计时应适当考虑利用以前审计获取的有关控制运行有效性的审计证据。但是，如果拟信赖以前审计获取的有关控制运行有效性的审计证据，审计人员应当通过实施询问并结合观察或检查程序，获取这些控制是否已经发生变化的审计证据。

1. 当控制在本期发生变化时的考虑

如果控制在本期发生变化，审计人员应当考虑以前审计获取的有关控制运行有效性的审计证据是否与本期审计相关。如果拟信赖的控制自上次测试后已发生变化，审计人员应当在本期审计中测试这些控制的运行有效性。

2. 当控制在本期未变化时的考虑

如果拟信赖的控制自上次测试后未发生变化，且不属于旨在减轻特别风险的控制，审计人员应当运用职业判断确定是否在本期审计中测试其运行有效性，以及本次测试与上次测试的时间间隔，但两次测试的时间间隔不得超过两年。

在确定利用以前审计获取的有关控制运行有效性的审计证据是否适当以及再次测试控制的时间间隔时，审计人员应当考虑：

(1)内部控制其他要素的有效性，包括控制环境、对控制的监督以及被审计单位的风险评估过程。

(2)控制特征(人工控制还是自动化控制)产生的风险。

(3)信息技术一般控制的有效性。

(4)控制设计及其运行的有效性，包括在以前审计中测试控制运行有效性时发现的控制运行偏差的性质和程度。

(5)由于环境发生变化而特定控制缺乏相应变化导致的风险。

(6)重大错报的风险和对控制的拟信赖程度。

实践中，当出现下列情况时，审计人员应当缩短再次测试控制的时间间隔或完全不信赖以前审计获取的审计证据：①控制环境薄弱；②对控制的监督薄弱；③相关控制中人工控制的成分较大；④信息技术一般控制薄弱；⑤对控制运行产生重大影响的人事变动；⑥环境的变化表明需要对控制作出相应的变动；⑦重大错报风险较大或对控制的拟信赖程度较高。

如果拟信赖以前审计获取的某些控制运行有效性的审计证据，审计人员应当在每次审计时从中选取足够数量的控制，测试其运行有效性；不应将所有拟信赖控制的测试集中于某一次审计，而在之后的两次审计中不进行任何测试。

3. 不得依赖以前审计所获取证据的情形

如果确定评估的认定层次重大错报风险是特别风险，并拟信赖旨在减轻特别风险的控制，无论该控制在本期是否发生变化，审计人员不应依赖以前审计获取的审计证据，而应在本期审计中测试这些控制的运行有效性。

四、控制测试的范围

控制测试的范围主要是指某项控制活动的测试次数。审计人员应当设计控制测试，以获取控制在整个拟信赖的期间有效运行的充分、适当的审计证据。在确定某项控制的测试范围时，审计人员通常考虑下列因素。

（1）在整个拟信赖的期间，被审计单位执行控制的频率。执行控制的频率越高，控制测试的范围越大。

（2）在所审计期间，审计人员拟信赖控制运行有效性的时间长度。拟信赖控制运行有效性的时间越长，控制测试的范围越大。

（3）为证实控制能够防止或发现并纠正认定层次重大错报，所需获取审计证据的相关性和可靠性。对审计证据的相关性和可靠性要求越高，控制测试的范围越大。

（4）通过测试与认定相关的其他控制获取的审计证据的质量。针对同一认定，可能存在不同的控制。当针对其他控制获取的审计证据的充分性和适当性较高时，测试该控制的范围可适当缩小。

（5）在风险评估时拟信赖控制运行有效性的程度。对控制运行有效性拟信赖的程度越高，需要实施控制测试的范围越大。

（6）控制的预期偏差。预期偏差可以用控制未得到执行的预期次数占控制应当得到执行次数的比率来衡量。应允许控制存在合理水平的预期偏差。一般，控制的预期偏差率越高，需要实施控制测试的范围越大。如果控制的预期偏差率过高，审计人员应当考虑控制可能不足以将认定层次的重大错报风险降至可接受的低水平，从而针对某一认定实施的控制测试可能是无效的。

此外，就自动化控制来说，信息技术处理具有内在一贯性，除非系统发生变动，审计人员通常不需要增加自动化控制的测试范围。系统发生更改，应考虑是否存在适当的系统更改控制，确定对交易的处理是否使用授权的软件版本，以确定该项控制是否持续有效运行。

第七节　实质性程序

一、实质性程序的内涵和要求

(一)实质性程序的内涵

实质性程序是指审计人员针对评估的重大错报风险设计和实施的直接用以发现认定层次重大错报的审计程序。实质性程序包括对各类交易、账户余额、列报的细节测试以及实质性分析程序。

审计人员对重大错报风险的评估是一种判断,可能无法充分识别所有的重大错报风险,并且由于内部控制存在固有局限性,无论评估的重大错报风险结果如何,审计人员都应当针对所有重大的各类交易、账户余额、列报实施实质性程序。

(二)实质性程序的总体要求

审计人员实施的实质性程序应当包括下列与财务报表编制完成阶段相关的审计程序:

(1)将财务报表与其所依据的会计记录相核对。

(2)检查财务报表编制过程中作出的重大会计分录和其他会计调整。审计人员对会计分录和其他会计调整检查的性质和范围,取决于被审计单位财务报告过程的性质和复杂程度以及由此产生的重大错报风险。

如果认为评估的认定层次重大错报风险是特别风险,审计人员应当专门针对该风险实施实质性程序。

如果针对特别风险仅实施实质性程序,审计人员应当使用细节测试,或将细节测试和实质性分析程序结合使用,以获取充分、适当的审计证据。

二、实质性程序的性质

实质性程序的性质是指实质性程序的类型及其组合。实质性程序的类型包括细节测试和实质性分析程序两种基本类型。细节测试适用于对各类交易、账户余额、列报认定的测试,尤其是对存在或发生、计价认定的测试;实质性分析程序适用于对在一段时期内存在可预期关系的大量交易的情形。审计人员应当根据各类交易、账户余额、列报的性质选择实质性程序的类型。

细节测试尤其适用于对存在或发生、计价认定的测试。审计人员应当针对评估的风险设计细节测试，获取充分、适当的审计证据，以达到认定层次所计划的保证水平。在针对存在或发生认定设计细节测试时，审计人员应当选择包含在财务报表金额中的项目，并获取相关审计证据。在针对完整性认定设计细节测试时，审计人员应当选择有证据表明应包含在财务报表金额中的项目，并调查这些项目是否确实包括在内。

在设计实质性分析程序时，审计人员应当考虑下列因素：

(1)对特定认定使用实质性分析程序的适当性。

(2)对已记录的金额或比率作出预期时，所依据的内部或外部数据的可靠性。

(3)作出预期的准确程度是否足以在计划的保证水平上识别重大错报。

(4)已记录金额与预期值之间可接受的差异额。

此外，当实施实质性分析程序时，如果使用被审计单位编制的信息，审计人员应当考虑测试与信息编制相关的控制，以及这些信息是否在本期或前期经过审计。

三、实质性程序的时间

(一)对期中实施实质性程序的考虑

由于在期中实施实质性程序获取的审计证据并不能直接作为期末财务报表认定的审计证据，如果在期中实施了实质性程序，审计人员还应当针对剩余期间实施进一步的实质性程序，或将实质性程序和控制测试结合使用，以将期中测试得出的结论合理延伸至期末。是否在期中实施实质性程序取决于获取期中实施实质性程序获取的审计证据加上针对剩余期间实施进一步的实质性程序所消耗的审计资源是否显著小于完全在期末实施实质性程序获取的审计证据所消耗的审计资源。

在审计资源既定的情况下，审计人员在期中实施实质性程序，增加期末存在错报而未被发现的风险，并且该风险随着剩余期间的延长而增加。在考虑是否在期中实施实质性程序时，审计人员应当考虑下列因素：

(1)控制环境和其他相关的控制。控制环境和其他相关的控制越薄弱，越不宜依赖期中实施的实质性程序。

(2)实施审计程序所需信息在期中之后的可获得性。如果不易获得，可以考虑在期中实施实质性程序；如果可获性不存在明显困难，该因素不应成为在期中实施实质性程序的重要影响因素。

(3)实质性程序的目标。如果针对某项认定实施实质性程序的目标包括获取期中审计证据，则应在期中实施实质性程序。

(4)评估的重大错报风险。如果评估的某项认定的重大错报风险越高，针对该认定所需获取的审计证据的相关性和可靠性要求越高，审计人员越应该将实质性程序集中于期末或接近期末进行。

(5)各类交易或账户余额以及相关认定的性质。某些交易或账户余额以及相关认定的特殊性质，如收入截止认定、未决诉讼等决定了必须在期末或接近期末实施实质性程序。

(6)针对剩余期间，能否通过实施实质性程序或将实质性程序与控制测试相结合，降低期末存在错报而未被发现的风险。

①如果没有把握降低期末存在错报而未被发现的风险，审计人员就不宜在期中实施实质性程序(而完全在期末实施实质性程序)。

②如果有把握降低期末存在错报而未被发现的风险，可以考虑在期中实施实质性程序。

(二)对期中审计证据的考虑

如果在期中实施了实质性程序，审计人员可以有两种选择：①针对剩余期间实施进一步的实质性程序；②将实质性程序与控制测试结合使用。

针对选择，审计人员应当考虑针对剩余期间仅实施实质性程序是否足够。如果认为实施实质性程序本身不充分，审计人员还应测试剩余期间相关控制运行的有效性或针对期末实施实质性程序。举例如下：

如果已在期中实施了实质性程序，或将控制测试与实质性程序相结合，并拟信赖期中测试得出的结论，审计人员应当将期末信息和期中的可比信息进行比较、调节，识别和调查出现的异常金额，并针对剩余期间实施实质性分析程序或细节测试。

在确定针对剩余期间拟实施的实质性程序时，审计人员应当考虑是否已在期中实施控制测试，并考虑与财务报告相关的信息系统能否充分提供与期末账户余额及剩余期间交易有关的信息。在针对剩余期间实施实质性程序时，审计人员应当重点关注并调查重大的异常交易或分录、重大波动以及各类交易或账户余额在构成上的重大或异常变动。

如果拟针对剩余期间实施实质性分析程序，审计人员应当考虑某类交易的期末累计发生额或账户期末余额在金额、相对重要性及构成方面能否被合理预期。

如果在期中检查出某类交易或账户余额存在错报，审计人员应当考虑修改与该类交易或账户余额相关的风险评估以及针对剩余期间拟实施实质性程序的性质、时间和范围，或考虑在期末扩大实质性程序的范围或重新实施实质性程序。

特别需要指出，如果已识别出由于舞弊导致的重大错报风险，为将期中得出的结论延伸至期末而实施的审计程序通常是无效的，审计人员应当考虑在期末或者接近期末实施实质性程序。

(三)对以前审计中获取的审计证据的考虑

在以前审计中实施实质性程序获取的审计证据，通常对本期只有很弱的证据效力或没有证据效力，不足以应对本期的重大错报风险。如果拟利用以前审计中实施实质性程序获取的审计证据，审计人员应当在本期实施审计程序，以确定这些审计证据是否具有持续相关性。

只有当以前获取的审计证据及其相关事项未发生重大变动时，以前获取的审计证据才可能用作本期的有效审计证据。例如，以前审计通过实质性程序测试过的某项诉讼在本期没有任何实质性进展，以前获取的审计证据才可能用作本期的有效证据。

四、实质性程序的范围

在确定实质性程序的范围时，审计人员应当考虑评估的认定层次重大错报风险和实施控制测试的结果。审计人员评估的认定层次的重大错报风险越高，需要实施实质性程序的范围越广。如果对控制测试结果不满意，审计人员应当考虑扩大实质性程序的范围。

在设计细节测试时，审计人员除了从样本量的角度考虑测试范围外，还要考虑选样方法的有效性等因素。

在设计实质性分析程序时，审计人员应当确定已记录金额与预期值之间可接受的差异额。在确定该差异额时，审计人员应当主要考虑各类交易、账户余额、列报及相关认定的重要性和计划的保证水平。实施分析程序可能发现偏差，但并非所有的偏差都值得展开进一步调查。可容忍或可接受的偏差(即预期偏差)越大，作为实质性分析程序一部分的进一步调查的范围就越小。

思 考 题

1.审计人员如何对被审计单位的内部控制实施风险评估?

2.审计人员可以实施哪些风险评估程序识别和评估财务报表重大错报风险?

3.一般情况下,审计人员可以从哪些方面了解被审计单位及其环境?

4.在什么情况下可以实施控制测试?控制测试的时间、范围如何考虑?

5.举例说明审计人员应如何设计实质性程序?

6.审计人员对评估的认定层次的重大错报风险设计进一步审计程序时,应如何考虑审计方案?

7.针对财务报表层次的重大错报风险如何采取总体应对措施?

第七章　财务报表审计中对舞弊的考虑

本章导读

现代财务报表审计是以风险导向审计思想为指导的，本章具体规范审计人员在财务报表审计中如何考虑被审计单位的舞弊，说明在计划和实施审计工作以将审计风险降至可接受的低水平时，审计人员应当考虑由于舞弊导致的财务报表重大错报风险，具体运用《中国注册会计师审计准则第 1211 号——了解被审计单位及其环境并评估重大错报风险》和《中国注册会计师审计准则第 1231 号——针对评估的重大错报风险实施的程序》，以识别、评估和应对舞弊导致的重大错报风险。

主要内容

- 舞弊概述
- 舞弊风险评估程序
- 评估舞弊对财务报表的影响
- 针对舞弊导致的重大错报风险采取的对策与程序

第一节　舞弊概述

舞弊是一个人们常用的行为术语，它包括人类智慧所能涉及的所有复杂的方法，这些方法通过虚伪的表现用于获得比别人更多的好处。在会计领域，舞弊主要是指导致财务报表产生不实反映的故意行为，这种行为的目的往往是为了获得不当利益。20 世纪末 21 世纪初国内外相继发生了一系列极具震撼力的舞弊丑闻，舞弊造成的损失难以计数。在国外，美国相继曝光了安然、世通、施乐等公司的财务舞弊案，紧随其后，默克公司、微软、迪斯尼等著名公司也纷纷卷入财务舞弊的旋涡。安然财务报告造假曝光后，其股票价格狂跌，投资者估计损失近 900 亿美元。2004 年意大利跨国食品巨头帕玛拉特也卷入了财务丑闻，公司涉嫌制造高达 85 亿美元的假账，多名高管被捕，这使其成为欧洲最大的财务舞弊丑闻。同样，国内证券市场上的财务舞弊案件也是层出不穷。我国自 20 世纪 90 年代末以来，相继发生了一系列舞弊案件。1997 年前后发生了琼民源、红光实业和东方锅炉“三大案件”;进入 21 世纪伴随着监管力度的加强,揭露出的财务舞弊案有 2000 年发生的郑百文、黎明股份、猴王股份案件,其余震还未完全消失,2001 年又有麦科特舞弊案,之后的银广夏风暴更是将上市公司的财务舞弊推向了高潮。一系列的财务舞弊丑闻,导致证券市场上众多投资者遭受了沉重的打击。

研究舞弊不同于错误的特征、舞弊责任及舞弊风险因素对寻找舞弊根源、揭示舞弊行为,针对舞弊采取应对措施,降低财务报表审计中的重大错报风险具有十分重要的意义。

一、舞弊的含义

关于舞弊的定义,较常见的是《韦伯斯特新大学词典》所做的阐释:“舞弊是一种故意掩盖事实真相的行为,它以诱使他人丧失有价值的财物或法定权利为目的。”这一定义为国外文献定义舞弊的蓝本,也是定义者借鉴或完善的基础。如朗文词典的定义:“舞弊是利用欺骗的手段获利的一种行为,该行为可能受到法律制裁。”但不同的是它意味着舞弊具有非正当性与非法性的区别。

1998 年乌拉圭世界审计组织第 18 届大会将舞弊确定为一个法律概念,即为了获得某种不公正的或不正当的利益而采取的欺骗、隐瞒或泄密行为,也就是两个实体之间的非法交往,其中的一方通过虚假的表现故意欺骗另一方,以谋取非法的、不公正的利益。

英国国家审计署的规定,舞弊指通过欺骗获得不公正或非法的经济利益,或者有意误报或隐瞒会计记录或财务报表金额或应披露事项。同时,不论是否在会计材料或财务报表中有所反映,盗窃行为都是舞弊。

美国注册会计师协会公布的《审计准则公告第 16 号》解释:“舞弊”是指故意编造虚假的财务报表,如管理人员蓄意虚报;有时指管理人员的舞弊、盗用财产或公款。

我国已颁布的《中国注册会计师审计准则第 1141 号——财务报表审计中对舞弊的考虑》中指出:舞弊是指被审计单位的管理层、治理层、员工或第三方使用欺骗手段获取不当或非法利益的故意行为。

《中国内部审计具体准则第 6 号——舞弊的预防、检查与报告》中将舞弊定义为:组织内、外部人员采用欺骗等违法违规手段,损害或谋取组织经济利益,同时可能为个人带来不正当利益的行为。

由此可见,舞弊是指行为人为达到其特定目的使用欺骗手段获取不当或非法利益的故意行为。在法律上舞弊是一个广义的概念,在会计职业界的定义,其外延要远小于常规意识与法律含义的外延。在实施财务报表审计时并不要求审计人员对舞弊是否已经发生作出法律意义上的判定,只要求关注导致财务报表发生重大错报的舞弊。

另外,依据舞弊涉及的范围不同、舞弊环节各异有不同分类,最常见的分类是依据舞弊主体的性质不同,分为涉及管理层或治理层一个或多个成员舞弊的管理舞弊和只涉及公司员工的职员舞弊;根据《中国注册会计师审计准则第1141号——财务报表审计中对舞弊的考虑》规定,从错报的角度将与财务报表审计相关的舞弊分为:对财务信息作出虚假报告导致的错报、侵占资产导致的错报。

二、舞弊行为构成因素及舞弊特征

(一)舞弊行为的构成因素

舞弊行为中至少有两方参与,即舞弊方和利益受到损害的一方,即受害方。舞弊方必须有故意的重大的隐瞒不报或误报行为;舞弊方的误报行为必须是针对受害方而进行的;在法律上,受害方与舞弊方提供的材料存在依赖关系;因为依赖关系,受害方遭受到实际损失或面临损失风险;一般来讲,舞弊方都企图掩饰其行为,舞弊往往涉及对信任的背叛。

舞弊主要有以下几个方面的基本特征:舞弊的行为人具有非法占用或挪用公共财产的不良动机和目的;事先要经过预谋策划,采取故意制造错报或漏报,伪造原始单据,更改账表数据等技术手段;事后要设法进行掩盖、歪曲和欺骗;舞弊形态呈多样化、复杂化、隐蔽化,并且其危害性很大,其不法经济行为,往往造成国家、公司财产的损失。

(二)舞弊与错误区别

财务报表的错报可能由于舞弊或错误所致。舞弊和错误的区别在于,导致财务报表发生错报的行为是故意行为还是非故意行为。

舞弊与错误是一组相对应的概念。这两个概念针对的都是被审计单位管理层、员工等的行为,这些行为最终都可能导致财务报表出现错报。舞弊、错误是原因,错报是结果。舞弊与错误区别包括:①性质不同。错误属于非故意的过失行为;舞弊则属于主观原因造成的违法违纪行为。②目的不同。错误不以实现错报结果为目的;舞弊则是以获得非法利益等为目的。③表现形式不同。错误表现为原理性或技术性差错,未实施掩盖,表现较为明显;舞弊由于实施掩盖手法,表现形式则较为隐蔽，难以发现。此外，在一定条件下，两者是可能相互转化的，并且作弊者还可能会利用他人不小心犯下的错误而来实施舞弊行为。因此，要特别关注那种借“错误”之名行“舞弊”之实的情况。

在财务报表审计中错误是指导致财务报表错报的非故意行为，主要包括：①为编制财务报表而收集和处理数据时发生失误；②由于疏忽和误解有关事实而作出不恰当的会计估计；③在运用与确认、计量、分类或列报（包括披露，下同）相关的会计政策时发生失误。

（三）舞弊表现及手段

在财务报表审计中，审计人员通常只关注的两类故意错报为：

1. 对财务信息作出虚假报告导致的错报

对财务信息作出虚假报告，可能源于管理层通过操纵利润误导财务报表使用者对被审计单位业绩或盈利能力的判断。对财务信息作出虚假报告通常表现为：①对财务报表所依据的会计记录或相关文件记录的操纵、伪造或篡改；②对交易、事项或其他重要信息在财务报表中的不真实表达或故意遗漏；③对与确认、计量、分类或列报有关的会计政策和会计估计的故意误用。

对财务信息作出虚假报告通常与管理层凌驾于控制之上有关。管理层通过凌驾于控制之上实施舞弊的手段主要包括：①编制虚假的会计分录，特别是在临近会计期末时；②滥用或随意变更会计政策；③不恰当地调整会计估计所依据的假设及改变原先作出的判断；④故意漏记、提前确认或推迟确认报告期内发生的交易或事项；⑤隐瞒可能影响财务报表金额的事实；⑥构造复杂的交易以歪曲财务状况或经营成果；⑦篡改与重大或异常交易相关的会计记录和交易条款。

2. 侵占资产导致的错报

侵占资产是指被审计单位的管理层或员工非法占用被审计单位的资产，其手段主要包括：①贪污收入款项；②盗取货币资金、实物资产或无形资产；③使被审计单位对虚构的商品或劳务付款；④将被审计单位资产挪为私用。

侵占资产通常伴随着虚假或误导性的文件记录，其目的是隐瞒资产缺失或未经适当授权使用资产的事实。

三、舞弊责任

（一）治理层和管理层的责任

防止或发现舞弊是被审计单位治理层和管理层的责任。内部控制是防止或发现舞弊的第一道防线,治理层有责任监督管理层建立和维护内部控制。治理层积极的监督有助于保证管理层在诚信文化方面的受托责任。在行使治理职能时,治理层有责任考虑管理层凌驾于内部控制之上或对财务报告过程产生其他不当影响的可能性,例如,管理层试图操纵利润以影响财务报表使用者对被审计单位财务业绩的评价。

管理层有责任在治理层的监督下建立良好的控制环境,维护有关政策和程序,以保证有序和有效地开展业务活动,包括制定和维护与财务报告可靠性相关的控制,并对可能导致财务报表发生重大错报的风险实施管理。

(二)审计人员的责任

中外一系列财务舞弊案带来的连锁反应是“审计期望差”不断加大,信任危机接踵而至,法律诉讼纷至沓来。审计理论界、审计职业界对承担“发现舞弊的责任”采取了主动的态度,积极采取措施揭露欺诈行为,承担揭露舞弊性财务报表的责任,并努力提高揭露舞弊行为的能力。然而由于审计的固有局限决定审计人员只能在合理的范围内承担舞弊审计责任,即审计人员不能对财务报表整体不存在重大错报承担绝对保证,只能承担合理保证。

一般而言,审计人员在实施审计时不要求鉴别文件、凭证的真实性,也不需要成为这方面的专家。即使设计严谨的审计程序也不能保证发现所有的重大错报、有意的错报,尤其是企业内外部相关人员的勾结所产生的欺骗。然而,众多的审计失败案例正是由于财务报表中存在重大错报和舞弊行为所致。因此,审计师应保持应有执业谨慎,如果没有保持应有执业谨慎,未能将导致财务报表重大错报的错误和舞弊揭示出来,就应承担法律责任。

在财务报表审计中,审计人员有责任按照审计准则的规定实施审计工作,获取财务报表在整体上不存在重大错报的合理保证,无论该错报是由于舞弊还是错误导致。这就要求审计人员应当在整个审计过程中保持职业怀疑态度,不应依赖以往审计中对管理层、治理层诚信形成的判断;考虑管理层凌驾于控制之上的可能性,并应当意识到,可以有效发现错误的审计程序未必适用于发现舞弊导致的重大错报。

审计人员对发现舞弊方面的责任包括两个方面的界定。

一方面,审计人员有责任按照审计准则的规定实施审计工作,获取财务报表在整体上不存在重大错报的合理保证。无论是对财务信息作出虚假报告导致的错报,还是侵占资产导致的错报通常都伴随着重要的舞弊表现,如会计记录或相关文件的误导、伪造或篡改,审计人员只要严格遵守审计专业标准,实施必要审计程序,认真寻找舞弊留下的蛛丝马迹，是可以将财务报表中存在的重大舞弊检查出来的。当然，是否能发现舞弊也取决于审计标准的完善程度，这也是准则制定机构不断修订舞弊审计准则的主要原因。

另一方面，由于审计的固有限制，即使按照审计准则的规定恰当地计划和实施审计工作，审计人员也不能对财务报表整体不存在重大错报获取绝对保证。由于舞弊者可能通过精心策划以掩盖其舞弊行为，舞弊导致的重大错报未被发现的风险，通常大于错误导致的重大错报未被发现的风险。由于管理层往往能够直接或间接地操纵会计记录并编报虚假财务信息，管理层舞弊导致的重大错报未被发现的风险，通常大于员工舞弊导致的重大错报未被发现的风险。影响审计人员发现舞弊导致的重大错报的因素主要包括：①舞弊者的狡诈程度；②串通舞弊的程度；③舞弊者在被审计单位的职位级别；④舞弊者操纵会计记录的频率和范围；⑤舞弊者操纵的每笔金额的大小。

因此，如果在完成审计工作后发现舞弊导致的财务报表重大错报，特别是串通舞弊或伪造文件记录导致的重大错报，并不必然表明审计人员没有遵守审计准则。审计人员是否按照审计准则的规定实施了审计工作，取决于其是否根据具体情况实施了审计程序，是否获取了充分、适当的审计证据，以及是否根据证据评价结果出具了恰当的审计报告。

四、舞弊风险因素

综观中外，对舞弊风险因素的研究比较有代表性的是舞弊冰山理论、舞弊三角理论（W. Steve Albrecht，1995）、风险因子理论、GONE 理论。其中最著名的是美国注册舞弊审核师协会创始人 W·斯蒂文·爱尔伯莱彻教授的舞弊三角理论。该理论认为委托代理关系中的目标及信息状况不一致是舞弊产生的根本原因，而经济、工作、个人癖好等方面压力的存在是舞弊者的行为动机之一，信息不对称造成的机会则是舞弊实现的前提条件，自我合理化（或称借口，团伙悖论）则成为舞弊发生的最后底线或心理前提。

GONE 理论（Bologua，1993）的四个因子是：G（greed）贪婪；O（opportunity）机会；N（need）需要；E（exposure）披露。这四个因子相互影响、相互作用，共同决定舞弊风险。以 GONE 理论为基础，五大会计公司中的毕马威公司基金会研究发现，舞弊是由以下最基本的因子共同作用造成的，即环境压力、舞弊机会、个人的品性。国际内部审计师协会下属的内部审计研究基金会通过大量的调查工作发现，舞弊的发生取决于两个因素：一是承受某些压力（财务、经济等）；二是舞弊的机会，特别是组织的内部控制存在严重缺陷(秦江萍,2005)。

我国也有不少学者对舞弊风险因素进行了有益的探讨,以为舞弊产生的三大根源是:动机、机会、成本(一是制造舞弊的成本,二是事后被发现遭到惩戒的损失)。动机是产生舞弊的内在动因,它回答为什么要舞弊。机会是产生舞弊的周围环境、条件,对舞弊的形成起制约或催生作用。成本是促成舞弊与否的关键,对舞弊的产生起到重要的决定作用。低廉的舞弊成本,为舞弊者敢于以身试法提供了极大的诱惑。其中,事后被发现的可能性较低,被发现后遭到惩戒的损失小等法律责任规定的缺陷是促成舞弊得以产生的最重要因素。此外还有学者提出了舞弊资本要求理论、委托代理控制理论、博弈理论等。

在了解被审计单位及其环境时,审计人员应当考虑所获取的信息是否表明存在舞弊风险因素。《中国注册会计师审计准则第 1141 号——财务报表审计中对舞弊的考虑》规定,舞弊风险因素是指审计人员在了解被审计单位及其环境时识别的、可能表明存在舞弊动机或压力、机会的事项或情况,以及被审计单位对可能存在的舞弊行为的合理化解释。舞弊发生通常涉及下列风险因素。

(一)舞弊动机

对利益的追求是舞弊产生的最大动机,舞弊的动机是舞弊发生的首要条件。舞弊作为一种违法的表现形态是自古就有的,舞弊动机越来越复杂。例如,高层管理者的报酬与财务业绩挂钩;募集资金;操纵公司的股价等情况都可能促使管理层产生舞弊的动机。对财务信息作出虚假报告的动机主要包括:①迎合市场预期或特定监管要求;②牟取以财务业绩为基础的私人报酬最大化;③偷逃或骗取税款;④骗取外部资金;⑤掩盖侵占资产的事实。

(二)舞弊机会

舞弊主体的动机是产生会计舞弊的决定性因素,但有了动机不一定会产生舞弊,舞弊的产生还依赖于一定的外部条件。舞弊机会一般源于内部控制在设计和运行上的缺陷。例如,公司治理结构失效,形成"内部人"控制;公司管理层凌驾于内部控制之上而可能随意操纵会计记录;现行会计准则、审计准则不完善等。

(三)舞弊借口

借口是指存在某种态度、性格或价值观念,使得管理层或员工能够做出不诚实的行为,或者管理层或员工所处的环境促使其能够将舞弊行为予以合理化。借口是舞弊发生的重要条件之一,只有将舞弊行为合理化,舞弊者才能在行为后心安理得，聊以自慰。例如，侵占资产的员工可以借口“无法忍受”别的员工对公司资产的“顺手牵羊”而使自己利益受到侵害；造假不是出于个人私利而是出于公司集体利益的考虑。

舞弊风险因素的存在并不一定表明发生了舞弊，但在舞弊发生时通常存在舞弊风险因素。审计人员应当考虑舞弊风险因素的存在对其评估重大错报风险可能产生的影响。

第二节　舞弊风险评估程序

审计人员在财务报表审计中考虑舞弊时，以风险导向审计思想为指导，采用恰当的舞弊风险评估程序，实施审计工作，以识别与评估舞弊导致的重大错报风险及其对财务报表的影响，进而有针对性地加以应对。通常采用以下舞弊风险评估程序，以获取用于识别舞弊导致的财务报表重大错报风险所需的信息。

一、询问程序

审计人员应询问被审计单位的治理层、管理层、内部审计人员以及内部的其他相关人员，知晓询问内容、询问方式及不同层次询问答复的处理。

(一)询问治理层

审计人员应当询问治理层，以确定其是否知悉任何舞弊事实、舞弊嫌疑或舞弊指控。审计人员应当了解治理层如何监督管理层对舞弊风险的识别和应对过程，以及管理层为降低舞弊风险设计的内部控制。审计人员可通过参加相关会议、阅读会议纪要或询问治理层等审计程序了解有关情况。治理层对审计人员询问的答复可作为管理层答复的佐证信息。如果治理层的答复与管理层的答复不一致，审计人员应当获取进一步的审计证据予以解决。

(二)询问管理层

审计人员应当考虑管理层对舞弊风险及相应控制所作评估的性质、范围和频率，以了解控制环境。在了解被审计单位及其环境时，审计人员应当向管理层询问下列事项：①管理层对舞弊导致的财务报表重大错报风险的评估；②管理层对舞弊风险的识别和应对过程；③管理层就其对舞弊风险的识别和应对过程与治理层沟通的情况；④管理层就其经营理念及道德观念与员工沟通的情况。

在评价管理层对询问作出的答复时，审计人员应当保持职业怀疑态度，认识到管理层通常最有条件实施舞弊。审计人员应当运用职业判断，确定是否有必要通过其他信息对管理层的答复进行印证。如果管理层的答复与其他信息不一致，审计人员应当采取适当措施予以解决。

审计人员通过询问管理层可能获取关于员工舞弊导致的财务报表重大错报风险的有用信息，但难以获取关于管理层舞弊导致的重大错报风险的有用信息。审计人员还应当询问被审计单位内部的其他相关人员，以便从不同于管理层和对财务报告负有责任的人员的角度获取信息。

（三）询问内部审计人员

如果被审计单位设有内部审计职能，审计人员应当询问内部审计人员，询问内容主要包括：①内部审计人员对被审计单位舞弊风险的认识；②内部审计人员在本期是否实施了用以发现舞弊的程序；③管理层对通过内部审计程序发现的舞弊是否采取了适当的应对措施；④内部审计人员是否了解任何舞弊事实、舞弊嫌疑或舞弊指控。

（四）询问其他人员

审计人员应当运用职业判断，确定拟询问的被审计单位内部其他人员的范围及询问内容。在询问时，审计人员应当考虑询问不同级别的人员。审计人员应当考虑向被审计单位内部的下列人员询问是否存在或可能存在舞弊：①不直接参与财务报告过程的业务人员；②负责生成、处理或记录复杂、异常交易的人员及其监督人员；③负责法律事务的人员；④负责道德事务的人员；⑤负责处理舞弊指控的人员。

另外，在业主直接经营的小型被审计单位中，参与经营管理的业主（以下简称业主）可能比大型被审计单位实施更有效的控制监督，并由此弥补不相容职责分离不足的缺陷；但也可能由于内部控制不正规，业主容易凌驾于内部控制之上。在识别小型被审计单位由于舞弊导致的重大错报风险时，审计人员应当考虑小型被审计单位的上述特征。

二、考虑舞弊风险因素

在舞弊风险评估程序中审计人员应考虑舞弊风险因素，舞弊的发生一般都同时具备三个风险因素，由于舞弊风险因素，特别是“舞弊三角”在两类舞弊行为中有不同的体现，认真总结舞弊的具体示例，有助于审计人员执行舞弊风险评估程序。审计人员应当运用职业判断，考虑被审计单位的规模、复杂程度、所有权结构及所处行业等，以确定舞弊风险因素的相关性和重要程度。

表7-1、表7-2分别列示了审计人员在执业过程中可能遇到的与两类舞弊行为相关的风险因素。

表7-1　与财务信息做出虚假报告相关的舞弊风险因素

舞弊发生的因素	舞弊风险因素细类	舞弊风险因素具体示例
动机或压力	1.财务状况、经营成果、现金流量受到不利经济环境、行业或自身运营状况的威胁	(1)竞争激烈或市场饱和，市场需要大幅下降，主营业务利润率不断下降，所处行业的经营失败增多 (2)同行业的其他企业销售增长过快或盈利能力过高 (3)严重或持续亏损使被审计单位可能破产、丧失抵押品赎回权或遭到恶意收购 (4)经营活动难以产生足够的现金净流入，或经营活动现金净流量连续为负数 (5)新颁布的行业相关法律法规、会计准则、监管规则对被审计单位的经营活动、投资活动或筹资活动可能产生重大影响 (6)难以应对技术变革、产品过时、利率或汇率调整等市场环境变化
	2.管理层为满足外部或治理层预期而承受过多压力	(1)政府部门、股东、重要债权人、投资分析师或其他利益相关者对盈利能力或增长趋势存在不切实际或激进的预期 (2)盈利能力或财务状况必须满足上市交易、偿债要求或债务协议规定的其他要求，否则可能导致退市、特别处理、清偿债务等后果 (3)治理层为管理层设定了过高的销售业绩或利润指标 (4)需要大量举债或吸收股权融资才能满足研究开发或其他资本性支出的需求 (5)报告不良的盈利能力或财务状况可能会导致正在进行的重大交易(企业合并或重组)失败或产生不利影响
	3.管理层或治理层的个人经济利益与公司财务状况或业绩挂钩	(1)管理层或治理层拥有相当数量的公司股票或股票期权 (2)管理层或治理层的工作薪酬中绝大部分奖金取决于公司特定的指标要求

续表 7-1

舞弊发生的因素	舞弊风险因素细类	舞弊风险因素具体示例
机会	1.公司所处行业或所从事业务的性质提供了对财务信息做出虚假报告的机会	(1)从事高科技、研发周期长或市场风险大的经营业务 (2)相关会计要素核算需要做出重大估计,涉及主观判断难以印证等不确定因素 (3)在所处行业中具有重要地位,有能力胁迫供应商或客户与其从事不当交易 (4)从事大量超出正常经营过程的关联方交易 (5)临近期末从事重大、异常或高度复杂的跨国、跨境交易等 (6)大量采用分销渠道、销售折扣及退货等交易方式 (7)存在难以判断是否具有正当商业理由的在免税区设置重要的银行账户的业务或交易
	2.治理结构不合理、复杂或不稳定	(1)"一股独大",治理层缺乏有效制衡机制 (2)存在异常的法人组织形式或管理职级关系,难以确定公司最终控制人 (3)治理层、高层管理者、法律顾问等频繁变更
	3.内部控制存在缺陷	(1)治理层未对财务报告过程和内部控制实施有效监督等控制监督措施不充分 (2)会计信息系统存在重大缺陷 (3)会计人员、内部审计人员或信息技术人员变动频繁,或胜任能力不足
借口	1.管理层对企业价值或道德标准的沟通、执行与维护不足,或传递了不适当的价值观念或道德标准	(1)过分强调保持或提高公司股票价格盈利水平 (2)管理层没有及时纠正已发现的内部控制重大缺陷 (3)高级管理人员惯于对媒体等外界吹嘘不切实际的预期 (4)高级管理人员缺乏锐意进取的精神 (5)混淆个人业务与公司业务
	2.管理层态度不端或缺乏诚信	(1)存在通过不恰当方式降低盈利水平以偷逃税款的倾向 (2)管理层倾向利用重要性水平概念对不适当的会计处理作出合理化解释 (3)非财务主管的管理层过度干涉会计政策的选择或重大会计估计的作出 (4)公司、管理层、治理层存在违反证券或其他方面法律法规的不良记录,或因涉嫌舞弊或违法而遭到起诉
	3.管理层与审计人员的关系异常或紧张	(1)在会计、审计或信息披露问题上经常与审计人员发生意见分歧 (2)对审计人员施加限制,使其难以接触某些公司人员或信息 (3)试图影响审计机构对参与审计业务的专业人员的选派

表 7-2　　与侵占资产相关的舞弊风险因素

舞弊发生的因素	舞弊风险因素细类	舞弊风险因素具体示例
动机	1.个人的生活方式或财务状况问题	(1)管理层或员工可能因为个人追求奢侈生活方式或生活十分窘迫
	2.对公司存在敌对情绪	(1)已经被裁员或预期被裁员的员工 (2)晋升状况或所获薪酬严重偏离个人预期目标的员工
机会	1.某些资产容易被侵占的特性的特定情形	(1)单位价值高、体积小、易于变现且不易识别所有权归属的存货或其他资产项目(如钻石、不记名债券、计算机芯片) (2)存在大额现金被经手或处理的情况
	2.内部控制存在缺陷	(1)不相容职务分离不充分,交易的授权审批制度不健全 (2)对现金、存货等实物资产安全防范措施不充分,会计记录不健全,保管岗位的人员选聘不严格、监督不力等 (3)高层管理人员财务支出的审查薄弱 (4)管理层或处于控制监督岗位的人员缺乏对信息技术的了解 (5)对接触自动记录的控制不充分
借口	1.管理层或员工不重视相关控制	(1)忽视对潜在侵占资产行为进行监控或预防的必要性 (2)漠视已有的相关控制措施
	2.对公司存在不满甚至敌对情绪	(1)高层管理者存在重大贪污舞弊行为,员工认为自己没有得到相应的报酬或待遇

资料来源:中国注册会计师协会编.审计.北京:经济科学出版社,2007.248-249.

舞弊风险因素是审计人员执业实践的总结,对于审计人员评估舞弊风险有很大的帮助。在了解被审计单位及其环境时,审计人员应当考虑所获取的信息是否表明存在舞弊风险因素,考虑舞弊风险因素的存在对其评估重大错报风险可能产生的影响。

三、考虑异常关系或偏离预期的关系

审计人员实施分析程序有助于识别异常的交易或事项,以及对财务报表和审计产生影响的金额、比率和趋势。在实施分析程序以了解被审计单位及其环境时,审计人员应当考虑可能表明存在舞弊导致的重大错报风险的异常关系或偏离预期的关系。

在实施分析程序时,审计人员应当预期可能存在的合理关系,并与被审计单位记录的金额、依据记录金额计算的比率或趋势相比较;如果发现异常关系或偏离预期的关系，审计人员应当在识别舞弊导致的重大错报风险时考虑这些比较结果。

四、考虑其他信息

审计人员应当考虑在了解被审计单位及其环境时所获取的其他信息，是否表明被审计单位存在舞弊导致的重大错报风险。其他信息可能来源于项目组内部的讨论、客户承接或续约过程以及向被审计单位提供其他服务所获得的经验。

五、组织项目组内部的讨论

组织项目组内部的讨论有助于项目组成员之间交流和集体智慧的发挥。在整个审计过程中，项目组成员应当持续交换可能影响舞弊导致的重大错报的风险评估及其应对程序的信息。项目负责人应当在讨论时强调在整个审计过程中对舞弊导致的重大错报风险保持警惕的重要性。

(一)讨论人员

项目负责人应当参与项目组内部的讨论，并根据职业判断、以往的审计经验以及对被审计单位本期变化情况的了解，确定参与讨论的项目组成员。项目组的关键成员应当参与讨论。如果项目组需要拥有信息技术或其他特殊技能的专家，这些专家也应当参与讨论。项目负责人应当考虑需要将哪些事项向未参与讨论的项目组成员传达。

(二)讨论内容

项目组讨论的内容包括舞弊因素、舞弊手段、舞弊途径及舞弊应对程序等内容。通常包括：

(1)由于舞弊导致财务报表重大错报的可能性，重大错报可能发生的领域及方式。

(2)在遇到哪些情形时需要考虑存在舞弊的可能性。

(3)已了解的可能产生舞弊动机或压力、提供舞弊机会、营造舞弊行为合理化环境的外部和内部因素。

(4)已注意到的对被审计单位舞弊的指控。

(5)已注意到的管理层或员工在行为或生活方式上出现的异常或无法解释的变化。

(6)管理层凌驾于控制之上的可能性。

(7)是否有迹象表明管理层操纵利润,以及采取的可能导致舞弊的操纵利润手段。

(8)管理层对接触现金或其他易被侵占资产的员工实施监督的情况。

(9)为应对舞弊导致财务报表重大错报可能性而选择的审计程序,以及各种审计程序的有效性。

(10)如何使拟实施审计程序的性质、时间和范围不易为被审计单位预见。

第三节 评估舞弊对财务报表的影响

一、舞弊风险评估程序的实施目的

实施舞弊风险评估程序的目的在于识别与评估舞弊对财务报表造成的影响,即识别舞弊是否产生重大错报风险,进而导致财务报表是否发生重大错报。审计人员在识别和评估财务报表层次以及各类交易、账户余额、列报认定层次的重大错报风险时,审计人员应当识别和评估舞弊导致的重大错报风险。舞弊导致的重大错报风险属于需要审计人员特别考虑的重大错报风险,即特别风险。对于此类风险,审计人员应当评价被审计单位相关控制的设计情况,并确定其是否已经得到执行。审计人员应当进一步了解管理层为防止或发现舞弊而设计、实施的内部控制,确信被审计单位相关内部控制的设计及执行效果,以进一步了解舞弊风险因素及管理层对舞弊风险的态度。

二、评估舞弊导致重大错报风险时应考虑的事项

在运用职业判断评估舞弊导致的重大错报风险时,审计人员应当考虑:

(一)实施风险评估程序获取的信息,并考虑各类交易、账户余额、列报,以识别舞弊风险

审计人员应当运用各项风险评估程序,在了解被审计单位及其环境的整个过程中识别风险,并将识别的风险与各类交易、账户余额、列报相联系。例如,被审计单位可能受某监管规定或贷款条约限制,再次出现利润亏损时将受到处罚,加之外

部宏观经济低迷，市场竞争激烈，企业销售状况不理想，这一状况可能导致被审计单位有粉饰经营成果的动机，如果被审计单位相关内部控制有被管理理凌驾的可能，舞弊风险增大。

（二）将识别的风险与认定层次可能发生错报的领域相联系

审计人员应将识别的风险与认定层次可能发生错报的领域相联系。上例中，被审计单位粉饰经营成果最大可能是虚增销售收入或虚减销售成本，这将直接与销售收入发生认定或销售成本完整性认定相关，这样，销售收入发生认定或销售成本完整性认定有发生错报可能性。

（三）识别的风险是否重大

风险是否重大是指风险造成后果的严重程度。承上例，审计人员可能会考虑被审计单位利润指标变化趋势，是否对本期利润造成趋势性改变，进而判断风险对财务报表的影响是否重大。如果与上期或近期比较，销售收入猛烈上涨或销售成本的剧烈下降，或上涨或下降幅度超过重要性水平，或期末某笔销售收入占全年销售收入的相当比重，从而"扭转"销售状况，有调节利润的嫌疑，审计人员识别的风险重大。

（四）识别的风险导致财务报表发生重大错报的可能性

审计人员还需考虑上述识别的风险是否会导致财务报表发生重大错报。审计人员识别的重大错报风险可能会导致财务报表发生重大错报。但某些情况下，尽管识别的风险重大，仍不至于导致财务报表发生重大错报。例如，管理层对收入的确认有十分严格的内部控制程序，在这种情况下，财务报表发生重大错报的可能性相应降低。

在评估舞弊导致的重大错报风险时，审计人员应特别关注被审计单位收入确认方面的舞弊风险。因为，对财务信息作出虚假报告导致的重大错报通常源于多计或少计收入，审计人员应当假定被审计单位在收入确认方面存在舞弊风险，并应当考虑哪些收入类别以及与收入有关的交易或认定可能导致舞弊风险。COSO 的一份研究报告显示，在 1987—1997 年这 10 年间提供虚假财务报告的美国公司中，其中有一半采取的手法是提前确认收入或虚构产生收入的交易。

第四节　针对舞弊导致的重大错报风险采取的对策与程序

审计人员在识别舞弊导致的重大错报风险后，采取适当的应对措施，以将审计风险降低到可接受的低水平。舞弊导致的重大错报风险属于特别风险，为应对评估的舞弊导致的重大错报风险，审计人员应当保持高度的职业怀疑态度，包括：①对有关重大交易的文件记录进行检查时，对文件记录的性质和范围的选择保持敏感；②就管理层对重大事项作出的解释或声明，有意识地通过其他信息予以验证。

审计人员应当专门针对该风险实施实质性程序，包括：①针对评估的舞弊导致的财务报表层次重大错报风险确定总体应对措施；②针对评估的舞弊导致的认定层次重大错报风险设计和实施进一步审计程序；③针对管理层凌驾于控制之上的风险实施相应的审计程序。

一、总体应对措施

审计人员应当针对评估的舞弊导致的财务报表层次重大错报风险确定下列总体应对措施。

1. 考虑人员的适当分派和督导

审计人员应当根据舞弊导致的重大错报风险的评估结果，分派具备相应知识和技能的人员或利用专家的工作，并进行相应的督导。

2. 考虑被审计单位采用的会计政策

审计人员应当考虑管理层对重大会计政策（特别是涉及主观计量或复杂交易时）的选择和运用，是否可能表明管理层通过操纵利润对财务信息作出虚假报告。

3. 在选择进一步审计程序的性质、时间和范围时，应当注意使某些程序不为被审计单位预见或事先了解

熟悉常规审计程序的被审计单位内部人员更有能力掩盖其对财务信息作出虚假报告的行为，审计人员在选择进一步审计程序的性质、时间和范围时，应当有意识地避免被这些人员预见或事先了解。审计人员应当考虑采取下列措施：

(1)对通常由于风险程度较低而不会作出测试的账户余额实施实质性程序。

(2)调整审计程序的时间，使之有别于预期的时间安排。

(3)运用不同的抽样方法。

(4)对不同地理位置的多个组成部分实施审计程序。

(5)以不预先通知的方式实施审计程序。

二、针对舞弊导致的认定层次的重大错报风险实施的审计程序

审计人员应当考虑通过下列方式,应对舞弊导致的认定层次的重大错报风险:①改变拟实施审计程序的性质,以获取更为可靠、相关的审计证据,或获取其他佐证性信息,包括更加重视实地观察或检查,在实施函证程序时改变常规函证内容,询问被审计单位的非财务人员等;②改变实质性程序的时间,包括在期末或接近期末实施实质性程序,或针对本期较早时间发生的交易事项或贯穿于整个本期的交易事项实施测试;③改变审计程序的范围,包括扩大样本规模,采用更详细的数据实施分析程序等。

审计人员针对舞弊导致的认定层次的重大错报风险所实施的审计程序,取决于已经发现的舞弊风险因素类型以及各类具体的交易、账户余额相关认定。在不同业务中各个审计程序的相关性和效果也存在差异,下面分别列举针对两大类舞弊风险的若干审计程序,包括控制测试、实质性程序,所列审计程序无意囊括所有可实施的审计程序。

(一)与对财务信息做出虚假报告相关的认定层次重大错报风险的常用审计程序

1.针对收入确认的特定认定

(1)执行分析性程序。针对收入项目,从更细的数据层面上实施实质性分析程序,发现异常或未预期到的收入交易或关系。例:对每种产品或相近毛利率的产品分类将其销售毛利率与以前年度或同行业比率相比较,查检分析是否存在异常或重大波动,以发现任何重大差异。

计算应收账款周转率,检查相邻两期数据是否发生猛然变化,以发现未记录销售、虚构销售或截止问题。

(2)执行收入的交易细节测试。将主营业务收入明细账中大额销售记录与相应的销售货单核对,发现赊销真实性、发货审批手续是否履行等问题,识别是否向虚构的客户发货。

执行追查应收账款明细账中贷方发生额的记录实施销售交易细节测试程序。例如,如果贷方发生额是注销坏账,或者直到审计时尚未收回,可能存在虚构销售交易情况,必须详细追查原始单据的真实性。

(3)执行截止测试。取得资产负债表日后所有销售退回记录,检查是否存在提

前确认收入的情况。于会计期末或接近期末时在公司的一处或多处及发货现场实地观察销售及发货情况，检查准备发出的货物情况，同时实施适当的销售及存货截止测试。存在销货退回的，检查相关手续是否符合规定，结合原始凭证检查其会计处理。实施此类程序的目的在于验证收入的真实性和确认截止时点的准确性。

(4)执行控制测试。对已发货或者与发运凭证相对应的发票仍保存在临时文件中的情况进行调查，发现无发票的发运凭证等。此程序可以发现货物发运可能未开销售发票的情形。

对于通过电子方式自动生成、处理、记录的销售交易，实施控制测试。用以确定被审计单位的电子交易系统能够保证交易的真实性和记录的准确性等。

(5)执行询问等风险评估程序。向被审计单位财务人员以外的其他内部人员询问所审计期间，尤其是期末的销售和发货情况，以及他们所了解的异常交易状况。例如，向被审计单位销售人员或内部法律顾问询问临近期末的异常销售变化、异常交易条款。

通过询问或函证等方式向被审计单位的顾客确证销售合同的部分或全部条款以及是否存在附加协议。通过此程序可以发现与收入确认相关的会计处理是否恰当，往往合同条款的细节(如付款条件、退货权利、售后服务)没有真实、完整记录可能会对收入确认产生重大影响。

2.针对存货确认的特定认定

(1)执行控制测试。可利用计算机辅助审计技术，将完工产品与产成品仓库接收的产品的成本和数量进行核对，以发现已完工产品生产成本可能没有转移到产成品中。

检查管理层监督控制程序能否有效防止、发现并纠正存货与生产交易及余额相关的舞弊。此程序用于控制环境和控制活动可能未能使管理层关注存货数量、计价中可能存在潜在舞弊的情形。

(2)执行存货监盘程序。按照存货的类别、存放地点等标准分类，将盘点数量与存货记录进行比较，判断审计人员需要特别重视的存货项目或存货存放地点。特别是金额较大、性质特殊或存放地点较远的存货。

在不预先通知的情况下观察某些存放地点的存货盘点，或在同一天对所有存放地点的存货实施盘点抽查，发现是否存在存货转移或虚夸的情形。

在临近会计期末安排存货盘点，从而降低被审计单位在盘点日与资产负债表日之间的间隔期操纵存货余额的风险。

在监盘中利用专家的工作，例如在确定特殊类别存货(如钻石、矿石、电子芯片等)的质量特征(如纯度、品级)时利用专家的工作。

3. 针对管理层估计的特定认定

(1)聘请专家对相关认定做出独立估计，与管理层的估计进行比较；如果涉及的估计非常重大且舞弊导致的重大错报风险很高，针对专家的部分或全部假设、方法及结果实施额外程序(再聘请其他专家执行，或重新执行)，以确定之前专家的工作结果没有明显不当之处。

(2)向管理层和财务人员以外的相关工作人员询问，以验证估计的合理性。

(3)从事后的角度评价管理层对以前期间的会计估计和判断事项的合理性。

(二)与侵占资产相关的认定层次重大错报风险的常用审计程序

(1)针对大额费用开支的特定认定。检查高层管理人员提交的费用开支报告的适当性和金额；检查大额或异常的费用开支的适当性。

(2)针对劳务薪酬的特定认定。利用计算机辅助审计技术，检查人事档案记录、工资及薪酬记录、员工考核记录、劳务支付名单等记录(如姓名、身份证号、地址、银行账号等)，发现重复或虚假的职员身份，以识别以虚假的员工身份及潜在的舞弊，如虚领工资、虚开加班费或劳务报酬等；现场观察工薪发放中的控制运行情况；检查电子货币转账系统授权证据及对相关固定数据变更进行复核的证据等。

(3)针对货币资金、有价证券等的特定认定。执行库存现金控制测试，了解出纳与会计的职责是否严格分离；在期末或接近期末时对现金或有价证券进行监盘，分析日常库存现金余额是否合理，有无挪用的可能；直接向被审计单位的顾客询问或函证付款日或退货的情况；调查已注销银行账户的恢复使用情况。

(4)针对存货的特定认定。通过观察或询问以获取存货内部控制的执行情况，如未经授权的人员可以自由进入原材料仓库。原材料被盗往往与仓储的实物安全防范不力有关。

分析重要存货指标与行业正常水平是否存在显著差异，如存货周转率、存货周转能力是否随着重要存货项目的变化而相应变化。

(5)针对采购活动的特定认定。利用计算机辅助审计技术，将被审计单位的供应商名单与被审计单位员工名单的某些标志信息，如地址、电话号码等相核对，识别出具有相同标志信息的数据，进一步检查。该程序可用以识别在采购环节牟取私利的行为。

(6)针对销售活动的特定认定。分析销售折扣和销售退回等项目，识别异常的折扣、退货或异常趋势；向第三方确证销售合同的具体条款；实施审计程序，以获取销售合同是否按规定条款得到执行。

(7)针对向员工提供资金或担保的特定认定。检查被审计单位为高层管理人员和关联方提供资金或担保的授权、贷款或担保条款以及金额。

三、针对管理层凌驾于控制之上的风险实施的程序

管理层凌驾于控制之上对财务信息作出虚假报告(管理舞弊的重要形式)是产生重大错报审计风险的主要原因。管理层凌驾于控制之上导致的虚假财务信息，无论从性质的严重程度上，还是从发现的比例上都占到财务报表舞弊的第一位，其不仅存在对社会、公司的极端危害，且由于其掩饰性，往往加大审计风险。

COSO报告显示，在1987—1997年期间提供虚假财务报告的美国公司中，有83%以上的舞弊案件涉及首席执行官(占72%)或财务主管(占43%)。调查结果表明，导致我国财务报表重大错报的最主要原因中，认为“管理舞弊，单位高层领导粉饰会计报表”的占75.62%，排序第一；其次，“单位经济业务复杂，会计业务极易出现错误”的重大错报，比例为9.5%；认为“单位财会人员水平低，错误理解和应用会计准则”的重大错报比例占7.8%；认为“员工舞弊，内部控制薄弱”的重大错报舞弊占7.0%(王泽霞，2005)。由此可见，导致我国财务报表重大错报的最主要的因素是管理舞弊，它远远高于其他重大错报的比例，因而，管理舞弊是审计人员在财务报表审计中可能存在重大错报的高风险领域。

管理层凌驾于控制之上的风险属于特别风险，审计人员针对该特别风险应当实施的审计程序包括：

(一)测试日常会计核算过程中作出的会计分录以及为编制财务报表作出的调整分录是否适当

在设计和实施审计程序，以测试日常会计核算过程中作出的会计分录以及为编制财务报表作出的调整分录是否适当时，审计人员应当采取下列措施：

(1)了解被审计单位的财务报告过程，并了解被审计单位对日常会计分录及财务报表编制过程中的调整分录的控制。

(2)评价被审计单位对日常会计分录及财务报表编制过程中的调整分录的控制，并确定其是否得到执行。

(3)询问被审计单位内部参与财务报告过程的人员是否注意到在编制会计分录或调整分录时存在不恰当或异常活动。

(4)确定测试的时间。

(5)选择拟测试的会计分录或调整分录。

为选择拟测试的会计分录或调整分录并确定适当的测试方法，审计人员应当考虑下列因素：①审计人员对舞弊导致的重大错报风险的评估；②被审计单位对会

计分录或调整分录已实施的控制；③被审计单位的财务报告过程以及所能获取的证据性质；④虚假会计分录或调整分录的特征；⑤会计账户的性质和复杂程度；⑥在常规业务流程之外处理的会计分录和调整分录。

(二)复核会计估计是否有失公允，从而可能产生舞弊导致的重大错报

管理层通常通过故意作出不当的会计估计对财务信息作出虚假报告。在复核会计估计是否有失公允、从而可能产生舞弊导致的重大错报时，审计人员应当采取下列措施：

(1)从财务报表整体上考虑管理层作出的某项会计估计是否反映出管理层的某种偏向，是否与审计人员所获取审计证据表明的最佳估计存在重大差异。

(2)复核管理层在以前年度财务报表中作出的重大会计估计及其依据的假设。

如果发现管理层作出的会计估计可能有失公允，审计人员应当评价这是否表明存在舞弊导致的重大错报风险。审计人员应当考虑管理层在作出会计估计时是否同时高估或低估所有准备，从而使收益在两个或多个会计期间内得以平滑，或达到某特定收益水平。

(三)对于注意到的、超出正常经营过程或基于对被审计单位及其环境的了解显得异常的重大交易，了解其商业理由的合理性

在了解这些交易的商业理由的合理性时，审计人员应当考虑下列事项：

(1)交易的形式是否过于复杂。

(2)管理层是否已与治理层就此类交易的性质和会计处理进行讨论并作出适当记录。

(3)管理层是否更强调需要采用某种特定的会计处理方式，而不强调交易的经济实质。

(4)对于涉及不纳入合并范围的关联方(包括特殊目的实体)的交易，是否已得到治理层的适当审核与批准。

(5)交易是否涉及以往未识别的关联方，或不具备实质性交易基础或独立财务能力的第三方。

四、评价舞弊审计证据

(一)发现舞弊时对审计的影响

财务报表审计是一个累积和不断修正的过程。随着计划的审计程序的实施，

在评价舞弊审计证据时，审计人员可能发现获取的信息与评估舞弊导致的重大错报风险所依据的信息存在重大差异。在这种情况下，审计人员应当考虑修正风险评估结果，并据以修改原计划的其他审计程序的性质、时间和范围。例如，根据实施的审计程序和获取的审计证据认为对认定层次重大错报风险的评估不适当，审计人员应当考虑实施追加的审计程序或修改审计程序。在作出评价时，审计人员应当考虑项目组内部是否在整个审计过程中，就可能表明存在舞弊导致的重大错报风险的信息或情形进行了适当沟通。

审计人员不应将审计中发现的舞弊视为孤立发生的事项。审计人员还应当考虑发现的错报是否表明在某一特定领域存在舞弊导致的更高的重大错报风险。例如，审计人员应当考虑，在审计工作完成或接近完成阶段实施的分析程序，是否表明存在以往未识别的舞弊导致的重大错报风险。审计人员应当运用职业判断确定可能表明存在舞弊导致的重大错报风险的趋势或关系，尤其是与期末确认的收入或利润有关的异常趋势或关系。

如果发现某项错报，审计人员应当考虑该项错报是否表明存在舞弊。如果某项错报表明存在舞弊，审计人员应当考虑该项错报对审计工作其他方面的影响，特别是考虑管理层声明的可靠性。

如果认为错报是舞弊或可能是舞弊导致的，即使错报金额对财务报表的影响并不重大，审计人员仍应考虑错报涉及的人员在被审计单位中的职位。如果错报涉及较高级别的管理层，即使错报金额对财务报表的影响并不重大，也可能表明存在更具广泛影响的问题。在这种情况下，审计人员应当采取下列措施：①重新评估舞弊导致的重大错报风险，并考虑重新评估的结果对审计程序的性质、时间和范围的影响；②重新考虑此前获取的审计证据的可靠性，包括管理层声明的完整性和可信性，以及作为审计证据的文件和会计记录的真实性，并考虑管理层与员工或第三方串通舞弊的可能性。

(二)考虑舞弊对审计报告的影响

如果认为财务报表存在舞弊导致的重大错报，或虽认为存在舞弊但无法确定其对财务报表的影响，审计人员应当考虑该事项对审计的影响。实务中，审计人员应当根据《中国注册会计师审计准则第 1221 号——重要性》和《中国注册会计师审计准则第 1502 号——非标准审计报告》的要求，考虑舞弊对审计意见的影响。

五、无法继续执行审计业务时的考虑

如果财务报表存在舞弊或舞弊嫌疑导致的错报，且审计人员遇到难以继续执行审计业务的异常情形，审计人员应当考虑：

(1)相应的职业责任和法律责任，包括向审计业务委托人报告，或根据法律法规的规定向监管机构报告；

(2)对审计报告的影响，或解除业务约定。

审计人员难以继续执行审计业务的异常情形通常包括：①被审计单位针对舞弊未能采取审计人员认为必要的措施；②审计人员通过考虑舞弊导致的重大错报风险和审计测试的结果，认为存在重大和广泛的舞弊风险；③审计人员对管理层、治理层的胜任能力或诚信产生了极大的疑虑。

如果决定解除业务约定，审计人员应当采取下列措施：①与适当层次的管理层和治理层讨论解除业务约定的决定和理由；②向审计业务委托人报告解除业务约定的决定和理由；③根据法律法规的规定向监管机构报告解除业务约定的决定和理由。在决定是否解除业务约定时，审计人员应当考虑管理层或治理层参与舞弊的程度及其影响等因素。在决定是否解除业务约定以及采取适当措施时，审计人员应当考虑征询法律意见。

思考题

1.审计人员在财务报表审计中努力应对舞弊导致的重大错报风险，对承担舞弊责任采取更加积极的态度，这一现象与经济、法律背景及社会需要密切相关，思考我国财务报表审计中对舞弊的考虑是怎样的背景。

2.审计人员关注舞弊导致的财务报表的重大错报风险，对降低财务报表审计中的重大错报风险有何重要意义?

3.审计人员在财务报表审计中如何识别、评估、应对舞弊导致的重大错报风险?

4.针对管理层凌驾于控制之上的特别风险，审计人员应当实施怎样的审计程序加以应对?

5.结合我国国情分析我国上市公司的舞弊风险因素有哪些。

第八章 审计抽样

本章导读

审计抽样是选择审计测试项目的一种方法，抽样技术和方法应用于审计工作，统一了审计的效率和效果。审计抽样是指审计人员在审计过程中，对某类交易或账户余额中低于百分之百的项目实施审计程序，使所有抽样单元都有被选取的机会，并根据样本项目的特征推断总体项目特征的方法。按照抽样决策的依据不同，审计抽样可分为统计抽样和非统计抽样，按评价审计对象特征的不同可分为属性抽样和变量抽样。属性抽样主要用于控制测试中，在具体应用中，属性抽样又可分为固定样本量抽样、停—走抽样和发现抽样；变量抽样主要应用在实质性程序中，根据推测总体方法的不同，变量抽样又可分为：均值估计抽样、比率估计抽样和差额估计抽样。审计抽样的一般过程包括抽样设计、样本选取和抽样结果评价三个阶段。

主要内容

- 审计抽样概述
- 审计抽样的一般过程
- 属性抽样在控制测试中的应用
- 变量抽样在实质性程序中的应用

第一节 审计抽样概述

20世纪以来，随着企业规模的扩大和经营复杂程度的增加，再加上现代企业内部控制理论和实践的不断发展以及概率和数理统计理论向审计领域的渗透，审计人员对被审计单位全部的会计和其他资料进行审查既不可能也没必要。审计人员为了获取充分适当的审计证据，通常会采用抽样的方法，通过样本特征来推断总体特征，进而得出审计结论。抽样技术和方法应用于审计工作，统一了审计的效率和效果，是审计理论和实践的重大突破，实现了审计工作从详细审计到抽样审计的历史性飞跃。

一、选取测试项目的方法

审计人员在确定实施审计程序的范围时，首先应确定选取测试项目的适当方法来选择合适的测试项目，审计人员可以使用的方法包括选取全部项目、选取特定项目和审计抽样。

（一）选取全部项目

选取全部项目是指对总体中的全部项目进行检查。当存在下列情形之一时，审计人员应当考虑选取全部项目进行测试：①总体由少量的大额项目构成；②存在特别风险且其他方法未提供充分、适当的审计证据；③由于信息系统自动执行的计算或其他程序具有重复性，对全部项目进行检查符合成本效益原则。对全部项目进行检查，通常更适用于细节测试，而不适合控制测试。实施细节测试时，在某些情况下，基于重要性水平或风险的考虑，审计人员可能认为需要测试总体中的全部项目。总体可以包括构成某类交易或账户余额的所有项目，也可以是其中的一层，同一层中具有某一共同特征的项目。例如，在截至性测试中，审计人员通常对截止日前后一段时期的所有交易进行检查。

（二）选取特定项目

选取特定项目是指对总体中的特定项目进行针对性测试。选取的特定项目可能包括：①大额或关键项目；②超过某一金额的全部项目；③被用于获取某些信息的项目；④被用于测试控制活动的项目。虽然选取特定项目也是对某类交易或账户余额中低于百分之百的项目实施审计程序，但并不构成审计抽样，因为并非所有抽样单元都有被选取的机会。因此，对选取的特定项目实施审计程序的结果，不能推断至总体。

（三）审计抽样

审计抽样是指审计人员在审计过程中，对某类交易或账户余额中低于百分之百的项目实施审计程序，使所有抽样单元都有被选取的机会，并根据样本项目的特征推断总体项目特征的方法。

审计抽样应当具备三个基本特征：①对某类交易或账户余额中低于百分之百的项目实施审计程序；②所有抽样单元都有被选取的机会；③审计测试的目的是为了评价该账户余额或交易类型的某一特征。

如果审计人员对于需要测试的账户余额或交易事项缺乏特别的了解，在这种情况下，审计抽样比较有用。另外，当总体中项目数量太大而导致无法逐项审查，或者虽能逐项审查但需耗费大量成本时，审计人员也可能使用审计抽样方法。审计人员在审计中使用抽样的目的有三个：①控制审计成本；②提高审计效率；③保证审计效果。审计抽样的根本目标就是在有限的审计资源条件下，收集充分、适当的审计证据，以形成和支持审计结论。

现代审计中大量采用抽样审计的方法意味着审计人员没有可能也没有必要对被审计单位的所有经济业务、所有会计记录进行全面详细审查，而只需恰到好处地检查部分经济业务和会计记录，并以此推断审计对象的总体情况。审计人员可以根据具体情况，单独或综合使用选取测试项目的方法，但所使用的方法应当能够有效地提供充分、适当的审计证据，以实现审计程序的目标。审计抽样是选择审计测试项目的一种方法，并不影响审计程序本身。

二、审计抽样在审计程序中的应用

风险评估程序通常不涉及审计抽样。如果审计人员在了解控制的设计和确定控制是否得到执行的同时计划和实施控制测试，则会涉及审计抽样，但此时审计抽样是针对控制测试进行的。

审计抽样对控制测试和实质性程序都适用，但它并不是适用于这些测试中的所有程序，比如，它可以广泛应用于检查和函证，但通常不用于询问、观察和分析性程序。

当控制的运行留下轨迹时，审计人员可以考虑使用审计抽样实施控制测试。对于未留下运行轨迹的控制，审计人员通常实施询问、观察等审计程序，以获取有关控制运行有效性的审计证据，此时不涉及审计抽样。

实质性程序包括对各类交易、账户余额、列报的细节测试以及实质性分析程序。在实施细节测试时，审计人员可以使用审计抽样获取审计证据，以验证有关财务报表金额的一项或多项认定（如应收账款的存在性）。在实施实质性分析程序时，审计人员不宜使用审计抽样。

三、审计抽样中的基本概念

（一）总体、抽样单元

总体，是指审计人员从中选取样本并据此得出结论的整套数据。总体可分为多个层或子总体。每一层或子总体可以分别检查。

抽样单元是指构成总体的个体项目。

(二)抽样风险和非抽样风险

使用审计抽样时,审计风险可能受抽样风险和非抽样风险的影响。

1.抽样风险

抽样风险是指审计人员根据样本得出的结论,和对总体全部项目实施与样本同样的审计程序得出的结论存在差异的可能性。抽样风险分为下列两种类型。

(1)影响审计效果的抽样风险。①信赖过度风险。即在实施控制测试时,审计人员推断的控制有效性高于其实际有效性的风险。②误受风险。即在实施细节测试时,审计人员推断某一重大错报不存在而实际上存在的风险。

(2)影响审计效率的抽样风险。①信赖不足风险。即在实施控制测试时,审计人员推断的控制有效性低于其实际有效性的风险。②误拒风险。即在实施细节测试时,审计人员推断某一重大错报存在而实际上不存在的风险。

只要使用了审计抽样,审计风险总会存在。对特定样本而言,抽样风险与样本规模反方向变动,无论是控制测试还是细节测试,审计人员都可以通过扩大样本规模降低抽样风险。如果对总体中的所有项目都实施检查,就不存在抽样风险,此时审计风险完全由非抽样风险产生。

2.非抽样风险

非抽样风险是指由于某些与样本规模完全无关的因素而导致审计人员得出错误结论的可能性。它包括审计风险中不是由抽样所导致的所有风险。审计人员即使对某类交易或账户余额的所有项目实施某种审计程序,也可能仍未能发现重大错报或控制失效。

在审计程序实施过程中,可能导致非抽样风险的原因包括下列情况:①审计人员选择的总体不适合于测试目标;②审计人员未能适当地定义控制偏差或错报,导致审计人员未能发现样本中存在的偏差或错报;③审计人员选择了不适于实现特定目标的审计程序;④审计人员未能适当地评价审计发现的情况;⑤其他原因。

非抽样风险是由人为错误造成的,因而可以降低、消除或防范。虽然在任何一种抽样方法中审计人员都不能量化非抽样风险,但通过采取适当的质量控制政策和程序,对审计工作进行适当的指导、监督和复核,以及对审计人员实务的适当改进,可以将非抽样风险降至可以接受的水平。审计人员也可以通过仔细设计其审计程序,尽量降低非抽样风险。

表 8-1　　抽样风险对审计工作的影响

审计测试	抽样风险种类	对审计工作的影响
控制测试	信赖过度风险	效果
	信赖不足风险	效率
细节测试	误受风险	效果
	误拒风险	效率

(三)误差

1. 样本误差与推断总体误差

样本误差是指审计人员实施审计程序后在样本中已识别的误差。在控制测试中,样本误差可以用样本偏差率表示,样本偏差率等于样本中发现的控制偏差数量除以样本规模。在细节测试中,样本误差是指样本中发现的错报金额。

推断总体误差是指审计人员在评价样本结果时,依据样本误差推断的总体误差。在控制测试中,推断总体误差是指推断的总体偏差率,样本偏差率就等于推断的总体偏差率。在细节测试中,审计人员应当根据样本中发现的错报金额推断总体错报金额。

2. 可容忍误差

可容忍误差是指审计人员能够容忍的最大误差。在控制测试中,可容忍误差是指可容忍偏差率。在细节测试中,可容忍误差是指可容忍错报。

3. 预计总体误差

预计总体误差即审计人员预期在审计过程中发现的误差。在控制测试中,预计总体误差是指预计总体偏差率。在细节测试中,预计总体误差是指预计总体错报额。

四、审计抽样的分类

(一)统计抽样和非统计抽样

按照抽样决策依据的不同,审计抽样可以分为统计抽样与非统计抽样。

统计抽样,是指运用概率论和数理统计的方法确定样本规模、选取样本、评价样本结果的方法。统计抽样必须同时具备下列特征:①随机选取样本;②运用概率论评价样本结果,包括计量抽样风险。此方法强调运用概率论和数理统计技术。统计抽样可以科学地确定样本规模,避免出现样本过多或过少的现象,可以客观地评估审计结果,运用概率和数理统计理论对样本结果进行评价以推断总体特征,所得出的审计结论具有科学的依据。

非统计抽样，是指审计人员完全凭借主观标准和个人经验确定样本规模、评价样本结果的方法。此方法特别强调运用审计人员的经验和判断。这一方法只要运用得当，则可与统计抽样方法一样可以提供充分、适当的证据。采用非统计抽样不能量化抽样风险，这是它与统计抽样的根本区别。

统计抽样的优点在于能够客观地计量抽样风险，并通过调整样本规模精确地控制风险，这是与非统计抽样最重要的区别。另外，统计抽样还有助于审计人员高效地设计样本，定量评价样本结果。但统计抽样又可能发生额外的成本，比如统计抽样需要特殊的专业技能，需要增加额外的支出培训，要求单个样本项目符合统计要求，这些也可能需要支出额外的费用。审计人员在统计抽样与非统计抽样方法之间进行选择时主要考虑成本效益。不管统计抽样还是非统计抽样，两种方法都要求审计人员在设计、实施和评价样本时运用职业判断。另外，对选取的样本项目实施的审计程序通常也与使用的抽样方法无关。

(二)属性抽样与变量抽样

按审计人员所了解的总体特征的不同，统计抽样又可以分为属性抽样和变量抽样。

属性抽样，是指在精确度界限和可靠程度一定的条件下，为了评价总体特征的发生频率而采用的一种方法。要评价的审计对象总体特征表现为一种属性，即审计总体的质量特征。样本的测试结果为“是”或“否”，或“对”或“错”，总体评价结果为差错率。比如在内部控制的健全性和有效性测试中，测试“出纳与会计岗位是否分离”这一属性时，就用属性抽样的方法。对总体进行属性评估时，要求计划的某总体属性的样本特征只有两个互不相容的结果，即是或非、存在或不存在、合规或不合规。根据样本的确定方法还可分为：固定样本量抽样、停—走抽样、发现抽样等。属性抽样主要用于控制测试中。

变量抽样，是指用来估计总体金额的一种方法。变量抽样用于实质性测试。比如，估计银行存款的期末余额。变量抽样的目的是为了获取关于未知的真实总体货币金额的证据。变量抽样有三种具体方法：单位平均估计抽样、比率估计抽样、差额估计抽样。

在审计实务中，经常存在同时进行控制测试和实质性程序的情况，这个时候所采用的审计抽样称为双重目的抽样。

第二节　审计抽样的一般过程

审计抽样的一般过程分为抽样设计、样本选取和抽样结果评价三个阶段。

一、抽样设计

抽样设计是审计抽样的计划工作，是审计人员围绕审计目标、抽样总体与抽样单元样本量、抽样组织方式及抽样工作质量要求对抽样工作进行的全面系统的规划。其要解决的核心问题是在确定的抽样组织方式下如何确定样本量。

(一)审计目标

在设计样本时应当首先考虑具体审计目标，它影响了所要获取的审计证据的性质、该审计证据相关的可能的误差情况或其特征以及采用的审计抽样方法。如具体审计目标为验证账户余额估价的正确性，则需要采用统计抽样和概率方法，选取样本进行抽样测试。

(二)抽样总体与分层

在实施抽样之前，必须仔细定义总体，确定抽样总体的范围。总体可以包括构成某类交易或账户余额中的所有项目，也可以只包括某类交易或账户余额中的部分项目。

1. 总体的特征

审计人员所定义的总体应具备下列两个特征。

(1)适当性。审计人员应确定总体适合于特定的审计目标。例如，在控制测试中，如果要测试“所有发运商品都已开单”的控制是否有效运行，审计人员应将所有已发运的项目作为总体通常比较适当。又如，在细节测试中，如果测试应付账款是否高估，总体可以定义为应付账款清单。但在测试应付账款的低估时，总体就不是应付账款清单，而是后来支付的证明、未付款的发票、供货商的对账单、没有销售发票对应的收货报告，或能提供低估应付账款的审计证据的其他总体。

(2)完整性。审计人员应当从总体项目内容和设计时间等方面确定总体的完整性。例如，如果从档案中选取付款证明，除非确信所有的付款证明都已归档，否则审计人员不能对该期间的所有付款证明做出结论。

2. 抽样单元

审计人员应根据审计目标的要求及客户实际确定抽样单元。例如，对客户购货业务的内部控制执行情况进行控制测试，可将每张发票作为抽样单元；对客户的应收账款账户余额正确性进行审查，作为抽样单元的既可以是每一笔应收账款，也可以是每一个应收账款账户，还可以是构成应收账款余额的每一货币单位。

审计人员通常从代表总体的实物中选取样本项目。例如，如果审计人员将总体定义为特定日期的所有应收账款余额，代表总体的实物就是打印的该日客户应收账款余额明细表。又如，如果总体是某一测试期间的销售收入，代表总体的实物就可能是记录在销售明细账中的销售交易，也可能是销售发票。

3. 分层

如果总体项目存在重大的变异性，审计人员应当考虑分层。分层是指将一个总体划分为多个子总体的过程，每个子总体由一组具有相同特征（通常为货币金额）的抽样单元组成。分层可以降低每一层中项目的变异性，从而在抽样风险没有成比例的增加的前提下减小样本规模。审计人员可以考虑将总体分为若干个离散的具有识别特征的子总体（层），以提高审计效率。审计人员应当仔细界定子总体，以使每一抽样单元只能属于一个层。

当实施细节测试时，审计人员通常按照货币金额对某类交易或账户金额进行分层，以将更多的审计资源投入到大额项目中。审计人员也可以按照显示较高误差风险的某一特定特征对总体进行分层。例如，在测试应收账款估价时，余额可以根据账龄分层。

对某一层中的样本项目实施审计程序的结果，只能用于推断构成该层的项目。如果对整个总体做出结论，审计人员应当考虑与构成整个总体的其他层有关的重大错报风险。

（三）样本规模

样本规模是指从总体中选取样本项目的数量。在确定样本规模时，审计人员应当考虑能否将抽样风险降至可接受的低水平。影响样本规模的因素包括：

1. 可以接受的抽样风险

样本规模受审计人员可接受的抽样风险水平的影响。可接受的抽样风险与样本规模成反比。审计人员愿意接受的抽样风险越低，样本规模通常越大；审计人员愿意接受的抽样风险越高，样本规模越小。

2. 可容忍误差

在其他因素既定的条件下，可容忍误差越大，所需的样本规模越小。

3. 预计总体误差

预计总体误差越大，可容忍误差也应当越大。在既定的可容忍误差下，当预计总体误差增加时，所需的样本规模更大。

4. 总体规模

除非总体非常小，一般而言总体规模对样本规模的影响很小。审计人员通常将抽样单元超过 5 000 个的总体视为大规模总体。对大规模总体而言，总体的实际容量对样本规模几乎没有影响。对小规模总体而言。审计抽样比其他选择测试项目的方法的效率低。

5. 总体变异性

总体变异性是指总体的某一特征（如金额）在各项目之间的差异程度。在控制测试中，审计人员在确定样本规模时一般不考虑总体变异性。在细节测试中，审计人员确定适当的样本规模时要考虑特征的变异性。总体项目的变异性越低，通常样本规模越小。审计人员可以通过分层，将总体分为相对同质的组，以尽可能降低每一组中变异性的影响，从而减小样本规模。

表 8-2 列示了审计抽样中影响样本规模的因素，并分别说明了这些影响因素在控制测试和细节测试中的表现形式。

表 8-2　影响样本规模的因素表

影响因素	控制测试	细节测试	与样本规模的关系
可接受的抽样风险	可接受的信赖过度风险	可接受的误受风险	反向变动
可容忍误差	可容忍偏差率	可容忍错报	反向变动
预计总体误差	预计总体偏差率	预计总体错报	同向变动
总体规模	总体规模	总体规模	影响很小
总体变异性		总体变异性	同向变动

资料来源：2010 年度注册会计师全国统一考试辅导教材《审计》，p. 210.

使用统计抽样方法时，审计人员必须对影响样本规模的因素进行量化，并利用根据统计公式开发的专门的计算机程序或专门的样本量表来确定样本规模。在非统计抽样中，审计人员可以只对影响样本规模的因素进行定性的估计，并运用职业判断确定样本规模。

（四）定义误差

审计人员必须事先准确定义构成误差的条件，否则执行审计程序时就没有识别误差的标准。在控制测试中，误差是指控制偏差，审计人员要仔细定义所要测试的控制及可能出现偏差的情况；在细节测试中，误差是指错报，审计人员要确定哪些情况构成错报。

审计人员定义误差构成条件时要考虑审计程序的目标。清楚地了解误差构成条件，对于确保在推断误差时将且仅将所有与审计目标相关的条件包括在内至关重要。例如，在对应收账款存在性的细节测试中（如函证），客户在函证日之前支付、被审计单位在函证日之后不久收到的款项（即未达账项）不构成误差。而且，被审计单位在不同客户之间误登明细账也不构成误差，因其并不影响应收账款账户的总额。即使这种情况可能对审计的其他方面（如对舞弊的可能性或坏账准备的适当性的评估）产生重要影响，在评价该审计程序的样本结果时将其判定为误差也是不适当的。

二、样本选取

（一）基本要求

在选取样本项目时，审计人员应当使总体中的所有抽样单元均有被选取的机会。使所有抽样单元都有被选取的机会是审计抽样的基本特征之一。因此，不管使用统计抽样或非统计抽样方法，所有的审计抽样均要求审计人员选取的样本对总体来讲具有代表性。否则，就无法根据样本结果推断总体。

（二）基本方法

选取样本的基本方法，包括使用随机数表选样、系统选样和随意选样。

1. 使用随机数表选样

随机数表也称乱数表，随机生成的每个数字在表中出现的次数是大致相同的，它们出现在表上的顺序是随机的。审计人员还可以使用计算机生成随机数，如用随机函数、电子表格程序、随机数码生成程序、通用审计软件程序等产生的随机数。表 8-3 就是五位随机数表的一部分。

应用随机数表选样的步骤如下：

第一步，对总体项目进行编号，建立总体中的项目与表中数字的一一对应关系。一般情况下，编号可利用总体项目中原有的某些编号，如凭证号、支票号、发票号等。在没有事先编号的情况下，审计人员需按一定的方法进行编号。

第二步，确定选取随机数的方法。首先可确定所需使用的随机数的位数，一般由总体项目数或编号位数决定。如前例中可采用 4 位随机数表，也可以使用 5 位随机数表的前 4 位数字或后 4 位数字。其次，选择一个随机起点和一个选号路线。随机起点和选号路线可以任意选择，但一经选定就不得改变。从随机数表中任选一行或任何一栏开始，按照一定的方向(上下左右均可)依次查找，符合总体项目编号要求的数字即为选中的号码，与此号码相对应的总体项目即为选取的样本项目，一直到选足所需的样本量为止。

表 8-3　　随机数表(部分列示)

	1	2	3	4	5	6	7	8	9	10
1	320 44	690 37	296 55	921 14	810 34	405 82	015 84	771 84	857 62	465 05
2	238 21	960 70	825 92	816 42	089 71	074 11	090 37	815 30	561 95	984 25
3	823 83	949 87	664 41	286 77	959 61	783 46	379 16	094 16	424 38	484 32
4	683 10	217 92	716 35	860 89	381 57	956 20	967 18	795 54	502 09	177 05
5	948 56	769 40	221 65	014 14	014 13	372 31	055 09	374 89	564 59	529 83
6	950 00	619 58	834 30	982 50	700 30	054 36	748 14	459 78	092 77	138 27
7	207 64	646 38	113 59	325 56	898 22	027 13	812 93	529 70	250 80	335 55
8	714 01	179 64	509 40	957 53	349 05	935 66	363 18	795 30	511 05	269 52
9	384 64	757 07	167 50	613 71	015 23	692 05	321 22	034 36	144 89	020 86
10	594 42	592 47	749 55	828 35	983 78	835 13	478 70	207 95	013 52	899 06

例如，从前述应收账款明细表的 300 个记录中选择 10 个样本，总体编号规则是选用随机表后 3 位，从第一行第一列开始，从上到下、从左到右逐行查找，则选中的样本为编号 044、037、114、184、070、037、195、089、157、209 的 10 个记录。

随机数选样不仅使总体中每个抽样单元被选取的概率相等，而且使相同数量的抽样单元组成的每种组合被选取的概率相等。这种方法在统计抽样和非统计抽样中均适用。

2.系统选样

系统选样也称等距选样，是指按照相同的间隔从审计对象总体中等距离地选取样本的一种方法。采用系统选样法，首先要计算选样间距，确定选样起点，然后再根据间距顺序地选取样本。选样间距的计算公式如下：

选样间距＝总体规模÷样本规模

例如，如果销售发票的总体范围是 652～3 151，设定的样本量是 125，那么选样间距为 20[(3 152－652)÷125]。审计人员必须从 0～19 中选取一个随机数作为抽样的起点。如果随机选择的数码是 9，那么第一个样本项目是发票号码为 661(652＋9)的那一张，其余的 124 个项目是 681(661＋20)，701(681＋20)……依次类推直至第 3 141 号。

系统选样方法的主要优点是使用方便，比其他选样方法节省时间，并可用于无限总体。此外，使用这种方法时，对总体中的项目不需要编号，审计人员只要简单数出每一个间距即可。但是，使用系统选样方法要求总体必须是随机排列的，否则容易发生较大的偏差。

3.随意选样

随意选样也叫任意选样，是指审计人员不带任何偏见地选取样本，即审计人员不考虑样本的性质、大小、外观、位置或其他特征而选取样本项目。随意选样的主要缺点在于很难完全无偏见地选取样本项目，即这种方法难以彻底排除审计人员的个人偏好对选取样本的影响，因而很可能使样本失去代表性。

三、样本结果评价

审计人员应当针对选取的每个项目，实施适合于具体审计目标的审计程序。对选取的样本项目实施审计程序旨在发现并记录样本中存在的误差。审计测试过以后就要进行样本结果的评价。

(一)分析样本误差

审计人员应当考虑样本的结果、已识别的所有误差的性质和原因，及其对具体审计目标和审计的其他方面可能产生的影响，对样本结果进行定性评估和定量评估。即使样本的统计评价结果在可以接受的范围内，审计人员也应对样本中的所有误差(包括控制测试中的控制偏差和细节测试中的金额错报)进行定性分析。

(二)推断总体误差

在实施控制测试时，审计人员将样本中发现的偏差数量除以样本规模，就计算出样本偏差率。在控制测试中，无论使用统计抽样或非统计抽样方法，样本偏差率都是审计人员对总体偏差率的最佳估计，但审计人员必须考虑抽样风险。当实施细节测试时，审计人员应当根据样本中发现的误差金额推断总体误差金额，并考虑推断误差对特定审计目标及审计的其他方面的影响。

(三)形成审计结论

审计人员应当评价样本结果，以确定对总体相关特征的评估是否得到证实或需要修正。

在控制测试中，审计人员应当将总体偏差率与可容忍偏差率比较，但必须考虑抽样风险。在统计抽样中，如果估计的总体偏差率上限低于可容忍偏差率，则总体可以接受。如果估计的总体偏差率上限大于或等于可容忍偏差率，则总体不能接受。如果估计的总体偏差率上限低于但接近可容忍偏差率，审计人员应当结合其他审计程序的结果，考虑是否接受总体，并考虑是否需要扩大测试范围，以进一步证实计划评估的控制有效性和重大错报风险水平。在非统计抽样中，抽样风险无法直接计量。审计人员通常将样本偏差率（即估计的总体偏差率）与可容忍偏差率相比较，以判断总体是否可以接受。

在细节测试中，审计人员首先必须根据样本中发现的实际错报要求被审计单位调整账面记录金额。在统计抽样中，如果计算的总体错报上限低于可容忍错报，则总体可以接受。这时审计人员对总体做出结论，所测试的交易或账户余额不存在重大错报。如果计算的总体错报上限大于或等于可容忍错报，则总体不能接受。在非统计抽样中，审计人员运用其经验和职业判断评价抽样结果。

第三节 属性抽样在控制测试中的应用

一、属性抽样中的几个基本概念

鉴于控制测试的特性，对准备信赖的内部控制进行控制测试，一般采用属性抽样法。属性抽样法的步骤遵从审计抽样的基本步骤。以下是属性抽样中的几个基本概念。

（一）审计测试的目标确定与误差定义

控制测试的目标是为了评价内部控制设计和运行的有效性，在属性抽样中它要按照业务循环来确定。比如，销售与收款循环的控制测试目标是销售与收款控制的有效性。对某种交易可能需要设计一个或多个属性抽样计划来评价相关控制的有效性。误差就是偏离状态，即属性的偏离状态，是指样本不具有一个或多个应有的属性。偏离状态表明可能存在控制失效事件。

(二)确定总体

控制测试中,审计对象总体是指被测试的某一类交易。审计人员应根据具体的审计目标确定审计对象总体。审计对象总体要包括应测试的所有项目。比如,对购货业务的某项控制进行测试,它的总体应是所有的购货发票,审计人员应该从所有的购货发票中抽取样本,进行测试。在识别审计对象总体时,还应考虑总体中样本的同质性,一个总体中存在完全不同质的项目会影响抽样结果的可靠性。

(三)样本规模的影响因素

1. 确定可容忍的偏差率

可容忍误差在控制测试中表现为可容忍偏差率,可容忍偏差率是指审计人员在不改变其计划评估的控制有效性,愿意接受的对于设定控制的最大偏差率。换言之,存在这样的偏差率,审计人员仍愿意使用估计的控制风险水平。比如"验收单后附有购货发票"这一属性的可容忍的偏差率为7%,就是说当有7%的验收单后面没有附购货发票时,审计人员依然认为这一控制是有效的。

在确认可容忍偏差率时,审计人员应考虑计划评估的控制有效性。计划评估的控制有效性越低,审计人员确认的可容忍偏差率通常越高,所需要的样本规模就越小。一个很高的可容忍偏差率通常意味着,控制的运行不会大大降低相关实质性程序的程度。在这种情况下,由于审计人员预期控制运行的有效性很低,特定的控制测试可能不需进行。反之,如果审计人员在评估认定层次重大错报风险时预期控制的运行是有效的,审计人员必须实施控制测试。换言之,审计人员在风险评估时越依赖控制运行的有效性,确定的可容忍性偏差率越低,进行控制测试的范围越大,因而样本规模增加。

2. 确定可接受的信赖过度风险

可接受的抽样风险在控制测试中主要指可接受的信赖过度风险。可接受的信赖过度风险与样本规模成反比。审计人员愿意接受的信赖过度风险越高,样本规模越小。控制测试中选取的样本旨在提供关于控制运行有效性的证据。由于控制测试是控制是否有效运行的主要证据来源,因此,可接受的信赖过度风险应确定在相对较低的水平上。通常,相对较低的水平在数量上是指5%～10%的信赖过度风险。在实务中,一般的测试是将信赖过度风险确定为10%。风险与可信赖程度是互补的,即1减去可信赖程度就是风险。

3. 预计总体偏差率

预计总体偏差率是为了确定样本量，作为前两者的补充。在估计时，可以根据以前年度审计结果进行估算，也可以选取少量的样本进行估算，这些样本可以作为最终样本的一部分。

二、控制测试中常用的属性抽样方法

控制测试中常用属性抽样方法有三种：固定样本量抽样、停—走抽样和发现抽样。

(一)固定样本量抽样

在固定样本量抽样中，审计人员对一个确定规模的样本实施检查，且等到某一确定规模的样本全部选取、审查完以后，才做出审计结论。

一般使用样本量表确定一个确定的样本规模。表 8-4 提供了在控制测试中确定的可接受信赖过度风险为 5%的样本量表。如果审计人员需要其他信赖过度风险水平的抽样规模，必须使用统计抽样参考资料中的其他表格或计算机程序。审计人员根据可接受信赖过度风险选择相应的抽样规模表，然后读取预计总体偏差率栏找到适当的比率。接下来审计人员确定与可容忍偏差率对应的列。可容忍偏差率所在的列与预计总体偏差率所在的行的交点就是所需要的样本规模。

比如，审计人员确定的可信赖程度为 95%，可容忍误差为 4%，预期总体误差为 1.25%时，应选取的样本量为 156 项，样本中的预期误差数为 1。若在样本中发现两个或两个以上的误差，则说明抽样结果不能支持审计人员对内部控制的信赖。

通过表 8-4 可查出，在可信赖程度为 95%的情况下，当样本误差数为 1 时，推断的总体小于可容忍误差 4%，而且经审查分析，没有发现欺诈、舞弊或逃避内部控制的情况。由于发现的样本误差数未超过预期误差数，所以审计人员可据此得出结论：总体误差不超过 4%的可信赖程度为 95%。

若样本误差数为 2，则推断的总体误差为 4%，等于可容忍误差，审计人员应重新考虑信赖过度风险，并考虑是否有必要增加样本量或执行替代审计程序。

若样本误差数为 3 及以上，则推断的总体误差超过了可容忍误差 4%。从而表明审计人员不能以 95%的可信赖程度保证总体的误差不超过 4%。审计人员应减少对内部控制的可信赖程度，考虑实施其他替代程序，如增加样本量。

表 8-4　　控制测试中统计抽样样本规模——信赖过度风险为 5%

预计总体	可容忍偏差率									
偏差率	2%	3%	4%	5%	6%	7%	8%	9%	10%	15%
0.00	149(0)	99(0)	74(0)	59(0)	49(0)	42(0)	36(0)	32(0)	29(0)	19(0)
0.25	236(1)	157(1)	117(1)	93(1)	78(1)	66(1)	58(1)	51(1)	46(1)	30(1)
0.50	*	157(1)	117(1)	93(1)	78(1)	66(1)	58(1)	51(1)	46(1)	30(1)
0.75	*	208(2)	117(1)	93(1)	78(1)	66(1)	58(1)	51(1)	46(1)	30(1)
1.00	*	*	156(2)	93(1)	78(1)	66(1)	58(1)	51(1)	46(1)	30(1)
1.25	*	*	156(2)	124(2)	78(1)	66(1)	58(1)	51(1)	46(1)	30(1)
1.50	*	*	192(3)	124(2)	103(2)	66(1)	58(1)	51(1)	46(1)	30(1)
1.75	*	*	227(4)	153(3)	103(2)	88(2)	77(2)	51(1)	46(1)	30(1)
2.00	*	*	*	181(4)	127(3)	88(2)	77(2)	68(2)	46(1)	30(1)
2.25	*	*	*	208(5)	127(3)	88(2)	77(2)	68(2)	61(2)	30(1)
2.50	*	*	*	*	150(4)	109(3)	77(2)	68(2)	61(2)	30(1)
2.75	*	*	*	*	173(5)	109(3)	95(3)	68(2)	61(2)	30(1)
3.00	*	*	*	*	195(6)	129(4)	95(3)	84(3)	61(2)	30(1)
3.25	*	*	*	*	*	148(5)	112(4)	84(3)	61(2)	30(1)
3.50	*	*	*	*	*	167(6)	112(4)	84(3)	76(3)	40(2)
3.75	*	*	*	*	*	185(7)	129(5)	100(4)	76(3)	40(2)
4.00	*	*	*	*	*	*	146(6)	100(4)	89(4)	40(2)
5.00	*	*	*	*	*	*	*	158(8)	116(6)	40(2)
6.00	*	*	*	*	*	*	*	*	179(11)	50(3)
7.00	*	*	*	*	*	*	*	*	*	68(5)

（注：本表假设总体为大总体；“*”表示样本规模太大，因而在多数情况下不符合成本效益原则；括号内是预计误差数。）

资料来源：AICPA Audit and Accounting Guide: Audit Sampling (2005)

(二)停—走抽样

采用固定样本量抽样时，如果预计总体偏差率大大高于实际偏差率，其结果将是选取了过多的样本，降低了审计的工作效率。停—走抽样是固定样本量抽样的一种特殊形式。停—走抽样从预计总体偏差率为零开始，通过边抽样边评估来完成审计工作。审计人员先抽取一定量的样本进行审查，如果结果可以接受，就停止抽样得出结论，如果结果不能接受，就扩大样本量继续审查直至得出结论。

停—走抽样的基本步骤如下：

(1)确定可信赖程度和可容忍误差。如设某一被审总体的可信赖程度为 95%(相应的风险水平为 5%)，可容忍误差率为 5%。

(2)确定初始样本量。查"停—走抽样初始样本量表"，如表 8-5 所示，得出初始样本量为 60 项。

表 8-5　停—走抽样初始样本量表(预计总体误差为零)

可容忍误差＼风险水平	10%	5%	2.5%
10%	24	30	37
9%	27	34	42
8%	30	38	47
7%	35	43	53
6%	40	50	62
5%	48	60	74
4%	60	75	93
3%	80	100	124
2%	120	150	185
1%	140	300	370

(3)进行停—走抽样决策。决策内容如下：

①如初始样本量审查中未发现误差，则审计结论为：有 95%的可信赖程度被审总体的误差率不超过 5%。

②如初始样本量审查后发现 1 个误差，查"停—走抽样样本量扩展及总体误差评估表"，如表 8-6 所示，得知风险系数为 4.8，则总体误差率变为 8%(风险系数 4.8 除以初始样本量 60)，高于可容忍误差率 5%，因而应增加样本量至 96 项(风险系数 4.8 除以可容忍误差率 5%)。如果对增加的 30 项样本审查后未发现误差，则得出审计结论：有 95%的可信赖程度总体误差率不超过 5%。

表 8-6　　停一走抽样样本量扩展及总体误差评估表

发现的错误数 \ 风险水平 / 风险系数	10%	5%	2.5%
0	2.4	3.0	3.7
1	3.9	4.8	5.6
2	5.4	6.3	7.3
3	6.7	7.8	8.8
4	8.0	9.2	10.3
5	9.3	10.6	11.7
6	10.6	11.9	13.1
7	11.8	13.2	14.5
8	13.0	14.5	15.8
9	14.3	16	17.1

③如初始样本量审查后发现两个误差，则总体误差率为 10.5%(6.3 除以 60)，审计人员应再增加样本量 66 项。如对增加的样本审查后未发现误差，审计人员也可据以推断总体：在可信赖程度为 95%时总体误差率不超过 5%。一般而言，样本量不宜扩大到初始样本量的 3 倍。

(三)发现抽样

发现抽样是固定样本量抽样的另一种特殊形式，与固定样本量抽样的不同之处在于发现抽样将预计总体偏差率直接定为零，并根据可接受信赖过度风险和可容忍偏差率一起确定样本量。在对选出的样本进行审查时，一旦发现一个偏差就立即停止抽样。如果在样本中没有发现偏差，则可以得出总体可以接受的结论。发现抽样适合于查找重大舞弊或非法行为。

第四节　变量抽样在实质性程序中的应用

一、变量抽样的几个基本概念

变量抽样是对审计对象总体的货币金额进行细节测试时所采用的抽样方法，

被广泛运用于审查应收账款金额、存货的数量和金额、工资费用以及各项交易活动等方面。变量抽样法的步骤和审计抽样的基本步骤大致相同。以下是变量抽样中的几个基本概念。

（一）确定测试目标与界定错报

细节测试旨在对各类交易、账户余额、列报的相关认定进行测试，尤其是对存在或发生、计价认定的测试。审计人员实施审计程序的目标就是确定相关认定是否存在重大错报。通过对账户余额中选取项目进行测试，审计人员可以检查出那些虚构项目、余额中不应包含的项目（分类错误的项目）以及估价错误的项目。

在细节测试中，误差是指错报。审计人员应根据审计目标，确定什么构成了错报。例如，在对应收账款存在性所进行的细节测试中（如函证），客户在函证日之前支付、被审计单位在函证日之后不久收到的款项不构成误差。另外，被审计单位在不同客户之间误登明细账也不影响应收账款总账余额，即使在不同客户之间误登明细账可能对审计的其他方面（如对舞弊的可能性或坏账准备的适当性的评估）产生重要影响，审计人员在评价应收账款函证程序的样本结果时不宜将其判定为误差。审计人员还应将被审计单位自己发现并已在适当期间予以更正的错报排除在外。

（二）定义总体和抽样单元

定义总体时审计人员需要考虑总体的适当性和完整性。考虑总体的适当性时，审计人员应确信抽样总体适合于特定的审计目标。考虑总体的完整性时，审计人员应当从总体项目内容和涉及时间等方面考虑。此外，在定义总体时，审计人员要考虑总体的变异性，并识别个别重大项目。

定义抽样单元。在细节测试中，审计人员应根据审计目标和所实施审计程序的性质，定义抽样单元。抽样单元可能是一个账户余额、一笔交易或交易中的一个记录（如销售发票中的单个项目），甚至是每个货币单位。审计人员定义抽样单元时也应考虑实施计划的审计程序或替代程序的难易程度。如果将抽样单元界定为客户明细账余额，当某客户没有回函证实该余额时，审计人员可能需要对构成该余额的每一笔交易进行测试。因此，如果将抽样单元界定为构成应收账款余额的每笔交易，审计抽样的效率可能更高。

（三）样本规模

1. 正态分布与标准离差

正态分布是指总体中的每个项目值的分布均趋向于总体平均数周围。正态分布的图形为一种钟形曲线。审计对象金额基本服从于正态分布。

总体的标准离差是用来衡量个别项目值在总体平均数周围的离散程度。标准离差的公式为：$\sqrt{\frac{\sum(Xi-\overline{X})}{N}}$，式中，$Xi$ 表示各初始样本项目数值，$\overline{X}$ 为初始样本平均值，N 为初始样本量。

样本规模与总体标准离差成正比关系。

2. 抽样风险与可信赖程度系数

在实质性程序中，审计抽样只能在实施细节测试时使用。在细节测试中，可接受的抽样风险主要是指抽样风险中的误受风险，有时也包括误拒风险。在确定可接受的误受风险水平时，审计人员需要考虑下列因素：审计人员愿意接受的审计风险水平；评估的重大错报风险水平；针对同一审计目标（财务报表认定）的其他实质性程序的检查风险，包括分析程序。

根据正态分布及标准离差的定义可知，有 68.28％的项目值落在了总体平均值 1 个正态标准差之间，这里的 68.28％就是可信赖程度，正态标准差常被称为可信赖程度系数。两者之间的关系如表 8-7 所示：

表 8-7　　可信赖程度系数表

可信赖程度	可信赖程度系数
80％	1.28
85％	1.44
90％	1.65
95％	1.96
99％	2.58

3. 可容忍误差

可容忍误差在细节测试中表现为可容忍错报。可容忍错报是指在不导致财务报表存在重大错报的情况下，审计人员对各类交易、账户余额、列表确定的可接受的最大错报金额。可容忍错报的确定是以审计人员对财务报表层次重要性水平的初步评估为基础。某账户的可容忍错报实际上就是该账户的重要性水平。它是该账户的错报与其他账户的错报汇总起来不会引起财务报表整体重大错报的最大金额。对特定的账户而言，当抽样风险一定时，如果审计人员确定的可容忍错报降低，所需的样本规模就增加。

4. 预计总体误差

在细节测试中，预计总体误差是指预计总体错报额，即预计总体发生错报的金额。

5. 样本量确定

样本量计算公式为：

$$n'=\left(\frac{U_r \cdot S \cdot N}{P_a}\right)^2, \quad n=\frac{n'}{1+\frac{n'}{N}}$$

式中，n'为放回抽样方式下的样本容量；n 为不放回抽样方式下的样本容量（审计抽样一般为不放回抽样）。U_r 为可信赖程度系数；S 为估计的总体标准离差；N 为总体项目个数；P_a 为计划的抽样误差。

总体标准离差通常用初始样本标准离差代替，公式为：

$$\sqrt{\frac{\sum (X_i-\overline{X})}{n_0}}$$

式中，X_i 表示各初始样本项目数值，$\overline{X}$ 为初始样本平均值，n_0 为初始样本量。

计划的抽样误差可根据可容忍误差与预计总体误差之间的差额进行确定。

6. 抽样结果评价

在进行抽样结果评价的时候应该计算实际的抽样误差。其计算公式为：

$$P_1=U_r \cdot \frac{S_1}{\sqrt{n_1}} \cdot N \cdot \sqrt{1-\frac{n_1}{N}}$$

式中，P_1 为实际抽样误差；S_1 为实际样本的标准离差；n_1 为实际样本容量。如果实际抽样误差大于计划抽样误差，应考虑增加样本量来降低实际抽样误差。评价样本时，如果实际抽样误差大于计划抽样误差，应考虑增加样本量以降低实际抽样误差。

二、实质性程序中常用的变量抽样方法

审计人员在细节测试中使用的统计抽样方法主要包括：均值估计抽样、差额估计抽样和比率估计抽样。

（一）均值估计抽样

均值估计抽样是指先通过抽样审查确定样本的平均值，再根据样本的平均值推断总体平均值和总值的一种变量抽样方法。使用这种方法时，审计人员先计算样本中所有项目审定金额的平均值，然后用这个样本平均值乘以总体规模，得出总

体金额的估计值。总体估计金额和总体账面金额之间的差额就是推断的总体错报。

【例 8-1】A 材料 40 000 件，其账面价值总额为 2 950 800 元。审计人员决定对甲材料进行抽查，并以 95%的可靠程度来估计总体的价值，所设定的计划抽样误差 50 000 元。

审查前，选取 30 件 A 材料作为估计总体标准离差的初始样本，假设初始样本的标准离差为 8，则样本量可计算如下：

$$n'=\left(\frac{U_r \cdot S \cdot N}{P_a}\right)^2=\left(\frac{1.96 \cdot 8 \cdot 40\ 000}{50\ 000}\right)^2 \approx 157$$

$$n=\frac{n'}{1+\frac{n'}{N}}=\frac{157}{1+\frac{157}{40\ 000}} \approx 156$$

随样抽取 156 件 A 材料进行详细审查，审定价值为 11 700 元，审定样本的平均值为 75 元，标准离差为 7，实际抽样误差为 43 853 元，低于估计误差。根据每单位平均值估计抽样的特点，可推断总体 40 000 件 A 材料的估计金额为 2 900 000 元（40 000×75）。于是，审计人员可以做出这样的结论：有 95% 的把握保证 40 000 件 A 材料的真实金额在 2 900 000±43 853 元之间，即在 2 856 147—2 943 853 元之间。由于被审计单位 A 材料账面价值总额为 2 950 800 元，没有落入样本的平均数±实际抽样误差之间，则审计人员应要求被审计单位详细检查 A 材料，并加以调整。

（二）差额估计抽样

差额估计抽样是以样本实际金额与账面金额的平均差额来估计总体实际金额与账面金额的平均差额，然后再以这个平均差额乘以总体规模，从而求出总体的实际金额与账面金额的差额（即总体错报）的一种方法。差额估计抽样的计算公式如下：

$$平均错报=\frac{样本实际金额与账面金额的差额}{样本规模}$$

$$推断的总体错报=平均错报\times总体规模$$

使用这种方法时，审计人员先计算样本项目的平均错报，然后根据这个样本平均错报推断总体。

【例 8-2】审计人员在审查某公司的原材料账户时，原材料账户余额为 1 850 000 元，由 500 个明细账户组成。审计人员准备对原材料使用差额估计抽样法审计。从 500 种原材料明细账户中抽出 30 种原材料明细账户，账面价值为 19 689.20 元，审定后价值为 17 047.20 元。

使用差额估计抽样，平均差额为－88.06元，估计的总体差额为－44 033.33元（－88.06×500），因此估计的总体价值为1 805 966.67元（1 850 000－44 033.33）。

(三)比率估计抽样

比率估计抽样是指以样本的实际金额与账面金额之间的比率关系来估计总体实际金额与账面金额之间的比率关系，然后再以这个比率去乘总体的账面金额，从而求出估计的总体实际金额的一种抽样方法。比率估计抽样法的计算公式如下：

$$比率=\frac{样本审定金额}{样本账面金额}$$

$$估计的总体实际金额=总体账面金额\times 比率$$

$$推断的总体错报=估计的总体实际金额-总体账面金额$$

【例8-3】审计人员从总体规模为1 000元、账面金额总额为1 040 000元的存货项目中选取了200个项目进行检查。样本的账面金额为208 000元，经过审计测试后样本的审定金额为196 000元。因此，样本审定金额合计与样本账面金额的比例则为0.94(196 000÷208 000)。审计人员用总体的账面金额乘以该比例0.94，得到估计的存货余额977 600元(1 040 000×0.94)，推断的总体错报则为62 400元(1 040 000－977 600)。

如果未对总体进行分层，审计人员通常不使用均值估计抽样，因为此时所需的样本规模可能太大，以至于对一般的审计而言不符合成本效益原则。比率估计抽样和差额估计抽样都要求样本项目存在错报。如果样本项目的审定金额和账面金额之间没有差异，这两种方法使用的公式所隐含的机理就会导致错报的结论。如果审计人员决定使用统计抽样，且预计只发现少量差异，就不应使用比率估计抽样和差额估计抽样，而考虑使用其他的替代方法。

(四)概率比例规模抽样法

概率比例规模抽样(probability-proportion-size sampling；简称PPS抽样)，有时也被称为金额加权抽样、货币单位选样、累计货币金额抽样等，是以货币单位作为抽样单元进行选样的一种方法。

在该方法下总体中的每个货币单位被选中的机会相同，所以，总体中某一项目被选中的概率等于该项目的金额与总体金额的比率。项目金额越大，被选中的概率就越大。但实际上审计人员并不是对总体中的货币单位实施检查，而是对包含被选取货币单位的余额或交易实施检查。审计人员检查的余额或交易被称为逻辑单元。PPS抽样有助于审计人员将审计重点放在较大的余额或交易上，此抽样方法之所以得名，是因为总体中每一余额或交易被选取的概率与其账面金额（规模）成比例。

PPS抽样中可以使用随机数表法、系统选样法等方法选取样本，以货币单位作为抽样单元，但审计人员却不是对具体货币单位进行审计，而必须确定实物单位（即逻辑单元）来执行审计测试。PPS抽样的基本操作步骤如下：

(1)确定被审项目总体。

(2)确定样本规模。

(3)将总体项目按金额的大小顺序编号排列（金额为零和负数的剔除）。

(4)计算总体的累计金额。

(5)从随机数表中选取所需要的样本号码。

(6)查找样本号码在累计金额表中的位置，与此相对应的项目即为样本项目。

举例如下：设被查总体10张销货发票，假设采用PPS选样拟从中抽取4张样本，基本步骤如下：

(1)计算总体项目的累计金额。计算结果如表8-8所示。

表8-8　**货币单位选样示例计算表**　单位：元

发票编号	发票金额	累计金额	样本
1	850	850	
2	960	1 810	选中
3	1 320	3 130	
4	1 585	4 715	
5	2 040	6 755	
6	2 356	9 110	选中
7	2 680	11 791	选中
8	2 790	14 581	
9	2 990	17 571	选中
10	3 850	21 420	

(2)根据所需的样本规模，从随机数表中抽取不大于累计金额总数的随机数。设从随机数表中抽取的不大于21 420的4个数分别为1 584、8 971、17 411、9 337。

(3)将随机数由小到大排列，即为1 584，7 411、8 971和9 037。

(4)找出包含被抽取的随机数最小的累计金额数，与此相对应的项目，即为逻辑单元。4 个随机数分别包含于与第 2、第 6、第 7 和第 9 四张销售发票相对应的累计金额之内，所以，这四张销售发票即为被抽取的样本项目。

思考题

1.什么是审计抽样？审计抽样有哪些种类？

2.审计抽样的一般过程包括哪几个阶段？

3.什么是属性抽样？它有哪些技术种类？

4.变量抽样有哪些方法？

5.可接受过度风险、可容忍偏差率、预计总体偏差率和总体规模是怎样影响样本量的？

第九章　销售与收款循环审计

本章导读

从本章起我们将以执行企业会计准则的企业财务报表审计为例，介绍业务循环审计的具体内容，以及对各业务循环中重要的财务报表项目如何进行审计测试。销售与收款循环是企业销售商品或提供劳务，并收回款项的一系列经营活动的总和。销售与收款循环既涉及应收账款、应交税费等资产负债表项目，又涉及主营业务收入、营业税金及附加等利润表项目，是财务报表审计中十分重要的内容。销售与收款循环的基本业务主要包括：处理顾客订单、批准赊销、供货、向顾客开具账单、记录销售业务、收款等环节。在每一个环节都存在控制目标和相应的控制，经过风险评估，如果拟信赖内部控制，就要实施控制测试和交易的实质性程序。审计人员围绕各报表项目的审计目标，通过获取或编制明细表、分析性程序、检查、询问、函证和重新计算等方法，执行相应的实质性程序来验证管理层认定。

主要内容

- 销售与收款循环业务活动及控制测试
- 主营业务收入审计
- 应收账款与坏账准备审计
- 其他项目审计

第一节　销售与收款循环业务活动及控制测试

一、销售与收款循环的基本业务

企业的每一项销售业务均需经过若干步骤才能完成。企业的性质不同，销售与收款循环的具体业务环节也略有差异。下面以赊销为例，来说明销售与收款循环的基本业务。

（一）处理顾客订单

顾客提出订货要求是整个销售与收款循环的起点。企业收到客户各种各样的订单后，应对订单的内容、数量、品种、规格、供货期限等进行审核批准，确定是否能接受订货。

（二）批准赊销信用

如果是赊销业务，在发出商品之前，必须经过信用管理部门批准。信用管理部门在接到销售单后，应审查顾客的资信情况，根据管理当局的赊销政策和授权决定是否批准赊销。尤其对于有赊销要求的新客户，要对其信用进行充分的调查，确立一个信用额度，并报主管人员核准。无论赊销是否批准，都要求信用部门人员在销售单上签署意见，然后将签署意见的销售单送回销售部门。设置信用批准控制的目的是为了降低坏账风险。

（三）按销售单供货

对大多数企业，在销售单上批准信用签字的同时，也就批准了发货。仓库部门根据收到的经批准的销售单发货，并编制一式多联的发货凭证，如提货单、发货单、出库单等，作为装运部门、财务部门等履行职责的依据。按销售单发货的目的是为了防止仓库在未经过授权的情况下擅自发货。

（四）按销售单运货

运输部门根据批准的销售单装运货物，并填制一式多联的装运凭证。在装运之前，装运人员必须进行独立验证，检查从仓库提取的商品是否都有经过批准的销售单，并且商品的内容与销售单一致。

（五）向顾客开具账单

开具账单包括编制和向顾客寄送连续编号的销售发票。开具销售发票之前，应在将顾客订单、销售单、出库单、装运单等凭证核对相符无误的基础上，向客户开出事先连续编号的销售发票。销售发票副联通常由财务部门设立专人负责。

（六）记录销售业务

开具销售发票之后，会计人员应编制相应的记账凭证，并负责登记相应的主营业务收入、应收账款、库存商品等明细账和总账，并定期与客户核对。

(七)办理和记录库存现金、银行存款收入

在收取货款时,最重要的是保证全部货币资金如数、及时地存入银行,并记入库存现金、银行存款日记账和相关账户。在这方面,汇款通知单起着很重要的作用。

(八)办理和记录销货退回、销售折扣与折让

客户如果对商品不满意,销货企业一般会接受退货,或者给予客户一定的销货折让。客户如果提前支付货款,企业可能会给予一定的销货折扣。发生此类事项,有关部门要编制一式多联的贷项通知单,该单据必须经过授权批准,办理时,应该确保有关部门和人员各司其职,分别控制实物流程和会计处理。

(九)注销坏账

只要有赊销情况,不管企业如何控制风险,客户因宣告破产、死亡等原因而不支付货款的情况仍然有可能发生。对确实无法收回的应收账款,经过批准后作为坏账注销。

(十)提取坏账准备

年末,企业应根据应收账款的余额、账龄、本期销售收入来分析确定本期应计提坏账准备的数额,计提方法应保持前后会计期间的一致性。坏账准备的提取数额必须能够抵补企业以后无法收回的销货款。

二、销售与收款循环的主要凭证和会计记录

在销售与收款循环中,商品不断地卖出,债权不断地形成,现金不断地流入,各部门在处理销售与收款业务时,通常需要使用很多凭证和记录,这些凭证和记录既是各部门履行职责的依据,也是各个工作环节有序进行的纽带,对管理当局的内部管理很重要;对于审计来讲,是审计的对象和范围,对审计人员的工作也十分关键。典型的销售与收款循环所涉及的主要凭证和会计记录有以下几种。

1. 客户订货单

订货单是客户提出的书面购货要求。企业可以通过营销人员和其他途径,如采用电话、信函、传真、网络等方式取得客户订单。只有经过核准的订单,才能作为销售的依据。

2. 销售通知单

销售通知单是记录客户所订商品的名称、规格、数量以及其他与客户订货有关资料的凭证，通常作为销售方内部处理客户订单的依据。销售通知单是证明销售交易“发生”的有效凭证，是销售交易轨迹的起点。

3. 发运凭证

发运凭证是在发运货物时编制的，用以反映发出商品的规格、数量和其他有关内容的凭据。发运凭证的一联送给客户，其余联由企业各部门保管。发运凭证可以作为向客户开票收款的依据。发运凭证是证明销售交易发生的又一重要证据，也有助于保证“完整性”认定的正确性。

4. 销售发票

销售发票是在销售业务发生时开具的记录已经销售商品的规格、数量、金额等内容的原始凭证，销售发票是登记销售业务的基本凭证，是证明销售交易发生的重要证据，与“发生”、“计价”等认定相关。

5. 商品价目表

商品价目表是列示已经授权批准的、可供销售的各种商品的价格清单，与“计价”认定相关。

6. 贷项通知单

贷项通知单是一种用来表示由于销货退回或已经批准的折让而引起的应收销货款减少的凭证。贷项通知单的格式通常与销货发票的格式相同，意义表示应收账款的减少，与销售交易的“发生”、“完整性”、“计价与分摊”认定相关。

7. 客户对账单

客户对账单是一种定期寄送给客户的用于购销双方定期核对账目的凭证。对账单上应注明应收账款的月初余额、本期各项销售业务的金额、本月已经收到的货款、各种贷项通知单的数额、月末余额等内容。

8. 汇款通知单

汇款通知单是与销售发票一起寄给客户、由客户在付款时再寄回销货单位的凭证。汇款通知单注明客户名称、销货发票号码、销货单位开户银行、账号、金额等内容。

9. 坏账审批表

坏账审批表是用来批准某些应收账款注销为坏账的、仅在企业内部使用的凭证，与相关账户“计价与分摊”认定相关。

10. 销售与收款有关收款凭证和转账凭证

收款凭证是指用来记录现金和银行存款收入业务的记账凭证。转账凭证是指记录转账业务的记账凭证,它是根据有关转账业务(即不涉及现金、银行存款收付的各项业务)的原始凭证编制的。此处仅指与销售与收款相关的收款凭证与转账凭证。

11. 日记账和明细账

主要包括库存现金日记账、银行存款日记账、应收账款明细账、预收款项明细账、应收票据明细账、长期应收款明细账、未确认融资费用明细账、主营业务收入明细账、其他业务收入明细账、营业税金及附加明细账、销售折扣与折让明细账、销售费用明细账、应交税费明细账、坏账准备明细账等。

12. 总账类

主要有库存现金、银行存款、预收款项、应收账款、应收票据、长期应收款、未确认融资费用、主营业务收入、其他业务收入、营业税金及附加、坏账准备、销售费用、应交税费等总账。

三、销售与收款循环的内部控制及其测试

(一)销售与收款循环的内部控制

为使销售与收款循环中各个环节的工作能够有序进行,防止和揭露错误与舞弊,保证有关记录的真实可靠,减少坏账损失,企业需要建立健全销售与收款过程中的内部控制。销售与收款循环的内部控制主要包括以下几个方面:

1. 适当的职责分离

适当的职责分离有利于防止各种有意的或无意的错误。将销售与收款循环过程中的各项业务进行明确的分工和职权的划分,使各项工作之间做到既相互联系,又相互牵制。常见的职责分离有:

(1)企业的销售、发货、收款三项业务不能由同一部门或人员办理,应分别设立岗位。

(2)在销售合同订立前,应当指定专门人员就销售价格、信用政策、发货和收款方式等具体事项与客户进行谈判。谈判人员至少两人以上,并与订立合同的人员相分离。

(3)销售部门与赊销审批部门应分别设立,即销售职能与赊销批准职能要分离。

(4)编制销售单的人员与开具销售发票的人员要分离。

(5)销售退货与销售折扣、折让的审批职责与贷项通知单的签发职责要分离。

(6)应收票据的取得和贴现必须经过保管票据以外的主管人员的批准。

(7)主营业务收入明细账和应收账款明细账由不同的人员进行登记,同时由另一位不负责账簿记录职员进行调节。

(8)负责主营业务收入和应收账款的记账人员不得经手现金。

2. 正确的授权审批

销售业务的授权审批主要集中在以下五个关键点上:

(1)赊销信用审批。在赊销发生之前,赊销要经过信用部门正确审批。

(2)发货审批。没有经过正当审批,不得发出货物。

(3)销售政策审批。对销售价格、销售条件、退货、折扣等销售政策进行审批。

(4)坏账发生必须经有关人员审批。

(5)限定审批授权范围。审批人应当根据授权批准制度的规定,在授权范围内进行审批,不得超越审批权限。对于超过单位既定销售政策和信用政策规定范围的特殊销售业务,单位应当集体决策。

前两项控制的目的在于防止企业财产因向虚构的或者无力支付的客户发货而蒙受损失;销售政策控制和坏账控制的目的在于保证销货业务按照企业政策规定的价格开票收款,合理计提坏账;授权审批范围设定权限的目的在于防止审批人决策失误而造成损失。

3. 充分的凭证和记录

内部控制的控制效果依赖于凭证处理程序的正确合理,要有健全的凭证和凭证传递制度来记录发生的销售业务,并将信息及时传递给销售部门、仓储部门、运输部门、财务部门和顾客。这样,整个循环中的业务可以有机地联系和相互制约,达到控制的目的。每个企业交易的产生、处理和记录等制度都有其特点,因此,很难评价各项控制是否足以发挥最大的作用。然而,只有有充分的记录手续,才有可能实现各项控制目标。

(1)销售与收款各环节应建立和健全凭证制度,如销售单、销售发票等。

(2)凭证的预先编号。与销售有关的客户订单、销售通知单、发运单、销货发票等重要原始凭证要事先连续编号,指定专人保管,定期严格清点。票据预先连续编号的目的有两个:一是防止销货后忘记向客户开具账单或登记入账,即漏开发票;二是防止重复开具发票或重复入账。

(3)销售与收款各环节应建立和健全账簿制度,及时登记账簿。

4. 完善的检查控制

(1)按月寄出对账单。财务部门应与销售、信用部门配合,定期向应收账款明细账的顾客分送对账单,核对双方的账面记录,对双方账面记录结果的差异要及时调整。对账可以每月进行一次,由不负责现金收支和销货及应收账款记账的人员按月向客户寄发对账单。

单位应当建立销货款的催收制度、应收账款账龄分析制度和逾期应收账款催收制度。对于已超过正常信用期限、长时间拖欠货款的顾客要以各种方式催促其尽快还款,对催收无效的逾期应收账款可通过法律程序予以解决。不能及时收回的应收账款,应及时确认为坏账。已注销的坏账又收回的,应及时入账。

(2)定期核对应收账款等账户的总账和明细账。

(3)完善的收款制度。销售收入应及时入账,不得设置账外账,不得坐支现金。销售人员应当避免接触销售现款。应收票据的取得和贴现必须经过由保管票据以外的主管人员的书面批准。应收票据有专人保管,对于即将到期的票据应及时向付款人提示付款;已贴现票据应在备查账簿中登记,以便日后追踪管理。

(4)内部核查制度。如果企业内部没有经常的检查评价机制,内部控制可能随着时间的迁移而发生变化。因此,内部审计人员或其他独立人员经常核查销货业务的处理和记录、评价销售与收款业务各项内部控制的质量与效果,是不可缺少的一项控制措施。《内部会计控制规范——销售与收款(试行)中》明确了销售与收款内部控制监督检查的主要内容,包括:①销售与收款业务相关岗位及人员的设置情况;②销售与收款业务授权批准制度的执行情况;③销售的管理情况;④收款的管理情况;⑤销售退回的管理情况。

(二)销售与收款循环的控制测试与交易实质性程序

控制测试是为了确定内部控制的设计和执行是否有效而实施的审计程序。控制测试对于销售和收款这个领域是很重要的。因为这里主要是一些日常的常规交易,交易的数量和规模都很大,单凭一些抽样、发函等实质性程序,不足以发现可能的错误。

在对销售与收款循环内部控制了解的基础上,审计人员只对那些准备信赖的内部控制执行测试,并且只有当信赖内部控制而减少的实质性程序的工作量大于控制测试的工作量时,控制测试才是必要和经济的。销售与收款循环控制测试主要包括以下几个部分。

1.抽取一定数量的销售发票进行检查

(1)检查销售发票本上所有的发票存根联是否连续编号,开票人员是否按照顺序开具发票,作废的发票是否加盖“作废”戳记并与存根联一并保存。

(2)检查销售发票上的单价是否按批准的价目表执行,并将销售发票与相关的销售通知单、销售订单、出库单所载明的品名、规格、数量、价格相核对。销货通知单上应有信用部门的有关人员核准赊销的签字。

(3)检查销售发票中所列的数量、单价和金额是否正确。包括将销售发票中所列商品的单价与商品价目表的价格进行核对;验算发票金额的正确性。

(4)从销售发票追查有关的记账凭证、应收账款明细账及主营业务收入明细账。确定被审计单位是否及时、正确地记入有关凭证、账簿。

2.抽取一定数量的出库单或提货单

与相关的发票相核对,检查已发出的商品是否均已向顾客开出发票。

3.抽取一定数量的销售调整业务的会计凭证

检查销售退回、折让、折扣的核准与会计核算。主要包括:

(1)确定销售退回与折让的批准与贷项通知单的签发职责是否分离。

(2)确定现金折扣是否经过适当授权,授权人与收款人的职责是否分离。

(3)检查销售退回和折让是否附有按顺序编号并经主管人员核准的贷项通知单。

(4)检查退回的商品是否具有仓库签发的退货验收报告(或入库单),并将验收报告的数量,金额与贷项通知单等核对。

(5)确定退货、折扣、折让的会计记录是否正确。

4.抽取一定数量的记账凭证、应收账款明细账进行检查

(1)从应收账款明细账中抽取一定的记录并与相应的记账凭证进行核对,比较二者登记的时间、金额是否一致。

(2)从应收账款明细账中抽查一定数量的坏账注销业务,并与相应的记账凭证、原始凭证进行核对,确定坏账的注销是否合乎有关法规的规定,企业主管人员是否核准等。

(3)确定被审计单位是否定期与顾客对账,在可能的情况下,将被审计单位一定期间的对账单与相应的应收账款明细账的余额进行核对,如有差异,则应进行追查。

5.检查主营业务收入明细账

从主营业务收入明细账中抽取一定数量的会计记录,并与有关的记账凭证、销货发票相核对,以确定是否存在收入高估或低估的情况。

6.实地观察

(1)被审计单位是否按月寄发对账单,并检查顾客回函档案。

(2)观察职工获得或接触资产、凭证和记录(包括存货、销售单、出库单、销售发票、账簿、现金及支票)的途径。

(3)观察职工在执行授权、发货、开票、记账等职责时的表现,确定被审计单位是否存在必要的职务分离,内部控制在执行过程中是否存在弊端。

在对销售与收款循环内部控制进行测试的基础上，审计人员应当对该循环内部控制的健全情况、执行情况和控制风险做出评价，以确定其可信赖程度及存在的薄弱环节；确定实质性程序的性质、时间和范围。对控制薄弱的环节，可作为实质性程序的重点，以降低检查风险，将审计风险控制在可接受的水平。对测试过程中发现的问题还应当在工作底稿中做出记录，并以适当的形式告知被审计单位的管理当局。

表 9-1 列示了销售交易的控制目标、内部控制点、内部控制测试以及常用的交易实质性程序。

表 9-1　　销售交易的控制目标、内部控制和测试一览表

内部控制目标	关键内部控制	常用的控制测试	常用的交易实质性程序
登记入账的销售交易确系已经发货给真实的顾客（发生）	销售交易是以经过审核的发运凭证及经过批准的顾客订货单为依据登记入账的	检查销售发票副联是否附有发运凭证（或提货单）及顾客订货单	复核主营业务收入总账、明细账以及应收账款明细账中的大额或异常项目
	在发货前，顾客的赊购已经被授权批准	检查顾客的赊购是否经授权批准	追查主营业务收入明细账中的分录至销售单、销售发票副联及发运凭证
	销售发票均经事先编号，并已恰当地登记入账	检查销售发票连续编号的完整性	将发运凭证与存货永续记录中的发运分录进行核对
	每月向顾客寄送对账单，对顾客提出的意见做专门追查	观察是否寄发对账单，并检查顾客回函档案	将主营业务收入明细账中的分录与销售单中的赊销审批和发运审批进行核对
所有销售交易均已登记入账（完整性）	发运凭证（或提货单）均经事先编号并已经登记入账	检查发运凭证连续编号的完整性	将发运凭证与相关的销售发票和主营业务收入明细账及应收账款明细账中的分录进行核对
	销售发票均经事先编号，并已登记入账	检查销售发票连续编号的完整性	
登记入账的销售数量确系已发货的数量，已正确开具账单并登记入账（计价和分摊）	销售价格、付款条件、运费和销售折扣的确定	检查销售发票是否经适当的授权批准	复算销售发票上的数据 追查主营业务收入明细账中的分录至销售发票
	已经适当的授权批准 由独立人员对销售发票的编制作内部核查	检查有关凭证上的内部核查标记	追查销售发票上的详细信息至发运凭证、经批准的商品价目表和顾客订货单

内部控制目标	关键内部控制	常用的控制测试	常用的交易实质性程序
销售交易的分类恰当(分类)	采用适当的会计科目表 内部复核和核查	检查会计科目是否适当 检查有关凭证上内部复核和核查的标记	检查证明销售交易分类正确的原始证据
销售交易的记录及时(截止)	采用尽量能在销售发生时开具收款账单和登记入账的控制方法 内部稽核	检查尚未开具收款账单的发货和尚未登记入账的销售交易 检查有关凭证上内部核查的标记	将销售交易登记入账的日期与发运凭证的日期比较核对
销售交易已经正确地记入明细账,并经正确汇总(准确性、计价和分摊)	每月定期给顾客寄送对账单 由独立人员对应收账款明细账作内部核查 将应收款明细账余额合计数与其总账余额进行比较	观察对账单是否已经寄出 检查内部核查标记 检查将应收账款明细账余额合计数与其总账余额进行比较的标记	将主营业务收入明细账加总,追查其至总账的过账

资料来源:2010 年度注册会计师全国统一考试辅导教材《审计》:p. 366.

第二节　主营业务收入审计

主营业务收入是企业在销售商品、提供劳务等主要经营活动中所产生的收入,是企业的主要收入形式,是形成企业财务成果的主要项目,是财务报表审计中十分重要的内容。

一、主营业务收入的审计目标

(1)确定记录的主营业务收入是否真实。

(2)确定主营业务收入的记录是否完整。

(3)确定与主营业务收入有关的金额及其他数据、会计处理是否已恰当记录。

(4)确定主营业务收入是否记录于正确的会计期间。

(5)确定主营业务收入的内容是否正确。

(6)确定主营业务收入的披露是否恰当。

二、主营业务收入的实质性程序

(一)取得或编制主营业务收入明细表

取得或编制主营业务收入明细表,复核加计正确,并与总账和明细账合计数核对相符;同时,结合其他业务收入科目数额,与报表数核对相符。

(二)查明主营业务收入的确认原则与方法是否正确

注意是否符合企业会计准则和会计制度规定的收入实现条件,前后期是否一致。特别关注周期性、偶然性的收入是否符合既定的收入确认原则和方法。

采用交款提货方式,应于货款已收到或取得收取货款的权利,同时已将发票账单和提货单交给购货单位时确认收入的实现。对此,审计人员应着重检查被审计单位是否收到或取得收取货款的权利,发票账单和提货单是否已交付购货单位。应注意有无扣压结算凭证,将当期收入转入下期收入,或者虚记收入、开假发票、虚列购货单位,将当期未实现的收入虚转为收入记账,在下期给予冲销的现象。

采用预收账款销售方式,应于商品已经发出时,确认收入的实现。对此,审计人员应着重检查被审计单位是否收到了货款,商品是否已经发出。应注意是否存在对已收货款并已将商品发出的交易不入账、转入下期收入,或开具虚假出库凭证、虚增收入等现象。

采用托收承付结算方式,应于商品已经发出,劳务已经提供,并已将发票账单提交银行、办妥收款手续时确认收入的实现。对此,审计人员应着重检查被审计单位是否发货,托收手续是否办妥,货物发运凭证是否真实,托收承付结算回单是否正确。

委托其他单位代销商品的,如果代销单位采用视同买断方式,应于代销商品已经销售并收到代销单位代销清单时,按企业与代销单位的协议价确认收入的实现。对此,应注意查明有无商品未销售、编制虚假代销清单、虚增本期收入的现象;如果代销单位采用收取手续费方式,应在代销单位将商品销售、企业已收到代销单位代销清单时确认收入的实现。

销售合同或协议明确销售价款的收取采用递延方式,实质上具有融资性质的,应当按照应收的合同或协议价款的公允价值确定销售商品收入金额。应收的合同或协议价款与其公允价值之间的差额,应当在合同或协议期间内采用实际利率法进行摊销,计入当期损益。

长期工程合同收入,如果合同的结果能够可靠估计,应当根据完工百分比法确认合同收入。审计人员应重点检查收入的计算、确认方法是否合乎规定，并核对应计收入与实际收入是否一致，注意查明有无随意确认收入、虚增或虚减本期收入的情况。

委托外贸代理出口、实行代理制方式的，应在收到外贸企业代办的发运凭证和银行交款凭证时确认收入。对此，审计人员应重点检查代办发运凭证和银行交款单是否真实，注意有无内外勾结，出具虚假发运凭证或虚假银行凭证的情况。

对外转让土地使用权和销售商品房的，通常应在土地使用权和商品房已经移交并将发票结算账单提交对方时确认收入。对此，审计人员应重点检查已办理的移交手续是否符合规定要求，发票账单是否已交对方。注意查明被审计单位有无编造虚假移交手续，采用"分层套写"、开具虚假发票的行为，防止其高价出售、低价入账，从中贪污货款。如果企业事先与买方签订了不可撤销合同，按合同要求开发房地产，则应按建造合同的处理原则处理。

(三)选择运用以下分析性程序

将本期与上期的主营业务收入进行比较，分析产品销售的结构和价格的变动是否正常，并分析异常变动的原因；比较本期各月各种主营业务收入的波动情况，分析其变动趋势是否正常，是否符合被审计单位季节性、周期性的经营规律，并查明异常现象和重大波动的原因；计算本期重要产品的毛利率，分析比较本期与上期同类产品毛利率变化情况，注意收入与成本是否配比，并查清重大波动和异常情况的原因；计算对重要客户的销售额及产品毛利率，分析比较本期与上期有无异常变化；将上述分析结果与同行业本期相关资料进行对比分析，检查是否存在异常。

(四)审查主营业务收入确认与计量是否正确

根据增值税发票申报表或普通发票，估算全年收入，与实际入账收入金额核对，并检查是否存在虚开发票或已销售但未开发票的情况。

获取产品价格目录，抽查售价是否符合定价政策，并注意销售给关联方或关系密切的重要客户的产品价格是否合理，有无低价或高价结算以转移收入和利润的现象。

抽取本期一定数量的销售发票，检查开票、记账、发货日期是否相符，品名、数量、单价、金额等是否与发运凭证、销售合同或协议、记账凭证等一致。

抽取本期一定数量的记账凭证，检查入账日期、品名、数量、单价、金额等是否与销售发票、发运凭证、销售合同或协议等一致。

(五)实施销售的截止测试

对主营业务收入实施截止测试,其目的主要在于确定被审计单位主营业务收入的会计记录归属期是否正确;应计入本期或下期的主营业务收入有无被推延至下期或前提至本期。

我国《企业会计准则——基本准则》规定:“企业对于已经发生的交易或者事项,应当及时进行会计确认、计量和报告,不得提前或者延后”,并规定“收入只有在经济利益很可能流入从而导致企业资金增加或者负债减少、且经济利益的流入能够可靠计量时才能予以确认”。据此,审计人员在审计中应该注意把握三个与主营业务收入确认有着密切关系的日期:一是发票开具日期或者收入日期;二是记账日期;三是发货日期(服务业则是提供劳务的日期)。这里的发票开具日期是指开具增值税专用发票或普通发票的日期;记账日期是指被审计单位确认主营业务实现并将该笔经济业务计入主营业务收入账户的日期;发货日期是指仓库开具出库单并发出库存商品的日期。检查三者是否归属于同一适当会计期间是主营业务收入截止测试的关键所在。围绕上述三个重要日期,在审计实务中,审计人员可以考虑选择三条审计路线实施主营业务收入的截止测试。

一是以账簿记录为起点。从资产负债表日前后若干天的账簿记录查至记账凭证,检查发票存根与发运凭证,目的是证实已入账收入是否在同一期间已开具发票并发货,有无多记收入。

二是以销售发票为起点。从资产负债表其前后若干天的发票存根查至发运凭证与账簿记录,确定已开具发票的货物是否已发货并于同一会计期间确认收入。具体做法是抽取若干张在资产负债表日前后开具的销售发票的存根,追查至发运凭证和账簿记录,查明有无漏记收入现象。使用这种方法主要是为了防止少计收入。

三是以发运凭证为起点。从资产负债表日前后若干天的发运凭证查至发票开具情况与账簿记录,确定主营业务收入是否已记入恰当的会计期间。

上述三条审计路线在实务中均被广泛采用,他们并不是孤立的,审计人员可以考虑在同一被审计单位财务报表审计中并用这三条路线,甚至可以在同一主营业务收入科目审计中并用。因此,为提高审计效率,审计人员应当凭借专业经验和掌握的信息、资料做出正确判断,选择其中的一条或两条审计路线实施更有效的收入截止测试。

(六)销售折扣、销售退回与折让业务测试

检查销售折扣、销售退回与折让业务是否真实,内容是否完整,相关手续是否符合规定，折扣与折让的计算和会计处理是否正确。企业在销售交易中，往往会因产品品种不符、质量不符合要求以及结算方面的原因发生销售折扣、销售退回与折让。尽管引起销售折扣、退回与折让的原因不尽相同，其表现形式也不尽一致，但都是对收入的抵减，直接影响收入的确认和计量。因此，审计人员应重视折扣与折让的审计。

折扣与折让的实质性程序主要包括：

(1)获取或编制折扣与折让明细表，复核加计正确，并与明细账合计数核对相符。

(2)取得被审计单位有关折扣与折让的具体规定和其他文件资料，并抽查较大的折扣与折让发生额的授权批准情况，与实际执行情况进行核对，检查其是否经授权批准，是否合法、真实。

(3)检查销售退回的产品是否已验收入库并登记入账，有无形成账外物资情况；销售折让与折扣是否及时足额提交对方，有无虚设中介、转移收入、私设账外"小金库"等情况。

(4)检查折扣与折让的会计处理是否正确。

(七)特殊销售审计

检查有无特殊的销售行为，如附有销售退回条件的商品销售、委托代销、售后回购、以旧换新、商品需要安装和检验的销售、分期收款销售、出口销售、售后租回等，确定恰当的审计程序进行审核。

调查集团内部销售额情况，记录其交易价格、数量和金额，并追查在编制合并财务报表时是否已予以抵消。调查向关联方销售的情况，记录其交易品种、数量、价格、金额以及占主营业务收入总额的比例。

(八)确定主营业务收入的列报是否恰当

按照企业会计制度的规定，企业应在年度财务报表附注中说明：

(1)收入确认所采用的会计政策，主要包括：①在各项重大的交易中，企业确认收入采用的确认原则；②是否有采用分期付款确认收入情况；③确定劳务的完成程度所采用的方法。

(2)当期确认每一重大的收入项目的金额，包括商品销售收入、劳务收入、利息收入、使用费收入。

三、其他业务收入的实质性程序

其他业务收入的实质性程序一般包括以下内容：

1. 获取或编制其他业务收入明细表

复核加计正确，并与总账数和明细账合计数核对相符；注意其他业务收入是否有相应的成本；检查是否存在技术转让等免税收益，如有，应调减应纳税所得额。

2. 分析性程序

计算本期其他业务收入与其他业务成本的比率，并与上期比率比较，检查是否有重大波动，如有，应查明原因。

3. 检查其他业务收入的确认与计量是否正确

检查其他业务收入内容是否真实、合法，收入确认原则及会计处理是否符合规定，则要抽查原始凭证予以核实。

4. 截止测试

对异常项目，应追查入账依据及有关法律文件是否充分。抽查资产负债表日前后一定数量的记账凭证，实施截止测试，追踪到发票、收据等，确定入账时间是否正确，对于重大跨期事项作必要的调整建议。

5. 确定其他业务收入的列报是否恰当

第三节　应收账款与坏账准备审计

应收账款指企业因销售商品、提供劳务而形成的债权，即由于企业销售商品、提供劳务等原因，应向购物客户或接受劳务的客户收取的款项或代垫的运杂费，是企业在信用活动中所形成的各种债权性资产。应收账款的审计应结合销售交易来进行。坏账是指企业无法回收或回收的可能性极小的应收款项(包括应收票据、应收账款、预付款项、其他应收款和长期应收款等)。由于发生坏账而产生的损失称为坏账损失。企业通常应采用备抵法按期估计坏账损失，形成坏账准备。由于坏账准备与应收账款的联系非常紧密，我们把对坏账准备的审计与对应收账款的审计合为一节予以阐述。

一、应收账款与坏账准备的审计目标

应收账款与坏账准备的审计目标一般包括：

(1)确定应收账款是否存在。

(2)确定应收账款是否归被审计单位所有。

(3)确定应收账款及其坏账准备的记录是否完整。

(4)确定应收账款是否可收回，坏账准备的计提方法和比例是否恰当，计提是否充分。

(5)确定应收账款及其坏账准备的期末余额是否正确。

(6)确定应收账款及其坏账准备的列报是否恰当。

二、应收账款的实质性程序

(一)取得或编制应收账款明细表

复核加计正确,并与总账数和明细账合计数核对相符;结合坏账准备科目与报表数核对相符。应当注意,应收账款报表数反映企业因销售商品、提供劳务等应向购买单位收取的各种款项,减去已计提的相应的坏账准备后的净额。因此,其报表数应同应收账款总账数和明细数分别减去与应收账款相应的坏账准备总账数和明细账数后的余额核对相符。

(二)账龄分析检查

检查应收账款账龄分析是否正确。审计人员可以通过编制或索取应收账款账龄分析表来分析应收账款的账龄,以便了解应收账款的可回收性。应收账款账龄分析表的一般格式如表9-2所示。

表9-2　　应收账款账龄分析表

年　月　日　　　　货币单位:

顾客名称	期末余额	账龄			
		1年以内	1~2年	2~3年	3年以上
合　计					

应收账款的账龄,是指资产负债表中的应收账款从销售实现、产生应收账款之日起,至资产负债表日止所经历的时间。编制应收账款账龄分析表时,可以考虑选择重要的顾客及其余额列示,而将不重要的或余额较小的汇总列示。应收账款账龄分析表的合计数减去已计提的相应坏账准备后的净额,应该等于资产负债表中的应收账款项目余额。

(三)对应收账款实施分析程序

复核应收账款借方累计发生额与主营业务收入是否配比,如存在不匹配的情况应查明原因;在明细表上标注重要客户,并编制对重要客户的应收账款增减变动表，与上期比较分析是否发生变动，必要时，收集客户资料分析其变动合理性；计算应收账款周转率、应收账款周转天数等指标，并与被审计单位上年指标、同行业同期相关指标对比分析，检查是否存在重大异常。

（四）向债务人函证应收账款

函证是审计人员为了获取影响财务报表或相关披露认定的项目的信息，通过直接来自第三方对有关信息和现存状况的声明，获取和评价审计证据的过程。函证应收账款的目的在于证实应收账款账户余额的真实性、正确性，防止发生被审计单位及其有关人员在销售交易中发生的错误或舞弊行为。通过函证应收账款，可以比较有效地证明被询问者（即债务人）的存在和被审计单位记录的可靠性。除非有充分证据表明应收账款对被审计单位财务报表而言是不重要的，或者函证很可能是无效的，否则，审计人员应当对应收账款进行函证。如果审计人员不对应收账款进行函证，应当在工作底稿中说明理由。如果认为函证很可能是无效的，审计人员应当实施替代审计程序，获取充分、适当的审计证据。

审计人员应当考虑被审计单位的经营环境、内部控制的有效性、应收账款账户的性质、被询证者处理询证函的习惯做法及回函的可能性等，以确定应收账款函证的范围、对象、方式和时间。

1. 函证的范围和对象

函证数量的多少、范围是由如下因素决定的：①应收账款在全部资产中的重要性。若应收账款在全部资产中所占的比重较大，则函证的范围相应大一些；②被审计单位内部控制的强弱。若内部控制制度较健全，则可以相应减少函证量，反之，则应相应扩大函证范围。③以前期间的函证结果。若以前期间函证中发现过重大差异，或欠款纠纷较多，则函证范围应相应扩大一些；④函证方式的选择。若采用积极的函证方式，则可以相应减少函证量；若采用消极的函证方式，则要相应增加函证量。

一般情况下，审计人员应选择以下项目作为函证对象：①大额或账龄较长的项目；②与债务人发生纠纷的项目；③关联方项目；④主要客户（包括关系密切的客户）项目；⑤交易频繁但期末余额较小甚至余额为零的项目；⑥可能产生重大错报或舞弊的非正常交易的项目。

2. 函证的方式

函证方式分为积极函证方式和消极函证方式。审计人员可采用积极的或消极的函证方式实施函证，也可将两种方式结合使用。

（1）积极的函证方式。如果采用积极的函证方式，审计人员应当要求被询证者在所有情况下必须回函，确认询证函所列示信息是否正确，或填列询证函要求的信息。

在采用积极的函证方式时，只有审计人员收到回函，才能为财务报表认定提供证据。审计人员没有收到回函，可能是由于被询证者根本不存在，或是由于被询证者没有收到询证函，也可能是由于询证者没有理会询证函，因此，无法证明所询证信息是否正确。

以下是积极式询证函的参考格式。

企业询证函

编号：

××（公司）：

本公司聘请的××会计师事务所正在对本公司××年度财务报表进行审计，按照中国注册会计师审计准则的要求，应当询证本公司与贵公司的往来账项等事项。下列数据出自本公司账簿记录，如与贵公司记录相符，请在本函下端“信息证明无误”处签章证明；如有不符，请在“信息不符”处列明不符金额。回函请直接寄至××会计师事务所。

回函地址：

邮编： 电话： 传真： 联系人：

1.贵公司与本公司的往来账项列示如下：

截止日期	贵公司欠	欠贵公司	备注

2.其他事项。

本函仅为复核账目之用，并非催款结算。若款项在上述日期之后已经付清，仍请及时函复为盼。

（公司签章）

年 月 日

结论：

1.信息证明无误。

（公司签章）

年 月 日

经办人：

2.信息不符，请列明不符的详细情况：

（公司签章）

年 月 日

经办人：

(2)消极的函证方式。如果采用消极的函证方式,审计人员只要求被询证者仅在不同意询证函列示信息的情况下才予以回函。在采用消极的函证方式时,如果收到回函,能够为财务报表认定提供说服力强的审计证据。未收到回函可能是因为被询证者已收到询证函且核对无误,也可能是因为被询证者根本就没收到询证函。因此,积极的函证方式通常比消极的函证方式提供的审计证据可靠。因而在采用消极的方式函证,审计人员通常还需辅之以其他审计程序。

当同时存在下列情况时,审计人员可考虑采用消极的函证:①重大错报风险评估为低水平;②涉及大量余额较小的账户;③预期不存在大量的错误;④没有理由相信被询证者不认真对待函证。在审计实务中,审计人员也可将这两种方式结合使用。当应收账款的余额是由少量的大额应收账款和大量的小额应收账款构成时,审计人员可以对所有的或抽取的大额应收账款样本采取积极的函证方式,而对抽取的小额应收账款样本采用消极的函证方式。

以下是消极式询证函的参考格式。

企业询证函

编号:

××(公司):

本公司聘请的××会计师事务所正在对本公司××年度财务报表进行审计,按照中国注册会计师审计准则的要求,应当询证本公司与贵公司的往来账项等事项。下列数据出自本公司账簿记录,如与贵公司记录相符,则无需回复;如有不符,请直接通知会计师事务所。并请在空白处列明贵公司认为是正确的信息。回函请直接寄至××会计师事务所。

回函地址:

邮编: 电话: 传真: 联系人:

1.贵公司与本公司的往来账项列示如下:

截止日期	贵公司欠	欠贵公司	备 注

2.其他事项。

本函仅为复核账目之用,并非催款结算。若款项在上述日期之后已经付清,仍请及时函复为盼。

(公司签章)

年 月 日

××会计师事务所:

上面的信息不正确，差异如下：

（公司签章）

年　月　日

经办人：

3.函证时间的选择

为了充分发挥函证的作用，应恰当选择函证的实施时间。审计人员通常以资产负债表日为截止日，在资产负债表日后适当时间内实施。如果重大错报风险评估为低水平，审计人员可选择资产负债表日前适当日期为截止日实施函证，并对所函证项目自该截止日起至资产负债表日止发生的变动实施实质性程序。

4.函证的控制

审计人员通常利用被审计单位提供的应收账款明细账户名称及客户地址等资料据以编制询证函，但审计人员应当对选择被询证者、设计询证函以及发出和收回询证函保持控制。审计人员应当采取下列措施对函证实施过程控制。

(1)将被询证者的名称、地址与被审计单位有关记录核对。

(2)将询证函中列示的账户余额或其他信息与被审计单位有关资料核对。

(3)在询证函中指明直接向接受审计业务的会计师事务所回函。

(4)询证函经被审计单位盖章后，由审计人员直接发出。

(5)将发出询证函的情况形成审计工作记录。

(6)将收到的回函形成审计工作记录，并汇总统计函证结果。

在审计实务中，审计人员经常会遇到被询证者以传真、电子邮件等方式回函的情况。这些方式确实能使审计人员及时得到回函信息，但由于这些方式易被截留、篡改或难以确定回函者的真实身份，因此，审计人员应当直接接收，并要求被询证者及时寄回询证函原件。

在审计实务中，审计人员还经常会遇到采用积极的函证方式实施函证而未能收到回函的情况。对此，审计人员应当考虑与被询证者联系，要求对方做出回应或再次寄发询证函。如果未能得到被询证者的回应，审计人员应当实施替代审计程序。所实施的替代程序因所涉及的账户和认定而异，但替代审计程序应当能够提供实施函证所能够提供的同样效果的审计证据。例如检查与销售有关的文件，包括销售合同或协议、销售订单、销售发票副本及发运凭证等，以验证这些应收账款的真实性。

审计人员可通过函证结果汇总表的方式对询证函的收回情况加以控制。函证结果汇总表如表9-3所示。

表 9-3　　应收账款函证结果汇总表

被审计单位名称：　　　　制表：　　　　日期：

结账日：　年　月　日　　　复核：　　　　日期：

询证函编号	债务人名称	债务人地址及联系方式	账面金额	函证方式	函证日期		回函日期	替代程序	确认余额	差异金额及说明	备注
					第一次	第二次					
合　计											

5. 对不符事项的处理

收回的询证函有差异，即函证出现了不符事项，审计人员应当首先提请被审计单位查明原因，并作进一步分析和核实。不符事项的原因可能是由于双方登记入账的时间不同，或是由于一方或双方记账错误，也可能是被审计单位的舞弊行为。如果不符事项构成错报，审计人员应当重新考虑所实施审计程序的性质、时间和范围。

6. 对函证结果的总结和评价

审计人员应将函证的过程和情况记录在工作底稿中，并据以评价函证的可靠性。审计人员对函证结果可进行如下评价。

(1)审计人员应当重新考虑对内部控制的原有评价是否适当；控制测试的结果是否适当；分析程序的结果是否适当；相关的风险评价是否适当等。

(2)如果函证结果表明没有审计差异，则审计人员可以合理地推论，全部应收账款总体是正确的。

(3)如果函证结果表明存在审计差异，审计人员则应当估算应收账款总额中可能出现的累计差错是多少，估算未被选中进行函证的应收账款的累计差错是多少。为取得对应收账款累计差错更加准确的估计，也可以进一步扩大函证范围。

需要指出的是，即便应收账款得到了债务人的确认，也并不意味着债务人一定会付款。另外，函证也不可能发现应收账款中存在的所有问题。

(五)检查未函证的应收账款

由于审计人员不可能对所有应收账款进行函证。因此，对于未函证应收账款，审计人员应抽查原始凭证，如销售合同、销售订单、销售发票副本及发运凭证等，以验证与其相关的这些应收账款的真实性。

（六）检查坏账的确认和处理

首先，审计人员应检查有无债务人破产或者死亡的，以及破产或以遗产清偿后仍无法收回的，或者债务人长期未履行清偿义务的应收账款；其次，应检查被审计单位坏账的处理是否经授权批准，有关会计处理是否正确。

（七）抽查有无不属于结算业务的债权

不属于结算业务的债权，不应在应收账款中进行核算。因此，审计人员应抽查应收账款明细账，并追查有关原始凭证，查证被审计单位有无不属于结算业务的债权。如有，应作记录或建议被审计单位作适当调整。

（八）检查贴现、质押或出售

检查应收账款是否业已用于贴现，判定应收账款贴现业务属质押还是出售，其会计处理是否正确。企业以其按照销售商品、提供劳务的销售合同所产生的应收债权向银行等金融机构贴现，在进行会计核算时，应按照"实质重于形式"的原则，充分考虑交易的经济实质。对于有明确的证据表明有关交易事项满足销售确认条件，如与应收债权有关的风险、报酬实质上已经发生转移等，应按照出售应收债权处理，并确认相关损益。否则，应作为应收债权为质押取得的借款进行会计处理。

（九）审查外币应收账款的折算

检查非记账本位币应收账款的折算汇率及折算是否正确。对于用非记账本位币（通常为外币）结算的应收账款，审计人员应检查被审计单位外币应收账款的增减变动是否采用交易发生日的即期汇率将外币金额折算为记账本位币金额，或者采用按照系统合理的方法确定的、与交易发生日即期汇率近似的汇率折算，选择采用汇率的方法前后各期是否一致；期末外币应收账款余额是否采用期末即期汇率折合为记账本位币金额；折算差额的会计处理是否正确。

（十）确认应收账款的列报是否恰当

如果被审计单位是上市公司，则其财务报表附注通常应披露期初、期末余额的账龄分析，期末欠款金额较大的单位账款，以及持有5%以上（含5%）股份的股东单位账款等情况。

三、坏账准备的实质性程序

企业会计准则规定，企业应当在期末对应收账款进行检查，并预计可能产生的坏账损失。应收款项包括应收票据、应收账款、预付款项、其他应收款和长期应收款等，下面我们以应收账款相关的坏账准备为例，阐述坏账准备审计常用的实质性程序。

（一）取得或编制坏账准备明细表

复核加计正确，与坏账准备总账数、明细账合计数核对相符。

（二）分析性复核程序

通过计算坏账准备余额占应收账款余额的比例并和以前期间的相关比例比较，评价应收账款坏账准备计提的合理性。将应收账款坏账准备本期计提数和资产减值损失相应明细项目的发生额核对相符。

（三）检查应收账款坏账准备计提和核销

检查应收账款坏账准备计提和核销的批准程序，评价坏账准备所依据的资料、假设及计提方法。

企业通常应采用备抵法核算计提坏账损失，计提坏账损失的具体方法由企业自行确定。企业应当列出目录，具体注明计提坏账的范围、提取方法、账龄的划分和提取比例，按照管理权限，经股东大会或董事会，或经理（厂长）会议或类似机构批准，并依照法律、行政法规的规定报有关各方备案；同时，备置于公司所在地，以供投资者查阅。坏账准备提取方法一经确定，不得随意变更。如需变更，仍然应按照上述程序批准后报经有关各方备案，并在财务报表附注中说明变更的内容和理由、变更的影响数等。

在确定坏账准备的计提比例时，企业应当根据以往的经验，债务单位的实际财务状况和现金流量的情况，以及其他相关信息合理地估计。除有确凿证据表明该项应收账款不能收回，或收回的可能性不大时（如债务单位撤销、破产、资不抵债、现金流量严重不足、发生严重的自然灾害等导致停产而短时间内无法偿付债务等，以及应收款项逾期 3 年以上），下列各种情况一般不能全额计提坏账准备：①当年发生的应收账款，以及未到期的应收账款；②计划对应收账款进行重组；③与关联方发生的应收账款；④其他已逾期，但无确凿证据证明不能收回的应收账款。

(四)审查坏账损失

实际发生坏账损失的,检查转销依据是否符合有关规定,会计处理是否正确,对于被审计单位在被审计期间内发生的坏账损失,审计人员应检查其原因是否清楚,是否符合有关规定,有无授权批准,有无做坏账处理后又重新收回的应收账款,相应的会计处理是否正确。对有确凿证据表明确实无法收回的应收账款,如债务单位已撤销、破产、资不抵债、现金流量严重不足等,企业应根据管理权限,经股东(大)会或董事会,或经理(厂长)办公会或类似机构批准作为坏账损失,冲销提取的坏账准备。

(五)检查长期挂账的应收账款

审计人员应检查应收账款明细账及相关原始凭证,查找有无资产负债表日后仍未收回的长期挂账应收账款,如有,应提请被审计单位作适当处理。

(六)检查函证结果

对债务人回函中反映的例外事项及存在争议的余额,审计人员应查明原因并做记录。必要时,应建议被审计单位作相应的调整。

(七)确定应收账款坏账准备的披露是否恰当

企业应当在财务报表附注中清晰地说明坏账的确认标准、坏账准备的计提方法和计提比例。并且上市公司还应在财务报表附注中披露以下事项:

(1)本期全额计提坏账准备,或计提坏账准备的比例较大的(计提比例一般超过40%及以上的,下同),应说明计提的比例及理由。

(2)以前期间已全额或部分计提坏账准备,或计提比例较大但在本期又全额或部分收回的,或通过重组或其他方式收回的,应说明其原因、原估计计提比例的理由以及原估计计提比例的合理性。

(3)对某些金额较大的应收账款不计提坏账准备或计提坏账准备比例较低(一般为5%或低于5%)的理由。

(4)本期实际冲销的应收款项及其理由,其中,实际冲销的关联交易产生的应收账款应单独披露。

第四节　其他项目审计

一、应收票据审计

应收票据是企业在经营活动中因销售商品、提供劳务等收到的商业汇票。由于应收票据是在企业赊销业务中产生的，因此，对应收票据的审计也必须结合企业赊销业务一起进行。

（一）应收票据的审计目标

（1）确定应收票据是否存在。

（2）确定应收票据是否归被审计单位所有。

（3）确定应收票据及其坏账准备增减变动的记录及会计处理是否正确。

（4）确定应收票据是否可收回。

（5）确定应收票据的坏账准备的计提方法和比例是否恰当、计提是否充分。

（6）确定应收票据及其坏账准备的年末余额是否正确。

（7）确定应收票据及其坏账准备的披露是否恰当。

（二）应收票据的实质性程序

（1）获取或编制应收票据明细表。应收票据明细表通常包括出票人姓名、出票日期、到期日、金额和利率等资料。复核加计是否正确，并核对其期末余额合计数与报表数、总账数和明细账合计数是否相符。在复核加计正确及与上述有关数额核对相符的基础上，抽查部分票据，并追查相关文件资料，以检查其内容是否正确。有无应转应收账款的逾期应收票据等。

（2）检查库存票据。审计人员应对应收票据进行盘点，并逐项与应收票据登记簿结存的应收票据余额核对，编制“应收票据盘点表”。盘点时应注意票据的种类、号码、签收日期、到期日、票面金额、票面利率、合同交易号、付款人、承兑人、背书人姓名或单位名称、贴现日期、贴现率、收款日期、收回金额等内容填写是否齐全，签章有无疑问，以辨别真伪，并留意有无未入账的应收票据、已作抵押的和银行退回的票据。

（3）函证应收票据。函证应收票据的目的在于证实其存在性和可收回性。必要时，抽取部分票据向出票人函证，并编制函证结果汇总表。

(4)审查大额应收票据验证其交易是否真实存在。

(5)复核带息票据的利息计算是否正确。主要审查应收票据的利息收入是否正确、合理。审计人员可独立计算利息，并与账面所列金额对比。如果两者不符，则应加以分析。特别要对“财务费用——利息收入”账户中那些与应收票据账户所列任何票据均不相关的贷方金额加以注意，因为这些贷项可能代表据以收取利息的应收票据未入账。

(6)复核已贴现应收票据的利息计算及会计处理是否正确。对于已贴现的应收票据，核对收款凭证等资料，并与对应科目“银行存款”的有关记录一致。审查其贴现额与贴现利息的计算是否正确，通过审查相关凭证，确定贴现的会计处理方法是否恰当。复核、统计已贴现以及已转让但未到期的应收票据的金额。

(7)检查非记账本位币应收票据的折算汇率是否正确。

(8)检查应收票据相关的坏账准备。

(9)检查应收票据的列报是否恰当。审计人员应检查被审计单位资产负债表中应收票据项目的数额是否与审定数相符，是否删除了已贴现票据，会计报表附注中应披露的内容是否充分。如果被审计单位是一般企业，其已贴现的商业承兑汇票应在报表下端补充资料内的“已贴现的商业承兑汇票”项目中加以反映；如果被审计单位是上市公司，其会计报表附注通常应披露贴现或用作抵押的应收票据的情况和原因说明，以及持有其5%(含5%)以上股份的股东单位欠款情况。

在销售与收款循环中，除了以上介绍的财务报表项目外，还有预收款项、长期应收款、应交税费、其他业务收入、营业税金及附加、销售费用和未确认融资费用等项目，由于篇幅所限，本教材简要阐述这些项目的审计目标和实质性程序。但需要强调的是，这些审计目标和实质性程序并不是一成不变的，审计人员应结合具体审计情况，运用专业判断合理增删。

二、预收款项审计

预收款项是指销货企业在销售货物或提供劳务之前，按照合同规定向购货单位预先收取的部分货款。由于预收款项是随着销售业务的发生而发生的，审计人员应结合企业的销售业务对预收款项进行审计。

(一)预收款项的审计目标

(1)确定期末预收款项是否存在。

(2)确定期末预收款项是否为被审计单位应履行的偿还义务。

(3)确定预收款项的发生及偿还记录是否完整。

(4)确定预收款项的期末余额是否正确。

(5)确定预收款项的列报是否恰当。

(二)预收款项的实质性程序

1. 获取或编制预收款项明细表

复核加计预收款项明细表正确,并核对其期末余额合计数与报表数、总账数和明细账合计数是否相符。

2. 检查预收账款的金额是否正确

(1)请被审计单位协助,在预收款项明细表上标出至审计日止已转销的预收款项,对已转销金额较大的预收款项进行检查,核对记账凭证、仓库发运凭证、销售发票等,并注意这些凭证发生日期的合理性。

(2)抽查预收款项有关的销售合同、仓库发运凭证、收款凭证,检查已实现销售的商品是否及时转销预收款项,确保预收款项期末余额的正确性和合理性。

(3)检查预收款项是否存在借方余额,决定是否建议作重分类调整。

(4)对税法规定应予纳税的预收销售款,结合应交税费项目,检查是否及时、足额计缴有关税金。

3. 函证预收账款

选择预收款项的若干重大项目函证,通常应选择大额或账龄较长项目、关联方项目、主要客户作为函证对象。回函金额不符的,应查明原因并做出记录或适当调整;未回函的应再次函证或通过检查决算日后已转销的预收款项是否与仓库发货单、销售发票相一致等替代程序,确定其是否真实、正确。并根据回函情况编制函证结果汇总表。

4. 检查长期挂账的预收款项

检查预收款项长期挂账的原因,并做出记录,防止利用预收款项弄虚作假,必要时提请被审计单位予以调整。

5. 检查以非记账本位币结算的预收货款所采用的折算率和汇兑损益的处理是否正确

6. 检查预收款项的列报是否恰当

如果被审计单位是上市公司,其会计报表附注通常应披露持有其5%(含5%)以上股份的股东单位账款情况,并说明账龄超过1年的预收款项未结转的原因。

三、长期应收款审计

(一)长期应收款的审计目标

(1)确定长期应收款和未实现融资收益是否存在。

(2)确定长期应收款和未实现融资收益是否归被审计单位所有。

(3)确定长期应收款的发生、收回和未实现融资收益的入账、摊销的记录是否完整。

(4)确定长期应收款是否可收回。

(5)确定长期应收款的坏账准备的计提方法和比例是否恰当、计提是否充分。

(6)确定长期应收款及其坏账准备和未实现融资收益的期末余额是否正确。

(7)确定长期应收款及其坏账准备和未实现融资收益的列报是否恰当。

(二)长期应收款的实质性程序

(1)取得或编制长期应收款和未实现融资收益明细表。

复核加计长期应收款和未实现融资收益明细表正确,并与总账数和明细账合计数核对相符。

(2)检查未实现融资收益的入账和摊销等的会计处理是否正确。

(3)检查采用递延方式、具有融资性质销售形成的长期应收款的相关销售合同或协议。

(4)函证重大的长期应收款。

(5)检查与长期应收款相关的坏账准备的确认和处理。

①审计人员应检查被审计单位对已经处理的坏账的文件,确认坏账是否符合规定的条件。

②检查被审计单位坏账的处理是否经授权批准,有关会计处理是否正确。

(6)检查非记账本位币结算的长期应收款的汇率折算是否正确。

(7)检查长期应收款和未实现融资收益的列报是否恰当。

四、应交税费审计

企业在一定时期内取得的营业收入和实现的利润,要按规定向国家交纳相应的税金。应交税费是企业根据有关规定,按照一定的纳税依据和适用的税率应该缴给有关部门的税金,包括应缴纳的增值税、消费税、营业税、所得税、资源税、土地增值税、城市维护建设税、房产税、土地使用税、车船使用税和个人所得税、教育费附加等。由于应交税费项目与国家的税法及税务机关的征管工作紧密相连，政策性、法律性较强。因此，审计人员对于应交税费的项目审计更要慎重。

(一)应交税费的审计目标

(1)确定期末应交税费是否存在。

(2)确定期末应交税费是否为被审计单位应履行的义务。

(3)确定应计和已缴税费的记录是否完整。

(4)确定应交税费的期末余额是否正确。

(5)确定应交税费的披露是否恰当。

(二)应交税费的实质性程序

1. 获取或编制应交税费明细表

获取或编制应交税费明细表，复核其加计，并核对其期末余额与报表数、总账数和明细账合计数是否相符。

2. 检查应交税费的金额是否正确

向被审计单位索要并审阅纳税申报资料、纳税鉴定或纳税通知及征、免、减税的批准文件和税务机关汇算清缴确认文件，了解被审计单位适用的税种、计税基础、税率，以及征、免、减税的范围与期限，确认其在被审计期间内的应纳税内容。

3. 检查应交增值税的计算是否正确

(1)对税务部门的汇总清缴文件进行有效性分析，核对期初未交税金与税务机关的认定数是否一致，如有差额，查明原因并做出记录，必要时建议作适当调整。

(2)将"应交增值税明细表"与被审计单位增值税纳税申报表进行核对，检查进项、销项的入账与申报期间是否一致，金额是否相符，增值税纳税申报表有无经税务机关认定。

(3)抽查一定期间的进项税抵扣汇总表，与应交增值税明细表相关数额合计数核对，注意进口货物、购进的免税农产品、接受投资或捐赠、接受应税劳务等应计的进项税额是否按规定进行了会计处理；因存货改变用途或发生非常损失应计的进项税额转出数的计算是否正确，是否按规定进行了会计处理。

(4)根据已审定的主营业务收入、其他业务收入复核销项税额。注意用于非应税项目集体福利、个人消费、投资、捐赠、分配给股东或投资者等税法规定视同销售应税行为的计算是否正确，是否按规定进行了会计处理。

4. 检查应交营业税的计算是否正确

结合主营业务税金及附加和其他业务利润等项目的审计，根据审定的当期营业额，检查营业税的计税依据是否正确，适用税率是否符合税法规定，是否按规定进行了会计处理，并分项复核本期应交数；抽查本期已交营业税资料，确定已交数的正确性。

5. 检查应交消费税的计算是否正确

结合主营业务税金及附加等项目，根据审定的应税消费品销售额(或数量)，检查消费税的计税依据是否正确。适用税率(或单位税额)是否符合税法规定，是否按规定进行了会计处理，并分项复核本期应交消费税税额；抽查本期已交消费税资料，确定已交数的正确性。

6. 检查应交城市维护建设税、应交车船牌照税和房产税的计算是否正确

7. 检查应交所得税的计算是否正确

结合所得税项目，确定应纳税所得额及企业所得税税率，复核应交的所得税计算是否正确，是否按规定进行了会计处理；抽查本期已交所得税资料，确定已交数的正确性。

8. 检查应交税费的列报是否恰当

五、营业税金及附加审计

营业税金及附加是指企业由于销售商品、提供劳务等负担的税金及附加。

(一)营业税金及附加的审计目标

(1)确定记录的营业税金及附加是否已经发生。

(2)确定记录的营业税金及附加是否完整。

(3)确定与营业税金及附加有关的金额及其他数据是否准确。

(4)确定营业税金及附加是否已记录于正确的会计期间。

(5)确定营业税金及附加的内容是否正确。

(6)确定营业税金及附加的列报是否恰当。

(二)营业税金及附加的实质性程序

(1)获取或编制营业税金及附加明细表。复核加计营业税金及附加明细表正确，与报表数、总账数及明细账合计数核对相符，并检查其明细项目的设置是否符合规定的核算内容与范围。

(2)检查营业税金及附加各项目的范围与税种是否符合有关规定。

(3)检查营业税金及附加计算及金额是否正确。

(4)复核各项税费与应交税费的勾稽关系。

(5)检查减免税的项目是否真实,理由是否充分,手续是否完备。

(6)检查营业税金及附加的列报是否恰当。

六、销售费用审计

销售费用是指企业在销售过程中发生的费用。

(一)销售费用的审计目标

(1)确定记录的销售费用是否已经发生。

(2)确定记录的销售费用是否完整。

(3)确定与销售费用有关的金额及其他数据是否准确。

(4)确定销售费用是否已记录于正确的会计期间 。

(5)确定销售费用的内容是否正确。

(6)确定销售费用的列报是否恰当。

(二)销售费用的实质性程序

1.获取或编制销售费用明细表

复核加计销售费用明细表正确,与报表数、总账数及明细账合计数核对相符,并检查其明细项目的设置是否符合规定的核算内容与范围,是否划清了销售费用和其他费用的界限。

2.实施分析程序

将本期销售费用与上期销售费用进行比较,并将本期各月的销售费用进行比较,分析检查有无重大波动和异常情况,如有,应查明原因,并作适当处理。

3.检查销售费用开支的合规性

检查销售费用各项目开支标准是否符合有关规定,开支内容是否与被审计单位的产品销售等活动有关。

4.检查销售费用的金额及会计处理是否正确

(1)核对销售费用有关项目金额与累计折旧、应付工资、预提费用等项目相关金额的钩稽关系,如有不符,应查明原因并作适当处理。

(2)选择重要或异常的销售费用,检查其原始凭证是否合法,会计处理是否正确，必要时，对销售费用实施截止测试，检查有无跨期入账的现象，对于重大跨期项目应建议作必要调整。

(3)检查销售费用的结转金额是否正确、合规，查明有无多转、少转或不转销售费用，人为调节利润的情况。

5. 检查销售费用的列报是否恰当

思考题

1. 销售与收款循环中涉及哪些主要业务活动?
2. 销售与收款循环中涉及哪些主要凭证和会计记录?
3. 销售与收款循环的关键内部控制有哪些？如何进行控制测试?
4. 什么是销售截止测试?
5. 主营业务收入的审计目标和实质性程序有哪些?
6. 应收账款、坏账准备的审计目标和实质性程序有哪些?

第十章　购置与付款循环审计

本章导读

购置与付款业务是企业支付货币取得物品或劳务的过程，是企业生产经营管理中的一个重要环节；购置与付款业务循环所涉及的财务报表项目主要是资产负债表项目，如固定资产、应付账款、长期应付款、在建工程、工程物资、固定资产清理、无形资产、预付款项、长期待摊费用、应付票据等；所涉及的利润表项目通常为管理费用。本章介绍了购置与付款业务循环所涉及的主要业务活动、主要凭证和记录，介绍了该循环的内部控制及控制测试，以固定资产、应付账款等典型账户为例，详细讲述了其审计目标和实质性程序，并对该循环涉及的其他财务报表项目的实质性程序进行了介绍。

主要内容

- 购置与付款循环业务活动及控制测试
- 固定资产审计
- 应付账款审计
- 其他项目审计

第一节　购置与付款循环业务活动及控制测试

企业在建立购置与付款循环业务处理程序时，需要健全以采购申请、经济合同、结算凭证、验收入库单据为载体的控制系统，加强请购、采购、验收、付款关键点的控制，严格规范与处理购置与付款业务各类凭证和会计记录。购置与付款业务的主要凭证和会计记录包括：请购单、订购单、验收单、卖方发票、付款凭单、转账凭证、付款凭证、应付账款明细账、库存现金日记账和银行存款日记账、卖方对账单等。

一、主要业务活动

购置与付款交易通常需要经过请购—订货—验收—付款这样的程序，在内部控制比较健全的情况下，购置与付款循环所涉及的主要业务活动及其适当的控制程序和相关的认定如下：

（一）请购商品和劳务

购置与付款循环业务活动的起点是请购商品和劳务，一般情况下，大多数企业对正常经营所需物资的购买均作一般授权，企业仓库部门负责对需要购买的已列入存货清单的项目填写请购单，其他部门也可以对所需要购买的未列入存货清单的项目编制请购单。但对资本支出和租赁合同，企业政策则通常要求作特别授权，只允许指定人员提出请购。由于企业内不少部门都可以填列请购单，不便事先编号，为加强控制，每张请购单必须经过对这类支出预算负责的主管人员签字批准。请购单是采购交易的"发生"认定的凭据之一。

（二）编制订购单

采购部门在收到经预算主管人员签字批准的请购单后向供应商发出订购单。订购单要填写商品品名、数量、价格、厂商名称和地址，预先进行编号并经过被授权的采购人员签名。订购单正联送交供应商，订购单副联送至企业内部的验收部门、应付凭单部门和编制请购单的部门。对每张订购单，采购部门应确定最佳的供应来源。特别是一些大额、重要的采购项目，必须采取竞价方式确定供应商，以保证供货的质量、及时性和成本的低廉。同时，独立检查订购单的处理，以确定是否确实收到商品并正确入账，该检查与采购交易的"完整性"认定有关。

（三）验收商品

有效的订购单代表企业已授权验收部门接受供应商发运来的商品。验收部门首先应比较所收商品与订购单上的要求是否相符，如商品的品名、说明、数量、到货时间等，然后再盘点商品并检查商品有无损坏。验收后，验收部门应对已收货的每张订购单编制一式多联、预先编号的验收单，作为验收和检验商品的依据。验收人员将商品送交仓库或其他请购部门时，应取得经过签字的收据，或要求其在验收单的副联上签收，以确立他们对所采购的资产应负的保管责任。验收人员还应将其中的一联验收单送交应付凭单部门。验收单是支持资产或费用以及与采购有关的负债的"存在或发生"认定的重要凭证。定期独立检查验收单的顺序以确定每笔采购交易都已编制凭单,则与采购交易的"完整性"认定有关。

(四)储存已验收的商品存货

将已验收商品的保管与采购的其他职责相分离,可减少未经授权的采购和盗用商品的风险。存放商品的仓储区应相对独立,限制无关人员接近。这些控制与商品的"存在"认定有关。

(五)编制付款凭单

记录采购交易之前,应付凭单部门应编制付款凭单。这项功能的控制包括:

(1)确定供应商发票的内容与相关的验收单、订购单的一致性。

(2)确定供应商发票计算的正确性。

(3)编制有预先编号的付款凭单,并附上支持性凭证(如订购单、验收单和供应商发票等)。这些支持性凭证的种类,因交易对象的不同而不同。

(4)独立检查付款凭单计算的正确性。

(5)在付款凭单上填入应借记的资产或费用账户名称。

(6)由被授权人员在凭单上签字,以示批准照此凭单要求付款。经适当批准和有预先编号的凭单为记录采购交易提供了依据,且与"存在"、"完整性"和"计价和分摊"等认定有关。

(六)确认与记录负债

正确确认已验收货物和已接受劳务的债务,要求准确、及时地记录负债。应付账款确认与记录相关部门,有责任核查购置的财产,并在应付凭单登记簿或应付账款明细账中加以记录。在收到供应商发票时,应付账款部门应将发票上所记载的品名、规格、价格、数量与订货单上的有关资料核对,与验收单上的资料进行比较。

应付账款确认与记录的一项重要控制是要求记录现金支出的人员不得经手现金、有价证券和其他资产。在手工系统下,应将已批准的未付款凭单送达会计部门,据以编制有关记账凭证和登记有关账簿。会计主管应监督为采购交易而编制的记账凭证中账户分类的适当性;通过定期核对编制记账凭证的日期与凭单副联的日期,监督入账的及时性;核对所记录的凭单总数与应付凭单部门送来的每日凭单汇总表是否一致;检查应付账款总账余额与应付凭单部门未付款凭单档案中的总金额是否一致。

(七)付款

付款业务通常是指由应付凭单部门负责确定未付凭单并在到期日付款。企业有多种款项结算方式,如果以支票结算方式付款,则编制和签署支票的有关控制包括:

(1)独立检查已签发支票的总额与所处理的付款凭单的总额的一致性。

(2)应由被授权的财务部门的人员负责签署支票。

(3)被授权签署支票的人员应确定每张支票都附有一张已经适当批准的未付款凭单,并确定支票收款人姓名和金额与凭单内容的一致性。

(4)支票一经签署就应在其凭单和支持性凭证上用加盖印戳或打洞等方式将其注销,以免重复付款。

(5)支票签署人不应签发无记名甚至空白的支票。

(6)支票应预先连续编号,保证支出支票存根的完整性和作废支票处理的恰当性。

(7)应确保只有被授权的人员才能接近未经使用的空白支票。

(八)记录现金、银行存款支出

当付款业务以银行存款支出方式完成,会计部门应根据已签发的支票编制付款记账凭证,并据以登记银行存款日记账及其他相关账簿。有关控制包括:

(1)会计主管应独立检查记入银行存款日记账和应付账款明细账的金额的一致性,以及与支票汇总记录的一致性。

(2)通过定期比较银行存款日记账记录的日期与支票副本的日期,独立检查入账及时性。

(3)独立编制银行存款余额调节表。

资料来源:中国注册会计师协会编.审计.北京:经济科学出版社.2007:324-326.

需要说明的是,对购置与付款交易进行审计时,可以通过设计购置与付款业务循环内部控制调查表来进行,具体内容见表10-1。

二、控制测试和交易的实质性程序

购置与付款交易测试包括采购交易测试和付款交易测试两个部分,采购交易测试与本章前面讨论的八项主要业务活动中的前六项有关,即请购商品和劳务,编制订购单,验收商品,储存已验收的商品存货,编制付款凭单,确认与记录债务。付款交易测试则与八项主要业务活动中的后两项有关,即支付负债和记录现金、银行存款支出两项业务活动。

(一)采购交易的控制测试和交易的实质性程序

如果被审计单位具有健全并且运行良好的相关内部控制,审计人员把审计重点放在控制测试和交易的实质性程序上,则既可以降低审计风险,又可大大减少报表项目实质性程序的工作量,提高审计效率。如果忽视购置与付款循环的控制测试及相应的交易实质性程序,仅仅依赖于对这些具体财务报表项目余额实施实质性程序,则审计工作不仅费时、费力,而且也难以保证审计质量。在审计执行过程中,审计人员可以将与采购交易有关的内部控制目标、关键的内部控制点、常用的控制测试程序和交易实质性程序汇集在一起,具体列示企业设立的采购交易内部控制目标、相对应的一项或数项主要的内部控制点、常用的控制测试程序以及采购交易的实质性程序,具体内容在表 10-2 中列示。

表 10-1　　购置与付款业务循环内部控制调查表

被审计单位名称:　　检查人员:　　执行日期:

检查内容:购置与付款循环内部控制制度　　复核人员:　　执行日期:

调查内容	是	否	不适用	评价
总体情况				
1.请购、采购、验收职责是否与发票传递、应付账款明细账登记、总账登记职责相分离?				
2.请购、采购、验收职责是否相分离?				
3.发票传递、应付账款明细账登记与总账登记职责是否相分离?				
4.批准支付职责与记录现金支付、登记总账分录职责是否相分离?				
5.支付批准职责是否与支付职责相分离?				
请购				
1.项目执行单位是否根据批准的可行性研究报告和年度采购计划,进行采购安排或向项目办提交货物采购清单?				
2.上报采购清单是否经授权人员对采购内容、方案和金额等进行审核和批准?				
3.项目执行单位和项目办是否对本部门编制的采购清单预先编号并对编号加以控制?				
4.请购单位是否在采购清单后附有采购预算?				

续表 10-1

调查内容	是	否	不适用	评价
采购				
1.采购是否经过批准?				
2.对采购订单和合同的签署是否设有控制程序?				
3.是否由采购部门之外的责任人定期复核采购价格?				
4.签发采购订单和合同是否用编号或其他合适的方式加以控制?				
5.采购部门是否保留了价目表和其他相应的报价单?				
6.是否对不符合采购部门所制定质量或业绩标准的供货商予以记录?				
7.是否对公开采购和有关协议保留了足够的记录?				
8.合同或采购订单的变更是否遵循了与原协议相同的控制和批准程序?				
验收				
1.对所有直接采购或经上级采购部门转来的货物是否均编制验收报告?				
2.是否有程序确保就货物短缺或损坏向承运人或供货商索赔,或向上级采购部门报告?				
3.是否对收到的货物进行清点和检查?				
4.是否将收到的货物与采购合同或上报的采购清单加以对比?				
5.验收报告是否连续编号?				
6.对特定用途的货物或设备采购,是否委派技术专家来监督评价合同的执行情况并批准验收?				
发票传递、支付和会计处理				
1.对所收到的货物发票,是否通过以下方式进行了检查:				
(1)是否与收货记录(验收报告)相比较?				
(2)是否将发票上的数量、价格等与采购订单相比较?				
(3)审查发票的小计、计算和总计是否正确?				
2.是否只有在发票和相关文件被审核后才可确定应付款项或予以支付?				
3.付款是否经授权签字人审核?				
4.会计部门是否保存当前有权批准支出的人员名单?				
5.是否对收到的货物进行了恰当的会计处理?				

表 10-2　　　　采购交易的控制目标、内部控制和测试一览表

内部控制目标	关键的内部控制	内部控制测试	交易的实质性测试
所记录的采购都已收到物品或已接受劳务，并符合购货方的最大利益（存在）	请购单、订货单、验收单和卖方发票一应俱全，并附在付款凭单后； 购货按正确的级别批准； 对卖方发票、验收单、订货单和请购单作内部核查	查验付款凭单后是否附有单据； 核准购货标志； 检查内部核查的标志	复核采购明细账、总账及应付账款明细账，注意是否有大额或不正常的金额； 检查卖方发票、验收单、订货单和请购单的合理性和真实性； 追查存货的采购至存货永续盘存记录； 检查取得的固定资产
已发生的采购业务均已记录（完整性）	订货单均经事先编号并已登记入账； 验收单均经事先编号并已登记入账； 卖方发票均经事先编号并已登记入账	检查订货单连续编号的完整性； 检查验收单连续编号的完整性； 卖方发票连续编号的完整性	从验收单追查至采购明细账； 从卖方发票追查至采购明细账
所记录的采购业务估价正确（准确性、计价和分摊）	计算和金额的内部查核； 控制采购价格和折扣的批准	检查内部检查的标志； 审核批准采购价格和折扣的标志	将采购明细账中记录的业务同卖方发票、验收单和其他证明文件比较； 验算包括折扣和运费在内的卖方发票填写的准确性
采购业务的分类正确（分类）	采用适当的会计科目表； 分类的内部核查	审查工作手册和会计科目表； 检查有关凭证上内部核查的标记	参照卖方发票，比较会计科目表上的分类
采购业务按正确的日期记录（截止）	要求一收到商品或接受劳务就记录购货业务； 内部核查	检查工作手册并观察有无未记录的卖方发票存在； 检查内部核查标志	将验收单和卖方发票上的日期与采购明细账中的日期进行比较
采购业务被正确记入应付账款和存货等明细账中，并被准确汇总（准确性、计价和分摊）	应付账款明细账内容的内部查核	检查内部查核的标志	通过加计采购明细账，追查过入采购总账和应付账款、存货期细账的数额是否准确，测试过账和汇总的准确性

资料来源：中国注册会计师协会编．审计．北京：经济科学出版社，2007：327.

需要说明的是，在执行审计程序时，审计人员应根据表中所列示内容的精神实质，充分考虑被审计单位的具体情况和审计质量、审计成本效益原则将其转换为更实用、高效的审计方案。由于被审计单位的情况复杂多样，因此对采购交易的控制测试和交易的实质性程序等内容都只是从定性的角度进行阐述。在进行审计时，审计人员应当结合被审计单位情况，运用职业判断和审计抽样技术来合理确定审计测试的样本量。

正是由于购置与付款循环控制测试的重要性，审计人员往往对这一循环采用属性抽样审计方法。在测试该循环中的大多数属性时，通常选择相对较低的可容忍误差。另外，购置与付款循环中各财务报表项目所涉及的业务交易量和金额的大小往往十分悬殊，使得审计人员在审计时常将其中大额的和不寻常的项目筛选出来，百分之百地加以测试。

1.对表10-2列示内容的具体说明

(1)所记录的采购都确已收到商品或接受劳务。假如审计人员对被审计单位在这个目标上的控制的恰当性感到满意，那么为查找不正确的、没有真实发生的交易而执行的测试程序就可大为减少。恰当的控制可以防止那些主要使企业管理层和职员们而非企业本身受益的交易，作为企业的费用支出或资产入账。例如，职员未经批准就购置个人用品，或通过在付款凭单登记簿上虚记一笔采购而侵吞公款；支付企业管理人员在俱乐部的个人会费、支付管理人员及其家属的度假费用等。企业如果对这些不正当的、站不住脚的交易不能控制或控制不充分，审计人员在审计中就需对与这些交易有关的单据进行广泛的检查。

(2)已发生的采购交易都已记录。应付账款是因在正常的商业过程中接受商品和劳务而产生的尚未付款的负债。已经验收的商品和接受的劳务若未予以入账，将直接影响应付账款余额，从而低计企业的负债。如果审计人员确信被审计单位所有的采购交易均已准确、及时地登记入账，就可以从了解和测试其内部控制入手进行审计，从而大大减少对固定资产和应付账款等财务报表项目实施实质性程序的工作量，从而有效地降低审计成本。

(3)所记录的采购交易估价正确。资产、负债和费用项目的估价有赖于相关采购交易在采购明细账上的正确记录，对这些报表项目实施实质性程序的范围，在很大程度上取决于审计人员对被审计单位采购交易内部控制执行效果的评价。假如审计人员认为其采购交易内部控制执行良好，则审计人员对这些报表项目计价准确性实施的实质性程序的数量，显然要比采购交易内部控制不健全或形同虚设的企业少得多。

当被审计单位对存货采用永续盘存制核算时，如果审计人员确信其永续盘存记录是准确、及时的，存货项目的实质性程序就可予以简化。被审计单位对永续盘存手续中的采购环节的内部控制，一般应作为审计中对采购交易进行控制测试的对象之一，在审计中起着关键作用。如果这些控制能有效地运行，并且永续盘存记录中又能反映出存货的数量和单位成本，则还可以因此减少存货监盘和存货单位成本测试的工作量。

2.采购交易的内部控制及其测试

(1)适当的职责分离。财政部发布的《内部会计控制规范——采购与付款》中规定，单位应当建立采购与付款业务的岗位责任制，明确相关部门和岗位的职责、权限，确保办理采购与付款业务的不相容岗位相互分离、制约和监督。采购与付款业务中有些是不相容岗位，其中包括：请购与审批；询价与确定供应商；采购合同的订立与审批；采购与验收；采购、验收与相关会计记录；付款审批与付款执行。这些都是对单位提出的、有关采购与付款业务相关职责适当分离的基本要求，以确保办理采购与付款业务的不相容岗位相互分离、制约和监督。

(2)内部核查程序。财政部发布的《内部会计控制规范——采购与付款》中，不仅明确了单位应当建立对采购与付款内部控制的监督检查制度，单位监督检查机构或人员应通过实施内控测试和实质性程序，检查采购与付款业务内部控制制度是否健全、各项规定是否得到有效执行，而且明确了采购与付款内部控制监督检查的主要内容，包括：①采购与付款业务相关岗位及人员的设置情况，重点检查是否存在采购与付款业务不相容职务混岗的现象；②采购与付款业务授权批准制度的执行情况；重点检查大宗采购与付款业务的授权批准手续是否健全，是否存在越权审批的行为；③应付账款和预付账款的管理，重点审查应付账款和预付账款支付的正确性、时效性和合法性；④有关单据、凭证和文件的使用和保管情况，重点检查凭证的登记、领用、传递、保管、注销手续是否健全，使用和保管制度是否存在漏洞。

资料来源：中国注册会计师协会编.审计.北京：经济科学出版社.2007：329-330.

(二)付款交易的内部控制及其控制测试

购置与付款循环包括采购和付款两个方面，在内部控制健全的企业，与采购相关的付款交易同样有其内部控制目标和内部控制，审计人员应针对每个具体的内部控制目标确定关键的内部控制，并对此实施相应的控制测试。

1.付款交易的内部控制

财政部发布的《内部会计控制规范——采购与付款》中，对与付款交易相关的内部控制有以下规定：

(1)单位应当按照《现金管理暂行条例》、《支付结算办法》和《内部会计控制规范——货币资金》等规定办理采购付款业务。

(2)单位财会部门在办理付款业务时,应当对采购发票、结算凭证、验收证明等相关凭证的真实性、完整性、合法性及合规性进行严格审核。

(3)单位应当建立预付账款和定金的授权批准制度,加强预付账款和定金的管理。

(4)单位应当加强应付账款和应付票据的管理,由专人按照约定的付款日期、折扣条件等管理应付款项。已到期的应付款项需经有关授权人员审批后方可办理结算与支付。

(5)单位应当建立退货管理制度。对退货条件、退货手续、货物出库、退货货款回收等做出明确规定,及时收回退货款。

(6)单位应当定期与供应商核对应付账款、应付票据、预付款项等往来款项。如有不符,应查明原因,及时处理。

2.付款交易的内部控制测试

审计人员必须了解被审计单位的内部控制,确定其存在哪些关键的内部控制。一旦审计人员确认了每一目标的有效控制和薄弱环节,就要对每一目标的控制风险做出初步评估,通过制订计划确定对哪些控制实施控制测试。付款交易中的控制测试的性质取决于内部控制的性质,而付款交易的实质性程序的实施范围,在一定程度上取决于关键控制是否存在以及控制测试的结果。对于付款交易测试的内容可以设计以下几个方面。

(1)收到的货物发票是否与收货记录(验收报告)相比较。

(2)收到的货物发票是否将发票上的数量、价格等与采购订单相比较。

(3)审查发票的小计、计算和总计是否正确。

(4)是否只有在发票和相关文件被审核后才可确定应付款项或予以支付。

(5)付款是否经授权签字人审核。

(6)会计部门是否保存当前有权批准支出的人员名单。

需要说明的是对与这些目标有关的、旨在发现金额错误的交易实质性程序,则应根据对控制风险的初步评估和计划实施的控制测试加以确定。当审计人员对每一项目目标制定了审计测试程序后,把这些审计测试程序综合起来即构成一个能够有效执行的审计方案。

(三)固定资产的内部控制及其控制测试

固定资产在企业资产总额中一般都占有较大的比例,固定资产的安全、完整对企业的生产经营影响极大,审计人员应对固定资产的内部控制及其控制测试予以高度重视。固定资产管理一旦失控，所造成的损失将远远超过一般的商品存货等流动资产；为了确保固定资产的真实、完整、安全和有效利用，被审计单位应当建立和健全固定资产的内部控制。

1. 固定资产的内部控制

(1)规范的固定资产预算制度。预算制度是固定资产内部控制中最重要的部分。通常，大中型企业应编制旨在预测与控制固定资产增减和合理运用资金的年度预算；小规模企业即使没有正规的预算，对固定资产的购建也要事先加以计划。审计人员应注意检查固定资产的取得与处置是否依据预算，对实际支出与预算之间的差异以及未列入预算的特殊事项，检查其是否履行特别的审批手续。如果固定资产增减均能处于良好的经批准的预算控制之下，审计人员即可减少针对固定资产增加、减少实施的实质性程序的样本量。

(2)完善的授权批准制度。完善的授权批准制度包括：企业的资本性支出预算只有经过董事会等高层管理机构批准方可生效；所有固定资产的取得和处置均需经企业管理当局的书面认可。审计人员不仅要检查授权批准制度本身是否完善，还要关注授权批准制度是否得到切实执行。

(3)严格的账簿记录制度。除固定资产总账外，被审计单位还需设置固定资产明细分类账和固定资产登记卡，按固定资产类别、使用部门和每项固定资产进行明细分类核算。固定资产增减变化均有原始凭证。一套设置完善的固定资产明细分类账和登记卡，将为审计人员分析固定资产的取得和处置、复核折旧费用和修理支出的列支带来帮助。

(4)明确的职责分工制度。对固定资产的取得、记录、保管、使用、维修、处置等，均应明确划分责任，由专门部门和专人负责。明确的职责分工制度，有利于防止舞弊，降低审计人员的审计风险。

(5)界定资本性支出和收益性支出的区分制度。企业应制定区分资本性支出和收益性支出的书面标准。通常需明确资本性支出的范围和最低金额，凡不属于资本性支出的范围、金额低于下限的任何支出，均应列作费用并抵减当期收益。

(6)固定资产的处置制度。固定资产的处置包括投资转出、报废、出售等，均要有一定的申请报批程序。

(7)固定资产的定期盘点制度。对固定资产的定期盘点，是验证账面各项固定资产是否真实存在、了解固定资产放置地点和使用状况以及发现是否存在未入账固定资产的必要手段。审计人员应了解和评价企业固定资产盘点制度，并应注意查询盘盈、盘亏固定资产的处理情况。

(8)固定资产的维护保养制度。企业所设立的固定资产维护保养制度，其目的是为了防止其因各种自然和人为的因素而遭受损失。企业应建立日常维护和定期检修制度，以延长固定资产的使用寿命。

资料来源：刘明辉主编. 审计. 大连：东北财经大学出版社，2009：309.

2. 固定资产内部控制测试

就被审计单位而言，由于固定资产在其资产总额中占有很大的比重，固定资产的购建会影响其现金流量，而固定资产的折旧、维修等费用则是影响其损益的重要因素，审计人员应对固定资产内部控制测试设计以下内容：

(1)了解和描述该循环的内部控制。收集和审阅与该循环有关的资料、文件。结合实地观察并采用适当的方法加以描述。

(2)验证固定资产的新增手续。验证固定资产的各种手续是否齐全，审批文件上授权签章是否符合制度规定的级别。核对明细账记录与有关部门提供的清单是否一致；固定资产取得成本是否与预算相符，有无重大差异。

(3)验证固定资产退废手续。索取固定资产报废、出售、对外投资、调出等文件，检查这些文件上的各种审批手续是否齐全，同时抽查固定资产利用记录，确定报废、出售、调出以及对外投资的适当性。

(4)抽验固定资产验收报告。索取固定资产验收报告，验证其验收部门是否确属独立的部门，验收报告填写的内容是否全面，必要时抽验实物加以核对。

(5)检查固定资产账、卡的设置情况。检查固定资产管理部门、使用部门有无明细账和卡片，是否一物一卡，随时登记增减变动，并定期与财会部门的账簿记录相核对。

(6)评价固定资产内部控制。一般而言，固定资产内部控制的目标主要是保护固定资产的安全完整、确保固定资产会计信息的准确性和可靠性、促进固定资产招标、采购、使用、日常维护、处置等办事效率的提高。

第二节 固定资产审计

由于固定资产在企业资产总额中一般占有较大的比例，审计人员应对固定资产的审计予以高度重视。固定资产科目余额反映企业所有固定资产的原价，累计折旧科目余额反映企业固定资产的累计折旧数额，固定资产减值准备科目余额反映企业对固定资产计提的减值准备数额，固定资产项目余额由固定资产科目余额扣除累计折旧科目余额和固定资产减值准备科目余额构成，这三项都属于固定资产的审计范围。固定资产审计主要是审核会计期间内固定资产的增减变动及折旧费用的适当性，同时应当关注固定资产清理、其他应收款、营业外收入、营业外支出、管理费用等相关项目。

一、固定资产的审计目标

固定资产的审计目标一般包括：

(1)确定固定资产是否存在。

(2)确定固定资产是否归被审计单位所有或控制。

(3)确定固定资产的计价方法是否恰当。

(4)确定固定资产的折旧政策是否恰当。

(5)确定折旧费用的分摊是否合理、一贯。

(6)确定固定资产减值准备的计提是否充分、完整，方法是否恰当。

(7)确定固定资产、累计折旧和固定资产减值准备的记录是否完整、期末余额是否正确以及披露是否恰当。

二、固定资产账面余额的实质性程序

(一)获取或编制固定资产和累计折旧分类汇总表

固定资产和累计折旧分类汇总表，是审计固定资产和累计折旧的重要工作底稿，审计人员首先应检查固定资产的分类是否正确，并与总账数和明细账合计数核对相符，结合累计折旧、减值准备科目与报表数核对相符。参考格式如表 10-3 所示。

表 10-3 固定资产和累计折旧分类汇总表

被审计单位： 编制人： 日期：
复核人： 日期：

固定资产类别	固定资产				累计折旧					
	期初余额	本期增加	本期减少	期末余额	折旧方法	折旧率	期初余额	本期增加	本期减少	期末余额
合计										

资料来源：中国注册会计师协会编. 审计. 北京：经济科学出版社，2007：336.

汇总表包括固定资产与累计折旧两部分，应按照固定资产类别分别填列。需要解释的是，当被审计单位的固定资产数量多、价值大、占资产总额比重高时，审计人员应全面审计被审计单位设立以来，“固定资产”和“累计折旧”账户中的所有重要的借贷记录。这样，既可核实期初余额的真实性，又可从中加深对被审计单位固定资产管理和会计核算工作的了解。

(二)实施固定资产的实质性分析程序

(1)计算固定资产原值与全年产量的比率，并与以前年度比较，分析其波动原因，可能发现闲置固定资产或已减少固定资产未在账户上注销的问题。

(2)计算本期计提折旧额与固定资产总成本的比率，将此比率同上期比较，旨在发现本期折旧额计算上可能存在的错误。

(3)计算累计折旧与固定资产总成本的比率，将此比率同上期比较，旨在发现累计折旧核算上可能存在的错误。

(4)比较本期各月之间、本期与以前各期之间的修理及维护费用，旨在发现资本性支出和收益性支出区分上可能存在的错误。

(5)比较本期与以前各期的固定资产增加和减少。由于被审计单位的生产经营情况不断变化，各期之间固定资产增加和减少的数额可能相差很大。审计人员应当深入分析其差异，并根据被审计单位以往和今后的生产经营趋势，判断差异产生的原因是否合理。

(6)分析固定资产的构成及其增减变动情况，与在建工程、现金流量表、生产能力等相关信息交叉复核，检查固定资产相关金额的合理性和准确性。

(三)实地检查重要固定资产

实地检查重要固定资产的目的是确定其是否存在，关注是否存在已报废但仍挂账的固定资产；如果首次接受审计，审计人员应适当扩大检查范围。

实施实地检查审计程序时，审计人员可以以固定资产明细分类账为起点，进行实地追查，以证明会计记录中所列固定资产确实存在，并了解其目前的使用状况；也可以以实地为起点，追查至固定资产明细分类账，以获取实际存在的固定资产均已入账的证据。实地检查的重点是本期新增加的重要固定资产，必要时可扩展到以前期间增加的重要固定资产。

(四)验证固定资产的所有权

审计人员应获取、收集不同的证据，来确定各类固定资产是否归被审计单位所有。对外购的机器设备等固定资产，通常经审核采购发票、采购合同等予以确定；

对于房地产类固定资产，尚需查阅有关的合同、产权证明、财产税单、抵押借款的还款凭据、保险单等书面文件；对融资租入的固定资产，应验证有关融资租赁合同，证实其并非经营租赁；对受留置权限制的固定资产，通常需要审核被审计单位的有关负债项目。

（五）审计固定资产的增加

一般而言，固定资产的增加包括购置、自行建造、投资者投入、融资租入、更新改造、以非现金资产抵偿债务方式取得或以应收债权换入、以非货币性资产交换方式换入、经批准无偿调入、接受捐赠和盘盈等多种途径，相应涉及货币资金、应付账款、预付款项、在建工程、股本、资本公积、长期应付款、递延所得税负债等项目。被审计单位如果不正确核算固定资产的增加，将对资产负债表和利润表产生长期的影响。固定资产的增加有多种途径，审计中应注意：

（1）对于外购固定资产，直接通过核对采购合同、发票、保险单、发运凭证等资料，抽查测试其入账价值是否正确，授权批准手续是否齐备，会计处理是否正确；如果购买的是房屋建筑物，还应检查企业缴纳契税的会计处理是否正确；检查以分期付款方式购买固定资产的入账价值及其会计处理是否正确。

（2）对于在建工程转入的固定资产，审计人员应检查竣工决算、验收和移交报告是否相符，与在建工程的相关记录是否核对相符，借款费用资本化金额的计算是否恰当；对已经达到预定可使用状态，但尚未办理竣工决算手续的固定资产，检查其是否已按估计价值入账，并按规定计提折旧；是否待确定实际成本后再对固定资产原价进行了调整。

（3）对于投资者投入的固定资产，检查投资者投入的固定资产是否按投资各方确认的价值入账，并检查确认价值是否公允，交接手续是否齐全；涉及国有资产的，审计人员应检查是否有评估报告并经国有资产管理部门评审备案或核准确认。

（4）对于更新改造增加的固定资产，检查增加的原值是否符合资本化条件，会计处理是否正确；重新确定的剩余折旧年限是否恰当。

（5）对于融资租赁增加的固定资产，获取融资租入固定资产的相关证明文件，检查融资租赁合同主要内容，并结合长期应付款、未确认融资费用科目检查相关的会计处理是否正确。

（6）检查固定资产的后续支出是否符合资本化条件，会计处理是否正确。

（7）对于通过其他途径增加的固定资产，应检查增加固定资产的原始凭证，核对其计价及会计处理是否正确，法律手续是否齐全。

(六)查验固定资产的减少

固定资产的减少主要包括出售、向其他单位投资转出、向债权人抵债转出、报废、毁损、盘亏等。审计的主要目的就在于查明业已减少的固定资产是否已做适当的会计处理。

审计固定资产的减少，其审计要点包括：结合固定资产清理科目，抽查固定资产账面转销额是否正确；检查出售、盘亏、转让、报废或毁损的固定资产是否经授权批准，会计处理是否正确；检查因修理、更新改造而停止使用的固定资产的会计处理是否正确；检查投资转出固定资产的会计处理是否正确；检查债务重组或非货币性资产交换转出固定资产的会计处理是否正确；检查转出的投资性房地产账面价值及会计处理是否正确；检查其他减少固定资产的会计处理是否正确。

(七)验证固定资产后续支出核算

检查固定资产后续支出的核算是否符合《企业会计准则第 4 号——固定资产》的规定，假设与固定资产有关的后续支出同时满足下列两个确认条件：一是该固定资产包含的经济利益很可能流入企业，二是该固定资产的成本能够可靠计量，则应当将该后续支出计入固定资产成本；否则，应当在该后续支出发生时计入当期损益。对于固定资产发生的下列各项后续支出，通常的处理方法为：

(1)固定资产修理费用，应当直接计入当期费用。

(2)固定资产改良支出，应当计入固定资产账面价值，其增计后的金额不应超过该固定资产的可收回金额。

(3)如果不能区分是固定资产修理还是固定资产改良，或固定资产修理和固定资产改良结合在一起，则企业应按上述原则进行判断，其发生的后续支出，分别计入固定资产价值或计入当期费用。

(4)固定资产装修费用，符合上述原则可予资本化的，在两次装修期间与固定资产尚可使用年限两者中较短的期间内，采用合理的方法单独计提折旧。如果在下次装修时，该固定资产相关的固定资产装修项目仍有余额，应将该余额一次全部计入当期营业外支出。

(八)审查固定资产的租赁

审查固定资产的租赁一般分为经营租赁和融资租赁两种。

检查经营性租赁时，应查明：

(1)固定资产的租赁是否签订了合同、租约，手续是否完备，合同内容是否符合国家规定，是否经相关管理部门的审批。

(2)租入的固定资产是否确属企业必需，或出租的固定资产是否确属企业多余、闲置不用的，双方是否认真履行合同，其中是否存在不正当交易。

(3)租金收取是否签有合同，有无多收、少收现象。

(4)租入固定资产是否已登入备查簿。

(5)租入固定资产改良支出的核算是否符合规定。

在融资租赁中，租入单位向租赁公司借款购买固定资产，分期归还本息，付清全部本息后就取得了固定资产的所有权。租入企业在固定资产租赁期间，对融资租入的固定资产应按企业自有固定资产一样管理，并计提折旧、进行维修。在检查融资租赁固定资产时，除可参照经营租赁固定资产检查要点以外，还应注意融资租入固定资产的计价是否正确，并结合长期应付款、未确认融资费用等科目检查相关会计处理是否正确。

对于融资租入固定资产发生的固定资产后续支出，应当按照自有固定资产发生的后续支出的处理原则予以处理。

(九)确认固定资产的信息披露

财务报表附注通常应说明固定资产的标准、分类、计价方法和折旧方法；融资租入固定资产的计价方法；固定资产的预计使用寿命和预计净残值；对固定资产所有权的限制及其金额(披露企业因贷款或其他原因而以固定资产进行抵押、质押或担保的类别、金额、时间等情况)；已承诺将为购买固定资产支付的金额；暂时闲置的固定资产账面价值(披露暂时闲置的固定资产账面价值，导致固定资产暂时闲置的原因，如开工不足、自然灾害或其他情况等)；已提足折旧仍继续使用的固定资产账面价值；已退废和准备处置的固定资产账面价值。固定资产因使用磨损或其他原因而需退废时，企业应及时对其处置。如果其已处于处置状态而尚未转销时，企业应披露这些固定资产的账面价值。

如果被审计单位是上市公司，则通常应在其财务报表附注中按类别分项列示固定资产期初余额、本期增加额、本期减少额及期末余额；说明固定资产中存在的在建工程转入、出售、置换、抵押或担保等情况；披露通过融资租赁租入的固定资产每类租入资产的账面原值、累计折旧、账面净值；披露通过经营租赁租出的固定资产每类租出资产的账面价值。

资料来源：中国注册会计师协会编. 审计. 北京：经济科学出版社，2007：336-340.

三、固定资产累计折旧的实质性程序

通常情况下，影响折旧的因素有固定资产的账面原价、固定资产的残余价值和使用寿命三个方面。在考虑固定资产减值准备的前提下，影响折旧的因素则包括折旧的基数、累计折旧、固定资产减值准备、固定资产预计净残值和固定资产尚可使用年限五个方面。在计算折旧时，由于固定资产的残余价值、清理费用、固定资产的使用寿命难以准确计算，在一定程度上具有主观性的特点。累计折旧的实质性程序包括：

(一)获取或编制累计折旧分类汇总表

获取或编制累计折旧分类汇总表，复核加计正确，并与总账数和明细账合计数核对相符。

(二)检查折旧政策和方法

检查被审计单位制定的折旧政策和方法是否符合相关会计准则的规定，确定其所采用的折旧方法是否能在固定资产预计使用寿命内合理分摊其成本，前后期是否一致，预计使用寿命和预计净残值是否合理。

《企业会计准则第 4 号——固定资产》明确规定：企业应当根据与固定资产有关的经济利益的预期实现方式，合理选择固定资产折旧方法：年限平均法、双倍余额递减法和年数总和法等；折旧方法一经选定，不得随意调整。企业至少应当于每年年度终了对固定资产的使用寿命、预计净残值和折旧方法进行复核，如果固定资产使用寿命预计数和净残值预计数与原先估计数有差异，应当作相应调整。

(三)累计折旧的实质性程序

(1)复核折旧计提的总体合理性。在不考虑固定资产减值准备的前提下，计算、复核的方法是用应计提折旧的固定资产原价乘本期的折旧率。计算之前，审计人员应对本期增加和减少固定资产、使用寿命长短不一的和折旧方法不同的固定资产作适当调整。如果总的计算结果和被审计单位的折旧总额相近，且固定资产及累计折旧的内部控制较健全时，就可以适当减少累计折旧和折旧费用的其他实质性程序工作量。

(2)分析折旧计提额的合理性和准确性。计算本期计提折旧额占固定资产原值的比率，并与上期比较，以此分析本期折旧计提额的合理性和准确性。

(四)复核折旧费用的计提和分配

(1)了解被审计单位的折旧政策是否符合规定，计提折旧范围是否正确，确定的使用寿命、预计净残值和折旧方法是否合理；如果采用加速折旧法，其折旧政策是否有批准文件。

(2)检查被审计单位折旧政策前后期是否一致。

(3)复核本期折旧费用的计提是否正确。

①已计提部分减值准备的固定资产，计提的折旧是否正确。按照《企业会计准则第 4 号——固定资产》的规定，已计提减值准备的固定资产的应计折旧额应当扣除已计提的固定资产减值准备累计金额，按照该固定资产的账面价值以及尚可使用寿命重新计算确定折旧率和折旧额。

②已全额计提减值准备的固定资产，是否已停止计提折旧。

③因更新改造而停止使用的固定资产是否已停止计提折旧，因大修理而停止使用的固定资产是否照提折旧。

④对融资租入固定资产发生的、按规定可予以资本化的固定资产装修费用，是否在两次装修期间、剩余租赁期与固定资产尚可使用年限三者中较短的期间内计提折旧。

⑤对采用经营租赁方式租入的固定资产发生的改良支出，是否在剩余租赁期与租赁资产尚可使用年限两者中较短的期间内计提折旧。

⑥未使用、不需用和闲置的固定资产是否按规定计提折旧。

(4)检查折旧费用的分配是否合理，是否与上期一致；分配计入各项目的金额占本期全部折旧计提额的比例与上期比较是否有重大差异。

(五)执行分析性程序

审计人员应将“累计折旧”账户贷方的本期计提折旧额与相应的折旧费用明细账户的借方发生额相比较，以查明所计提折旧金额是否全部摊入本期产品成本费用。一旦发现差异，应及时追查原因，并考虑是否应建议作适当调整。

如果被审计单位是上市公司，通常应在其财务报表附注中按固定资产类别分项列示累计折旧期初余额、本期计提额、本期减少额及期末余额。

资料来源：中国注册会计师协会编.审计.北京：经济科学出版社，2007:342.

四、固定资产减值准备的实质性程序

固定资产减值是指固定资产的可收回金额低于其账面价值的部分，其可收回金额应当根据固定资产的公允价值减去处置费用后的净额与资产预计未来现金流量的现值两者之间的较高者确定；处置费用包括与固定资产处置有关的法律费用、相关税费、搬运费以及为使固定资产达到可销售状态所发生的直接费用等。

(一)固定资产发生减值的情况

(1)固定资产的市价当期大幅度下跌，其跌幅明显高于因时间的推移或正常使用而预计的下跌。

(2)企业经营所处的经济、技术或者法律等环境以及固定资产所处的市场在当期或者将在近期发生重大变化，从而对企业产生不利影响。

(3)市场利率或其他市场投资回报率在当期已经提高，从而影响企业计算固定资产预计未来现金流量现值的折现率，导致固定资产可收回金额大幅度降低。

(4)有证据表明固定资产陈旧过时或者其实体已经损坏。

(5)固定资产已经或者将被闲置、终止使用或者计划提前处置。

(6)企业内部报告的证据表明固定资产的经济绩效已经低于或者将低于预期，如固定资产所创造的净现金流量或者实现的营业利润(或者损失)远远低于(或者高于)预计金额等。

固定资产存在上述迹象，导致其可收回金额低于账面价值的，应当将固定资产的账面金额减记至可收回金额，将减记的金额确认为固定资产减值损失，计入当期损益，同时计提相应的固定资产减值准备。

(二)固定资产减值准备的实质性程序

固定资产减值准备的实质性程序一般包括：

(1)获取或编制固定资产减值准备明细表，复核加计正确，并与总账数和明细账合计数核对相符。

(2)检查固定资产减值准备计提和核销的批准程序，取得书面报告等证明文件。

(3)检查计提固定资产减值准备的依据是否充分及会计处理是否正确。

(4)实施实质性分析程序，计算本期末固定资产减值准备占期末固定资产原值的比率，并与期初该比率比较，分析固定资产的质量状况。

(5)检查被审计单位处置固定资产时原计提的减值准备是否同时结转,会计处理是否正确。

(6)检查是否存在转回固定资产减值准备的情况。按照企业会计准则规定,固定资产减值损失一经确认,在以后会计期间不得转回。

(7)确定固定资产减值准备的披露是否恰当。企业应当在财务报表附注中披露当期确认的固定资产减值损失金额、企业提取的固定资产减值准备累计金额。如果发生重大固定资产减值损失的,还应当说明导致重大固定资产减值损失的原因,固定资产可收回金额的确定方法,以及当期确认的重大固定资产减值损失的金额。

如果被审计单位是上市公司,其财务报表附注中通常还应分项列示计提的固定资产减值准备金额、增减变动情况以及计提的原因。

第三节　应付账款审计

应付账款是企业在正常经营过程中,因购买原材料、商品、物资或接受劳务等而应付给供应商的款项,它属于短期债务,审计人员应结合购货业务进行应付账款的审计。

一、应付账款的审计目标

应付账款的审计目标一般包括:确定资产负债表中记录的应付账款是否存在;确定所有应当记录的应付账款是否均已记录;确定应付账款期末余额是否正确,确定应付账款是否在财务报表中作出恰当的披露。

二、应付账款的实质性程序

(一)获取或编制应付账款明细表

获取或编制应付账款明细表,复核加计正确,并与报表数、总账数和明细账合计数核对是否相符;分析出现借方余额的项目,查明原因,必要时,作重分类调整;结合预付账款等往来项目的明细余额,调查有无异常余额或与购货无关的其他款项(如关联方账户),如果有,则应做出记录,必要时应进行调整。

(二)执行实质性分析程序

根据被审计单位实际情况,选择以下方法对应付账款执行实质性分析程序。

将期末应付账款余额与期初余额进行比较,分析波动原因;分析长期挂账的应付账款,要求被审计单位做出解释,判断被审计单位是否缺乏偿债能力或利用应付账款隐瞒利润;关注账龄超过3年的大额应付账款在资产负债表日后是否偿还,检查偿还记录、单据及披露情况;计算应付账款与存货的比率,应付账款与流动负债的比率,并与以前年度相关比率对比分析,评价应付账款整体的合理性;分析存货和营业成本等项目的增减变动,判断应付账款增减变动的合理性。

(三)函证应付账款

应付账款与应收账款审计的不同点在于,一般情况下并非必须函证应付账款,这是因为函证不能保证查出未记录的应付账款,况且审计人员能够取得采购发票等外部凭证来证实应付账款的余额。但如果控制风险较高,某应付账款明细账户金额较大或被审计单位处于财务困难阶段,则应进行应付账款的函证。

在进行函证时,审计人员应选择较大金额的债权人,以及那些在资产负债表日金额不大,甚至为零,但为企业重要供货人的债权人,作为函证对象。函证最好采用积极函证方式,并具体说明应付金额。

应付账款同应收账款的函证一样,审计人员必须对函证的过程进行控制,要求债权人直接回函,并根据回函情况编制与分析函证结果汇总表,对未回函的,应考虑是否再次函证。如果存在未回函的重大项目,审计人员应采用替代审计程序,如可以检查决算日后应付账款明细账及库存现金和银行存款日记账,核实应付账款是否已支付,同时检查该笔债务的相关凭证资料,如购买合同、购货发票、商品验收单,以核实其真实性。

(四)验证应付账款的会计处理

检查应付账款是否计入正确的会计期间,是否存在未入账的应付账款。

(1)检查债务形成的相关原始凭证,如供应商发票、验收报告或入库单等,查找有无未及时入账的应付账款,确定应付账款期末余额的完整性。

(2)检查资产负债表日后应付账款明细账贷方发生额的相应凭证,关注其购货发票的日期,确认其入账时间是否合理。

(3)应从非财务部门(如采购部门)获取被审计单位与其供应商之间的对账单,将对账单和被审计单位财务记录之间的差异进行调节(如在途款项、在途货物、付款折扣、未记录的负债等），查找有无未入账的应付账款，确定应付账款金额的准确性。

(4)针对资产负债表日后付款项目，检查银行对账单及有关付款凭证，如银行划款通知、供应商收据等，询问被审计单位内部或外部的知情人员，查找有无未及时入账的应付账款。

(5)结合存货监盘程序，检查被审计单位在资产负债日前后的存货入库资料，如验收报告、入库单等，检查是否有大额料到单未到的情况，确认相关负债是否计入了正确的会计期间。

如果审计人员通过这些程序发现某些未入账的应付账款，应将有关情况详细记入工作底稿，然后根据其重要性确定是否需建议被审计单位进行相应的调整。

(五)执行其他审计程序

(1)针对已偿付的应付账款，追查至银行对账单、银行付款单据和其他原始凭证，检查其是否在资产负债表日前已经偿付。

(2)针对异常或大额交易、重大调整事项，如大额的购货折扣或退回，会计处理异常的交易，未经授权的交易，或缺乏支持性凭证的交易等，检查相关原始凭证和会计记录，以分析交易的真实性、合理性。

(3)检查带有现金折扣的应付账款，是否按发票上记载的全部应付金额入账，检查在实际获得现金折扣时是否已经冲减财务费用。

(4)检查应付账款是否已按照企业会计准则的规定在财务报表中作出恰当列报。一般来说，“应付账款”项目应根据“应付账款”和“预付账款”科目所属明细科目的期末贷方余额的合计数填列。

被审计单位如果为上市公司，一般应在其财务报表附注中说明有无欠持有5%以上（含5%）表决权股份的股东单位账款；说明账龄超过3年的大额应付账款未偿还的原因，并在期后事项中反映资产负债表日后是否偿还。

资料来源：中国注册会计师协会编．审计．北京：经济科学出版社，2007：334．

第四节　其他项目审计

除审计以上固定资产、应付账款等财务报表项目外，购置与付款循环审计还包括无形资产、预付款项、在建工程、工程物资、长期待摊费用、应付票据、长期应付款和管理费用等项目。特别需要强调的是，本教材对以上项目只列示其审计目标和相应的实质性程序。实际上，这些审计目标和实质性程序并不是一成不变的，审计人员应视具体审计情况，在审计时运用专业判断对其做出合理增删。

一、无形资产审计

无形资产是指企业拥有或者控制的没有实物形态的可辨认非货币性资产。包括专利权、非专利技术、商标权、著作权、土地使用权等。

(一)无形资产的审计目标

无形资产的审计目标一般包括：确定无形资产是否存在；确定无形资产是否归被审计单位所有；确定无形资产增减变动及其摊销的记录是否完整；确定无形资产的摊销政策是否恰当；确定无形资产、累计摊销的期末余额是否正确；确定无形资产、累计摊销的披露是否恰当。

(二)无形资产的实质性程序

(1)获取或编制无形资产明细表，复核加计正确，并与总账数和明细账合计数核对相符，结合累计摊销、无形资产减值准备科目与报表数核对相符。

(2)检查无形资产科目的核算内容是否符合规定，特别关注土地使用权的核算是否正确。

(3)检查无形资产的权属证书原件、非专利技术的持有和保密状况等，并获取有关协议和董事会纪要等文件、资料，检查无形资产的性质、构成内容、计价依据、使用状况和受益期限，确定无形资产的所有权和存在性。

(4)检查无形资产的增加。

①检查投资者投入的无形资产是否按投资各方确认的价值入账，并检查确认价值是否公允，交接手续是否齐全；涉及国有资产的，是否有评估报告并经国有资产管理部门评审备案或核准确认；为首次发行股票而接受投资者投入的无形资产其入账价值是否符合现行规定。

②对自行研发取得、购入或接受捐赠的无形资产，检查其原始凭证，确认计价是否正确，法律程序是否完备(如依法登记、注册及变更登记的批准文件和有效期)；会计处理是否正确。

③对债务重组或非货币性资产交换取得的无形资产，检查有关协议等资料，确认其计价和会计处理是否正确。

④检查本期购入土地使用权相关税费计缴情况，与购入土地使用权相关的会

计处理是否正确。

(5)检查无形资产的减少。

①取得无形资产处置的相关合同、协议,检查其会计处理是否正确。

②检查房地产开发企业取得的土地用于建造对外出售的房屋建筑物,相关土地使用权是否转入所建造房屋建筑物的成本。在土地上自行开发建造厂房等建筑物的,土地使用权和地上建筑物是否分别进行摊销和计提折旧。

③当土地使用权用于出租或增值目的时,检查其是否转为投资性房地产核算,会计处理是否正确。

(6)检查被审计单位确定无形资产使用寿命的依据,分析其合理性。

(7)检查无形资产的后续支出是否合理;会计处理是否正确。

(8)结合长、短期借款等项目审计,了解是否存在用于债务担保的无形资产。如有,则应取证并记录,并提请被审计单位作恰当披露。

(9)确定无形资产的披露是否恰当。

(三)无形资产—累计摊销的实质性程序

(1)获取或编制无形资产累计摊销明细表,复核加计正确,并与总账数和明细账合计数核对相符。

(2)检查无形资产各项目的摊销政策是否符合有关规定,是否与上期一致,若改变摊销政策,检查其依据是否充分。注意使用期限不确定的无形资产不应摊销,但应当在每个会计期间对其使用寿命进行复核。

(3)检查被审计单位是否在年度终了,对使用寿命有限的无形资产的使用寿命和摊销方法进行复核,其复核结果是否合理。

(4)检查无形资产的应摊销金额是否为其成本扣除预计残值和减值准备后的余额。检查其预计残值的确定是否合理。

(5)复核本期摊销是否正确,与相关科目核对是否相符。

(6)确定累计摊销的披露是否恰当。

资料来源:中国注册会计师协会编.审计.北京:经济科学出版社,2007:350.

二、预付款项审计

预付款项属于企业的流动资产,是企业在采购环节中按采购合同的规定预先支付给供货单位的货款,包括企业进行在建工程预付的工程价款。一般情况下,预付款项的审计应结合购置与付款循环业务的审计进行。

(一)预付款项的审计目标

预付款项的审计目标一般包括:确定预付款项是否存在;确定预付款项是否归被审计单位所有;确定预付款项及其增减变动的记录是否完整;检查预付款项是否可以收回;确定预付款项的期末余额是否正确;确定预付款项的披露是否恰当。

(二)预付款项的实质性审计程序

(1)获取或编制预付款项明细表,复核加计正确,并与总账数和明细账合计数核对相符;结合坏账准备科目与报表数核对相符。

(2)分析预付款项账龄及款项构成,关注账龄超过1年的款项未结转的原因。

(3)检查预付款项是否存在贷方余额,如有,应查明原因,必要时建议作重分类调整。同时,结合应付账款明细账检查有无重复付款或将同一笔已付清的账款在预付款项和应付账款这两个项目同时挂账的情况,必要时建议作调整。

(4)对预付款项实施实质性分析程序的主要方法有:比较期末余额与期初余额,分析其波动原因;通过了解预付购货款惯例以及收到货物的平均天数,分析其账龄是否合理;计算预付购货款借方发生额与主营业务成本的比率;与以前各期比较,分析异常变动的原因;将预付购货款余额的增减幅度与主营业务成本的增减幅度比较;分析异常变动的原因。

(5)检查大额预付工程款增加或者结转是否有相应的审批手续,与相关合同、工程进度是否一致。

(6)按照审计策略,审计人员应选择大额或异常的预付款项重要项目(包括零账户),函证其余额是否正确,并根据回函情况编制函证结果汇总表;回函金额不符的,要查明原因,做出记录或建议作适当调整;未回函的,可再次函证,也可采用替代审计程序进行检查,如检查该笔债权的相关凭证资料,或抽查资产负债表日后预付账款明细账及存货、在建工程明细账,核实是否已收到货物、转销预付账款,并根据替代检查结果判断其债权的真实性。

(7)确定预付款项的披露是否恰当。如果被审计单位是上市公司,还应在其财务报表附注中按不同账龄段列示预付款项余额、各账龄段余额占预付款项总额的比例;说明账龄超过一年的预付款项未收回的原因等情况。

三、在建工程审计

1.在建工程的审计目标

在建工程的审计目标一般包括:确定在建工程是否存在;确定在建工程是否归

被审计单位所有；确定在建工程增减变动的记录是否完整；确定在建工程的计价方法是否正确；确定在建工程的期末余额是否正确；确定在建工程的披露是否恰当。

2.在建工程的实质性程序

(1)获取或编制在建工程明细表，复核加计正确，并与总账数和明细账合计数核对相符。在建工程报表数反映企业期末各项未完工程的实际支出，包括交付安装的设备价值，未完建筑安装工程已经耗用的材料、工资和费用支出、预付分包工程的价款、已经建筑安装完毕但尚未交付使用的工程等的可收回金额。

(2)检查在建工程项目期末余额的构成内容，并实地观察工程现场：确定在建工程是否存在；观察工程项目的实际完工程度；检查是否存在已达到预计可使用状态，但未办理竣工决算手续、未及时进行会计处理的项目。

(3)检查本期在建工程的增减变动情况，各项重大款项支付是否有审批手续，会计处理是否正确。如果被审计单位为上市公司，应将与募集资金相关在建工程的增减变动情况与披露的募集资金使用情况进行核对。

(4)确定在建工程的披露是否恰当。如果被审计单位是上市公司，其财务报表附注中通常应分项列示在建工程的名称、预算数、期初余额、本期增加额、本期转入固定资产额、其他减少数、期末余额、资金来源、工程投入占预算的比例；分项列示期初余额、本期增加额、本期转入固定资产、其他减少数和期末余额中所包含的借款费用资本化金额。其中，工程项目资金来源应区分募股资金、金融机构贷款和其他来源等，用于确定利息资本化金额的资本化率应单独披露。

四、工程物资审计

1.工程物资的审计目标

工程物资的审计目标一般包括：确定工程物资是否存在；确定工程物资是否归被审计单位所有；确定工程物资增减变动的记录是否完整；确定工程物资的期末余额是否正确；确定工程物资的披露是否恰当。

2.工程物资的实质性程序

(1)获取或编制工程物资明细表，复核加计正确，并与总账数和明细账合计数核对相符。

(2)实地检查工程物资，观察是否有呆滞、积压物资，确定工程物资是否存在。

(3)抽查若干工程物资采购合同、发票、货物验收单等原始凭证，检查其是否经过授权批准，会计处理是否正确。

(4)结合在建工程审计，检查工程物资的领用手续是否齐全，会计处理是否正确。

(5)检查被审计单位是否对工程物资定期盘点,对盘盈(亏)是否及时处理;会计处理是否正确。

(6)确定工程物资在资产负债表上的披露是否恰当。如果被审计单位是上市公司,通常应在其财务报表附注中分项列示各类工程物资的期初和期末余额。

五、应付票据审计

应付票据是指企业因购买材料、商品和接受劳务供应等开出、承兑的商业汇票,包括银行承兑汇票和商业承兑汇票。随着商业活动的票据化,企业票据业务将越来越多,应付票据也将成为一个重要的审计领域。应付票据大多是指向供货单位购入材料、商品或劳务时所开出的商业承兑票据,因此,对应付票据的审计需结合购置与付款循环业务审计一起进行。

1.应付票据的审计目标

应付票据的审计目标一般包括:确定期末应付票据是否存在;确定期末应付票据是否为被审计单位应履行的偿还义务;确定应付票据的发生及偿还记录是否完整;确定应付票据期末余额是否正确;确定应付票据的披露是否恰当。

2.应付票据的实质性程序

(1)获取或编制应付票据明细表,复核加计正确,并与应付票据备查簿、报表数、总账数和明细账合计数核对相符。

应付票据明细表一般应列示票据类别及编号、出票日期、面额、到期日、收款人名称、利息率、付息条件以及抵押品的名称、数量和金额等。在核对时,审计人员应注意被审计单位有无漏报、错报票据;有无漏列作为抵押的资产;有无属于应付账款的票据;有无漏计、多计或少计应付利息费用等。

(2)选择应付票据重要项目(包括零账户),函证其余额是否正确。并根据回函情况,编制与分析函证结果汇总表。对未回函的,可再次函证,或采用其他替代审计程序以确定应付票据的真实性。询证函通常应包括出票日、到期日、票面金额、未付金额、已付息期间、利息率以及票据的抵押担保品等项内容。

(3)实施实质性分析程序,以证实应付票据的完整性和合理性及发现需要加以特别关注的事项。

(4)检查应付票据备查簿,抽查若干原始凭证,确定其是否真实。

①检查该笔债务的相关合同、发票、货物验收单等资料,核实交易事项的真实性,复核其应存入银行的承兑保证金,并与其他货币资金的相关项目钩稽。

②抽查资产负债表日后应付票据明细账及库存现金、银行存款日记账，核实期后是否已付款并转销。

③对截至资产负债表日已偿付的应付票据，检查其入账凭证，注意入账日期的合理性。

(5)复核带息应付票据利息是否足额计提，其会计处理是否正确。

(6)检查逾期未兑付应付票据的会计处理是否正确，并建议作充分披露。

(7)确定应付票据是否已在资产负债表上恰当披露。如果被审计单位是上市公司，则其财务报表附注中应披露持有5%以上(含5%)股份的股东单位的应付票据等内容，并按应付票据的种类分项列示其金额。

资料来源：刘明辉主编.审计.大连：东北财经大学出版社，2009：325.

六、长期应付款审计

1.长期应付款的审计目标

长期应付款的审计目标一般包括：确定期末长期应付款是否存在；确定期末长期应付款是否为被审计单位应履行的偿还义务；确定长期应付款的发生、偿还及计息的记录是否完整；确定长期应付款的期末余额是否正确；确定长期应付款的披露是否恰当。

2.长期应付款的实质性程序

(1)获取或编制长期应付款明细表，复核加计正确，并与报表数、总账数和明细账合计数核对是否相符。

(2)验证融资租入固定资产应付款的真实性。审计人员在获取相关的合同或契约时，检查对方是否履行了融资租赁合约规定的义务，授权批准手续是否齐全，有无抵押情况，并作记录；检查最低租赁付款额、每期租金、租赁期和初始直接费用等的确定是否正确，相关会计处理是否正确；检查应付租赁款的支付情况，有无未按合同规定付款，如有，应查明原因并记录。

(3)对于购入有关资产超过正常信用条件延期支付价款或分期付款购入长期资产形成的应付款，审计人员在获取相关的销售合同或协议时，应检查授权批准手续是否齐全；有无抵押情况，并作适当记录；检查合同规定的售价、收款期和折现率等要素，检查入账价值和会计处理是否正确；检查支付情况，有无未按合同规定付款，如有，查明原因并记录。

(4)现场查看交易涉及的资产，并向债权人函证长期应付款。

(5)确定长期应付款的披露是否恰当,注意一年内到期的长期应付款是否在编制报表时重分类至一年内到期的非流动负债。

七、管理费用审计

1.管理费用的审计目标

管理费用的审计目标一般包括:确定记录的管理费用是否已发生,且与被审计单位有关;确定管理费用记录是否完整;确定与管理费用有关的金额及其他数据是否已恰当记录;确定管理费用是否已记录于正确的会计期间;确定管理费用的内容是否正确;确定管理费用的披露是否恰当。

2.管理费用的实质性程序

(1)取得或编制管理费用明细表,复核加计正确,与报表数、总账数及明细账数合计数核对是否相符。

(2)检查管理费用项目的核算内容与范围是否符合规定。

(3)将本期、上期管理费用各明细项目作比较分析。必要时比较各月份管理费用,对有重大波动和异常情况的项目应查明原因,考虑是否提请被审计单位调整。

(4)将管理费用中列支的职工薪酬、研发费用、折旧费以及无形资产、长期待摊费用、其他长期资产的摊销额等项目与相关科目进行交叉钩稽,并做出相应记录。

(5)选择管理费用中数额较大、本期与上期相比变化异常的项目,追查至原始凭证,检查管理费用中有无下列不正常开支。

①董事会费是否已经实际支出并有合法依据。

②业务招待费支出是否合理,如超过规定限额,应建议作纳税调整;差旅费支出是否符合企业开支标准及报销手续;咨询费支出是否符合规定。

③有无诉讼费及赔偿款项支出,并关注是否存在或有损失。

④无形资产的摊销额和筹建期间内发生的开办费核算是否符合规定。

⑤检查大额支出、不均匀支出和有疑问支出的内容和审批手续、权限是否符合有关规定;对为被审计单位行政管理部门等发生的大额固定资产修理费,关注其原因。

⑥检查库存现金、存货等流动资产盘盈盘亏处理是否符合规定。

⑦复核本期发生的房产税、车船税、城镇土地使用税、印花税等税费的核算是否正确。

(6)抽取资产负债表日前后一定数量的凭证,实施截止测试,对于重大跨期项目,应建议作必要调整。

(7)检查管理费用的披露是否恰当。

资料来源:中国注册会计师协会编.审计.北京:经济科学出版社,2007:354-355.

思 考 题

1.购置与付款循环涉及哪些主要业务活动?

2.购置与付款业务涉及哪些主要凭证和会计记录?

3.购置与付款业务循环的关键内部控制有哪些?如何进行控制测试?

4.固定资产的审计目标和实质性程序有哪些?

5.应付账款、管理费用的审计目标和实质性程序有哪些?

第十一章　存货与生产循环审计

本章导读

存货与仓储循环是指企业从请购原材料开始直到形成完工产成品为止的过程。存货与仓储循环涉及的内容主要是存货的管理和生产成本的计算等。本章在存货与生产循环业务活动及控制测试的基础上，介绍了存货、营业成本、应付职工薪酬等报表项目的实质性测试。

主要内容

- 存货与生产循环业务活动及控制测试
- 存货审计
- 营业成本审计
- 应付职工薪酬审计
- 其他项目审计

第一节　存货与生产循环业务活动及控制测试

一、存货与生产循环涉及的主要业务活动

对于制造性企业而言，存货与生产循环所涉及的主要业务活动包括计划和安排生产、发出原材料、生产产品、核算产品成本、储存产成品、发出产成品等。上述业务活动通常涉及生产计划部门、仓库部门、生产部门、人事部门、销售部门、会计部门等。

1. 计划和安排生产

生产计划部门的职责是根据顾客订单或者对销售预测和产品需求的分析来决定生产授权。如决定授权生产，即签发预先编号的生产通知单。该部门通常应将发出的所有生产通知单编号并加以记录控制。此外，还需要编制一份材料需求报

告,列示所需要的材料和零件及其库存。

2.发出原材料

仓库部门的责任是根据从生产部门收到的领料单发出原材料。领料单上必须列示所需的材料数量和种类以及领料部门的名称。领料单可以一料一单,也可以多料一单,通常需一式三联。仓库发料后,将其中一联连同材料交给领料部门,其余两联经仓库登记材料明细账后,送会计部门进行材料收发核算和成本核算。

3.生产产品

生产部门在收到生产通知单及领取原材料后,应将生产任务分解到每一个生产工人,并将所领取的原材料交给生产工人,据以执行生产任务。生产工人在完成生产任务后,将完成的产品交生产部门查点,然后转交检验员验收并办理入库手续;或是将所完成的产品移交下一个部门,作进一步加工。

4.核算产品成本

为了正确核算并有效控制产品成本,必须建立健全成本会计制度,将生产控制和成本核算有机结合在一起。一方面,生产过程中的各种记录、生产通知单、领料单、计工单、入库单等文件资料都要汇集到会计部门,由会计部门对其进行检查和核对,了解和控制生产过程中存货的实物流转;另一方面,会计部门要设置相应的会计账户,会同有关部门对生产过程中的成本进行核算和控制。成本会计制度可以非常简单,只是在期末记录存货余额;也可以是完善的标准成本制度,它持续地记录所有材料处理、在产品和产成品,并形成对成本差异的分析报告。完善的成本会计制度应该提供原材料转为在产品,在产品转为产成品以及按成本中心、分批生产任务通知单或生产周期所消耗的材料、人工和间接费用的分配与归集的详细资料。

5.储存产成品

产成品入库,需由仓库部门先行点验和检查,然后签收。签收后,将实际入库数量通知会计部门。据此,仓库部门确立了本身应承担的责任,并对验收部门的工作进行验证。除此之外,仓库部门还应根据产成品的品质特征分类存放,并填制标签。

6.发出产成品

产成品的发出必须由独立的发运部门进行。所有产成品的发出都应经过适当的审批手续,这种审批控制通常来自销售部门的销售通知单。发运部门在发运之前,应填制一式四联的发运单,一联发运部门留存,一联交仓库部门,一联随货发出送交顾客,一联交会计部门作为给顾客开发票的依据。

二、存货与生产循环涉及的主要凭证

存货与生产循环所涉及的主要凭证包括：

1. 生产任务通知单

生产任务通知单，是企业下达制造产品等生产任务的书面文件，通常由生产管理部门根据客户订单或对市场需求的预测与分析定期制定，用以通知生产车间组织产品制造、供应部门组织材料发放、会计部门组织成本核算。生产任务通知单应连续编号，其内容应包括一段时间内需生产的产品数量以及产品的完工时间等。

2. 领发料凭证

领发料凭证是企业为控制材料发出所采用的各种凭证料单、限额领料单、领料登记簿、退料单等。

3. 产量和工时记录

产量和工时记录是登记工人或生产班组出勤内完成产品数量、质量和生产这些产品所耗费工时数量的原始记录。产量和工时记录的内容与格式是多种多样的，在不同的生产企业中，甚至在同一企业的不同生产车间中，由于生产类型不同而采用不同格式的产量和工时记录。常见的产量和工时记录主要有工作通知单、工序进程单、工作班产量报告、产量通知单、产量明细表、废品通知单等。

4. 薪酬汇总表及人工费用分配表

薪酬汇总表是为了反映企业薪酬的结算情况，并据以进行薪酬结算总分类核算和汇总整个企业薪酬费用而编制的，它是企业进行薪酬费用分配的依据。人工费用分配表是用来反映各生产车间各产品应负担的生产工人薪酬的记录表。

5. 材料费用分配表

材料费用分配表是用来汇总反映各生产车间各产品所耗费的材料费用的原始记录。

6. 制造费用分配汇总表

制造费用分配汇总表是用来汇总反映各生产车间各产品所应负担的制造费用的原始记录。

7. 成本计算单

成本计算单是用来归集、计算某一成本计算对象所应承担的生产费用成本计算对象的总成本和单位成本的记录。

8. 存货明细账

存货明细账是用来反映各种存货增减变动情况和期末库存数量及相关成本信

息的会计记录。

三、存货与生产循环的控制测试

存货与生产循环的内部控制主要包括存货的内部控制、成本会计制度的内部控制及工薪的内部控制三项内容。存货、成本会计制度和工薪内部控制目标、关键控制程序和常用的控制测试分别如表 11-1 至表 11-3 所示。

1. 存货的内部控制测试(表 11-1)

表 11-1　　存货内部控制测试程序表

内部控制目标	关键控制程序	常用控制测试程序
不相容岗位相互分离	存货的请购、审批与执行;存货的采购、验收与付款;存货的保管与相关记录;存货发出的申请、审批与记录;存货处置的申请、审批与记录	检查在凭证中是否包括关键点恰当审批
已验收材料均确附有有效采购订单	抽取验收单检查是否与采购订单内容一致	检查验收单、采购订单内容是否一致
已验收材料均确已准确记录	抽取验收单检查是否输入正确并经复核确认	检查验收单输入是否正确并经复核确认
已验收材料均已记录	抽取验收单检查是否已输入系统	检查验收单是否已输入系统
已验收材料均已于适当期间进行记录	存货盘点报告经适当层次管理层复核	抽取存货盘点报告并检查是否经适当层次复核,有关差异是否得到处理
发出材料均已准确记录	出库单、材料领用申请单经适当层次管理层复核	抽取出库单及相关的原材料领用申请单,检查是否正确输入并经适当层次复核
发出材料均于适当期间进行记录	出库单、材料领用申请单经适当层次管理层复核	抽取出库单及相关的原材料领用申请单,检查是否正确输入并经适当层次复核
已记录的生产成本均为真实发生且与实际成本一致	原材料领用凭证与生产记录日报表是否一致	抽取原材料领用凭证,检查是否与生产记录日报表一致,是否经适当审核,如有差异是否及时处理
已发生的生产成本均已进行记录	生产成本均已记录	抽取核对记录,检查差异是否已得到处理

续表 11-1

内部控制目标	关键控制程序	常用控制测试程序
已发生的生产成本均于适当期间进行记录	生产成本结转凭证与支持性文件一致	抽取生产成本结转凭证检查与支持性文件是否一致并经适当复核
存货流转已完整准确地记录于适当期间	销售成本结转凭证检查与支持性文件一致	抽取销售成本结转凭证检查与支持性文件是否一致并适当复核
完工产成品均于适当期间进行准确记录	产成品验收单、产成品入库单应保持一致	抽取产成品验收单、产成品入库单并检查输入信息是否准确
产成品发运均确已记录	发运通知单、出库单应一致	抽取发运通知单、出库单并检查是否一致
产成品发运均已准确记录	出库单正确输入系统并经适当复核	抽取出库单检查是否正确输入系统并经适当复核
已发运产成品均附有有效销售订单	发运单和相关销售订单应保持一致	抽取发运单和相关销售订单，检查内容是否一致
产成品发运均已于适当期间进行记录	产成品发运在适当期间进行记录	抽取存货盘点报告并检查是否经适当层次复核，有关差异是否得到处理

资料来源：本表根据注册会计师全国统一考试指导教材《审计》改编，北京：经济科学出版社，2008 年.

2. 成本会计制度的内部控制测试(表 11-2)

表 11-2　　成本会计制度内部控制测试程序表

内部控制目标	关键的内部控测	常用的控制测试
生产业务是根据管理层一般或特定的授权进行的(发生)	对以下三个关键点应履行恰当手续，经过特别审批或一般审批：①生产指令的授权批准；②领料单的授权批准；③工薪的授权批准	检查在凭证中是否包括这三个关键点恰当审批
记录的成本为实际发生的而非虚构的(发生)	成本的核算是以经过审核的生产通知单、领发料凭证、产量和工时记录、工薪费用分配表、材料费用分配表、制造费用分配表为依据的	检查有关成本的记账凭证是否附有生产通知单、领发料凭证、产量和工时记录、工薪费用分配表、材料费用分配表、制造费用分配表等原始凭证的顺序编号是否完整

续表 11-2

内部控制目标	关键的内部控测	常用的控制测试
所有耗费和物化劳动均已反映在成本中(完整性)	生产通知单、领发料凭证、产量和工时记录、工薪费用分配表、材料费用分配表、制造费用分配表均事先编号并已经登记入账	检查生产通知单、领发料凭证,产量和工时记录、工薪费用分配表、材料费用分配表、制造费用分配表的顺序编号是否完整
成本以正确的金额,在恰当的会计期间及时记录于适当的账户(发生、完整性、准确性、计价和分摊)	采用适当的成本核算方法,并且前后各期一致;采用适当的费用分配方法并且前后各期一致;采用适当的成本核算流程和账务处理流程;内部核查	选取样本测试各种费用的归集和分配以及成本的计算;测试是否按照规定的成本核算流程和账务处理流程进行核算和账务处理
对存货实施保护措施,保管人员与记录、批准人员相互独立(完整性)	存货保管人员与记录人员职务相分离	询问和观察存货与记录的接触以及相应的批准程序
账面存货与实际存货定期校对相符(存在、完整性、计价和分摊)	定期进行存货盘点	询问和观察存货盘点程序

资料来源:本表根据注册会计师全国统一考试指导教材《审计》改编,北京:经济科学出版社,2008 年.

3. 工薪的控制测试(表 11-3)

表 11-3　　工薪内部控制测试程序表

内部控制目标	关键控制程序	常用控制测试程序	常用的实质性测试程序
工薪账项均经正确批准(发生)	对以下五个关键点应履行恰当手续经过特别审批或一般审批:批准上工;工作时间,特别是加班时间;工资、薪金或佣金;代扣款项;工薪结算表和工薪汇总表	审查人事档案;检查工时卡的有关核准说明;检查工薪记录中有关内部检查标记;检查人事档案中的授权;检查工薪记录中有关核准的标记	将工时卡同工时记录等进行比较
记录的工薪为真实而非虚构(发生)	工时卡经领班核准;用生产记录钟记录工时	检查工时卡的核准说明;检查工时卡;复核人事政策、组织结构图	对本期工薪费用的发生情况进行分析性复核;将有关费用明细账与工薪费用分配表、工薪汇总表、工薪结算表相核对

续表 11-3

内部控制目标	关键控制程序	常用控制测试程序	常用的实质性测试程序
所有已发生的工薪支出已作记录(完整性)	工薪分配表、工薪汇总表完整反映已发生的工薪支出	审查工资分配表、工资汇总表、工资结算表、并核对员工工资手册、员工手册等	对本期工薪费用的发生情况进行分析性复核;将工薪费用分配表、工薪汇总表、工薪结算表与有关费用明细账相核对
工薪以正确的金额,在恰当的会计期间及时记录于适当的账户(发生、完整性、准确性、计价和分摊)	采用适当的工资费用分配方法,并且前后各期一致;采用适当的内务处理流程	选取样本测试工资费用的归集和分配;测试是否按照规定的账务处理流程进行账务处理	对本期工薪费用进行分析性复核;检查工薪的计提是否正确,分配方法是否与上期一致
人事、考勤、工薪发放、记录之间相互分离(准确性)	人事、考勤、工薪发放、记录等职务相互分离	询问和观察各项职责执行情况	

资料来源:本表根据注册会计师全国统一考试指导教材《审计》改编,北京:经济科学出版社,2008 年.

第二节 存货审计

《企业会计准则第 1 号——存货》规定,存货是指企业在日常活动中持有以备出售的产成品或商品、处在生产过程中的在产品、在生产过程或提供劳务过程中耗用的材料和物料等。存货审计通常也是审计中最复杂也最费时的部分,尤其是对年末存货余额的测试。由于存货的控制测试在本章第一节已经讲述,本节所讲的存货审计是对存货的实质性程序。

一、存货审计的目标

存货的重大错报对于流动资产、营运资本、总资产、销售成本、毛利以及净利润都会产生直接的影响。存货的重大错报对于其他某些项目,如利润分配和所得税,也具有间接影响。审计中许多复杂和重大的问题都与存货有关。存货、产品生产和销售成本构成了会计、审计乃至企业管理中最为普遍、重要和复杂的问题。存货审计在整个财务报表审计中占有十分重要的地位,其审计目标是:

(1)确定存货是否存在。

(2)确定存货增减变动的记录是否完整。

(3)确定存货由被审计单位拥有或控制。

(4)确定存货是否以恰当的金额包括在财务报表中,与之相关的计价调整是否已恰当记录。

(5)确定存货是否已按照企业会计准则的规定在财务报表中作出恰当列报。

存货审计目标与财务报表认定之间的关系如表 11-4 所示。

表 11-4　　审计目标与认定对应关系

审计目标	财务报表认定				
	存在	完整性	权利和义务	计价和分摊	列报
A资产负债表中记录的存货是存在的	√				
B所有应当记录的存货均已记录		√			
C记录的存货由被审计单位拥有或控制			√		
D存货以恰当的金额包括在财务报表中,与之相关的计价调整已恰当记录				√	
E存货已按照企业会计准则的规定在财务报表中作出恰当列报					√

一般来说,存货的实质性测试主要包括存货的监盘、存货的函证、存货的截止测试、存货的计价测试、存货减值准备和存货在财务报表的列报与披露等审计内容。

二、存货审计的实质性程序

(一)获取或编制存货导引表

企业存货种类繁多,审计人员在进行存货的实质性测试时,首先应该选取或编制存货导引表,核对"物资采购"、"原材料"、"包装物"、"低值易耗品"、"材料成本差异"、"委托加工材料"、"自制半成品"、"库存商品"、"分期收款发出商品"、"生产成本"等账户,验证各账户余额是否与存货明细账和总账的余额相符,如果不符,应查明原因,并作记录和相应调整。该实质性测试为"估价或分摊"认定提供依据。存货导引表格式如表 11-5 所示。

表 11-5 **存货导引表**

被审计单位：________ 索引号：ZI5

项目：________ 财务报表截止日/期间：________

编制：________ 复核：________

日期：________ 日期：________

工作底稿索引号	项目	年初余额			年末余额		
		调整前	审计调整	调整后	调整前	审计调整	调整后
	在途材料/材料采购						
	原材料						
	包装物						
	材料成本差异						
	低值易耗品						
	库存商品(产成品)						
	自制半成品、在产品						
	委托加工物资						
	委托代销商品						
	分期收款发出商品						
	其他						
	合计						
	减：存货跌价准备						
	存货报表金额						
注释：							
结论	【经审计/经审计调整】，存货余额可以确认。						

(二)执行分析性程序

注册会计师在存货与循环审计中往往需要大量运用分析性程序取审计证据，通常运用的方法主要是简单比较法和比率分析法。

1.简单比较法

(1)比较前后各期及本年各个月份存货余额及其构成，以评价期末存货余额及其构成的总体合理性。

(2)比较前后各期待摊费用、预提费用及待处理流动资产损失，以评价其总体合理性。

(3)对每月存货成本差异进行比较，以确定是否存在调节成本的现象。

(4)比较前后各期及本年度内各月份生产成本总额及单位生产成本，以评价本期生产成本的总体合理性。

(5)比较前后各期及本年度各月份制造费用总额及其构成，以评价制造费用及其构成的总体合理性。

(6)比较前后各期及本年度内部各月份工资费用的发生额，以评价工资费用的合理性。

(7)比较前后各期及本年度内各月份主营业务成本总额及单位销售成本，以评价主营业务成本的总体合理性。

(8)比较前后各期及本年度内各月份直接材料成本，以评价直接材料成本的总体合理性。

(9)将存货余额与现有的订单、资产负债表日后各期的销售额和下一年度的预测销售额进行比较，以评估存货滞销和跌价的可能性。

(10)将存货跌价损失准备与本年度存货处理损失的金额相比较，判断被审计单位是否计提足额的跌价损失准备。

(11)将与关联企业发生的存货交易频率、规模、价格和账款结算条件，与非关联企业对比，判断被审计单位是否利用与关联企业存货的交易，虚构业务、调节利润。

2.比率分析法

(1)存货周转率。利用存货周转率进行纵向比较或与其他同行企业进行横向比较时，要求存货计价持续一致。存货周转率的波动可能意味着被审计单位存在以下情况：

①有意或无意地减少存货储备；

②存货管理或控制程序发生变动；

③存货成本项目发生变动；

④存货核算方法发生变动；

⑤存货跌价准备计提基础或冲销政策发生变动；

⑥销售额发生大幅度变动。

(2)毛利率。毛利率的波动可能意味着被审计单位存在以下情况：

①销售价格发生变动；

③销售产品总体结构发生变动；

③单位产品成本发生变动；

④固定制造费用比重较大时销售数量发生变动。

(三)存货监盘

1.存货监盘的定义和作用

存货监盘是指审计人员被审计单位存货的盘点，并对已盘点存货进行适当检查。因为存货的结存数量将直接影响财务报表上存货的金额，并与企业利润有密切联系。因此，一般情况下，监盘年末存货数量是存货审计中的首要内容和必经的审计程序。除非审计人员无法实施监盘程序，且可选择可以信赖的替代程序，否则，审计人员应对未实施监盘的存货价值提出保留意见。

存货监盘针对的主要是存货的存在认定、完整性认定以及权利和义务的认定，审计人员监盘存货的目的在于获取有关存货数量和状况的审计证据，以确定被审计单位记录的所有存货确实存在，已经反映了被审计单位拥有的全部存货，并属于被审计单位的合法财产。存货监盘作为存货审计的一项核心审计程序，通常可同时实现上述多项审计。需要指出的是，审计人员在测试存货的所有权认定和完整性认定时，可能还需要实施其他审计程序，这些将在本章的其他部分讨论。

2.存货监盘计划

(1)制订存货监盘计划应实施的工作。在制订存货监盘计划时，应实施的工作主要有：

①了解存货的内容、性质、各存货项目的重要程度及存放场所；

②了解与存货相关的内部控制；

③评估与存货相关的重大错报风险和重要性；

④查阅以前年度存货监盘工作底稿；

⑤考虑实地察看存货的存放场所，特别是金额较大或性质特殊的存货；

⑥考虑是否需要利用专家的工作或其他审计人员的工作；

⑦复核或与管理当局讨论其存货盘点计划。

(2)评价存货盘点计划能否合理地确定存货的数量和状况时审计人员应考虑的因素。在复核或与管理层讨论其存货盘点计划的量和状况时，审计人员应当考虑以下主要因素：

①盘点的时间安排；

②存货盘点范围和场所的确定；

③盘点人员的分工及胜任能力；

④盘点前的会议及任务布置；

⑤存货的整理和排列，毁损、陈旧、过时存货的区分；

⑥特殊存货的计量方法；

⑦在产品完工程度确定方法；

⑧存放在外单位的存货的盘点安排；

⑨存货收发截止的控制；

⑩盘点期间存货移动的控制；

⑪盘点表单的设计、使用与控制；

⑫存货所有权不属于被审计的；

⑬盘点结果的汇总和盈亏的分析、调查及处理方法。

审计人员应当根据被审计单位的存货盘存制度及相关内部控制的有效性，评价其盘点时间是否合理。如果认为被审计单位的存货盘点计划存在缺陷，审计人员应当提请被审计单位调整。

(3)存货监盘计划应当包括的主要内容。审计人员考虑到以上因素之后，制订存货监盘计划，存货监盘计划应当包括以下主要内容：

①存货监盘的目标、范围及时间安排；

②存货监盘的要点及关注事项；

③参加存货监盘人员的分工；

④检查存货的范围。

3. 存货监盘程序

存货监盘程序可以分为监盘前获取有关资料、以编制存货监盘计划的程序、监盘中实施观察和检查的程序、监盘后复核盘点结果，完成存货监盘报告的程序以及存货监盘中特殊情况的处理程序。具体内容见表 11-6。

表 11-6　　存货监盘程序表

一、监盘前，获取有关资料，以编制存货监盘计划
1. 复核或与管理层讨论其存货盘点计划，评价其能否合理地确定存货的数量和状况。
2. 根据被审计单位的存货盘存制度和相关内部控制的有效性，评价其盘点时间是否合理； (1)如盘点日和资产负债表日不一致，应当考虑两者的间隔情况，评价对内部控制的信赖能否将盘点日的结论延伸到资产负债表日； (2)确定采用实地盘存制时盘点日是否与资产负债表日一致； (3)确定对存放在不同地点的相同存货项目是否同时盘点。
3. 如果认为被审计单位的存货盘点计划存在缺陷，应当提请被审计单位调整。
4. 完成被审计单位盘点计划调查问卷。

续表 11-6

5. 了解存货的内容、性质、各存货项目的重要程度及存放场所。
6. 了解与存货相关的内部控制。
7. 评估与存货相关的重大错报风险和重要性。
8. 查阅以前年度的存货监盘工作底稿。
9. 与管理层讨论以前年度存货存在的问题以及目前存货的状况。
10. 考虑实地察看存货的存放场所，特别是金额较大或性质特殊的存货。
11. 如存在特殊存货，考虑是否需要利用专家的工作或其他注册会计师的工作。
12. 编制存货监盘计划，并将计划传达给每一位监盘人员。
二、监盘中，实施观察和检查程序
13. 在被审计单位盘点存货前，观察盘点现场： (1)确定应纳入盘点范围的存货是否已经适当整理和排列； (2)确定存货是否附有盘点标识。 对未纳入盘点范围的存货，查明未纳入的原因。
14. 检查所有权不属于被审计单位的存货： (1)取得其规格、数量等有关资料； (2)确定这些存货是否已分别存放、标明； (3)确定这些存货未被纳入盘点范围。
15. 在被审计单位盘点人员盘点时进行观察： (1)确定被审计单位盘点人员是否遵守盘点计划； (2)确定被审计单位盘点人员是否准确地记录存货的数量和状况； (3)关注存货发送和验收场所，确定这里的存货应包括在盘点范围之内还是排除在外； (4)关注存货所有权的证据，如货运单据以及商标等； (5)关注所有应盘点的存货是否均已盘点。
16. 检查已盘点的存货： (1)从存货盘点记录中选取项目追查至存货实物，以测试盘点记录的准确性； (2)从存货实物中选取项目追查至存货盘点记录，以测试存货盘点的完整性。
17. 对以包装箱等封存的存货，考虑要求打开箱子或挪开成堆的箱子。
18. 当发现重大盘点错误时，考虑扩大监盘范围。
19. 对于那些没有盘点的其他项目，复印或列出明细信息，以便它们能与存货清单一致。
20. 对检查发现的差异，进行适当处理： (1)查明差异原因； (2)及时提请被审计单位更正； (3)如果差异较大，应当扩大检查范围或提请被审计单位重新盘点。

续表 11-6

21.特别关注存货的移动情况,防止遗漏或重复盘点。
22.特别关注存货的状况,观察被审计单位是否已经恰当区分所有毁损、陈旧、过时及残次的存货。
23.对特殊类型的存货,考虑实施追加的审计程序。
24.获取盘点日前后存货收发及移动的凭证,检查库存记录与会计记录期末截止是否正确: (1)存货采购截止: ①查盘点日前最后的与盘点日后最前的______张入库单或验收报告,确定截止是否正确; ②如有必要,选择重要存货项目,核对其在盘点汇总记录和会计记录中的数量,确定是否一致,截止是否恰当; ③如果被审计单位期末存货明细记录可以依赖,将从验收报告中选取的样本与永续盘存明细记录核对一致; (2)存货销售截止: ①检查盘点日前最后的与盘点日后最前的______张出库单或发运报告,确定截止是否正确; ②如有必要,选择重要存货项目,核对其在盘点汇总记录和会计记录中的数量,确定范围是否一致,截止是否恰当; ③如果期末存货明细记录可以信赖,将从发运报告中选取的样本与永续盘存明细记录保持一致; (3)在途货物及部门间流动截止: ①检查盘点日前后一段时期的文件样本,包括截止期前最后的和截止期后最前的______份文件; ②如有必要,选择重要存货项目,核对其在盘点汇总记录和会计记录中的数量,确定范围是否一致,截止是否恰当。
三、监盘后,复核盘点结果,完成存货监盘报告
25.在被审计单位存货盘点结束前,再次观察盘点现场,以确定所有应纳入盘点范围的存货是否均已盘点。
26.在被审计单位存货盘点结束前,取得并检查已填用、作废及未使用的盘点表单及号码记录: (1)确定其是否连续编号; (2)如盘点表未预先编号,记录已使用盘点表的数量或进行复印; (3)提请被审计单位划去盘点表上所有空白部分; (4)查明已发放的表单是否均已收回; (5)与存货盘点汇总记录进行核对; (6)必要时,将盘点表上的事项与检查记录进行核对。
27.取得并复核盘点结果汇总记录,形成存货盘点报告(记录),完成存货监盘报告: (1)评估其是否正确地反映了实际盘点结果; (2)确定盘点结果汇总记录中未包括所有权不属于被审计单位的货物; (3)选择盘点结果汇总记录中的项目,查至原始盘点表,以确定没有混入不应包括在内的存货项目; (4)选择价值较大的存货项目,和上期相同项目的库存数量比较,获取异常变动的信息。

续表 11-6

28.如果盘点日与资产负债表日一致，且被审计单位使用永续盘存记录来确定期末数，应当考虑对永续记录实施适当的审计程序，并作必要的监盘。
29.如果存货盘点日不是资产负债表日，应当实施适当的审计程序，确定盘点日与资产负债表日之间存货的变动是否已作出正确的记录；编制存货抽盘核对表，将盘点日的存货调整为资产负债表日的存货，并分析差异。
30.在永续盘存制下，如果永续盘存记录与存货盘点结果之间出现重大差异，应当实施追加的审计程序，查明原因并检查永续盘存记录是否已作出适当的调整。
31.如果认为被审计单位的盘点方式及其结果无效，注册会计师应当提请被审计单位重新盘点。
四、特殊情况的处理
32.如果由于被审计单位存货的性质或位置等原因导致无法实施存货监盘，注册会计师应当考虑能否实施下列替代审计程序： (1)检查进货交易凭证或生产记录以及其他相关资料； (2)检查资产负债表日后发生的销货交易凭证； (3)向顾客或供应商函证。
33.如果因不可预见的因素导致无法在预定日期实施存货监盘，或接受委托时被审计单位的期末存货盘点已经完成，注册会计师应当实施下列审计程序： (1)评估与存货相关的内部控制的有效性； (2)对存货进行适当检查或提请被审计单位另择日期重新盘点； (3)测试在该期间发生的存货交易，以获取有关期末存货数量和状况的充分、适当的审计证据。
34.对被审计单位委托其他单位保管的或已作质押的存货，注册会计师应当实施下列审计程序： (1)向保管人或债权人函证； (2)如果此类存货的金额占流动资产或总资产的比例较大，还应当考虑实施存货监盘或利用其他注册会计师的工作。
35.当首次接受委托未能对上期期末存货实施监盘，且该存货对本期财务报表存在重大影响时，应当实施下列一项或多项审计程序： (1)查阅前任注册会计师的工作底稿； (2)复核上期存货盘点记录及文件； (3)检查上期存货交易记录； (4)运用毛利百分比法等进行分析。
36.确定存货监盘的审计结论。

4.存货监盘报告

对存货监盘的过程和结果最终形成监盘报告，并将存货监盘报告作为审计工作底稿的重要组成部分。存货监盘报告示例如下：

存货监盘报告

一、盘点日期：　　　年　　月　　日

二、盘点仓库名称：________________________________

仓库负责人：______________；

仓库记账员：______________；仓库保管员：______________

仓库概况：(描述仓库共____间，各仓库的特点)

____

____

____

三、监盘参加人员

监盘人员(______事务所)注册会计师：________________

监盘人员(______事务所)注册会计师：________________

监盘人员(S公司财务处)：________________

监盘人员(S公司供销处)：________________

S公司盘点负责人：________________

S公司盘点人员：________________

上述人员在监盘过程中，除____________外，自始至终未离开现场。

四、监盘开始前的工作：

项　　　　目	是或否	工作底稿编号
1.索取《期末存货盘点计划》		
2.索取该仓库《存货收发存月报表》		
3.索取存货的《盘点清单》		
4.索取盘点前该仓库收料、发料的最后一张单证		
5.存货是否已停止流动		
6.废品、毁损物品是否已分开堆放		
7.货到单未到的存货是否已暂估入账		
8.发票未开，客户已提去的存货是否已单独记录		
9.发票已开，客户未提去的存货是否已单独记录(或单独堆放)		
10.存货是否已按存货的型号、规格排放整齐		
11.外单位寄存的货物是否已分开堆放		
12.代外单位保管的货物是否已分开堆放		
13.外单位代销的货物是否已分开堆放		
14.其他非本公司的货物是否已分开堆放		

续表

项　　目	是或否	工作底稿编号
15.委托外单位加工的存货、存放外单位的存货，是否收到外单位的书面确认书		
16.最近一次盘点存货的日期		
17.最近一次对计量用具(地秤、称量器和其他计量器)的校对		
18.是否有存货的记录位置或存放图		

五、监盘进行中的工作

1.监盘从____点开始，共分____个监盘小组，每个小组____人；

a.一人点数并报出型号、规格；

b.一人记录《盘点清单》；

c.一人________________________。

2.核对仓库报表结存数量与仓库存货账结存数量是否相符；仓库存货账结存数量与仓库存货卡数量是否相符；填制《存货表、账、卡核对记录表》；

3.盘点结束，索取《盘点清单》及《存货盘盈、盘亏汇总表》。

六、复盘

1.盘点结束后，选择数额较大、收发频繁的存货项目进行复盘；

2.复盘人员为：____________________；

3.复盘记录详见《存货监盘结果汇总表》(附后)；

4.复盘统计：

品种、型号共______种，复盘______种，占______%；

金额共______元，复盘达______元，占______%；

5.计算复盘正确率：

复盘共______种，其中复盘正确的有______种，占______%；

复盘金额共______元，其中复盘正确的有______元，占______%；

6.确定存货中属于残次、毁损、滞销积压的存货及其对当年损益的影响：

存货中属于残次、毁损、滞销积压的存货的金额：

其中：原材料：______________元；

在产品：______________元；

产成品：______________元；

库存商品：______________元；

________：______________元；

合　　计：______________元。

七、盘点结束后的工作

1.再次观察现场并检查盘点表单；

2.复核盘点结果汇总记录；

3. 关注盘点日与资产负债表日之间存货的变动情况；

4. 关注存货盘点结果与永续盘存记录之间出现重大差异的处理；

5. 关注被审计单位盘点方式及其结果无效时的处理，如果认为被审计单位的盘点方式及其结果无效，注册会计师应当提请被审计单位重新盘点；

6. 请参加复盘人员在《存货监盘结果汇总表》上签字；

7. 索取由仓库人员填写的《复盘差异说明》（请用文字说明，并加盖单位公章）。

八、对盘点及复盘的评价

1. 仓库管理人员对存货很（一般、不）熟悉；

2. 盘点工作及复盘工作很（一般、不）认真；

3. 对会计师需要的资料很（一般、不）配合；

4. 监盘结果总体评价：……

监盘人员签名：________________

____

____

____

（四）存货函证

如果由于被审计单位存货的性质或位置等原因导致无法实施存货监盘，或者对被审计单位委托其他单位保管的或已作质押的存货，注册会计师应该向顾客或供应商、保管人或债权人对存货实施函证。以下是委托代管存货询证函的示例。

委托代管存货询证函

甲公司：

本公司聘请的××会计师事务所正在对本公司财务报表进行审计。按照中国注册会计师审计准则的要求应当询证截至20×7年×月×日由贵公司持有、代本公司加工、销售或保管的存货的详细资料。下列数据出自本公司账簿记录，如与贵公司记录相符请在本函下端“询证事项证明无误”处签章证明；如有不符，请在“询证事项不符”处列明不符情况。回函请直接寄至××会计师事务所。

回函地址：　　　　　　　　　　　　　　　　邮编：

电话：　　　　　　　　传真：　　　　　　　　　　　联系人：

截至20×7年×月×日由贵公司持有、代本公司加工、销售或保管的存货列示如下：

类别	品名	数量	是否有留置权	状况	备注
1. 代加工存货					
2. 代销售存货					
3. 代保管存货					

本函仅为复核账目之用，请及时函复为盼。

（S公司盖章）

20×8 年×月×日

以下仅供被询证单位使用

结论：

1. 信息证明无误。 （甲公司盖章） 年 月 日 经办人：	2. 信息不符，请列明不符项目及具体内容。 （甲公司盖章） 年 月 日 经办人：

（五）存货截止测试

1. 存货截止测试的含义

所谓存货截止测试，就是检查已经记录为企业所有并包括在 12 月 31 日存货盘点范围内的存货中是否含有截止至该日尚未购入或已经售出的部分。存货正确截止的关键在于存货实物纳入盘点范围的时间与存货引起的借贷双方会计科目的入账时间都处于同一会计期间。

正确确定存货购入与售出的截止日期是正确、完整地记录企业期末存货的前提。如果被审计单位当年 12 月 31 日购入货物，并已包括在当年 12 月 31 日的实物盘点范围内，而当年 12 月份账上并无进货与相应的负债记录，这就少记了账面存货和应付账款。这时若将盘盈的存货冲减有关的费用或增加有关收入，就虚增了本年利润；相反，如果在当年 12 月 31 日收到一张购货发票，并记入当年 12 月份账内，面这张发票所对应的存货实物却在次年 1 月 3 日才收到，未包括在当年年度的盘点范围内，如果此时根据盘亏结果增加费用或损失，就会虚减本年的存货和利润。

2. 存货截止测试的方法

(1)检查存货盘点日前后的购货（销售）发票与验收报告、入库单（或出库单）。在一般情况下，档案中的每张发票均附有验收报告与入库单（或出库单），因此，测试购销业务年末截止情况的主要方法是检查存货盘点日前后的购货发票与验收报告与入库单（或销售发票与出库单，下同）。如果 12 月底入账的发票附有 12 月 31

日或之前日期的验收报告与入库单，则货物肯定已经入库，并包括在本年的实地盘点存货范围内；如果验收报告日期为1月份的日期，则货物不会列入年底实地盘点的存货中；反之，如果仅有验收报告与入库单而没有购货发票，则应认真审核每一验收报告单上面是否加盖暂估入库印章，并以暂估价记入当年存货账内，待次年初以红字冲销。

(2)查阅验收部门的业务记录。存货截止测试的另一审核方法是查阅验收部门的业务记录，凡是接近年底(包括次年年初)购入或销售的货物，均必须查明其相应的购货或销售发票是否在同期入账。对于未收到购货发票的入库存货，应查明是否将入库单分开存放并暂估入账；对已填制出库单而未发出的商品，应查明是否将其单独保管。

对于测试完成后发现的截止期处理不当的情况，审计人员应提请被审计单位做必要的会计账务调整。

(六)存货计价测试

监盘程序主要是对存货的结存数量予以确认，为验证财务报表上存货余额的真实性，还必须对存货的计价进行审计，即确定存货实物数量和永续盘存记录中的数量是否经过正确地计价和汇总。存货计价测试的主要程序介绍如下：

1. 选择测试样本

用于计价测试的样本应从存货数量已经盘点、单价和总金额已经记入存货汇总表的结存存货中选择。选择时应着重结存余额较大且价格变化较频繁的项目。同时考虑所选样本的代表性。抽样方法一般采用分层抽样法，抽样规模应足以推断总体的情况。

2. 计价方法的确认

存货的计价方法多种多样，被审计单位应结合企业会计准则的基本要求选择符合自身特点的方法。审计人员除应了解掌握企业的存货计价方法外，还应对这种计价方法的合理性与一贯性予以关注，没有足够理由，计价方法在同一会计年度内不得变动。对于已变动的计价方法，审计人员应审查其变动是否在财务报表上予以充分披露。

3. 计价测试

(1)存货价格组成内容的测试。进行计价测试时，审计人员首先应对存货价格的组成内容予以审核，然后按照所了解的计价方法对所选择的存货样本进行计价测试。测试时，应尽量排除被审计单位已有计算方法和结果的影响，独立地进行测试。测试结果出来后，应与被审计单位账面价值对比，编制对比分析表，分析形成差异的原因。如果差异过大，应扩大测试范围，并根据测试结果考虑是否应提出审计调整建议。

在存货计价测试中，由于被审计单位对期末存货采用成本与可变现净值孰低的方法计价，所以审计人员应充分关注其对存货可变现净值的确定及存货跌价准备的计提。

可变现净值是指企业在正常经营过程中，存货的估计售价减去至完工时估计将要发生的成本、估计的销售费用以及相关税费后的金额。企业确定存货的可变现净值应当以取得的确凿证据为基础，并且考虑持有存货的目的、资产负债表日后事项的影响等因素。

存货跌价准备应按单个存货项目的成本与可变现净值计量。如果某些存货具有相同或类似最终用途或目的，并与在同一地区生产和销售的产品系列相关，且实际上难以将其与该产品系列的其他项目区别开来进行估价，可以合并计量存货跌价准备；对于数量繁多、单价较低的存货，可以按存货类别计量成本与可变现净值。当存在下列情况之一时，应当计提存货跌价准备：

①市价持续下跌，并且在可预见的未来无回升的希望。

②企业使用该项原材料生产的产品的成本大于产品的销售价格。

③企业产品更新换代，原有库存原材料已不适应新产品的需要，而该原材料的市场价格又低于其账面成本。

④因企业所提供的商品或劳务过时或消费者偏好改变而使市场的需求发生变化，导致市场价格逐渐下跌。

⑤其他足以证明该项存货实质上已经发生减值的情形。

当存在以下一项或若干项情况时，应当将存货账面价值全部转入当期损益：

①已霉烂变质的存货；

②已过期（如食品）且无转让价值的存货；

③生产中已不再需要，并且已无使用价值和转让价值的存货；

④其他足以证明已无使用价值和转让价值的存货。

必须指出，存货的计价测试与存货质量测试的审计密切相关，审计人员在实施审计过程中应尽可能将二者结合起来，以节约审计时间和审计成本。

(2)存货成本的计价测试。存货成本审计主要包括直接材料成本的审计、直接人工成本的审计、制造费用的审计等内容。

①直接材料成本的审计。直接材料成本的审计一般应从审阅材料和生产成本明细账入手，抽查有关的费用凭证，验证企业产品直接耗用材料的数量、计价和材料费用分配是否真实、合理。

其主要审计程序通常包括：抽查产品成本计算单，检查直接材料成本的计算是否正确，材料费用的分配标准与计算方法是否合理和适当，是否与材料费用分配汇总表中该产品分摊的直接材料费用相符；检查直接材料耗用数量的真实性，有无将非生产用材料计入直接材料费用；分析比较同一产品前后各年度的直接材料成本，如有重大波动应查明原因；抽查材料发出及领用的原始凭证，检查领料单的签发是否经过授权，材料发出汇总表是否经过适当的人员复核，材料单位成本计价方法是否适当，是否正确及时入账；对采用定额成本或标准成本的被审计单位，应检查直接材料成本差异的计算、分配与会计处理是否正确，并查明直接材料的定额成本、标准成本在本年度内有无重大变更。

②直接人工成本的审计。直接人工成本的主要审计程序通常包括：抽查产品成本计算单，检查直接人工成本的计算是否正确，人工费用的分配标准与计算方法是否合理和适当，是否与人工费用分配汇总表中该产品分摊的直接人工费用相符；将本年度直接人工成本与前期进行比较，查明其异常波动的原因；分析比较本年度各个月份的人工费用发生额，如有异常波动，应查明原因；结合应付职工薪酬的检查，抽查人工费用会计记录及会计处理是否正确；对采用标准成本法的被审计单位，应抽查直接人工成本差异的计算、分配与会计处理是否正确。并查明直接人工的标准成本在本年度内有无重大变更。

③制造费用的审计。制造费用是企业为生产产品和提供劳务而发生的各项间接费用，即生产单位为组织和管理生产而发生的费用，包括分厂和车间管理人员的工薪等职工薪酬、折旧费、修理费、办公费、水电费、取暖费、租赁费、机物料消耗、低值易耗品摊销、劳动保护费、保险费、设计制图费、实验检验费、季节性和修理期间的停工损失等。

制造费用的主要审计程序通常包括：获取或编制制造费用汇总表，并与明细账、总账核对相符，抽查制造费用中的重大数额项目及例外项目是否合理；审阅制造费用明细账，检查其核算内容及范围是否正确，并应注意是否存在异常交易事项，如有，则应追查至记账凭证和原始凭证，重点查明被审计单位有无将不应列入成本费用的支出（如投资支出、被没收的财物、支付的罚款、违约金等）计入制造费用；必要时对制造费用实施截止测试，即检查资产负债表日前后若干天的制造费用明细账及其凭证，确定有无跨期入账的情况；检查制造费用的分配是否合理。重点查明制造费用的分配方法是否符合被审计单位自身的生产技术条件，是否体现受益原则，分配方法一经确定。是否在相当时期内保持稳定，有无随意变更的情况；分配率和分配额的计算是否正确，有无以人为估计数代替分配数的情况。对按预定分配率分配费用的企业，还应查明计划与实际差异是否及时调整；对于采用标准成本法的被审计单位，应抽查标准制造费用的确定是否合理，计入成本计算单的数额是否正确，制造费用的计算、分配与会计处理是否正确，并查明标准制造费用在本年度内有无重大变动。

第三节 营业成本审计

营业成本是指企业从事对外销售商品、提供劳务等主营业务活动和销售材料、出租固定资产、出租无形资产、出租包装物等其他经营活动所发生的实际成本。对制造业企业而言,营业成本是有期初库存产品成本加上本期入库产品成本,再减去期末库存产品成本求得的。

一、营业成本的审计目标

营业成本的审计目标一般包括:确定利润表中记录的营业成本是否已发生,且与被审计单位有关;确定所有应当记录的营业成本均已记录;确定与营业成本有关的金额及其他数据已恰当记录;确定营业成本已记录于正确的会计期间;确定营业成本已记录于恰当的账户;确定营业成本已按照企业会计准则的规定在财务报表中作出恰当的列报。

二、主营业务成本的实质性程序

(1)获取或编制主营业务成本明细表,复核加计是否正确,并与总账数和明细账合计数核对是否相符,结合其他业务成本科目与营业成本报表数核对是否相符。

(2)复核主营业务成本明细表的正确性,编制生产成本与主营业务成本倒轧表(表 11-7),并与库存商品等相关科目钩稽。

(3)检查主营业务成本的内容和计算方法(主要包括直接材料、直接人工、制造费用和生产成本在当期完工产品与在产品之间分配等内容,具体如表 11-8 所示)是否符合会计准则规定,前后期是否一致。

(4)必要时,实施分析性程序:

①针对已识别需要运用分析程序的有关项目,注册会计师基于对被审计单位及其环境的了解,通过进行以下比较,并考虑有关数据间关系的影响,以建立注册会计师有关数据的期望值;

表 11-7　　生产成本及主营业务成本倒轧表

项　目	未审数	调整或重分类金额借(贷)	审定数
原材料期初余额			
加:本期购进			
减:原材料期末余额			
其他发出额			
直接材料成本			
加:直接人工成本			
制造费用			
生产成本			
加:在产品期初余额			
减:在产品期末余额			
产品生产成本			
加:产成品期初余额			
减:产成品期末余额			
主营业务成本			

表 11-8　　主营业务成本的分项测试程序表

项目		测试程序
直接材料成本测试	采用定额单位消耗	选择并获取某一成本报告期若干种具有代表性的产品成本计算单; 获取样本的生产指令或产量统计记录及其直接材料单位消耗定额; 根据材料明细账或采购业务测试工作底稿中各该直接材料的单位实际成本,计算直接材料的总消耗量和总成本,与该样本成本计算单的直接材料成本核对。
	非采用定额单耗	可获取材料费用分配汇总表、材料发出汇总表(或领料单)、材料明细账(或采购业务测试工作底稿)中各该直接材料的单位成本; 检查成本计算单中直接材料成本与材料费用分配汇总表中该产品负担的直接材料费用是否相符,分配标准是否合理; 抽取材料发出汇总表或领料单中若干种直接材料的发出总量和该各种材料的实际单位成本之积,与材料费用分配汇总表中各该种材料费用进行比较。
	采用标准成本法	获取样本的生产指令或产量统计记录、直接材料单位标准用量、直接材料标准单价及发出材料汇总表或领料单; 检查标准成本与成本计算单中的直接材料成本核对是否相符;直接材料成本差异的计算与账务处理是否正确。

续表 11-8

<table>
<tr><th colspan="2">项目</th><th>测试程序</th></tr>
<tr><td rowspan="2">直接人工成本测试</td><td>采用计时工资制</td><td>获取样本的实际工时统一记录，职员分类表和职员工薪手册(工资率)及人工费用分配总表；
检查成本计算单中直接人工成本与人工费用分配汇总表中该样本的直接人工费用核对是否相符；
检查样本的实际工时统计记录与人工费用分配汇总表中该样本的实际工时核对是否相符；
检查抽取生产部门若干天的工时台账与实际工时统计记录核对是否相符；
没有实际工时统计记录时，则可根据职员分类表及职员工薪手册中的工资率，计算复核人工费用分配汇总表中该样本的直接人工费用是否合理。</td></tr>
<tr><td>采用计件工资制</td><td>获取样本的产量统计报告、个人(小组)产量记录和经批准的单位工薪标准或计件工资制度；
根据样本的统计产量和单位工薪标准计算的人工费用，检查人工费用与成本计算单中直接人工成本核对是否相符；
抽取若干个直接人工(小组)的产量记录，检查其是否被汇总计人产量统计报告。</td></tr>
<tr><td colspan="2">制造费用测试</td><td>获取样本的制造费用分配汇总表、按项目分列的制造费用明细账、与制造费用分配标准有关的统计报告及其相关原始记录；
检查制造费用分配汇总表中，样本分担的制造费用与成本计算单中的制造费用核对是否相符；
检查制造费用分配汇总表中的合计数与样本所属成本报告期的制造费用明细账总计数核对是否相符；
检查制造费用分配汇总表选择的分配标准(机器工时数、直接人工工资、直接人工工时数、产量等)与相关的统计报告或原始记录核对是否相符，并对费用分配标准的合理性作出评估；
企业采用预计费用分配率分配制造费用的，则应针对制造费用分配过多或过少的差额，检查其是否作了适当的账务处理。</td></tr>
<tr><td colspan="2">生产成本在当期完工产品与在产品之间分配的测试</td><td>检查成本计算单中在产品数量与生产统计报告或在产品盘存表中的数量是否一致；
检查在产品约当产量计算或其他分配标准是否合理；
计算复核样本的总成本和单位成本，最终对当年采用的成本会计制度作出评价。</td></tr>
</table>

■ 比较当年度与以前年度不同品种产品的主营业务成本和毛利率，并查明异常情况的原因；

■ 比较当年度与以前年度各月主营业务成本的波动趋势，并查明异常情况的原因；

■ 比较被审计单位与同行业的毛利率，并查明异常情况的原因；

■ 比较当年度及以前年度主要产品的单位产品成本，并查明异常情况的原因。

②确定可接受的差异额；

③将实际的情况与期望值相比较，识别需要进一步调查的差异；

④如果其差额超过可接受的差异额，调查并获取充分的解释和恰当的佐证审计证据（如通过检查相关的凭证）；

⑤评估分析程序的测试结果。

（5）抽取若干月份的主营业务成本结转明细清单，结合生产成本的审计，检查销售成本结转数额的正确性，比较计入主营业务成本的商品品种、规格、数量与计入主营业务收入的口径是否一致；是否符合配比原则。

（6）针对主营业务成本中重大调整事项（如销售退回）、非常规项目，检查相关原始凭证，评价真实性和合理性，检查其会计处理是否正确。

（7）在采用计划成本、定额成本、标准成本或售价核算存货的条件下，应检查产品成本差异或商品进销差价的计算、分配和会计处理是否正确。

（8）结合期间费用的审计，判断被审计单位是否通过将应计入生产成本的支出计入期间费用，或将应计入期间费用的支出计入生产成本等手段调节生产成本，从而调节主营业务成本。

（9）检查检查营业成本是否已按照企业会计准则的规定在财务报表中作出恰当列报。

三、其他业务成本的实质性程序

（1）获取或编制其他业务成本明细表，复核加计是否正确，并与总账数和明细账合计数核对是否相符，结合主营业务成本科目与营业成本报表数核对是否相符。

（2）复核其他业务成本明细表的正确性，并与相关科目交叉核对。

（3）检查其他业务成本是否有相应的收入，并与上期其他业务收入、其他业务成本比较，检查是否有重大波动，如有，应查明原因。

（4）检查其他业务成本内容是否真实，计算是否正确，配比是否恰当，并择要抽查原始凭证予以核实。

（5）对异常项目，应追查入账依据及有关法律文件是否充分。

(6)检查除主营业务活动以外的其他经营活动发生的相关税费是否计入本科目。

(7)检查其他业务成本是否已按照企业会计准则的规定在财务报表中作出恰当列报。

第四节 应付职工薪酬审计

职工薪酬是企业支付给员工的劳动报酬,其主要核算方式有计时制和计件制两种。职工薪酬可能采用现金的形式支付,因而相对于其他业务更容易发生错误或舞弊行为,如虚报冒领、重复支付和贪污等。同时,职工薪酬有时是构成企业成本费用的重要项目,所以在审计中便显得十分重要。

一、应付职工薪酬审计目标

应付职工薪酬的审计目标一般包括:确定资产负债表中记录的应付职工薪酬是否存在;所有应当记录的应付职工薪酬是否均已记录;确定记录的应付职工薪酬是否为被审计单位应当履行的现时义务;确定应付职工薪酬是否以恰当的金额包括在财务报表中,与之相关的计价调整是否已恰当记录。确定应付职工薪酬是否已按照企业会计准则的规定在财务报表中作出恰当列报。

二、应付职工薪酬的实质性程序

应付职工薪酬薪酬的实质性程序通常包括:

(1)获取或编制应付职工薪酬明细表,复核加计是否正确,并与报表数、总账数和明细账合计数核对是否相符。

(2)实施实质性分析程序。

① 针对已识别需要运用分析程序的有关项目,并基于对被审计单位及其环境的了解,通过进行以下比较,同时考虑有关数据间关系的影响,以建立有关数据的期望值;

■ 比较被审计单位员工人数的变动情况,检查被审计单位各部门各月工资费用的发生额是否有异常波动,若有,则查明波动原因是否合理;

■ 比较本期与上期工资费用总额,要求被审计单位解释其增减变动原因,或取得公司管理当局关于员工工资标准的决议；

■ 结合员工社保缴纳情况，明确被审计单位员工范围，检查是否与关联公司员工工资混淆列支；

■ 核对下列相互独立部门的相关数据：工资部门记录的工资支出与出纳记录的工资支付数；工资部门记录的工时与生产部门记录的工时；

■ 比较本期应付职工薪酬余额与上期应付职工薪酬余额，是否有异常变动。

②确定可接受的差异额；

③将实际的情况与期望值相比较，识别需要进一步调查的差异；

④如果其差额超过可接受的差异额，调查并获取充分的解释和恰当的佐证审计证据（如通过检查相关的凭证）；

⑤评估分析程序的测试结果。

(3)检查工资、奖金、津贴和补贴。

①工资、奖金、津贴和补贴的计提是否正确、依据是否充分。将执行的工资标准与有关规定核对，并对工资总额进行测试；被审计单位如果实行工效挂钩的，应取得有关主管部门确认的效益工资发放额认定证明，结合有关合同文件和实际完成的指标，检查其计提额是否正确，是否应作纳税调整；

②检查工资、奖金、津贴和补贴的分配方法与上年是否一致。除因解除与职工的劳动关系给予的补偿直接计入管理费用外，被审计单位是否根据职工提供服务的受益对象，分别下列情况进行处理：

■ 应由生产产品、提供劳务负担的职工薪酬，计入产品成本或劳务成本；

■ 应由在建工程、无形资产负担的职工薪酬，计入建造固定资产或无形资产；

■ 作为外商投资企业，按规定从净利润中提取的职工奖励及福利基金，是否相应计入“利润分配——提取的职工奖励及福利基金”科目；

■ 其他职工薪酬，计入当期损益。

③检查工资、奖金、津贴和补贴的发放金额是否正确，代扣的款项及其金额是否正确；

④检查是否存在属于拖欠性质的职工薪酬，并了解拖欠的原因。

(4)检查社会保险费（包括医疗、养老、失业、工伤、生育保险费）、住房公积金、工会经费和职工教育经费等计提（分配）和支付（或使用）的会计处理是否正确，依据是否充分。

(5)检查辞退福利下列项目。

①对于职工没有选择权的辞退计划，检查按辞退职工数量、辞退补偿标准计提辞退福利负债金额是否正确；

②对于自愿接受裁减的建议，检查按接受裁减建议的预计职工数量、辞退补偿标准（该标准确定）等计提辞退福利负债金额是否正确；

③检查实质性辞退工作在一年内完成，但付款时间超过一年的辞退福利，是否按折现后的金额计量，折现率的选择是否合理；

④检查计提辞退福利负债的会计处理是否正确，是否将计提金额计入当期管理费用；

⑤检查辞退福利支付凭证是否真实正确。

(6)检查非货币性福利。

①检查以自产产品发放给职工的非货币性福利，检查是否根据受益对象，按照该产品的公允价值，计入相关资产成本或当期损益，同时确认应付职工薪酬；对于难以认定受益对象的非货币性福利，是否直接计入当期损益和应付职工薪酬。

②检查无偿向职工提供住房的非货币性福利，是否根据受益对象，将该住房每期应计提的折旧计入相关资产成本或当期损益，同时确认应付职工薪酬。对于难以认定受益对象的非货币性福利，是否直接计入当期损益和应付职工薪酬。

③检查租赁住房等资产供职工无偿使用的非货币性福利，是否根据受益对象，将每期应付的租金计入相关资产成本或当期损益，并确认应付职工薪酬。对于难以认定受益对象的非货币性福利，是否直接计入当期损益和应付职工薪酬。

(7)检查以现金与职工结算的股份支付。

①检查授予后立即可行权的以现金结算的股份支付，是否在授予日以承担负债的公允价值计入相关成本或费用。

②检查完成等待期内的服务或达到规定业绩条件以后才可行权的以现金结算的股份支付，在等待期内的每个资产负债表日，是否以可行权情况的最佳估计为基础，按照承担负债的公允价值金额，将当期取得的服务计入成本或费用。在资产负债表日，后续信息表明当期承担债务的公允价值与以前估计不同的，是否进行调整，并在可行权日，调整至实际可行权水平。

③检查可行权日之后，以现金结算的股份支付当期公允价值的变动金额，是否借记或贷记"公允价值变动损益"。

④检查在可行权日，实际以现金结算的股份支付金额是否正确，会计处理是否恰当。

(8)检查应付职工薪酬的期后付款情况，并关注在资产负债表日至财务报表批准报出日之间，是否有确凿证据表明需要调整资产负债表日原确认的应付职工薪酬事项。

(9)检查应付职工薪酬是否已按照企业会计准则的规定在财务报表中作出恰

当的列报。

①检查是否在附注中披露与职工薪酬有关的下列信息：

■ 应当支付给职工的工资、奖金、津贴和补贴及其期末应付未付金额；

■ 应当为职工缴纳的医疗、养老、失业、工伤和生育等社会保险费及其期末应付未付金额；

■ 应当为职工缴存的住房公积金及其期末应付未付金额；

■ 为职工提供的非货币性福利及其计算依据；

■ 应当支付的因解除劳动关系给予的补偿及其期末应付未付金额；

■ 其他职工薪酬。

②检查因自愿接受裁减建议的职工数量、补偿标准等不确定而产生的预计负债(应付职工薪酬)，是否按照《企业会计准则第 13 号——或有事项》进行披露。

第五节　其他项目审计

前面我们已经介绍了存货监盘、存货计价测试等审计程序，然而仅仅实施这些审计程序尚难以达存货的全部审计目标。在前面几节的基础上，本节内容主要介绍除生产成本、制造费用、劳务成本和营业成本以外的各种具体存货相关账户的实质性程序。

一、材料采购或在途物资的实质性程序

(1)获取或编制材料采购(在途物资)明细表，复核加计是否正确，与总账数、明细账合计数核对是否相符。

(2)检查材料采购或在途物资：

①对大额材料采购或在途物资，追查至相关的购货合同及购货发票，复核采购成本的正确性，并抽查期后入库情况，必要时发函询证；

②检查期末材料采购或在途物资，核对有关凭证，查看是否存在不属于材料采购(在途物资)核算的交易或事项；

③检查月末转入原材料等科目的会计处理是否正确。

(3)检查材料采购是否存在长期挂账事项，如有，应查明原因，必要时提出建议调整。

(4)查阅资产负债表日前后若干天材料采购(在途物资)增减变动的有关账簿

记录和收料报告单等资料，检查有无跨期现象，如有，则应作出记录，必要时作调整。

(5)如采用计划成本核算，审核材料采购账项有关材料成本差异发生额的计算是否正确。

(6)检查材料采购(在途物资)的披露是否恰当。

二、原材料的实质性程序

(1)获取或编制原材料明细表，复核加计是否正确，并与总账数、明细账合计数核对是否相符。

(2)必要时，实施实质性分析程序。

①针对已识别需要运用分析程序的有关项目，并基于对被审计单位及其环境的了解，通过进行以下比较，同时考虑有关数据间关系的影响，以建立注册会计师有关数据的期望值；

■ 比较当年度及以前年度原材料成本占生产成本百分比的变动，并对异常情况作出解释；

■ 比较原材料的实际用量与预算用量的差异，并分析其合理性；

■ 核对仓库记录的原材料领用量与生产部门记录的原材料领用量是否相符，并对异常情况作出解释；

■ 根据标准单耗指标，将原材料收发存情况与投入产出结合比较，以分析本期原材料领用、消耗、结存的合理性。

②确定可接受的差异额；

③将实际的情况与期望值相比较，识别需要进一步调查的差异；

④如果其差额超过可接受的差异额，调查并获取充分的解释和恰当的佐证审计证据(如通过检查相关的凭证)；

⑤评估分析程序的测试结果。

(3)实施存货监盘程序。选取代表性样本，抽查原材料明细账的数量与盘点记录的原材料数量是否一致，以确定原材料明细账的数量的准确性和完整性。

①从原材料明细账中选取具有代表性的样本，与盘点报告(记录)的数量核对；

②从盘点报告(记录)中抽取有代表性的样本，与原材料明细账的数量核对。

(4)原材料计价方法的测试。

①检查原材料的计价方法前后期是否一致；

②检查原材料的入账基础和计价方法是否正确，自原材料明细表中选取适量

品种：

■ 以实际成本计价时，将其单位成本与购货发票核对，并确认原材料成本中不包含增值税；

■ 以计划成本计价时，将其单位成本与材料成本差异明细账及购货发票核对。同时关注被审计单位计划成本制定的合理性；

■ 检查进口原材料的外币折算是否正确，检查相关的关税、增值税及消费税的会计处理是否正确。

③检查原材料发出计价的方法是否正确；

■ 了解被审计单位原材料发出的计价方法，前后期是否一致，并抽取主要材料复核其计算是否正确；若原材料以计划成本计价，还应检查材料成本差异的发生和结转的金额是否正确。

■ 编制本期发出材料汇总表，与相关科目钩稽核对，并复核若干月发出材料汇总表的正确性。

④结合期末市场采购价，分析主要原材料期末结存单价是否合理；

⑤结合原材料的盘点检查，期末有无料到单未到情况，如有，应查明是否已暂估入账，其暂估价是否合理。

(5)对于通过非货币性资产交换、债务重组、企业合并以及接受捐赠等取得的原材料，检查其入账的有关依据是否真实、完整，入账价值和会计处理是否符合相关规定。

(6)检查投资者投入的原材料是否按照投资合同或协议约定的价值入账，并检查约定的价值是否公允、交接手续是否齐全。

(7)检查与关联方的购销业务是否正常，关注交易价格、交易金额的真实性及合理性，检查对合并范围内购货记录应予合并抵消的数据是否正确。

(8)审核有无长期挂账的原材料，如有，应查明原因，必要时作调整。

(9)截止测试。

①原材料入库的截止测试；

■ 在原材料明细账的借方发生额中选取资产负债表日前后若干天的凭证，并与入库记录（如入库单，或购货发票，或运输单据）核对，以确定原材料入库被记录在正确的会计期间；

■ 在入库记录（如入库单或购货发票或运输单据）选取资产负债表日前后____张、____金额以上的凭据，与原材料明细账的借方发生额进行核对，以确定原材料入库被记录在正确的会计期间。

②原材料出库截止测试。

■ 在原材料明细账的贷方发生额中选取有资产负债表日前后若干天的凭证，并与出库记录(如出库单、销货发票或运输单据)核对，以确定原材料出库被记录在正确的会计期间；

■ 在出库记录(如出库单、销货发票或运输单据)中选取资产负债表日前后若干天的凭据，与原材料明细账的贷方发生额进行核对，以确定原材料出库被记录在正确的会计期间。

(10)结合银行借款等科目，了解是否有用于债务担保的原材料，如有，则应取证并作相应的记录，同时提请被审计单位作恰当披露。

(11)检查原材料的披露是否恰当。

三、材料成本差异的实质性程序

(1)获取或编制材料成本差异的明细表，复核加计是否正确，并与总账数、明细账合计数核对是否相符。

(2)对本期内各月的材料成本差异率进行分析，并与上期进行比较，检查是否有异常波动，计算方法是否前后期一致，注意是否存在调节成本的现象。

(3)结合以计划成本计价的原材料、包装物等的入账基础测试，比较计划成本与供货商发票或其他实际成本资料，检查材料成本差异的发生额是否正确。

(4)抽查若干月发出材料汇总表，检查材料成本差异是否按月分摊，使用的差异率是否为当月实际差异率，差异的分配是否正确，分配方法前后期是否一致。

(5)确定材料成本差异的披露是否恰当。

四、库存商品的实质性程序

(1)获取或编制库存商品明细表，复核加计正确，并与总账数、明细账合计数核对相符；同时抽查明细账与仓库台账、卡片记录，检查是否相符。

(2)必要时，实施实质性分析程序。

①针对已识别需要运用分析程序的有关项目，并基于对被审计单位及其环境的了解，同时通过进行以下比较，并考虑有关数据间关系的影响，以建立注册会计师有关数据的期望值；

■ 按品种分析库存商品各月单位成本的变动趋势，以评价是否有调节生产成本或销售成本的因素；

■ 比较前后各期的主要库存商品的毛利率（按月、按生产线、按地区等）、库存商品周转率和库存商品账龄等，评价其合理性并对异常波动作出解释、查明异常情况的原因；

■ 比较库存商品库存量与生产量及库存能力的差异，并分析其合理性。

■ 核对仓库记录的库存商品入库量与生产部门记录的库存商品生产量是否一致，并对差异作出解释；

■ 核对发票记录的数量是否与发货量、订货量、主营业务成本记录的销售量是否一致，并对差异作出解释；

■ 比较库存商品销售量与生产量或采购量的差异，并分析其合理性；

■ 比较库存商品销售量和平均单位成本之积与账面库存商品销售成本的差异，并分析其合理性。

②确定可接受的差异额；

③将实际的情况与期望值相比较，识别需要进一步调查的差异；

④如果其差额超过可接受的差异额，调查并获取充分的解释和恰当的佐证审计证据（如通过检查相关的凭证）；

⑤评估分析程序的测试结果。

(3)执行存货监盘程序。选取代表性样本，抽查库存商品明细账的数量与盘点记录的库存商品数量是否一致，以确定库存商品明细账的数量的准确性和完整性：

①从库存商品明细账中选取具有代表性的样本，与盘点报告（记录）的数量核对；

②从盘点报告（记录）中抽取有代表性的样本，与库存商品明细账的数量核对。

(4)库存商品测试计价方法的测试。

①检查库存商品的计价方法是否前后期一致；

②检查库存商品的入账基础和计价方法是否正确，自库存商品明细表中选取适量品种；

■ 自制库存商品：以实际成本计价时，将其单位成本与成本计算单核对；以计划成本计价时，将其单位成本与相关成本差异明细账及成本计算单核对。

■ 外购库存商品：以实际成本计价时，将其单位成本与购货发票核对；以计划成本计价时，将其单位成本与相关成本差异明细账及购货发票核对。

■ 抽查库存商品入库单，核对库存商品的品种、数量与入账记录是否一致；并将入库库存商品的实际成本与相关科目（如生产成本）的结转额核对并作交叉索引。

③检查外购库存商品的发出计价是否正确；

■ 了解被审计单位对库存商品发出的计价方法，并抽取主要库存商品，检查其计算是否正确；若库存商品以计划成本计价，还应检查产品成本差异的发生和结转金额是否正确。

■ 编制本期库存商品发出汇总表，与相关科目钩稽核对，并复核____月库存商品发出汇总表的正确性。

④结合库存商品的盘点，检查期末有无库存商品已到而相关单据未到的情况，如有，应查明是否暂估入账，其暂估价是否合理。

(5)对于通过非货币性资产交换、债务重组、企业合并以及接受捐赠取得的库存商品，检查其入账的有关依据是否真实、完备，入账价值和会计处理是否符合相关规定。

(6)检查投资者投入的库存商品是否按照投资合同或协议约定的价值入账，并同时检查约定的价值是否公允，交接手续是否齐全。

(7)检查与关联方的商品购销交易是否正常，关注交易价格、交易金额的真实性与合理性，对合并范围内购货记录应予合并抵消的数据是否抵消。

(8)审阅库存商品明细账，检查有无长期挂账的库存商品，如有，应查明原因，必要时提出适当处理建议。

(9)截止测试。

①库存商品入库的截止测试；

■ 在库存商品明细账的借方发生额中选取资产负债表日前后若干天的凭证，并与入库记录(如入库单、购货发票或运输单据)核对，以确定库存商品入库被记录在正确的会计期间；

■ 在入库记录(如入库单、购货发票或运输单据)选取资产负债表日前后若干天的凭证，与库存商品明细账的借方发生额进行核对，以确定库存商品入库被记录在正确的会计期间。

②库存商品出库截止测试。

■ 在库存商品明细账的贷方发生额中选取有资产负债表日前后若干天的凭证，并与出库记录(如出库单、销货发票或运输单据)核对，以确定库存商品出库被记录在正确的会计期间；

■ 在出库记录(如出库单、销货发票或运输单据)中选取资产负债表日前后若干天的凭证，与库存商品明细账的贷方发生额进行核对，以确定库存商品出库被记录在正确的会计期间。

(10)结合长、短期借款等项目，了解是否有用于债务担保的库存商品，如有，应取证并作相应记录，同时提请被审计单位作恰当披露。

(11)检查库存商品的披露是否恰当。

五、发出商品的实质性程序

(1)获取或编制发出商品明细表，复核加计是否正确，并与总账数、明细账合计数核对是否相符。

(2)检查发出商品有关的合同、协议和凭证；分析交易实质，检查其会计处理是否正确。

(3)检查发出商品品种、数量和金额与库存商品的结转额核对一致，并作交叉索引。

(4)了解被审计单位对发出商品结转的计价方法，并抽取主要发出商品检查其计算是否正确；若发出商品以计划成本计价，还应检查产品成本差异发生和结转金额是否正确。

(5)编制本期发出商品发出汇总表，与相关科目钩稽核对，并抽查复核月度发出商品发出汇总表的正确性。

(6)必要时，对发出商品的期末余额应函询核实。

(7)检查发出商品退回的会计处理是否正确。

(8)查阅资产负债表日前后____天发出商品增减变动的有关账簿记录和有关的合同、协议和凭证、出库单、货运单等资料，检查有无跨期现象，如有，则应作出记录，必要时建议作审计调整。

(9)审核有无长期挂账的发出商品，如有，应查明原因，必要时提出调整建议。

(10)检查发出商品的披露是否恰当。

六、商品进销差价的实质性程序

(1)获取或编制商品进销差价明细表，复核加计是否正确，并与总账数、明细账合计数核对是否相符。

(2)对本期内每月商品进销差价率进行分析，检查是否存在异常波动，计算方法前后期是否一致，注意是否存在调节成本的现象。

(3)结合以售价核算的库存商品入账基础的测试，检查商品进销差价的发生额是否正确。

(4)抽查月度商品发出汇总表，检查商品进销差价是否按月分摊，使用的差价率是否系当月实际差价率，并注意分配方法前后期是否一致。

(5)检查库存商品发生盈余或损失时。商品进销差价及增值税进项税的会计处理方法是否正确。

(6)检查被审计单位是否在年度终了对商品进销差价进行核实调整。

(7)检查商品进销差价的披露是否恰当。

七、委托加工物资的实质性程序

(1)获取或编制委托加工物资明细表，复核加计是否正确，并与总账数、明细账合计数核对是否相符。

(2)抽查一定数量的委托加工业务合同，检查有关发料、加工费、运费结算的凭证，核对成本计算是否正确，会计处理是否及时、正确。

(3)抽查加工完成物资的验收入库手续是否齐全，会计处理是否正确；需要缴纳消费税的委托加工物资，由受托方代收代缴消费税的会计处理是否正确。

(4)编制本期委托加工物资发出汇总表，与相关科目钩稽核对，并抽查复核月度委托加工物资发出汇总表的正确性。

(5)对期末结存的委托加工物资，应现场察看或函询核实。

(6)审核有无长期挂账的委托加工物资，如有，应查明原因，必要时提出调整建议。

(7)查阅资产负债表日前后若干天委托加工物资增减变动的有关账簿记录和有关的合同、协议和凭证、出库单、入库单、货运单、验收单等资料，检查有无跨期现象，如有，则应作出记录，必要时建议作审计调整。

(8)确定委托加工物资的披露是否恰当。

八、周转材料的实质性程序

(1)获取或编制周转材料(低值易耗品、包装物)的明细表，复核加计是否正确，并与总账数、明细账合计数核对是否相符；同时抽查明细账与仓库台账、卡片记录检查是否相符。

(2)检查周转材料(低值易耗品、包装物)的入库和领用的手续是否齐全，会计处理是否正确。

(3)执行存货监盘程序。选取代表性样本，抽查周转材料(低值易耗品、包装物)明细账的数量与盘点记录的周转材料(低值易耗品、包装物)数量是否一致，以确定周转材料(低值易耗品、包装物)明细账的数量的准确性和完整性。

①从周转材料(低值易耗品、包装物)明细账中选取具有代表性的样本,与盘点报告(记录)的数量核对;

②从盘点报告(记录)中抽取有代表性的样本,与周转材料(低值易耗品、包装物)明细账的数量核对。

(4)检查周转材料(低值易耗品、包装物)与固定资产的划分是否符合规定。

(5)检查周转材料的计价方法是否正确,前后期是否一致;自周转材料明细表中选取适量品种。

①以实际成本计价时,将其单位成本与购货发票核对;

②以计划成本计价时,将其单位成本与被审计单位制订的计划成本核对,同时关注被审计单位计划成本制订的合理性;

③检查进口周转材料(低值易耗品、包装物)的外币折算是否正确,检查相关的关税、增值税及消费税的会计处理是否正确;

④检查周转材料(低值易耗品、包装物)摊销方法是否正确,前后期是否一致(例如,包装物和低值易耗品,应当采用一次转销法或者五五摊销法进行摊销;钢模板、木模板、脚手架和其他周转材料,可以采用一次转销法或者五五摊销法进行摊销);验证发出周转材料(低值易耗品、包装物)汇总表的正确性;

⑤结合周转材料(低值易耗品、包装物)的盘点,检查期末有无料到单未到情况,如有,应查明是否已暂估入账,其暂估价是否合理。

(6)编制本期周转材料发出汇总表,与相关科目钩稽核对,并抽查月度周转材料发出汇总表的正确性。

(7)审核有无长期挂账的周转材料(低值易耗品、包装物)事项,如有,应查明原因,必要时提出调整建议。

(8)截止测试。

①周转材料(低值易耗品、包装物)入库的截止测试;

■ 在周转材料(低值易耗品、包装物)明细账的借方发生额中选取资产负债表日前后若干天的凭证,并与入库记录(如入库单、购货发票或运输单据)核对,以确定周转材料(低值易耗品、包装物)入库被记录在正确的会计期间。

■ 在入库记录(如入库单、购货发票或运输单据)中选取有资产负债表日前后若干天的凭证,与周转材料(低值易耗品、包装物)明细账的借方发生额进行核对,以确定周转材料(低值易耗品、包装物)入库被记录在正确的会计期间。

②周转材料(低值易耗品、包装物)出库截止测试。

■ 在周转材料(低值易耗品、包装物)明细账的贷方发生额中选取有资产负债表日前后若干天的证据，并与出库记录（如出库单、销货发票或运输单据）核对，以确定周转材料（低值易耗品、包装物）出库被记录在正确的会计期间；

■ 在出库记录（如出库单、销货发票或运输单据）中选取资产负债表日前后若干天的凭据，与周转材料（低值易耗品、包装物）明细账的贷方发生额进行核对，以确定周转材料（低值易耗品、包装物）出库被记录在正确的会计期间。

(9)检查与关联方的购销交易是否正常，关注交易价格、交易金额的真实性与合理性，检查对合并范围内购货记录应予合并抵消的金额是否抵消。

(10)检查出租、出借周转材料的会计处理是否正确。

(11)检查被审计单位是否存在周转材料押金，若有，结合相关科目的审计查明周转材料押金的收取情况是否合理，有无合同，是否存在逾期周转材料押金，相应税金处理是否正确，必要时提出调整建议。

(12)结合长、短期借款等项目，了解是否有用于债务担保的周转材料，如有，则应取证并作相应的记录，同时提请被审计单位作恰当披露。

(13)检查周转材料的披露是否恰当。

思 考 题

1.存货与仓储循环中的主要业务活动和涉及的主要凭证有哪些？

2.存货监盘程序的主要执行步骤有哪些？

3.存货监盘结果对审计报告会产生什么影响？

4.存货计价测试的主要程序包括哪些？

5.主营业务成本的实质性审计程序有哪些？

第十二章　筹资与投资循环审计

本章导读

筹资业务与投资业务一般发生的次数较少，但一旦发生，其金额一般都很巨大，而且会对后续利润产生较大影响，甚至影响到被审计单位的持续经营，因此属于高风险业务环节。在对筹资与投资业务进行控制测试时应重点关注相关业务是否得到授权，是否履行了正常的手续，如果业务较少时也可以直接进行实质性程序，但对相关控制的了解是必不可少的。

主要内容

- 筹资与投资循环业务活动及控制测试
- 借款审计
- 权益审计
- 投资审计
- 其他项目审计

第一节　筹资与投资循环业务活动及控制测试

企业理财活动主要包括筹资、投资和利润分配三个方面。筹资是企业经营活动的起点，按其来源可分为负债融资和权益融资，在账务上主要涉及负债类账户和权益类账户。投资主要包括股权投资、实物投资和金融资产投资，实物投资即通过增加固定资产扩大或提高生产规模，其相关审计在购置与付款循环中已经讲述，本章主要讲述股权投资和金融资产投资的审计，涉及的主要账户有长期股权投资、交易性金融资产、持有至到期的投资、可供出售金融资产、投资性房地产等。

一、筹资与投资循环的基本业务

(一)负债融资

负债融资是指通过负债来筹集资金,负债是企业的一项重要资金来源。按照所筹集资金可使用时间的长短,负债融资可以分为短期负债融资和长期负债融资两类。本章着重讨论长期负债融资,其主要的方式是长期借款和发行债券。

1.长期借款

长期借款是指企业向银行或其他机构借入的使用期限超过一年的借款,主要用于购建固定资产以满足企业长期资金占用需要,长期借款的业务活动主要包括:

(1)通过授权或审批。企业通过长期借款融入资金一般用于固定资产的投资等资本预算,金额较大且多附有抵押物,所以必须通过相应的控制程序批准,举借方式、数额、用途等按照公司的规定必须经过股东大会或董事会的授权或批准。

(2)签订借款合同。经过授权与批准后,企业向银行提出借款申请,陈述借款的原因、借款金额、用款时间与计划、还款期限与计划,经银行审查批准后签订借款合同,明确贷款的数额、利率、期限和一些限制性条款,明确借贷双方的权利和义务。

(3)长期借款的担保与抵押。银行为了降低贷款的风险,在借款合同中都规定了保护性条款,要求企业提供担保人、质押物或抵押物。此时,应按照协议规定办理担保手续或抵押手续。

(4)取得贷款。借款合同签订后,在核定的贷款指标范围内,企业可以根据用款计划和实际需要,一次或多次将贷款资金转入企业的存款账户。

(5)长期借款入账。取得长期借款后,财务部门应及时按实际发生额登记入账,反映企业长期负债的增加,并按规定的计息方法和时间登记利息支出。

(6)长期借款的偿还。企业应按借款合同的规定按期付息还本。

(7)债务展期。借款企业如因暂时财务困难,需延期偿还贷款时,应向银行提交延期还贷计划,经银行审查核实,续签合同,但通常要加收利息。

2.发行债券

债券是债务人为融通资金而发行的、约定在一定期限内向债权人还本付息的有价证券。发行债券的业务活动主要包括:

(1)债券发行的批准。公司在实际发行债券之前,必须作出发行债券的决议,具体决定公司债券发行总额、票面金额、发行价格、募集办法、债券利率、偿还日期及方式等内容。股份有限公司、有限责任公司发行公司债券,应由董事会制订方案，股东(大)会作出决议，国有独资公司发行公司债券，应由国家授权的机构或者国家授权的部门作出决定。公司发行债券，应提出发行债券申请，提交公司登记证明，公司章程、公司债券募集办法、资产评估报告和验资报告，由国务院证券管理部门批准。

(2)债券的签发。已核准债券在发行之前，必须经过两位指定人员共同签发，通常由董事会授权一位董事或者高级职员会同财务经理共同签发。

(3)债券的承销。根据我国有关法规规定，公司发行债券与证券经营机构签订承销合同，由其承销。承销方式有代销和包销两种。代销是由承销机构代为推销债券，在约定期限内未售出的余额将退还发行公司，承销机构不承担发行风险。包销是由承销机构先购入发行公司发行的全部债券，然后再售给社会上的投资者，如果在约定期限内未能全部售出，余额由承销机构负责认购。

(4)债券的保管。公司为保证债券的安全、完整，通常指定专人保管库存债券，或者委托银行或信托公司等独立机构代为保管。

(5)债券的计价。发行公司应根据市场供求关系、银行储蓄利率等综合因素确定债券的发行价格，即按面值发行或折价、溢价发行。债券的折价或者溢价，应在债券存续期间内按实际利率法摊销。

(6)债券利息的支付。债券利息的支付时间有三种形式：一是分期付息，通常每年支付两次；二是于债券到期日和本金一并支付；三是债券没有规定券面利率，它是低于面值的价格发行，期满时偿还面值，面值与发行价格之间的差额就是债券的利息。

(7)债券的购回或偿还。企业发行债券时，一般都规定了如何偿还的条款。因此，公司应根据发行债券时订立的有关条款偿还本金，债券的偿还一般有一次偿还、分期偿还、提前偿还等形式。

(8)债券的转换。公司在发行可转换债券时，通常在债券募集办法中规定，债券持有人，可将其持有的债券转为发行公司的股票。因此，债券持有人如选择将其所持债券转换为股票时，发行公司应按规定转换办法向其换发股票。

(二)权益融资

企业权益融资有两种基本方式：一种是非股份制企业以吸收直接投资筹措资本；另一种是股份制以发行普通股股票筹措自有资本。本节以股份制企业为例，介绍普通股股票融资的主要业务活动。

(1)授权与批准。股份制企业在首次公开上市或增资发行新股时，必须由股东大会作出决议，包括新股种类及数额，新股发行条件，新股发行的起止日期，向原有股东发行新股的种类及数额等事项，授权董事会作出增资决策。

(2)提出发行股票申请并经核准。公司作出发行新股的决议后，董事会必须向国务院授权的部门或省级人民政府申请批准，属于向社会公开募集的新股，需经国务院证券管理部门批准。

(3)公告招股说明书，制作认股书、签订承销协议。募股申请获得批准后，需在规定期限内向社会公告招股说明书，发行新股还需公告财务会计报表及附表，并制作认股书，并与证券承销机构签订证券承销协议。

(4)招认股份，缴纳股款，召开创立大会，选举董事会、监事会、办理公司设立登记；交割股票，增发新股的，应改组董事会、监事会，办理变更登记。

(5)股票的记录。股份制企业发行股票后，应如实作出账务记录，应设立“股本”总账账户，核算企业按公司章程和投资协议的规定，股东投入的资本，即企业的注册资本，企业应将核定的股本总额、股份总数、每股面值，在股本账户中作备查记录。另外，为提供股份的构成情况，还应在“股本”科目下设股东明细账，按股东姓名登记某一时间发行在外的股票。除此之外，还应登记股票簿记录企业在存在期间内发行和收回股票的情况。

(6)股票上市。满足股票上市条件后，经批准股票可以在证券交易所公开交易。

(7)股利分配。根据可供分配利润额，按照企业的性质和组织形式或合同章程的约定，经公司股东大会商定分配方案，并形成决议后进行分配。

(三)企业投资基本业务

企业对外投资按其目的不同可分为长期股权投资、交易性金融资产、持有至到期的投资、可供出售金融资产和投资性房地产等，从外在表现形式上看主要是股权、股票、债券等金融工具和房产。其主要业务活动有：

(1)通过投资的授权批准。按照章程规定，投资业务应按照其规模不同、风险大小经不同级别的部门或人员批准，签发投资决议或授权文件。

(2)取得投资。投资经办人员按照指令进行投资，取得股权、股票、债券或房产等投资项目，办理相关交割和过户手续。

(3)入账。取得投资后，相关合同、过户手续和资金支出凭据传递到财务部门，据以登记入账，入账时应按照取得该项投资所支出的资产(或承担债务)的公允价值入账。

(4)取得投资收益。按照投资协议的规定，定期或到期收到投资收益，并按持有目的不同、持有股份不同选择相应的账务处理方法登记入账。

(5)转让证券或收回其他投资项目。根据授权或批准文件,经办人员签订合同处置投资项目,收回投资。企业可以通过转让证券实现投资的收回;其他投资已经投出,除联营合同期满或由于其他特殊原因联营企业解散外,一般不得抽回投资。

二、筹资与投资业务内部控制及其测试

(一)筹资活动内部控制及其测试

筹资活动主要由借款交易和股东权益交易组成。股东权益增减变动的业务较少而金额较大,注册会计师在审计中一般直接进行实质性程序。企业的借款交易涉及短期借款、长期借款和应付债券,这些与内部控制基本类似。因此,这里我们以应付债券为例说明筹资活动的内部控制和控制测试。

1.应付债券相关内部控制

一般来讲,应付债券的内部控制的主要内容包括:①应付债券的发行要有正式的授权程序,每次均要由董事会授权;②申请发行债券时,应履行审批手续,向有关机构递交相关文件;③应付债券的发行,要有受托管理人来行使保护发行人和持有人合法权益的权利;④每种债券发行都必须签订债券契约;⑤债券的承销或包销都必须签订有关协议;⑥记录应付债券业务的会计人员不得参与债券发行;⑦如果企业保存债券持有人明细分类账,应同总分类账核对相符,若这些记录由外部机构保存,则需定期同外部机构核对;⑧未发行的债券必须有专人负责;⑨债券的购回要有正式的授权程序。

注册会计师在对应付债券内部控制进行符合性测试时,如果企业应付债券业务不多,注册会计师可根据成本效益原则直接进行实质性程序;如果企业应付债券的业务繁多,注册会计师则必须对应付债券的内部控制进行控制测试。

2.应付债券的内部控制测试

对应付债券的内部控制测试,通常包括如下内容:

(1)了解应付债券内部控制。对应付债券的了解,一般可以通过编制流程图、文字表述、设计问卷调查表等方式进行。在了解应付债券内部控制时,一般应注意以下问题:债券的发行是否根据董事会授权和有关法律规定进行;债券的发行是否履行审批手续;债券的发行收入是否立即存入银行;是否按照债券契约的规定及时支付债券利息;是否将应付债券计入恰当的账户;债券持有人明细账是否定期核对;债券持有人明细账是否指定专人妥善保管;债券的偿还和购回是否根据董事会授权办理。

如果上年度该企业的审计工作是由同一会计师事务所进行的,注册会计师应

将调查重点放在企业内部控制的变动部分，掌握各项变动的原因和影响。如果在上一年度审计中，针对筹资业务内部控制提出过管理建议，注册会计师还应证实各项管理建议是否已得到落实，并弄清未予落实的原因。

(2)测试应付债券内部控制。注册会计师在了解企业应付债券内部控制后，应运用一定的方法测试其健全、有效程度。取得债券发行的法律性文件，检查债券发行是否经董事会授权、是否履行了适当的审批手续，是否符合法律的规定；检查企业发行债券的收入是否立即存入银行；取得债券契约，检查企业是否根据契约的规定支付利息；检查债券入账的会计处理是否正确；检查债券溢(折)价的会计处理是否正确；取得债券偿还和购回时的董事会决议，检查债券的偿还和购回是否按董事会的授权进行。

(3)分析评价应付债券内部控制。注册会计师在完成上述程序后，应对企业应付债券的内部控制进行分析、评价，以确定其在实质性程序工作中的影响，并针对薄弱环节提出改进建议。

(二)投资循环的内部控制及其测试

1.投资业务内部控制

一般来讲，投资循环内部控制的主要内容包括下列五个方面：

(1)合理的责任分工。为确保投资交易的合法，投资业务的授权、执行和记录应有严格的职责分工。一般来说，投资业务必须经过企业的董事会、管理层等高层管理机构的核准，并由指定的高层管理人员签批。证券、房产等投资项目的购进和售出业务，应由财务经理以及不参与会计记录的指定职员办理，而会计部门则负责投资交易的账务处理。这种明确分工与牵制，可以避免或减少投资交易中的错误和舞弊。

(2)健全的资产保管制度。企业对外投资资产，尤其是其中的证券资产，很容易变现，企业应对购入的资产采取限制接触的实物控制以及职务分离的纪律控制措施予以保护。一般来说，证券由独立的专门机构，如银行、证券公司、信托投资公司等代为保管。这些专门机构与企业没有直接利益关系，拥有专门的保存和防护措施，可以防止各种证券及单据的失窃或毁损，并且由于它与投资业务的会计记录工作完全分离，可大大降低弊端的可能性。房产等购入后由资产管理部门进行经管。

(3)详尽的会计核算制度。企业对本身拥有或代他人持有的各种投资证券，不论其规模大小，都应为每项投资建立一个账户，进行完整的会计记录，并对其增减变动及投资收益进行相关会计核算。比如应对每一种证券分别设立明细分类账户，注明投资证券的全称、面值、证书编号、取得日期、经纪人（证券商）名称、购入成本、收取的股息或利息等。对联营投资类的其他投资，也应设置明细分类账，对投资的形式、投向、投资的计价以及投资收益等业务做详细的记录。

(4)严格的记名登记制度。由于证券具有流动性强、交易频率高的特点，企业拥有的各种证券投资必须在购入之日立即以企业的名义登记（除非无记名证券）而不能以经办职员的名义登记，这是如数持有、记录所拥有证券的前提，也是防止冒领转移或未经授权利用证券获取投资收益等舞弊行为发生的保证。

(5)定期盘点制度。企业所拥有的投资资产，应由内部审计人员或不参与投资业务的其他人员进行定期盘点，检查其实在性和所有权，核对证券的编号，比较证券的数量、面值、购入日期、成本资料是否与账面记录相一致。如果不符，应对发生的差额进行调节和及时调查。

如果企业委托专门机构代为保管证券，则对证券的盘点应由拥有证券的企业与专业机构的保管人员共同配合完成。持有证券的企业应定期与保管机构的保管记录相核对，以保持二者相符，防止保管人员在未接到拥有人的书面指令时擅自接受或售出证券等行为的发生。

2. 投资业务的控制测试

注册会计师应对上述内部控制的主要内容，执行控制测试，其测试的基本步骤是：

(1)了解描述投资循环的内部控制。注册会计师必须全面了解被审计单位在审计年度的各种投资业务及其内部控制的情况，并采用一定方式加以描述，以便进行正常测试。如果是采用内部控制调查表，其调查的问题一般为：投资项目是否经授权批准；是否与被投资单位签订合同、协议，并获得被投资单位出具的证明；投资金额是否及时入账；各项资产的保管措施是否有效；是否定期盘点各项资产并与会计记录核对；资产经管人员是否处理会计记录；各项资产是否以企业名义及时登记；资产的买卖是否经过适当授权；是否建立投资资产的明细记录；投资收益的会计处理是否适当；是否提交投资业务的管理报告。

(2)实施简易抽查。抽查的具体办法是从每种投资业务的明细记录中选取部分会计记录，从原始凭证到明细账、总账顺序核对投资资产购售情况，以确定资产名称、买卖日期、编号、购入成本、出售价值、证券持有人等有关数据和资料是否相互一致，判断会计处理过程是否合规、完整，并据以核实相关的内部控制是否被有效执行。

(3)审阅内部盘核报告。一般来说，被审计单位应由内部审计人员或不参与投资业务的其他人员定期盘核所拥有的各种资产以使账实相符。在这种情况下，注册会计师应认真审阅其盘核报告。审阅时,应注意被审计单位盘核资产的方法是否适当,盘核的结果与会计账面记录是否存在差异以及出现差异的处理结果是否合规。如果各期盘核报告均未发现显著的差异,则可说明其投资的内部控制得到了有效执行,因而是可以信赖的。

(4)分析投资业务管理报告。在作出长期投资决策之前,企业最高管理层需对投资进行可行性研究和论证,并形成一定的纪录。投资业务一经执行,又会形成一系列的投资凭证和文件,如证券投资的各类证券,联营投资中的投资协议、合同及章程等。因此,负责投资业务的管理人员(一般为财务经理)需定期(一般按月)向企业最高管理层报告有关投资业务的开展情况,即提交投资业务管理报告书,该报告书列示每种投资项目的期初、期末余额,交易的日期、价格、按成本和市价分别计算的投资报酬率,投资收益以及其他方面的重要资料,以供最高管理层作出投资决策和控制。注册会计师应认真分析这些投资管理报告的具体内容,并据以对重大投资交易事项进行必要的调查,以判明企业投资业务的管理业绩。

(5)评价投资业务内部控制。根据上述符合性测试结果,注册会计师取得了有关内部控制是否健全、有效的证据,即可对投资业务的内部控制作出评价,确定其存在的薄弱环节或尚需进一步调查的问题,并据以修改、补充或调整实质性程序和重点。

第二节 借款审计

借款主要包括短期借款、长期借款和债券。对于负债类项目,注册会计师在审计时应主要关注其完整性,即防止被审计单位低估负债。低估债务经常伴随着低估成本费用,从而高估利润的目的。因此,低估债务不仅影响财务状况的反映,而且还会极大地影响企业财务成果的反映。因此,借款类项目的审计应主要将重点放在确认其完整性上。

一、短期借款的审计

(一)短期借款的审计目标

短期借款的审计目标一般包括:

(1)确定资产负债表中记录的短期借款是否存在。

(2)确定所有应当记录的短期借款是否均已记录。

(3)确定记录的短期借款是否为被审计单位应当履行的现时义务。

(4)确定短期借款是否以恰当的金额包括在财务报表中,与之相关的计价调整是否已恰当记录。

(5)确定短期借款是否已按照企业会计准则的规定在财务报表中作出恰当列报。

(二)短期借款的实质性程序

短期借款的实质性程序通常包括:

(1)获取或编制短期借款明细表。注册会计师应首先获取或编制短期借款明细表,复核其加计数是否正确,并与明细账和总账核对相符。

(2)函证短期借款的实有数。注册会计师应在期末短期借款余额较大或认为必要时向银行或其他债权人函证短期借款。

(3)检查短期借款的增加。对年度内增加的短期借款,注册会计师应检查借款合同和授权批准,了解借款数额、借款条件、借款日期、还款期限、借款利率,并与相关会计记录相核对。

(4)检查短期借款的减少。对年度内减少的短期借款,注册会计师应检查相关记录和原始凭证,核实还款数额。

(5)检查有无到期未偿还的短期借款。注册会计师应检查相关记录和原始凭证,检查被审计单位有无到期未偿还的短期借款,如有,则应查明是否已向银行提出申请并经同意后办理延期手续。

(6)复核短期借款利息。注册会计师应根据短期借款的利率和期限,复核被审计单位短期借款的利息计算是否正确,有无多算或少算利息的情况,如有多计利息和少计利息应作出记录,必要时进行调整。

(7)检查外币借款的折算。如果被审计单位有外币短期借款,注册会计师应检查外币短期借款的增减变动是否按业务发生时的市场汇率或期初市场汇率折合为记账本位币金额;期末是否按市场汇率将外币短期借款余额折合为记账本位币金额;折算差额是否按规定进行会计处理;折算方法是否前后期一致。

(8)检查短期借款在资产负债表上的列报是否恰当。企业的短期借款在资产负债表上通常设“短期借款”项目单独列示,对于因抵押而取得的短期借款,应在资产负债表附注中揭示。注册会计师应注意被审计单位对短期借款项目的披露是否充分。

二、长期借款审计

(一)长期借款的审计目标

长期借款的审计目标一般包括:

(1)确定资产负债表中记录的长期借款是否存在。

(2)确定所有应当记录的长期借款是否均已记录。

(3)确定记录的长期借款是否为被审计单位应当履行的现时义务。

(4)确定长期借款是否以恰当的金额包括在财务报表中,与之相关的计价调整是否已恰当记录。

(5)确定长期借款是否已按照企业会计准则的规定在财务报表中作出恰当列报。

(二)长期借款的实质性程序

长期借款是企业较为普遍的一种长期负债,其实质性程序的要点如下:

(1)获取或编制长期借款明细表,复核其加计数是否正确,并与明细账和总账核对相符。在审查时,注册会计师通过审阅有关决议及契约文件,核对账簿和凭证,为便于核对钩稽关系,应根据有关资料编制长期借款明细账表,内容包括债权人姓名、地址、借入金额、利率、到期日、付款日、及已付数额、附有抵押品种类、名称、价值及保管情况。

(2)对本年度增加的长期借款,检查借款合同和授权批准,了解借款数额、借款条件、借款日期、还款期限、借款利率,并与相关会计记录进行核对。

(3)向银行或其他债权人函证重大的长期借款。对长期借款期末余额较大,或者注册会计师认为必要时,可函证各贷款银行或其他金融机构,函证时,一般可结合银行存款余额的函证进行,不仅能验证长期借款的期末余额,还可发现未入账的长期借款。

(4)对年度内较少的长期借款,检查相关的会计记录和原始凭证,核实还款数额。

(5)检查年末有无到期未偿还的借款,逾期借款是否办理延期手续,分析计算逾期借款的金额、比率和期限,判断被审计单位的资信程度和偿债能力。

(6)审查长期借款利息费用是否正确。长期借款由于金额大,偿还期较长,因而一般都需要支付利息。注册会计师通过对利息费用的核算,不仅能确定利息费用的计算与入账的正确性,而且还可以间接地查明被审单位长期借款数额。因此,认真验算利息费用是发现未入账长期负债的有效手段之一。

对长期借款利息费用的验算，一方面，注册会计师应复核被审单位利息计算表的正确性，并与账上已计利息核对，如有未计利息应作出记录，必要时应要求被审单位进行适当调整。

另一方面，注册会计师还应审查长期借款利息资本化的会计处理是否正确。长期借款利息的会计处理，根据借款的用途不同、利息发生的时间不同而有所不同。因而应审查企业资本性支出和收益性支出的界限是否严格划分。

(7)如果是外币借款，还应检查非记账本位币折合记账本位币采用的折算汇率是否正确，折算差额是否按规定进行会计处理。

(8)确定长期借款是否已在资产负债表上充分披露。长期借款在资产负债表中列示于长期负债类下，应根据“长期借款”科目期末余额扣除将于一年内到期的长期借款后的余额填列，该项扣除数应填列在流动负债下的“一年内到期的长期负债”项目单独反映。注册会计师应根据审计结果，确定被审计单位长期借款在资产负债表上的列示是否充分，并注意长期借款的抵押和担保是否已在会计报表附注中做了充分说明。

应该注意的是，长期借款一旦形成以后，在其偿还期内，除了按规定计提利息外，相关的经济业务一般不会发生，如果注册会计师在上一审计年度已对相关的长期借款进行了审查，本年度的审计程度可大大简化，有关的工作底稿仍可继续使用，审计的侧重点则放在各长期借款本年内发生的变动上。这样，审计时间便可大大节约。

三、应付债券审计

(一)应付债券的审计目标

应付债券的审计目标一般包括：

(1)确定资产负债表中记录的应付债券是否存在。

(2)确定所有应当记录的应付债券是否均已记录。

(3)确定记录的应付债券是否为被审计单位应当履行的现时义务。

(4)确定应付债券是否以恰当的金额包括在财务报表中，与之相关的计价调整是否已恰当记录。

(5)确定应付债券是否已按照企业会计准则的规定在财务报表中作出恰当列报。

(二)应付债券的实质性程序

(1)获取或编制应付债券明细表。列示债券面值、票面利率、债券溢价或折价金额、本年度增减变动情况,并与明细账和总账的余额核对相符。

(2)检查债券交易的有关原始凭证。检查债券交易的各项原始凭证,是确定应付债券及其合法性的重要程序,注册会计师应做好以下工作:

①检查企业现有债券副本,确定其发行是否合法,各项内容是否同相关的会计记录相一致;

②检查企业发行债券所收入现金的收据、汇款通知单、送款登记簿及相关的银行对账单;

③检查用以偿还债券的支票存根,并检查利息费用的计算;

④检查已偿还债券数额同应付债券借方发生额是否相符;

⑤如果企业发行债券时已作抵押或担保,注册会计师还应检查相关契约的履行情况。

(3)审查利息费用和应计利息。检查应计利息、债券折(溢)价摊销及其会计处理是否正确。这项工作一般通过检查债券利息、溢价、折价等账户分析表来实施,该表可让企业代为编制,注册会计师加以检查,也可由注册会计师自己编制。

同验证长期借款利息费用一样,注册会计师通过对应付债券利息费用的验算,不仅可确定利息费用和应计利息的计算与记账的正确性,而且还可以间接地查明被审单位在外流通的长期债券数额。因此,这一程序同样是发现未入账应付债券的有效手段之一。

(4)函证应付债券期末余额。为了验证结账日应付债券余额,注册会计师如果认为必要,可以通过向委托人询证,获得有力的证据,并揭示有无漏列的负债项目。应付债券的函证可直接向作为委托人的承销商或包销商询证。询证函一般应请求受托人证实债券的种类或名称、发行日、到期日、利率、付息日、发行日的金额、本年度已偿付的债券、结账日尚未偿还的债券余额及其他注册会计师认为应包括的其他重要手段。

(5)检查对到期债券偿还的会计处理是否正确。对到期债券的偿还,注册会计师应检查相关会计记录,检查其会计处理是否正确。对可转换公司债券持有人行使转换权利,将其持有的债券转换为股票,则应检查其转股的会计处理是否正确。

(6)检查一年内到期的应付债券是否转到流动负债。注册会计师应根据应付债券明细表,确定即将在一年内到期的应付债券的数额,并与资产负债表中有关数据相核对,如有不符,应予以反映。

(7)验明应付债券是否已在资产负债表上做充分披露。应付债券在资产负债表中列示于长期负债类下，该项目根据“应付债券”科目的期末余额扣除将于一年内到期的应付债券后的数额填列，该扣除数应当填列在流动负债类下的“一年内到期的长期负债”项目单独反映，注册会计师应根据审计结果，确定被审单位应付债券在会计报表上的反应是否充分，并注意有关应付债券的变动是否已在会计报表附注中作了充分的说明。

第三节　权益审计

筹资的另一个来源为所有者投入的权益资金。所有者投入的资金一般形成实收资本(股本)，超额缴入的资本形成资本公积，资本公积的形成主要来源于收到的超额资本金，因此在本节一并讨论。此外，留存收益也可视为筹资的一项重要来源，也将在本节讨论。

一、实收资本(股本)审计

实收资本(股本)项目一般情况很少发生变动，因而，直接对其执行实质性程序，测试的重点在于关注其真实性。

(一)实收资本(股本)的审计目标

实收资本(股本)的审计目标一般包括：

(1)确定资产负债表中记录的实收资本(股本)是否存在。

(2)确定所有应当记录的实收资本(股本)是否均已记录。

(3)确定实收资本(股本)是否以恰当的金额包括在财务报表中。

(4)实收资本(股本)是否已按照企业会计准则的规定在财务报表中作出恰当列报。

(二)实收资本(股本)的实质性程序

(1)获取或编制实收资本(股本)明细表：

①复核加计是否正确，并与报表数、总账数和明细账合计数核对是否相符；

②以非记账本位币出资的，检查其折算汇率是否符合规定，折算差额的会计处理是否正确。

(2)首次接受委托的客户，取得历次验资报告，将其所载明的投资者名称、投资方式、投资金额、到账时间等内容与被审计单位历次实收资本(股本)变动的账面记录、会计凭证及附件等核对。

(3)审阅公司章程、股东(大)会、董事会会议记录中有关实收资本(股本)的规定。收集与实收资本(股本)变动有关的董事会会议纪要、股东(大)会决议、合同、协议、公司章程及营业执照，公司设立批文、验资报告等法律性文件，并更新永久性档案。

(4)检查投入资本是否真实存在，审阅和核对与投入资本有关的原始凭证、会计记录，必要时向投资者函证实缴资本额，对有关财产和实物价值进行鉴定，以确定投入资本的真实性。

①对于发行在外的股票，应检查股票的发行活动。检查的内容包括已发行股票的登记簿、募股清单、银行对账单、会计账面记录等。必要时，可向证券交易所和金融机构函证股票发行的数量。

②对于发行在外的股票，应检查股票发行费用的会计处理是否符合有关规定。

(5)检查出资期限和出资方式、出资额，检查投资者是否按合同、协议、章程约定的时间和方式缴付出资额，是否已经注册会计师验证。若已验资，应审阅验资报告。

(6)检查实收资本(股本)增减变动的原因，查阅其是否与董事会纪要、补充合同、协议及其他有关法律性文件的规定一致，逐笔追查至原始凭证，检查其会计处理是否正确。注意有无抽资或变相抽资的情况，如有，应取证核实，作恰当处理。对首次接受委托的客户，除取得验资报告外，还应检查并复印记账凭证及进账单：

①对于股份有限公司，应检查股票收回的交易活动。检查的内容包括已发行股票的登记簿、收回的股票、银行对账单、会计账面记录等；

②以发放股票股利增资的，检查股东(大)会决议，检查相关增资手续是否办理，会计处理是否正确；

③对于以资本公积、盈余公积和未分配利润转增资本的，应取得股东大会等的资料，并审核是否符合国家有关规定，会计处理是否正确；

④以权益结算的股份支付行权时增资，取得相关资料，检查是否符合相关规定，会计处理是否正确；

⑤以回购股票以及其他法定程序报经批准减资的，检查股东(大)会决议以及相关的法律文件，手续是否办理，会计处理是否正确；

⑥中外合作经营企业在合作期间归还投资的，收集与已归还投资变动有关的公司章程、合同、董事会会议纪要、政府部门的批准文件等资料，查明其是否合规、

合法，并更新永久性档案，并对已归还投资的发生额逐项审计至原始凭证，检查应用的折算汇率和会计处理是否符合相关规定。

(7)根据证券登记公司提供的股东名录，检查被审计单位及其子公司、合营企业与联营企业是否有违反规定的持股情况。

(8)检查认股权证及其有关交易，确定委托人及认股人是否遵守认股合约或认股权证中的有关规定。

(9)根据评估的舞弊风险等因素增加的审计程序。

(10)检查实收资本(股本)是否已按照企业会计准则的规定在财务报表中作出恰当列报。

二、资本公积的实质性程序

(一)资本公积的审计目标

资本公积项目的审计目标包括：

(1)确定资产负债表中记录的资本公积是否存在。

(2)确定所有应当记录的资本公积是否均已记录，资本公积的增减变动符合法律、法规和合同、章程的规定。

(3)确定资本公积以恰当的金额包括在财务报表中；确定资本公积已按照企业会计准则的规定在财务报表中作出恰当列报。

(二)资本公积的实质性程序

(1)获取或编制资本公积明细表，复核加计是否正确，并与报表数、总账数和明细账合计数核对是否相符。

(2)首次接受委托的单位，应对期初的资本公积进行追溯查验，检查原始发生的依据是否充分。

(3)收集与资本公积变动有关的股东(大)会决议、董事会会议纪要、资产评估报告等文件资料，更新永久性档案。

(4)根据资本公积明细账，对"资本(股本)溢价"的发生额逐项审查至原始凭证：

①对股本溢价，应取得董事会会议纪要、股东(大)会决议、有关合同、政府批文，追查至银行收款等原始凭证，结合相关科目的审计，检查会计处理是否正确，注意发行股票溢价收入的计算是否已扣除股票发行费用；

②对资本公积转增资本的，应取得股东(大)会决议、董事会会议纪要、有关批

文等，检查资本公积转增资本是否符合有关规定，会计处理是否正确；

③若有同一控制下企业合并，应结合长期股权投资科目，检查被审计单位（合并方）取得的被合并方所有者权益账面价值的份额与支付的合并对价账面价值的差额计算是否正确，是否依次调整本科目、盈余公积和未分配利润；

④股份有限公司回购本公司股票进行减资的，检查其是否按注销的股票面值总额和所注销的库存股的账面余额，冲减资本公积；

⑤检查与发行权益性证券直接相关的手续费、佣金等交易费用的会计处理是否正确，是否将与发行权益性证券间接相关的手续费计入本账户，若有，判断是否需要被审计单位调整。

(5)根据资本公积明细账，对“其他资本公积”的发生额逐项审查至原始凭证：

①检查以权益法核算的被投资单位除净损益以外所有者权益的变动，被审计单位是否已按其享有的份额入账，会计处理是否正确；处置该项投资时，应注意是否已转销与其相关的资本公积；

②以自用房地产或存货转换为采用公允价值模式计量的投资性房地产，转换日的公允价值大于原账面价值的，检查其差额是否计入资本公积。处置该项投资性房地产时，原计入资本公积的部分是否已转销；

③将持有至到期投资重分类为可供出售金融资产，或将可供出售金融资产重分类为持有至到期投资的，检查是否按相关规定调整资本公积，可供出售金融资产的后续计量是否相应调整资本公积；

④以权益结算的股权支付，取得相关资料，检查在权益工具授予日和行权日的会计处理是否正确；

⑤对于在资产负债表日，满足运用套期会计方法条件的现金流量套期和境外经营净投资套期产生的利得和损失，是否进行了正确的会计处理。

(6)检查资本公积各项目，考虑对所得税的影响。

(7)记录资本公积中不能转增资本的项目。

(8)根据评估的舞弊风险等因素增加的审计程序。

(9)检查资本公积是否已按照企业会计准则的规定在财务报表中作出恰当列报。

三、盈余公积的实质性程序

(一)盈余公积的审计目标

盈余公积的审计目标包括：

(1)确定资产负债表中记录的盈余公积是存在的。

(2)确定被审计单位所有应当记录的盈余公积是否均已记录,盈余公积的增减变动符合法律、法规和合同、章程的规定。

(3)确定盈余公积以恰当金额包括在财务报表中,与之相关的计价调整已恰当记录。

(4)确定盈余公积已按照企业会计准则的规定在财务报表中作出恰当列报。

(二)盈余公积的实质性程序

(1)获取或编制盈余公积明细表,复核加计是否正确,并与报表数、总账数及明细账合计数核对是否相符。

(2)收集与盈余公积变动有关的董事会会议纪要、股东大会决议以及政府主管部门、财政部门批复等文件资料,进行审阅以确定其合法性。

(3)对法定盈余公积和任意盈余公积的发生额逐项审查至原始凭证以确定其计提金额是否正确、会计处理是否恰当。

(4)检查盈余公积的列报是否已按照企业会计准则的规定在财务报表中作出恰当列报。

四、未分配利润的审计

(一)未分配利润的审计目标

未分配利润的审计目标为:

(1)确定资产负债表中记录的未分配利润是否存在。

(2)确定被审计单位所有应当记录的未分配利润均已记录,未分配利润增减变动符合法律、法规和合同、章程的规定。

(3)确定未分配利润以恰当的金额包括在财务报表中,与之相关的计价调整已恰当记录;确定未分配利润已按照企业会计准则的规定在财务报表中作出恰当列报。

(二)未分配利润的实质性程序

(1)获取或编制利润分配明细表,复核加计是否正确,与报表数、总账数及明细账合计数核对是否相符。

(2)将未分配利润年初数与上年审定数核对是否相符,检查涉及损益的上年审计调整是否正确入账。

(3)检查董事会会议纪要、股东(大)会决议、利润分配方案等资料,确认利润分配的合法性。

(4)检查未分配利润变动的相关凭证,确定未分配利润的增减变动金额及会计处理是否正确。

(5)检查未分配利润是否已按照企业会计准则的规定在财务报表中作出恰当列报。

第四节 投资审计

投资从表现形式上看主要有股权投资(非公开上市)、房产投资和证券投资,涉及的相关会计科目包括长期股权投资、交易性金融资产、持有至到期投资、可供出售金融资产和投资性房地产。

一、长期股权投资审计

(一)长期股权投资的审计目标

长期股权投资的审计目标可概括为:

(1)确定长期股权投资是否存在。

(2)确定长期股权投资是否归被审计单位所有。

(3)确定长期股权投资的增减变动及其收益(或损失)的记录是否完整。

(4)确定长期股权投资的计价方法(成本法或权益法)是否正确。

(5)确定长期股权投资在会计报表上的披露是否恰当。

(二)长期股权投资的实质性程序

长期股权投资实质性程序如下:

(1)取得或编制长期股权投资明细表,复核加计数是否正确,并与明细账和总账余额核对相符。

(2)获取长期股权投资相关合同、文件和投资协议,确认股权投资的股权比例和持有时间,检查股权投资核算方法是否正确。

检查对外投资交易主要从以下三方面进行:

①检查投资证券的合规性。按照《公司法》的规定,除国务院规定的投资公司和控股公司外,企业累计对外投资额不得超过本公司净资产的50%。因此,注册会计师应在计算股权投资比例的基础上,查明被审单位投资业务的比例是否符合

国家在此方面的限制性规定，如果超过限定比例，应提请被审单位进行恰当披露。

②检查投资证券的增减变动是否经过授权和批准。对此，注册会计师应查阅被审计单位董事会或财务委员会或其他管理层有关证券交易的会议记录或决议加以证实。

③核对投资支出和收回的金额是否正确无误。将有关证券买卖凭证或有关投资协议、合同、单据等资料与批准的文件和有关货币资金（或固定资产、无形资产等）的收支（或增减）相互核对，并核对各类长期投资总账和明细账，确认是否相符。

(3)为证实被审计单位的投资是否完整存在，以及账实是否相符或发现其他异常情况，注册会计师应对委托专门机构代为管理的证券发询函证，对持有的非上市公司股权投资应进行函证。

对于外界机构托管的证券，注册会计师一般采用积极式函证。询证函中应询问盘点被审计单位持有证券之日代为保管的数量。证券函证程序与应收账款函证一样。因此，注册会计师必须控制询证函的寄发并保证直接从保管人那里得到回复。

对于被审计单位持有的非上市公司股权，注册会计师通过向被投资者询证，核对账面与实际投资数是否相符，有无弄虚作假，虚增投资数额的现象。对于固定资产、无形资产、流动资产等的对外投资，还应结合被审计单位的“固定资产”、“无形资产”和“流动资产”有关账户一起进行审查。

(4)审查长期股权投资的入账价值。注册会计师应审查长期股权投资入账基础是否符合投资合同、协议的规定，会计处理是否正确，重大投资项目应查阅董事会有关决议并取证。

(5)审查长期股权投资的核算方法。审查长期股权投资的核算方法，主要是检查股票投资和其他股权投资是否按规定采用权益法或成本法进行核算。

对于应采用权益法核算的长期股权投资，获取被投资单位已经注册会计师审计的年度财务报表，如果未经注册会计师审计，则应考虑对被投资单位的财务报表实施适当的审计或审阅程序：

①复核投资收益时，应以取得投资时被投资单位各项可辨认资产等的公允价值为基础，对被投资单位的净利润进行调整后加以确认；被投资单位采用的会计政策及会计期间与被审计单位不一致的，应当按照被审计单位的会计政策及会计期间对被投资单位的财务报表进行调整，据以确认投资损益。

②将重新计算的投资收益与被审计单位所计算的投资收益相核对，如有重大差异，则查明原因，并做适当调整。

③检查被审计单位按权益法核算长期股权投资，在确认应分担被投资单位发生的净亏损时，应首先冲减长期股权投资的账面价值，其次冲减其他实质上构成对

被投资单位净投资的长期权益账面价值(如长期应收款等);如果按照投资合同和协议约定被审计单位仍需承担额外损失义务的,应按预计承担的义务确认预计负债,并与预计负债中的相应数字核对无误;被投资单位以后期间实现赢利的,被审计单位在其收益分享额弥补未确认的亏损分担额后,恢复确认收益分享额。审计时,应检查被审计单位会计处理是否正确。

④检查除净损益以外被投资单位所有者权益的其他变动,是否调整计入所有者权益。

对于采用成本法核算的长期股权投资,检查股利分配的原始凭证及分配决议等资料确定会计处理是否正确;对被审计单位实施控制而采用成本法核算的长期股权投资,比照权益法编制变动明细表,以备合并报表使用。

对于成本法和权益法相互转换的,检查其投资成本的确定是否正确。

(6)检查本期发生的重大股权变动,确定长期股权投资的增减变动的记录是否完整:

①检查本期增加的长期股权投资,追查至原始凭证及相关的文件或决议及被投资单位验资报告或财务资料等,确认长期股权投资是否符合投资合同、协议的规定,并已确实投资,会计处理是否正确。

②检查本期减少的长期股权投资,追查至原始凭证,确认长期股权投资的收回有合理的理由及授权批准手续,并已确实收回投资,会计处理是否正确。

(7)检查长期股权投资减值准备的计提及会计处理是否正确。对长期股权投资减值准备,应从以下五个方面进行检查:

①检查长期股权投资减值准备的会计政策,看其是否与以前年度的核算方法相一致,如不一致则应追查其发生变动的原因,并评价对本期损益的影响,考虑是否应进行披露。

②获取或编制长期股权投资明细表并对其进行逐项检查,根据被投资单位所处的经济环境、市场形势、法律环境、行业竞争状况等评价长期股权投资是否存在减值迹象。确有出现导致长期股权投资可收回金额低于账面价值的,将可收回金额低于账面价值的差额作为长期股权投资减值准备予以计提,并与被审计单位已计提数相核对看是否一致,如差异较大,应查明原因。

③将本期明细账中减值准备计提金额、注册会计师测算的减值准备金额与利润表资产减值损失中的相应数字进行核对看是否一致。

④长期股权投资减值准备计提依据充分且按单项资产计提,并经过恰当的授权和批准。减值损失一经确认,在以后会计期间不得转回。

⑤对核销的长期投资,应取得被审计单位核销的依据,检查其核销的理由是否

充分。

(8)通过询问或函证了解长期股权投资是否存在质押、担保情况,此项检查可与银行存款、借款的审计配合进行。如有质押担保等,则应在工作底稿中详细记录,并提请被审计单位进行披露。

(9)检查长期股权投资在资产负债表上是否已恰当列报。首先确定长期股权投资与交易性金融资产、可供出售的金融资产之间的分类是否正确,然后考虑被审计单位在所投资企业中的控制能力,确定是否存在被投资单位由于所在国家和地区及其他方面的影响,其向被审计单位转移资金的能力受到限制的情况,如存在,应详细记录受限情况,并提请被审计单位进行充分披露。

二、交易性金融资产审计

(一)交易性金融资产的审计目标

交易性金融资产的审计目标有:

(1)确定资产负债表中记录的交易性金融资产是否存在。

(2)确定所有应当记录的交易性金融资产是否均已记录入账。

(3)确定记录的交易性金融资产由被审计单位所拥有或控制。

(4)确定交易性金融资产以恰当的金额包括在财务报表中,与之相关的计价调整已恰当记录。

(5)确定交易性金融资产已按照企业会计准则的规定在财务报表中作出恰当列报。

(二)交易性金融资产的审计程序

(1)获取或编制交易性金融资产明细表。

①复核加计数是否正确,并与报表数、总账数和明细账合计数核对是否相符;

②检查非记账本位币交易性金融资产的折算汇率及折算是否正确;

③与被审计单位讨论以确定划分为交易性金融资产是否符合企业会计准则的规定。

(2)就被审计单位管理层将投资确定划分为交易性金融资产的意图获取审计证据,并考虑管理层实施该意图的能力。应向管理层询问,并通过下列方式对管理层的答复予以印证。

①考虑管理层以前所述的对于划分为交易性金融资产的意图的实际实施情况;

②复核包括预算、会议纪要等在内的书面计划和其他文件记录；

③考虑管理层选择划分为交易性金融资产的理由；

④考虑管理层在既定经济环境下实施特定措施的能力。

(3)确定交易性金融资产余额正确及存在。

①获取股票、债券、基金等账户对账单，与明细账余额核对，作出记录或进行适当调整；

②被审计单位人员盘点交易性金融资产，编制交易性金融资产盘点表，审计人员实施监盘并检查交易性金融资产名称、数量、票面价值、票面利率等内容，同时与相关账户余额进行核对；如有差异，查明原因。作出记录或进行适当调整；

③如交易性金融资产在审计工作日已售出或兑换，则追查至相关原始凭证，以确认其在资产负债表日存在；

④在外保管的交易性金融资产等应查阅有关保管的文件，必要时可向保管人函证，复核并记录函证结果。了解在外保管的交易性金融资产实质上是否为委托理财，如是，则应详细记录，分析资金的安全性和可收回性，提请被审计单位重新分类，并充分披露。

(4)确定交易性金融资产的会计记录是否完整，并确定所购入交易性金融资产是否归被审计单位所拥有。

①取得有关账户流水单，对照检查账面记录是否完整。检查购入交易性金融资产是否为被审计单位拥有；

②向相关机构发函，并确定是否存在变现限制，同时记录函证过程。

(5)确定交易性金融资产的计价是否正确。

①复核交易性金融资产计价方法，检查其是否按公允价值计量，前后期是否一致；

②复核公允价值取得依据是否充分。公允价值与账面价值的差额是否计入公允价值变动损益科目。

(6)抽取交易性金融资产增减变动的相关凭证，检查其原始凭证是否完整合法，会计处理是否正确。

①抽取交易性金融资产增加的记账凭证，注意其原始凭证是否完整合法，成本、交易费用和相关利息或股利的会计处理是否符合规定；

②抽取交易性金融资产减少的记账凭证，检查其原始凭证是否完整合法，会计处理是否正确；注意出售交易性金融资产时其成本结转是否正确。

(7)检查有无变现存在重大限制的交易性金融资产，如有，则查明情况，并做适当调整。

(8)针对识别的舞弊风险等因素增加的审计程序。

(9)检查交易性金融资产检查是否已按照企业会计准则的规定在财务报表中作出恰当列报。

三、持有至到期投资审计

(一)持有至到期投资的审计目标

持有至到期投资的审计目标为：

(1)确定资产负债表中记录的持有至到期投资是否存在；

(2)确定所有应当记录的持有至到期投资是否均已记录；

(3)确认记录的持有至到期投资由被审计单位拥有或控制；

(4)确认持有至到期投资以恰当的金额包括在财务报表中，与之相关的计价调整已恰当记录；

(5)确定持有至到期投资已按照企业会计准则的规定在财务报表中作出恰当列报。

(二)持有至到期投资的实质性程序

(1)获取或编制持有至到期投资明细表。

①复核加计数是否正确，并与总账数和明细账合计数核对是否相符；结合持有至到期投资减值准备科目与报表数核对是否相符；

②检查非记账本位币持有至到期投资的折算汇率及折算是否正确；

③与被审计单位讨论以确定划分为持有至到期投资的金融资产是否符合企业会计准则的规定；

④与上年度明细项目进行比较，确定与上年度分类相同。具有到期日固定、回收金额固定或可确定、企业有明确意图和能力持有至到期、有活跃市场特征的金融资产可划分为持有至到期投资的金融资产。

(2)就被审计单位管理层将投资确定划分为持有至到期投资的意图获取审计证据，并考虑管理层实施该意图的能力。应向管理层询问，并通过下列方式对管理层的答复予以印证。

①考虑管理层以前所述的对于划分为持有至到期投资的实际实施情况；

②复核包括预算、会议纪要等在内的书面计划和其他文件记录；

③考虑管理层将某项资产划分为持有至到期投资的理由；

④考虑管理层在既定经济环境下实施特定措施的能力。

(3)确定持有至到期投资的余额正确和持有至到期投资的存在。

①被审计单位的主管会计人员盘点库存持有至到期投资，编制持有至到期投资盘点表。审计人员实施监盘并检查持有至到期投资名称、数量、票面价值、票面利率等内容，并与相关账户余额进行核对；如有差异，查明原因，作出记录或进行适当调整。

②如持有至到期投资在审计工作日已售出或兑换，则追查至相关原始凭证，以确认其在资产负债表日存在。

③在外保管的持有至到期投资等应查阅有关保管的文件，必要时可向保管人函证。询证函由审计人员直接收发。复核并记录函证结果。了解在外保管的持有至到期投资实质上是否为委托理财，如是，则应详细记录、分析资金的安全性和可收回性，提请被审计单位重新分类，并充分披露。

④如可以向证券公司等获取对账单的，应取得对账单，并与明细账余额核对，需要时，向其等发函询证，以确认其存在。如有差异，查明原因。作出记录或进行适当调整。

(4)确定持有至到期投资的会计记录完整，并确定所购入持有至到期投资归被审计单位拥有。

①分别自本期增加、本期减少中选择适量项目。

②追查至原始凭证，检查其是否经授权批准，确认有关持有至到期投资的购入、售出、处置及投资收益金额正确，记录完整。并确认所购入持有至到期投资归被审计单位拥有。

(5)确定持有至到期投资的计价正确。

①检查持有至到期投资初始计量正确；复核其计价方法，检查是否按摊余成本计量，前后期是否一致。

②与被审计单位讨论确定实际利率确定依据是否充分，非本期新增投资，复核实际利率是否与前期一致。

③重新计算持有期间的利息收入和投资收益。按票面利率计算确定当期应收利息，按持有至到期投资摊余成本和实际利率计算确定当期投资收益，差额作为利息调整。与应收利息(分期付息)或应计利息(到期付息)和投资收益中的相应数字核对无误。

(6)检查持有至到期投资与可供出售金融资产相互重分类的依据是否充分，会计处理是否正确。

(7)期末对成本计量的持有至到期投资进行如下逐项检查，以确定持有至到期投资是否已经发生减值：

①核对持有至到期投资减值准备本期与以前年度计提方法是否一致，如有差异，查明政策调整的原因，并确定政策改变对本期损益的影响，提请被审计单位做适当披露。

②期末，对持有至到期投资逐项进行检查，以确定是否已经发生减值。确有出现导致其预计未来现金流量现值低于账面价值的情况，将预计未来现金流量现值低于账面价值的差额作为持有至到期投资减值准备予以计提。并与被审计单位已计提数相核对，如有差异，查明原因。

③将本期减值准备计提（或转回）金额与利润表资产减值损失中的相应数字核对。

④持有至到期投资减值准备按单项资产（或包括在具有类似信用风险特征的金融资产组）计提，计提依据充分，得到适当批准。持有至到期投资价值得以恢复的，原确认的减值损失应予以转回，复核转回后的账面价值不超过假设不计提减值准备情况下该持有至到期投资在转回日的摊余成本，会计处理是否正确。

(8)检查非货币性资产交换、债务重组时取得或转出持有至到期投资的会计处理是否正确。

(9)结合银行借款等项目的检查，了解持有至到期投资是否存在质押、担保情况。如有，则应详细记录，并提请被审计单位进行充分披露。

(10)针对识别的舞弊风险等因素增加相应的审计程序。

(11)检查持有至到期投资的列报是否恰当：①各类持有至到期投资期初、期末价值；②确定持有至到期投资的依据；③持有至到期投资利得和损失的计量基础。

四、可供出售金融资产审计

(一)可供出售金融资产审计目标

可供出售金融资产的审计目标包括：

(1)确定资产负债表中记录的可供出售金融资产是否存在。

(2)确定所有应当记录的可供出售金融资产是否均已记录。

(3)确定记录的可供出售金融资产由被审计单位拥有或控制。

(4)确定可供出售金融资产以恰当的金额包括在财务报表中，与之相关的计价调整已恰当记录。

(5)确定可供出售金融资产已按照企业会计准则的规定在财务报表中作出恰当列报。

(二)可供出售金融资产的实质性程序

(1)获取或编制可供出售金融资产明细表。

①复核加计是否正确,并与总账数和明细账合计数核对是否相符;结合可供出售金融资产减值准备科目与报表数核对是否相符;

②与被审计单位讨论以确定划分为可供出售金融资产的金融资产是否符合会计准则的规定;

③与上年明细项目进行比较,确定与上年分类相同。

(2)根据被审计单位管理层的意图和能力,判断可供出售金融资产的分类是否正确。

(3)确定可供出售金融资产的余额正确并存在。

①对于没有划分为以公允价值计量且其变动记入当期损益的金融资产,获取股票、债券、基金等账户对账单,与明细账余额核对,需要时,向证券登记公司等发函询证,以确认其存在。如有差异,查明原因,作出记录或进行适当调整。

②被审计单位的主管会计人员盘点库存可供出售金融资产,编制可供出售金融资产盘点表,注册会计师实施监盘并检查可供出售金融资产名称、数量、票面价值、票面利率等内容,并与相关账户余额进行核对;如有差异,查明原因。作出记录或进行适当调整。

③如可供出售金融资产在审计工作日已售出或兑换,则追查至相关原始凭证,以确认其在审计截止日存在。

④在外保管的可供出售金融资产等应查阅有关保管的文件,必要时可向保管人函证,复核并记录函证结果。了解在外保管的可供出售金融资产是否实质上为委托理财,如是,则应详细记录,分析资金的安全性和可收回性,提请被审计单位重新分类,并充分披露。

(4)确定可供出售金融资产的会计记录完整,由被审计单位拥有。

①分别自本期增加、本期减少中选择适量项目。

②追查至原始凭证,检查其是否经授权批准,确认有关可供出售金融资产的购入、售出、兑换及投资收益金额正确,记录完整。并确认所购入可供出售金融资产归被审计单位拥有。

③检查可供出售金融资产的处置时,是否将原直接计入资本公积的公允价值变动累计额对应处置部分的金额转出,计入投资收益。

(5)确定可供出售金融资产的计价正确。

①复核可供出售金融资产的计价方法,检查其是否按公允价值计量,前后期是

否一致，公允价值取得依据是否充分。

②与被审计单位讨论以确定实际利率确定依据是否充分，非本期新增投资，复核实际利率是否与前期一致。

③重新计算持有期间的利息收入和投资收益。按票面利率计算确定当期应收利息，按可供出售金融资产摊余成本和实际利率计算确定当期投资收益，差额作为利息调整。与应收利息和投资收益中的相应数字核对无误。

④复核可供出售金融资产的期末价值计量是否正确，会计处理是否正确。可供出售金融资产期末公允价值变动应计入资本公积。但应关注按实际利率法计算确定的利息、减值损失、外币货币性金融资产形成的汇兑损益应确认为当期损益。与财务费用、资产减值损失等科目中的相应数字核对无误。

(6)期末对可供出售金融资产进行如下逐项检查，以确定可供出售金融资产是否已经发生减值。

①核对可供出售金融资产减值准备本期与以前年度计提方法是否一致，如有差异，查明政策调整的原因，并确定政策变更对本期损益的影响，提请被审计单位做适当披露。

②期末，对可供出售金融资产逐项进行检查，以确定是否已经发生减值。如果可供出售金融资产的公允价值发生较大幅度下降，或在综合考虑各种相关因素后，预期这种下降趋势属于非暂时性的，可认定该项可供出售金融资产已发生减值，应当确认减值损失。并与被审计单位已计提数相核对，如有差异，查明原因。

③将本期减值准备计提(或转回)金额与利润表资产减值损失中的相应数字核对无误。

④可供出售金融资产减值准备按单项资产(或包括在具有类似信用风险特征的金融资产组)计提，计提依据充分，得到适当批准。

(7)检查非货币性资产交换、债务重组的会计处理是否正确。

(8)结合银行借款等的检查，了解可供出售金融资产是否存在质押、担保的情况。如有，则应详细记录，并提请被审计单位进行充分披露。

(9)针对识别的舞弊风险等因素增加相应的审计程序。

(10)检查可供出售金融资产的列报是否恰当：

①各类可供出售金融资产期初、期末价值；

②确定可供出售金融资产的依据；

③可供出售金融资产利得和损失的计量基础；

④可供出售金融资产减值的判定依据。

五、投资性房地产审计

(一)投资性房地产审计目标

(1)确定资产负债表中记录的投资性房地产是否存在。

(2)确定所有应当记录的投资性房地产均是否已记录。

(3)确定记录的投资性房地产由被审计单位拥有或控制。

(4)确定投资性房地产以恰当的金额包括在财务报表中,与之相关的计价调整已恰当记录。

(5)确定投资性房地产已按照企业会计准则的规定在财务报表中作出恰当列报。

(二)投资性房地产实质性程序

(1)获取或编制投资性房地产明细表。

①复核加计正确,并与总账数和明细账合计数核对是否相符;结合投资性房地产累计摊销(折旧)、投资性房地产减值准备科目与报表数核对是否相符;

②与被审计单位讨论以确定划分为投资性房地产的建筑物、土地使用权是否符合会计准则的规定。

(2)根据被审计单位管理层的能力和意图,检查对投资性房地产的分类和采用的计量属性是否适当,是否符合企业会计准则的规定。

(3)确定投资性房地产是否存在,期末余额是否正确。

①获取本期投资性房地产增加和减少的明细表以及投资性房地产登记簿,投资性房地产增加、减少明细表和投资性房地产登记簿中的本期增减累计数应与投资性房地产变动表中的本期增减累计数相等;检查会计处理是否正确;

②依据投资性房地产增加明细表和期初投资性房地产成本分别选取适量项目;

③如果选取的所有项目在期末仍存在,安排对其进行实地检查,复核该资产是否真实存在;

④如果挑选的样本在期末已清理或处理,需确认清理或处理的资产已经办理审批手续,其清理的收益或损失已正确计算,并进行正确的会计处理。

(4)确定投资性房地产增加计价是否恰当,并确定其是否归被审计单位所有,增减变动的记录是否完整、正确。

①对于所选取的本期新增加的项目,追查至购买协议(合同)、原始发票、验收

报告等以确认其有效性、金额的正确性以及新增投资性房地产是否经过有效的批准，并归被审计单位所有；

②检查建筑物权证、土地使用权证等证明文件，确定建筑物、土地使用权是否归被审计单位所有；

③对于所选取期初业已存在的投资性房地产项目，追查至资产负债表日的投资性房地产备查簿以确认我们挑选的样本是否已清理；

④对于所选取的本期减少的项目，需确认处置的资产已经得到审批手续，其处置的收益或损失已正确计算，并进行正确的会计处理。

(5)与被审计单位讨论以确定投资性房地产后续计量模式选用的依据是否充分。与上期会计政策进行比较，确定后续计量模式的一致性；如不一致，则详细记录变动原因。

(6)确定投资性房地产后续计量选用公允价值模式的政策是否恰当，有关公允价值是否持续可靠取得，计算复核期末计价正确：

①被审计单位投资性房地产的后续计量采用公允价值模式计价的，期末应逐项检查公允价值的确定依据是否充分，重点检查公允价值能持续可靠取得的确凿证据，检查公允价值变动损益计算是否正确，会计处理是否正确。与利润表公允价值变动损益中的相应数字核对无误。

②询问并获取相关资料，评价被审计单位确定公允价值采用方法的适当性，公允价值选用的合理性，包括被审计单位的决策程序、公允价值的确定方法、估值模型的选择、披露的充分性等。

③考虑利用专家的工作程度，对专家的胜任能力和客观性或工作结果适当性进行评价。

(7)投资性房地产后续计量选用成本计量模式，确定投资性房地产累计摊销(折旧)政策是否恰当，计算复核本期摊销(折旧)的计提是否正确：

①了解被审计单位所使用的建筑物折旧率和土地使用权摊销率，确定其制定是否恰当；

②确认被审计单位除已提足折旧或摊销的投资性房地产外，其他投资性房地产均已计提折旧和摊销；

③根据投资性房地产的平均水平测算整个会计期间的摊销(折旧)额。与投资性房地产中的折旧和摊销本期增加数相核对，如有差异，查明原因；

④将本期折旧和摊销金额与利润表其他业务支出中的相应数字核对无误。

(8)期末对成本模式计量的投资性房地产进行如下检查，以确定投资性房地产是否已经发生减值：

①核对投资性房地产减值准备本期与以前年度计提方法是否一致，如有差异，查明政策调整的原因，并确定政策变更对本期损益的影响，提请被审计单位做适当披露。

②期末，对以成本模式计量的投资性房地产逐项进行检查，以确定是否已经发生减值。确有出现导致其可收回金额低于账面价值的情况，将可收回金额低于账面价值的差额作为投资性房地产减值准备予以计提。并与投资性房地产中的减值准备本期增加数相核对，如有差异，查明原因。

③将本期减值准备计提金额与利润表资产减值损失中的相应数字核对无误。

④投资性房地产减值准备按单项资产（或资产组）计提，计提依据充分，得到相应批准。

(9)确定投资性房地产后续计量模式的转换是否恰当。

①检查董事会等决议文件，确定后续计量模式改变的适当性，会计处理的正确性，并提请被审计单位进行充分披露；

②审查投资性房地产成本计量模式转为公允价值计量模式是否作为会计政策变更进行追溯调整期初留存收益处理。

(10)如被审计单位投资性房地产与其他资产发生相互转换的，应审查转换依据是否充分，是否经过有效批准；转换日房地产成本计量是否正确，会计处理是否正确。

①复核在成本模式下，是否将房地产转换前的账面价值作为转换后的入账价值；

②复核采用公允价值模式计量的投资性房地产转换为自用房地产时，是否以其转换当日的公允价值作为自用房地产的账面价值，公允价值与原账面价值的差额计入当期损益；

③自用房地产或存货转换为采用公允价值模式计量的投资性房地产时，投资性房地产按照转换日的公允价值计价，转换日的公允价值小于原账面价值的，其差额计入当期损益；转换日的公允价值大于原账面价值的，其差额计入资本公积。

(11)获取租赁合同等文件，重新计算租金收入，检查投资性房地产的租金收入计算是否正确、会计处理是否正确，租金收入是否计入其他业务收入。

(12)检查本期对投资性房地产进行改良或装修的会计处理是否正确。

(13)检查有无与关联方的投资性房地产购售活动，交易价格是否公允。

(14)检查非货币性资产交换、债务重组时取得或转出投资性房地产的会计处理是否正确。

(15)检查投资性房地产的处置目的，检查凭证是否齐全、合法，会计处理是否正确。

(16)结合银行借款等项目的检查，了解建筑物、土地使用权是否存在抵押、担保情况。如有，则应详细记录，并提请被审计单位进行充分披露。检查投资性房地产的保险情况。

(17)对投资性房地产实施监盘程序，以了解其存在状态、使用状况等。

(18)根据评估的舞弊风险等因素增加相应的审计程序。

(19)检查投资性房地产的列报是否恰当：

①投资性房地产的种类、金额和计量模式；

②采用成本模式的，投资性房地产的折旧或摊销，以及减值准备的计提情况；

③采用公允价值模式的，说明公允价值的确定依据和方法，以及公允价值变动对损益的影响；

④房地产转换情况、理由，以及对损益或所有者权益的影响；

⑤当期处置的投资性房地产及其对损益的影响。

第五节　其他项目审计

一、投资收益的实质性程序

(一)投资收益的审计目标

投资收益的审计目标一般包括：

(1)确定利润表中记录的投资收益是否已发生，且与被审计单位有关。

(2)所有应当记录的投资收益是否均已记录。

(3)确定与投资收益有关的金额及其他数据已恰当记录。

(4)确定投资收益已记录于正确的会计期间。

(5)确定投资收益已记录于恰当的账户，确定投资收益已按照企业会计准则的规定在财务报表中作出恰当列报。

(二)投资收益的实质性程序

投资收益的实质性程序通常包括：

(1)获取或编制投资收益分类明细表，复核加计正确并与总账数和明细账合计数核对相符，与报表数核对相符。

(2)与以前年度投资收益比较,结合投资本期的变动情况,分析本期投资收益是否存在异常现象。如有,应查明原因,并作出适当的调整。

(3)与长期股权投资、交易性金融资产、交易性金融负债、可供出售金融资产、持有到期投资等相关项目的审计结合,验证确定投资收益的记录是否正确,确定投资收益被计入正确的会计期间。

(4)确定投资收益的已恰当列报。检查投资协议等文件,确定国外投资收益汇回是否存在重大限制,若存在重大限制,应说明原因,并作出恰当披露。

二、财务费用审计

(一)财务费用的审计目标

财务费用的审计目标一般包括:

(1)确定利润表中记录的财务费用是否已发生,且与被审计单位有关;

(2)确定所有应当记录的财务费用是否均已记录;

(3)确定与财务费用有关的金额及其他数据是否已恰当记录;

(4)确定财务费用是否已记录于正确的会计期间;

(5)确定财务费用是否已记录于恰当的账户;

(6)确定财务费用是否已按照企业会计准则的规定在财务报表中作出恰当的列报。

(二)财务费用的实质性程序

(1)获取或编制财务费用明细表,复核其加计数是否正确,并与报表数、总账数和明细账合计数核对是否相符。

(2)实施实质性分析程序。

①针对已识别需要运用分析程序的有关项目,并基于对被审计单位及其环境的了解,通过进行以下比较,同时考虑有关数据间关系的影响,以建立有关数据的期望值;

■ 将本期财务费用各明细项目与上期进行对比,必要时比较本期各月份财务费用,如有重大波动和异常情况应追查原因;

■ 计算借款、应付债券平均实际利率并同以前年度及市场平均利率相比较;

■ 根据借款、应付债券平均余额、平均利率测算当期利息费用和应付利息,并与账面记录进行比较;

■ 根据银行存款平均余额和存款平均利率复核利息收入。

②确定可接受的差异额；

③将实际的情况与期望值相比较，识别需要进一步调查的差异；

④如果其差额超过可接受的差异额，调查并获取充分的解释和恰当的佐证审计证据（如通过检查相关的凭证）；

⑤评估分析程序的测试结果。

(3)检查财务费用明细项目的设置是否符合规定的核算内容与范围，是否划清财务费用与其他费用的界限。

(4)检查利息支出明细账。

①审查各项借款期末应计利息有无预计入账。

②审查现金折扣的会计处理是否正确。

③结合长短期借款、应付债券等的审计，检查财务费用中是否包括为购建或生产满足资本化条件的资产发生的应予资本化的借款费用。

④检查融资租入的固定资产、购入有关资产超过正常信用条件延期支付价款、实质上具有融资性质的，采用实际利率法分期摊销未确认融资费用时计入财务费用数是否正确。

⑤检查应收票据贴现息的计算与会计处理是否正确。

⑥检查存在资产弃置费用义务的固定资产或油气资产，在其使用寿命内，是否按期计算确定应负担的利息费用。

(5)检查利息收入明细账。

①确认利息收入的真实性及正确性；

②检查从其他企业或非银行金融机构取得的利息收入有否按规定计缴营业税；

③检查采用递延方式分期收款、实质上具有融资性质的销售商品或提供劳务，采用实际利率法按期计算确定的利息收入是否正确。

(6)检查汇兑损益明细账，检查汇兑损益计算方法是否正确，核对所用汇率是否正确，前后期是否一致。

(7)检查大额金融机构手续费的真实性与正确性。

(8)根据具体情况抽取资产负债表日前后若干天的财务费用相关凭证，实施截止测试，若存在异常迹象，应考虑是否有必要追加审计程序，对于重大跨期项目应作必要调整。

(9)根据评估的舞弊风险等因素增加其他必要的审计程序。

(10)检查财务费用是否已按照企业会计准则的规定在财务报表中作出恰当的列报。

三、套期工具审计

(一)套期工具的审计目标

(1)确定资产负债表中记录的套期工具是否存在。

(2)确定所有应当记录的套期工具是否均已记录。

(3)确定记录的套期工具由被审计单位拥有或控制。

(4)确定套期工具以恰当的金额包括在财务报表中,与之相关的计价调整已恰当记录。

(5)确定套期工具已按照企业会计准则的规定在财务报表中作出恰当列报。

(二)套期工具的实质性程序

(1)获取或编制套期工具明细表,复核加计是否正确,并与报表数、总账数和明细账合计数核对是否相符。

(2)检查客户发生的套期业务是否符合套期保值准则的确认条件。

(3)检查相关记录和原始凭证,确认套期工具增加与减少的会计处理是否正确。

(4)检查期末套期工具形成的损失和利得是否恰当地计入了当期损益或所有者权益,并同时调整了套期工具的账面价值。

(5)检查套期工具是否已按照企业会计准则的规定在财务报表中作出恰当的列报。

四、衍生工具审计

(一)衍生工具的审计目标

(1)确认资产负债表中记录的衍生工具是否存在。

(2)确定所有应当记录的衍生工具是否均已记录。

(3)确定记录的衍生工具由被审计单位拥有或控制。

(4)确定衍生工具以恰当的金额包括在财务报表中,与之相关的计价调整已恰当记录。

(5)确定衍生工具已按照企业会计准则的规定在财务报表中作出恰当列报。

(二)衍生工具的实质性程序

(1)获取或编制衍生工具明细表,复核加计是否正确,并与报表数、总账数和明细账合计数核对是否相符。

(2)检查衍生工具合同和交易单据,对照检查账面记录是否完整。

(3)验证衍生工具的初始确认,资产负债表日交易性金融负债的公允价值与账面价值的差额账务处理是否正确;衍生工具终止确认的账务处理是否正确。

(4)检查衍生工具是否已按照企业会计准则的规定在财务报表中作出恰当的列报。被审计单位除应在报表中反映已确认的金融资产和金融负债,还应在报表附注中披露衍生金融工具的范围、性质、交易目的、会计政策和方法,可能的风险等内容。

五、应付股利审计

(一)应付股利的审计目标

(1)确定资产负债表中记录的应付股利是否存在。

(2)确定所有应当记录的应付股利是否均已记录。

(3)确定记录的应付股利是被审计单位应当履行的现时义务。

(4)确定应付股利以恰当的金额包括在财务报表中,与之相关的计价调整已恰当记录。

(5)确定应付股利已按照企业会计准则的规定在财务报表中作出恰当列报。

(二)应付股利的实质性程序

(1)获取或编制应付股利明细表,复核加计是否正确,并与报表数、总账数及明细账合计数核对相符。

(2)审阅公司章程、股东会(或股东大会)和董事会会议纪要中有关股利的规定,了解股利分配标准和发放方式是否符合有关规定并经法定程序批准。

(3)检查应付股利的计提是否根据董事会或股东会(或股东大会)决定的利润分配方案,从税后可供分配利润中计算确定,并复核应付股利计算和会计处理的正确性。

(4)检查股利支付的原始凭证的内容、金额和会计处理是否正确。检查现金股利是否按公告规定的时间、金额予以发放。

(5)向主要股东函证,以确定未付股利的真实性和完整性。

(6)检查董事会或类似机构通过的利润分配方案中拟分配的现金股利或利润，是否按规定未做账务处理，并已在附注中披露。

(7)根据评估的舞弊风险等因素增加其他必要的审计程序。

(8)检查应付股利的列报是否恰当，按主要投资者列示欠付的应付股利金额并说明原因。

思考题

1. 投资与筹资业务与货币资金账户是如何发生关联的？审计过程中如何利用这一关联性？

2. 如何识别投资与筹资业务循环中的高风险账户？

3. 长期股权投资与其他短期类的投资如交易性金融资产、投资性房地产、套期保值等在审计时重点有何不同？

4. 如何识别未入账的其他各类筹资？

5. 各类金融资产的实质性程序有哪些？

第十三章 货币资金审计

本章导读

货币资金属于强流动性的高风险资产，货币资金审计是企业财务审计的重要内容之一，其审计主要通过对货币资金实施内部控制测试和实质性程序来进行。本章首先简要叙述了货币资金的概念、特点及货币资金审计的目标，描述了与货币资金相关的内部控制，并详细阐述了货币资金的内部控制测试。在此基础上，本章分别就现金、银行存款和其他货币资金三种不同类型的货币资金审计详细阐述了其审计目标及相应的实质性程序。

主要内容

- 货币资金及其内部控制测试
- 现金审计
- 银行存款审计
- 其他货币资金审计

第一节 货币资金及其内部控制测试

一、货币资金概述

货币资金是指企业在生产经营过程中处于货币形态的资产。它是企业资产的重要组成部分，包括库存现金、银行存款和其他货币资金。具体表现为库存现金、银行结算户存款、外埠存款、银行汇票存款、银行本票存款、信用卡存款和信用证保证金存款等。货币资金具有流动性强、与其他经营业务联系广泛、管理要求严格等特征。

货币资金贯穿于企业生产经营的全过程，与前述销售与收款循环、购置与付款循环、存货与生产循环、筹资与投资循环关系密切。货币资金与每一个业务循环的关系具体表现在：在销售与收款循环中，现销收入的取得和赊销货款的回收会增加货币资金的金额；在购置与付款循环中，赊购货款和购买固定资产款项的支付则会减少货币资金的金额；在存货与生产循环中，应付生产工人的工资和某些制造费用的支出会引起货币资金金额的减少；在筹资与投资循环中，筹资会增加货币资金金额，而初始投资一般会导致货币资金金额的减少。货币资金与四个业务循环的关系如图 13-1 所示。

货币资金

销售与收款循环	购置与付款循环
筹资与投资循环	存货与生产循环
	筹资与投资循环

图 13-1 货币资金与各业务循环关系

二、货币

因为货币资金流动性强，发生错误和舞弊的可能性大，因此对于审计人员来讲是高风险的领域，同时也是审计工作的重点。货币资金审计是针对现金、银行存款和其他货币资金的审计，其审计目标有以下五个方面：

(1)确定货币资金在资产负债表日是否确实存在。

(2)确定货币资金是否为被审计单位所拥有。

(3)确定在特定期间发生的货币资金收支业务是否均已记录完整。

(4)确定货币资金余额是否正确。

(5)确定货币资金在财务报表上的表达和披露是否恰当。

在货币资金审计目标实现过程中，需要对货币资金相关的主要凭证和会计记录进行查验。货币资金审计涉及的主要凭证和会计记录主要有：①库存现金盘点表；②银行对账单；③银行存款余额调节表；④收款凭证与付款凭证；⑤库存现金、银行存款日记账和总账；⑥其他相关原始凭证和账簿(如支票及支票簿)。

三、货币资金内部控制

由前可知，货币资金具有高流动性的特点，因此，其被盗用的风险也相应更高。同时，货币资金贯穿于企业生产经营的全过程，与企业的各个业务循环关系密不可分。货币资金的失控必然影响其他业务循环，进而影响企业的正常生产经营。因此，企业应建立适合本单位特点和管理要求的货币资金内部控制制度，并严格执行该制度。审计人员应对企业货币资金的内部控制充分了解，以利于其对企业实施货币资金审计。

(一)货币资金内部控制的目标

内部控制目标是企业管理层建立健全内部控制的根本出发点。货币资金内部控制目标有如下四个方面：

1. 货币资金的安全性

货币资金的安全性目标指通过良好的企业内部控制，确保企业库存现金安全，预防其被盗窃、诈骗和挪用。

2. 货币资金的完整性

货币资金的完整性目标指企业的内部控制通过检查企业收到的货币是否已全部入账来预防私设“小金库”等侵占企业收入的违法行为出现。

3. 货币资金的合法性

货币资金的合法性目标指企业通过良好的内部控制检查货币资金的取得、使用是否符合国家财经法规、手续是否齐备来预防企业货币资金在取得、使用等方面违反国家的各项法律法规政策。

4. 货币资金的效益性

货币资金的效益性指企业通过良好的内部控制合理调度货币资金，使其发挥最大的效益。

(二)货币资金内部控制的内容

货币资金内部控制主要应包含如下四个方面的内容：

1. 严格实施授权审批

所有货币资金的经济活动必须按权限进行审查批准。单位各级工作人员，必须经过授权和批准，才能对有关的经济业务进行处理，未经授权和批准，不允许接触这些业务，这一控制方式使某些事件在发生时就得到控制。要规定各级管理人员的职责范围和业务处理权限，同时也要明确各级管理人员所承担的责任，使他们对自己的业务处理行为负责。审批人应当在授权范围内进行审批，不得超越审批权限；办理货币资金支付的经办财务人员应当忠于职守、廉洁奉公、遵纪守法、客观公正，按照审批人的批准意见办理货币资金业务；对于审批人超越授权范围审批的货币资金业务，经办财务人员有权拒绝办理。

2.科学进行职权分离

职权分离是内部控制一项重要的控制程序，货币资金内部控制同样也应包含这方面的内容。主要体现在，单位货币资金收支应由出纳人员和会计人员分工负责、分别办理，职责分明、职权分离。应设置专职出纳员，负责货币资金的收支和保管、收支原始凭证的保管和签发、日记账的登记。会计不得兼任出纳；出纳不得兼任稽核、会计档案保管，不得兼管收入、费用、债券债务账目的登记工作。并且所有现金和银行存款的收付，都必须通过经办会计在审核原始凭证无误后填制记账凭证，然后由出纳员检查所附原始凭证是否完整后办理收付款，并在原始凭证上加盖"收讫"或"付讫"戳记。

3.认真做好记录复核

所有货币资金的经济业务必须按会计制度规定进行记录，并且各种收付款业务应集中到会计部门办理，任何部门和个人不得擅自出具收款或付款凭证。经济业务进行记录时，必须采取一系列措施和方法，按照规定的程序办理货币资金支付业务，把好支付申请、支付审批、支付复核三道关，以保证会计记录的真实、及时和正确。

货币资金的收支事项，均应有一定的收支凭证和传递手续，使各项业务按正常渠道运行。每笔收款都要开票，开具时必须按编号顺序连续使用；每笔支出都应有单位负责人审批、会计主管审核、会计人员复核；尽可能使用转账结算，现金结算的款项应及时送存银行。出纳员收妥每笔款项后应在收款凭证上加盖"收讫"章；支付每一笔款项都应以健全的凭证和完备的审批手续为依据，付款后，需在付款凭证上加盖"付讫"章。对已经使用和作废的支票要在登记簿上作详细记录，作废票证应加盖"作废"章，全份保存，并详细登记，由领用人员签名作证。银行预留印鉴分别由两人掌管，财务专用章由出纳员保管，公司总经理私章由财务部指定专人保管。

同时，出纳员要自觉进行经常性的对账工作，包括每日货币资金的账面数字和实际数字，应定期核对相符；每月末都要向银行索要各存款户的对账单，并编制银行存款余额调节表，调节未达账项。如调节不符，应查明原因，及时处理。内审人员应负责收支凭证和账目的定期审计和现金的突击盘点及银行账的定期核对。

4.严格执行规章条例

严格执行国务院颁布的《现金管理暂行条例》，按国家规定的用途使用现金，在允许的现金开支范围内进行现金支付；取得的货币资金收入应按规定及时存入银行，遵守关于库存现金限额的规定，并不得坐支现金，不得私设"小金库"，不得账外设账，严禁收款不入账；严格执行《银行结算制度》，不得开空头支票和空白支票，不得出借银行存款账户。建立对货币资金业务的监督检查制度，明确监督检查机构或人员的职责权限，定期和不定期地进行检查。

四、货币资金内部控制测试

审计人员对企业进行审计时，首先要对企业的内部控制制度进行调查了解，看内部控制制度是否存在、有效和一贯地被执行，是否可以信赖。控制测试就是通过一定的程序，采用抽样的方式，对内部控制制度运行效果进行的测试。其目的就是要验证其是否可以信赖，有哪些严重缺陷，然后根据测试结果，确定或修正实质性程序。执行控制测试的时间，一般安排在企业会计年度决算之前，通常称为预审或期中审计。其目的是为了加快审计进度，尽早发现内部控制制度的薄弱环节，督促企业尽快采取措施，改正工作。货币资金内部控制制度的控制测试一般分为三个步骤（高珺梅，2009）。

（一）了解和描述货币资金内部控制制度的内容

通过调查询问和实地观察，了解前述四个方面内部控制的内容，并对前述内部控制制度内容以书面说明、编制调查表、编制流程图三种方法加以描述。书面说明是将调查所得用文字逐条说明，编制调查表则以表格形式将内部控制中每项内容列示出来并逐条说明其执行情况（编制的货币资金内部控制调查表详见表 13-1），流程图形式则是将采用一定符号，将货币资金的业务处理程序用图解形式表达出来，并用简要的文字说明将内部控制制度表达出来。其主要优点是形式简明，便于找出薄弱环节，也便于评审。但绘制需要一定技术，有一定难度，所以评价时要与其他两种方法相互结合。

表 13-1　　货币资金内部控制调查表

被审计单位：　　　　审计时间：　　年　　月　　日

单位负责人：			填表人：	
出纳人员：			复核人：	
调查内容	是	否	不适用	备注
一、授权审批				
1. 是否规定一定级别用款审批权的额度，支出范围？				
2. 重大货币资金支出是否进行集体决策和审批？				

续表 13-1

3.用款是否先向负责审批的人提出申请并附相关证明?				
4.用款申请是否在获得批准后才办理?				
5.出纳是否只对具备申请、审批、复核手续的凭证办理货币资金业务?				
6.空白票据是否置于安全位置并授权出纳妥善保管,并规定保管责任?				
二、职务分离				
1.具有轮岗条件的单位是否定期进行岗位轮换?				
2.出纳是否不兼管审核、会计档案保管以及收支、债权债务账目登记?				
3.会计凭证是否由出纳制单?				
4.现金收支凭证与会计凭证编号是否记录一致?				
5.现金支出会计凭证是否按原始凭证编号?				
6.登记现金银行日记账是否与登记总账分开?				
7.出纳是否不核对银行对账单,编制银行存款余额调节表?				
8.现金定期盘点是否非出纳一人进行?				
9.银行票据的购买、保管、注销是否非一人进行?				
10.用于结算的印章是否由多人分开妥善保管(出纳保管财务章,会计保管个人印章)?				
三、记录与复核				
1.是否规定票据的购、领、注销手续,并专设登记簿记录?				
2.货币资金业务是否采用恰当的会计科目核算?				
3.货币资金业务是否及时入账?				
4.是否所有的货币资金业务均编制记账凭证?				
5.货币资金业务是否正确地计入明细账和总账?				
6.是否定期编制银行存款调节表?				
7.是否定期核对现金、银行存款日记账总账与明细账?				
8.支票是否连续编号?				
9.是否定期盘点库存现金?				
10.是否及时核对银行对账单,未达账项是否及时查找原因并处理?				

续表 13-1

四、规章条例执行				
1.是否规定库存现金限额,超过库存限额的现金是否及时存入银行?				
2.是否不签发空头支票和无期支票?				
3.是否按照现金使用范围和额度办理现金业务,到银行存取现金时是否两人以上?				
4.收入现金是否及时存入银行,未经银行批准是否不坐支现金?				
5.是否规定各种印章的使用范围和相关保管使用责任?				
6.是否不出租出借账户?				
7.是否严格按照银行结算办法办理结算?				
8.现金日记账是否做到日清月结?				
9.是否白条抵库?				

(二)测试货币资金的内部控制制度

企业虽然制订了货币资金内部控制制度,但是否真正发挥作用,需要经过测试。审计人员主要应实施如下五项测试。

1.观察货币资金的业务处理

审计人员应主要观察被审计单位的现金保管与总账的登记是否由不同的人员进行,同时应关注被审计单位是否存在未入账的现金。

2.核对现金、银行存款日记账和总账

审计人员应抽取一定时期的现金、银行存款日记账,与相应的总账核对,检查其一致性。对不一致的情况,应查明原因。

3.抽取部分收款凭证,检查相关的会计记录

(1)检查收款金额与销售发票是否一致。

(2)检查收款凭证与应收账款明细账中的相关记录是否一致。

(3)核对收款凭证与银行存款日记账的日期是否相符、金额是否一致。

4.抽取部分付款凭证,检查相关的会计记录

(1) 检查付款凭证是否经过授权审批。

(2) 审查付款凭证是否合法、真实。付款凭证应附有支付凭证,比如购货发票、报销单据等。

(3) 核对付款凭证与银行存款日记账,检查其金额是否一致。

(4) 核对付款凭证与应付账款明细账,检查其金额是否一致。

5.抽取盘点表和银行存款调节表

(1) 抽取部分库存现金盘点表。检查被审计单位是否定期进行库存现金的盘点,并了解盘点结果的处理情况。

(2)抽取部分银行存款调节表。一方面应检查被审计单位是否定期与银行对账单核对,并编制银行存款调节表;另一方面应检查银行存款调节表是否由出纳以外的人编制。

(三)评价货币资金的内部控制制度

对内部控制制度进行测试以后,审计人员就可以有条件提出评审的意见。主要应从三个方面评价:①评价内部控制制度的弱点。内部控制制度评价中应注意把薄弱环节作为控制的重点;②评价内部控制制度的合理性。在评价内部控制制度的合理性方面,主要应考虑现有内部控制制度的效果,其是否影响工作效率;③评价内部控制制度的有效性。主要应考虑内部控制制度的贯彻是否有力。总的来说,审计人员应评价内部控制制度可以信赖的程度并提出存在的问题和改进意见,以此作为确定审计重点和调整审计计划的依据。

第二节 现金审计

由前可知,货币资金主要有库存现金、银行存款和其他货币资金三个账户,货币资金审计主要是对上述三个账户进行控制测试和实质性程序。库存现金是企业流动性最强的资产,包括企业的人民币现金和外币现金。尽管其在企业资产总额中的比重不大,但企业发生的舞弊事件大都与现金有关,因此,审计人员应该重视库存现金的审计。

一、库存现金的审计目标

(1)被审计单位资产负债表的货币资金项目中的库存现金在资产负债表日是否确实存在并为被审计单位所拥有。

(2)确实被审计单位在特定期间内发生的现金收支业务是否均已记录而无遗漏。

(3)确定库存现金余额是否正确。

(4)确定库存现金在财务报表上的披露是否恰当。

二、库存现金审计的实质性程序

(一)核对库存现金日记账与总账的余额是否相符

审计人员应将库存现金日记账进余额与总账进行核对，看两者余额是否一致。如果不一致，应查明原因，并将其作为对库存现金进一步审计的基础。

(二)监盘库存现金

监盘是验证库存现金存在性认定的重要程序，监盘库存现金的范围包括盘点企业各部门保管的所有现金，包括已收到但未存入银行的现金、零用金、找换金等。监盘一般经过以下五个步骤：

1. 制订库存现金监盘计划

在实施库存现金监盘之前，应做的准备工作之一是制订库存现金监盘计划。库存现金监盘计划应包括如下两方面内容：

(1)监盘范围及参加人员。库存现金的监盘一般应由出纳员、被审计单位会计主管人员、审计人员三方参加，对企业各部门保管的所有现金，包括已收到但未存入银行的现金、零用金、找换金等进行盘点。监盘时注意应由出纳员清点现金，审计人员现场监督。

(2)监盘的时间和方式。监盘时间一般选择在上午上班前(营业前)或下午下班(营业终了)后进行，这样既可避免打扰被审计单位正常的经营业务，又可防止被审计单位对盘点出的问题有这样或那样的解释，影响现金盘点预期效果。而对于库存现金的监盘，应在事先不通知被审计单位相关人员的情况下突击进行。避免由于被审计单位相关人员了解到审计人员将要实施库存现金盘点而早有防备，致使现金盘点达不到预期效果。

2. 查验现金日记账及相关收付凭证

审计人员应审阅库存现金日记账，并与现金收付凭证相核对，关注金额和日期是否相符。

3. 结出库存现金余额

库存现金余额的结出由被审计单位的出纳员进行。出纳员根据现金日记账进行加总累计数额，结出库存现金余额。

4. 监盘库存现金

对库存现金实施监盘，同时根据盘点结果编制“库存现金盘点表”(表 13-2)，分币种面值列示盘点金额。

表 13-2 **库存现金盘点表**

客户： 编制人： 日期： 索引号：

项目：现金监督 复核人： 日期： 页次：

会计期间：

盘点日期： 年 月 日

检查盘点记录						实有现金盘点记录						
项目		项次	人民币	美元	某外币	面额（元）	人民币		美元		某外币	
							张	金额	张	金额	张	金额
上一日账面库存余额		1				1 000						
盘点日未记账传票收入金额		2				500						
盘点日未记账传票支出金额		3										
盘点日账面应有金额		4＝1＋2－3				100						
盘点实有现金数额		5				50						
盘点日应有与实有差异		6＝4－5				10						
差异原因分析	白条抵库（张）					5						
						2						
						1						
						0.5						
						0.2						
						0.1						
						合计						
追溯	报表日至查账日现金付出总额					情况说明及审计结论						
	报表日至查账日现金收入总额											
调整	报表日库存现金应有余额											
	报表日账面汇率											
	报表日余额折合本位币余额											
本位币合计												

盘点人： 监盘人： 复核：

资料来源：张继勋．审计学．北京：清华大学出版社，2008．

5. 比较监盘金额与库存现金日记账余额

将监盘金额即库存现金实际数与库存现金日记账余额进行比较，看其是否一致。如有差异，应查明原因，并作出记录或适当调整。

另外，还需说明的是，若有充抵库存现金的借条、代保管的工资、未提现支票、未作报销的原始凭证，应在"库存现金盘点表"中注明或作出必要的调整。对于未能在资产负债表日进行盘点的，则需在审计日期确定盘点余额，然后倒推计算，调整至资产负债表日的金额。

（三）抽查大额现金收支

对大额现金收支业务进行抽查，主要检查以下内容：原始凭证是否齐全、记账凭证与原始凭证是否相符、账务处理是否正确、是否记录于恰当的会计期间等。

（四）检查现金收支的截止正确与否

截止期测试是在实质性程序中对接近资产负债表日的交易是否记入适当的会计期间进行的审计，是审计实务中常用的审计技术，被广泛地应用在货币资金、往来款项、存货等财务报表账户的审计中。现金收支的截止期测试目标是确定与现金收去有关的交易是否记入恰当的会计期间。

被审计单位资产负债表中的现金数额，应以结账日实有数为准。因此，审计人员必须验证现金收支的截止日期。通常，审计人员可以对结账日前后一段时期内现金收支凭证进行审计，以确定是否存在跨期事项。

（五）检查外币现金的折算

审计人员应对外币现金的折算进行检查，验证其折算金额是否正确。

（六）检查库存现金在财务报表上的披露是否恰当

在资产负债表中，现金余额应列示在"货币资金"项目中。在检查库存现金是否在资产负债表上恰当披露时，主要应检查附注是否按库存现金、银行存款、其他货币资金分别列示货币资金的情况。对于因质押或冻结等对使用有限制、存放在境外、有潜在回收风险的款项，关注其是否做到单独说明。

第三节 银行存款审计

银行存款是指企业存放在银行或其他金融机构的各种款项。按照国家有关规定,凡是独立核算的企业都必须在当地银行开设账户。企业在银行开设账户以后,除按核定的限额保留库存现金外,超过限额的现金必须存入银行。除了在规定的范围内可以用现金直接支付的款项外,在经营过程中所发生的一切货币收支业务,都必须通过银行存款账户进行结算。

一、银行存款的审计目标

(1)确定被审计单位资产负债表的货币资金项目中的银行存款在资产负债表日是否确实存在并为被审计单位所拥有。

(2)确定被审计单位在特定期间内发生的银行存款收支业务是否均已记录而无遗漏。

(3)确定银行存款余额是否正确。

(4)确定银行存款在财务报表中的披露是否恰当。

二、银行存款审计的实质性程序

(一)核对银行存款日记账与总账的余额是否相符

审计人员测试银行存款余额的起点,是核对银行存款日记账与总账的余额是否相符。如果不相符,应查明原因,并考虑是否应建议作出适当调整。

(二)分析利息收入的合理性

审计人员应计算银行存款累计余额应收利息收入,分析比较被审计单位银行存款应收利息收入与实际利息收入的差异是否恰当,评估利息收入的合理性,检查是否存在高息资金拆借,确认银行存款余额是否存在,利息收入是否已经完整记录。

(三)取得并审查银行存款余额对账单和银行存款余额调节表

审计人员应取得并检查银行存款余额对账单和银行存款余额调节表是证实资产负债表中所列银行存款是否存在的重要程序。银行存款余额调节表通常应由被审计单位根据不同的银行账户及货币种类分别编制(其编制格式如表 13-3 所示)。银行存款审计的具体测试程序通常包括：

表 13-3　对银行存款余额调节表的检查

被审计单位：　　　　索引号：
项目：对银行存款余额调节表的检查　　　　财务报表截止日/期时间：
编制：　　　　复核：
日期：　　　　日期：
开户银行：　　银行账号：　　币种：

项　目	金　额	调节项目说明
银行对账单余额		
加：企业已收，银行尚未入账合计金额		
其中：1. 2.		
减：企业已付，银行尚未入账合计金额		
其中：1. 2.		
调整后银行对账单余额		
企业银行存款日记账余额		
加：银行已收，企业尚未入账合计金额		
其中：1. 2.		
减：银行已付，企业尚未入账合计金额		
其中：1. 2.		
调整后企业银行存款日记账余额		

经办会计人员(签字)：　　　　会计主管(签字)：

资料来源：孙晶. 审计基础与实务. 北京：中国人民大学出版社，2009.

(1)核对银行存款总账余额与银行对账单加总金额。

(2)核对银行存款余额对账单与银行询证函回函。

(3)验算调节表的数字计算。

(4)对于金额较大的未提现支票、可提现的未提现支票以及审计人员认为重要的其他未提现支票，列示未提现支票清单，注明开票日期和收票人姓名或单位。

(5)追查截止日时银行对账单上的在途存款，并在银行账户调节表上注明存款日期。

(6)检查截止日仍未提现的大额支票和其他已签发的一个月以上的未提现支票。

(7)追查截止日银行已收、企业未收款项的性质及款项的来源。

(四)函证银行存款余额

银行存款函证是指审计人员在执行审计业务过程中,需要以被审计单位名义向有关单位发函询证,以验证被审计单位的银行存款是否真实、合法、完整。函证银行存款余额是证实资产负债表所列银行存款是否存在的重要程序。通过向往来银行函证,审计人员不仅可了解企业资产的存在,还可了解企业账面反映所欠银行债务的情况,并有助于发现企业未入账的银行借款和未披露的或有负债。函证银行存款余额一般经历两个步骤。

1. 向银行发函

审计人员应向被审计单位在本期存过款(含外埠存款、银行汇票存款、银行本票存款、信用卡存款、信用证保证金存款)的所有银行发函,包括零账户和账户已结清的银行。因为有可能存款账户已结清,但仍有银行借款或其他负债存在。并且,虽然审计人员已直接从某一银行取得了银行对账单和所有已付支票,但仍应向这一银行进行函证,银行询证函参考格式见表 13-4。

表 13-4　　银行询证函

编号:

××(银行):

本公司聘请的××会计师事务所正在对本公司××年度财务报表进行审计,按照中国注册会计师审计准则的要求,应当询证本公司与贵行相关的信息。下列信息出自本公司记录,如与贵行记录相符,请在本函下端"信息证明无误"处签章证明;如有不符,请在"信息不符"处列明不符项目及具体内容;如存在与本公司有关的未列入本函的其他重要信息,也请在"信息不符"处列出其详细资料。回函请直接寄至××会计师事务所。

回函地址:

邮编:　　电话:　　传真:　　联系人:

截至××年×月×日止,本公司与贵行相关的信息列示如下:

1. 银行存款

账户名称	银行账号	币种	利率	余额	起止日期	是否被质押或用于担保或存在其他限制	备注

除上述列示的银行存款外,本公司并无在贵行的其他存款。

注:"起止日期"一栏仅适用于定期存款,如为活期或保证金存款,可只填写"活期"或"保证金"等字样。

2. 银行借款

账户名称	币种	余额	借款日期	还款日期	利率	其他借款条件	抵(质)押品/担保人	备注

除上述列示的银行借款外,本公司并无自贵行的银行借款。

注:此项仅函证截至资产负债表日本公司尚未归还的借款。

3. 截至函证日之前12个月内注销的账户

账户名称	银行账号	币种	注销账户日

除上述列示的账户外,本公司并无截至函证日之前12个月内在贵行注销的其他账户。

4. 委托存款

账户名称	银行账号	借款方	币种	利率	余额	存款起止日期	备注

除上述列示的委托存款外,本公司并无通过贵行办理的其他委托存款。

5. 委托贷款

账户名称	银行账号	贷款方	币种	利率	余额	贷款起止日期	备注

除上述列示的委托贷款外,本公司并无通过贵行办理的其他委托贷款。

6. 本公司为出票人且由贵行承兑尚未支付的银行承兑汇票

银行承兑汇票号码	票面金额	出票日	到期日

除上述列示的银行承兑汇票外,本公司并无由贵行承兑而尚未支付的其他银行承兑汇票。

7. 本公司向贵行已贴现而尚未到期的商业汇票

商业汇票号码	付款人名称	承兑人名称	票面金额	票面利率	出票日	到期日	贴现日	贴现率	贴现净额

除上述列示的商业汇票外，本公司并无向贵行已贴现而尚未到期的其他商业汇票。

8. 本公司为持票人且由贵行托收的商业汇票

商业汇票号码	承兑人名称	票面金额	出票日	到期日

除上述列示的商业汇票外，本公司并无由贵行托收的其他商业汇票。

9. 其他重大事项

注：此项应填列注册会计师认为重大且应予以函证的其他事项，如信托存款等，如无则应填写“不适用”。

（公司盖章）

年 月 日

以下仅供被函证银行使用

结论：1. 信息证明无误。

（银行盖章）

年 月 日

经办人：

2. 信息不符，请列明不符项目及具体内容（其他未在本函列出的项目，请列出金额及其详细资料）。

（银行盖章）

年 月 日

经办人：

资料来源：银行存款审计，http://www.kjshi.cn/html/2009-06/4785.html，2009-06-21.

2. 确定是否存在差异

确定被审计单位账面余额与银行函证结果是否存在差异，如若存在差异，则应对不符事项作出适当处理。

(五)抽查大额银行存款收支业务

审计人员应抽查大额银行存款收支业务的原始凭证，检查原始凭证是否齐全、记账凭证与原始凭证是否相符、账务处理是否正确、是否记录于恰当的会计期间等项内容。检查是否存在非营业目的的大额货币资金转移，并核对相关账户的进账情况；如有与被审计单位生产经营无关的收支事项，应查明原因并作相应的记录。

(六)检查银行存款收支的截止正确与否

银行存款收支的正确截止，是指银行存款账户的余额应该包括当年最后一天收到的所有存放在银行的存款；企业年终前开出的支票，应在本年度入账。截止测试的目的在于被审计单位将属于本期的银行存款收支记入下期，或将属于下期的银行存款收支记入本期，即是否存在高估或低估银行存款的情况。

在审查银行存款收支的截止时，审计人员应选取资产负债表日前后若干天的银行存款收支凭证实施截止测试，关注业务内容及对应项目，如有跨期收支事项，应考虑是否应提出调整建议。

(七)检查银行存款外币折算

审计人员应检查非记账本位币银行存款的折算汇率及折算是否正确。

(八)检查银行存款的披露是否恰当

根据有关规定，企业的银行存款在资产负债表的“货币资金”项目中反映，因此，审计人员应在实施上述审计程序后，确定银行存款账户的期末余额是否恰当，进而确定银行存款是否在资产负债表上恰当披露。

第四节　其他货币资金审计

其他货币资金是指除现金、银行存款以外的其他各种货币资金，包括企业到外地进行临时或零星采购而汇往采购地银行开立采购专户的款项所形成的外埠存款、企业为取得银行汇票按照规定存入银行的款项所形成的银行汇票存款、企业为取得银行本票按照规定存入银行的款项所形成的银行本票存款、信用卡存款、信用证保证金存款和存出投资款等。

一、其他货币资金的审计目标

(1)确定被审计单位资产负债表的货币资金项目中的其他货币资金在资产负债表日是否确实存在并为被审计单位所拥有；

(2)确定被审计单位在特定期间内发生的其他货币资金收支业务是否均已记录而无遗漏；

(3)确定其他货币资金余额是否正确；

(4)确定其他货币资金在财务报表上的披露是否恰当。

二、其他货币资金审计的实质性程序

其他货币资金的实质性程序主要包括以下七个方面：

(1)核对其他货币资金各明细账与总账是否相符。审计人员应复核外埠存款、银行汇票存款、银行本票存款、信用卡存款、信用证保证金存款、存出投资款等加计是否正确，并与总账数和日记账明细账合计数核对是否相符。

(2)获取银行对账单与其他货币资金余额调节表并检查二者的一致性。审计人员应获取被审计单位银行对账单，检查被审计单位提供的银行对账单是否存在涂改或修改的情况，确定银行对账单金额的正确性，并与银行回函结果核对是否一致，抽样核对账面记录的已付款金额及存款金额是否与对账单记录一致。同时，审计人员应取得资产负债表日的其他货币资金存款余额调节表，检查调节表中加计数是否正确，并检查调节其他货币资金日记账余额是否与银行对账单余额一致。

(3)函证其他货币资金各账户余额。审计人员应函证外埠存款、银行汇票存款、银行本票存款、信用卡存款、信用证保证金存款、存出投资款等账户期末余额，编制其他货币资金函证结果汇总表，检查银行回函。

(4)抽查大额其他货币资金收支业务。审计人员应抽查大额其他货币资金收付记录。检查原始凭证是否齐全、记账凭证与原始凭证是否相符、账务处理是否正确、是否记录于恰当的会计期间等项内容。

(5)检查其他货币资金收支的截止正确与否。审计人员应选取资产负债表日前后一定数量一定金额以上的凭证，对其他货币资金收支凭证实施截止测试。如有跨期收支事项，应考虑是否进行调整。

(6)检查其他货币资金外币折算。审计人员应检查非记账本位币其他货币资金的折算汇率及折算是否正确。

(7)检查其他货币资金的列报是否恰当。根据有关规定,企业的其他货币资金应在资产负债表的“货币资金”项目中反映。因此,审计人员应在实施上述审计程序后,确定其他货币资金的期末余额是否恰当,进而确定其他货币资金是否在资产负债表上恰当列报。

思　考　题

1. 货币资金有什么特点?它与各业务循环存在什么样的关系?
2. 货币资金审计的审计目标有哪些?
3. 如何进行货币资金的内部控制测试?
4. 现金审计目标有哪些?
5. 如何区别现金盘点与存货盘点?
6. 如何审查银行存款的截止?
7. 在银行存款的实质性程序中如何运用函证程序?

第十四章　特殊项目审计与终结审计

本章导读

审计人员在按照业务循环完成财务报表各项目的测试之后，编制审计报告之前，还应对一些特殊项目进行审计，并且完成审计终结的工作。特殊项目一般包括关联方、期初余额、或有事项、期后事项等。终结审计主要包括取得被审计单位管理层声明和律师声明书、编制审计差异调整表和试算平衡表、复核审计工作底稿和财务报表，其中包括对财务报表总体合理性实施分析程序、评价审计结果以及完成质量控制复核等。

主要内容

- 特殊项目审计
- 终结审计

第一节　特殊项目审计

特殊项目审计主要包括关联方的审计、期初余额的审计、持续经营假设审计、或有事项审计以及期后事项等。

一、关联方审计

(一)关联方的定义

根据《企业会计准则第 36 号——关联方披露》的规定，一方控制、共同控制另一方或对另一方施加重大影响，以及两方或两方以上同受一方控制、共同控制或重大影响的构成关联方。下列各方构成企业的关联方：该企业的母公司，该企业的子公司，与该企业同受一母公司控制的其他企业，对该企业实施共同控制的投资方，对该企业实施重大影响的投资方，该企业的合营企业，该企业的联营企业，该企业的主要投资者个人及与其关系密切的家庭成员，该企业或其母公司的关键管理人员及与其关系密切的家庭成员，该企业主要投资者个人，关键管理人员或与其关系密切的家庭成员控制、共同控制或施加重大影响的其他企业。

(二)对关联方的说明

1.被审计单位管理层有责任识别、披露管理方和关联方交易

管理层应当建立健全内部控制，确保关联方和关联方交易在有关信息系统中得以恰当识别，在财务报表中充分披露，且不存在重大错报；管理层还应当向审计人员提供所有已知的关联方的信息，并就所提供的关于识别关联方信息的完整性，在财务报表中关联方和关联方交易披露的充分性出具书面声明。

审计人员应当实施审计程序，就管理层是否按照适用的会计准则和相关会计制度的规定识别、披露关联方和关联方交易，获取充分、适当的审计证据。

2.关联方审计的局限性

由于与关联方和关联方交易披露完整性相关的认定存在一定程度的不确定性，将影响审计人员获取的审计证据的证明力，因此，不能期望审计人员发现所有的关联方和关联方交易。

(三)关联方的审计程序

1.识别关联方的存在

(1)复核以前年度工作底稿，确认已识别的关联方名称。

(2)复核被审计单位识别关联方的程序。

(3)询问治理层和关键管理人员是否与其他单位存在隶属关系。

(4)复核投资者记录以确定主要投资者的名称，在适当情况下，从股权登记机构获取主要投资者的名单。

(5)查阅股东会和董事会的会议纪要以及其他相关的法定记录。

(6)询问其他审计人员或前任审计人员所知悉的其他关联方。

(7)复核被审计单位向监管机构报送的所得税申报表和其他信息。

2.确定关联方关系的披露是否充分

审计人员应当按照适用的会计准则和相关会计制度的规定，确定被审计单位对关联方关系的披露是否充分。

根据相关企业会计准则的规定，企业无论是否发生关联方交易，均应在附注中披露与母公司和子公司有关的下列信息：被审计单位母公司、子公司和最终控制方的名称；母公司和子公司的业务性质，注册地、注册资本(或实收资本、股本)及其变化；母公司对被审计单位或者被审计单位对子公司的持股比例和表决权比例。在

与关联方发生关联方交易的情况下，应当在附注中披露关联方关系的性质、交易类型及交易要素。

3.关联方交易的识别

(1)复核由治理层和管理层提供的关联方交易的信息。

(2)了解被审计单位与关联方交易相关的内部控制。

(3)对异常的交易保持警惕。

(4)实施进一步审计程序时对关联方交易的关注。

在审计过程中，审计人员实施的下列审计程序可能识别出关联方交易的存在：

■ 执行交易和余额的细节测试；

■ 查阅股东会和董事会的会议纪要；

■ 复核大额或异常的交易、账户余额的会计记录，特别关注接近报告期末或在报告期末确认的交易；

■ 复核对债权债务关系的询证函回函以及来自银行的询证函回函，以发现担保关系和其他关联方交易；

■ 复核投资交易。

4.检查已识别的关联方交易

(1)检查已识别的关联方交易的审计程序。①了解交易的商业目的；②检查发票、合同和其他相关材料，如验收报告和货运单据；③确定交易是否已得到管理层或治理层的批准；④检查关联方交易在财务报表中的披露是否充分。

(2)针对关联方交易证据有限而实施的审计程序。①向关联方函证交易的条件和金额；②检查关联方拥有的信息；③向与交易相关的人员和机构函证或与之讨论相关信息。

二、或有事项的审计

或有事项这一特定的经济现象已经越来越多地存在于企业的经营活动中，并且对企业的财务状况和经营成果产生重要影响。由于或有事项具有不确定性，因此审计人员应当对或有事项实施予以充分的关注。

(一)或有事项的含义

或有事项是指过去的交易或事项形成的，其结果需由某些未来事项的发生或不发生时才能决定的不确定事项。常见的或有事项主要包括：未决诉讼或仲裁、债务担保、产品质量保证(含产品安全保证)、承诺、亏损合同、重组义务、环境污染整治等。

(二)或有事项的审计目标

或有事项的审计目标一般包括:确定或有事项是否存在和完整;确定或有事项的确认和计量是否符合企业会计准则的规定;确定或有事项的列报是否恰当。

(三)或有事项的审计程序

审计或有事项时,审计人员尤其要关注财务报表反映的或有事项的完整性。由于或有事项的种类不同,审计人员在审计被审计单位的或有事项时,选用的审计程序也各不相同。但是,总结起来,针对或有事项完整性的审计程序通常包括:

(1)了解被审计单位与识别或有事项有关的内部控制。

(2)审阅截至审计工作完成日止被审计单位历次董事会纪要和股东大会会议记录,确定是否存在未决诉讼或仲裁、未决索赔、税务纠纷、债务担保、产品质量保证、财务承诺等方面的记录。

(3)向被审计单位有业务往来的银行函证,或检查被审计单位与银行之间的借款协议和往来函件,以查找有关票据贴现、背书、应收账款抵押、票据背书和担保。

(4)检查与税务征管机构之间的往来函件和税收结算报告,以确定是否存在税务争议。

(5)向被审计单位的法律顾问和律师进行函证,分析被审计单位在审计期间发生的法律费用,以确定是否存在未决诉讼、索赔等事项。

(6)向被审计单位管理层获取书面声明,声明其已按照企业会计准则的规定,对全部或有事项作了恰当反映。

审计人员还应当确定或有事项的确认、计量和列报是否符合《企业会计准则第13号——或有事项》的规定。

三、期初余额审计

期初余额的审计,从广义上讲,包括审计人员首次接受委托对被审计单位的财务报表进行审计时所涉及的如何审计财务报表期初余额问题,也包括审计人员执行连续审计所涉及的如何审计财务报表期初余额的问题。对于后者,审计人员在当期审计中通常只关注被审计单位经审计的上期期末余额是否已正确结转至本期,或在适当的情况下已作出重新表述,很少再实施其他专门的审计程序。因此,这里主要针对审计人员首次接受委托对被审计单位的财务报表进行审计时所涉及的期初余额审计问题进行讲述。

(一)期初余额的含义

期初余额是指期初已存在的账户余额,是以上期期末余额为基础,反映了以前期间的交易和上期采用的会计政策的结果。具体包括以下三个方面的含义:

(1)期初余额是期初已存在的账户余额。期初已存在的账户余额是由上期结转至本期的金额,或者是上期期末余额调整后的金额。

(2)期初余额反映了以前期间的交易和上期采用的会计政策的结果。期初余额要以客观存在的经济业务为根据,是被审计单位按照上期采用的会计政策对以前会计期间发生的交易和事项进行处理的结果。

(3)期初余额与审计人员首次接受委托相联系。

(二)期初余额的审计目标

期初余额的审计目标主要包括:

(1)期初余额不存在对本期财务报表产生重大影响的错报。

(2)上期期末余额已正确结转至本期,或在适当的情况下已作出重新表述。

(3)被审计单位一贯运用恰当的会计政策,或对会计政策的变更作出正确的会计处理和恰当的列报。

(三)期初余额的审计程序

为了达到上述审计目标,审计人员对期初余额的审计程序通常包括:

(1)考虑被审计单位运用会计政策的恰当性和一贯性。

①审计人员首先应了解、分析被审计单位所选用的会计政策是否恰当,是否符合企业会计准则的要求,按照所选用会计政策对被审计单位发生的交易或事项进行处理,是否能够提供可靠、相关的会计信息;

②审计人员如果认定被审计单位所选用的会计政策恰当,应确认该会计准则是否在每一个会计期间和前后各期得到一贯执行,有无变更;

③审计人员如果发现会计政策发生变更,应审核其变更理由是否充分,是否按国家有关规定予以变更,或者由于具体情况发生变化,会计政策变更能够提供更可靠、更相关的会计信息,并关注被审计单位是否按照相关企业会计准则的要求,对会计政策变更作出适当的会计处理和充分披露。

(2)上期财务报表由前任审计人员审计情况下的审计程序。如果被审计单位的上期财务报表是由前任审计人员审计,审计人员应当考虑通过查阅前任审计人员的审计工作底稿获取有关期初余额的充分、适当的审计证据,并考虑前任审计人员的独立性和专业胜任能力。

①查阅前任审计人员的审计工作底稿。在与前任审计人员进行沟通前，应当征求被审计单位同意，得到同意后方可利用前任审计人员的工作。沟通的方式有举行会谈、电话询问或发送调查问卷等，但最有效和最常用的方式是查阅前任审计人员的审计工作底稿。查阅的重点通常限于对本期审计产生重大影响的事项，具体包括以下程序：查阅前任审计人员审计工作底稿中的所有重要审计领域；考虑前任审计人员是否已实施相应的审计程序，评价资产负债表重要账户期初余额的合法性。

②考虑前任审计人员的独立性和专业胜任能力。如果审计人员认为前任审计人员不具有独立性，或者不具有应有的专业胜任能力，则无法通过查阅其审计工作底稿获取有关期初余额的充分、适当的审计证据；

③与前任审计人员沟通时的考虑。在与前任审计人员沟通时，审计人员发现前任审计人员审计的财务报表可能存在重大错报时，应当采取相应的措施。

四、持续经营假设审计

持续经营假设是会计确认和计量的四项基本假设之一，对财务报表的编制和审计都有重大影响。

（一）持续经营假设的含义

持续经营假设是指被审计单位在编制财务报表时，假定其经营活动在可预见的将来也会继续下去，不宜也不必终止经营或破产清算，可以在正常的经营过程中变现资产、清偿债务。

（二）管理层对持续经营的责任

管理层应当根据企业会计准则的规定，对持续经营能力作出评估，考虑运用持续经营假设编制财务报表的合理性，如果认为以持续经营假设为基础编制财务报表不再合理时，管理层应当采用其他基础编制，如清算基础等。

（三）审计人员对持续经营的责任

在执行财务报表审计业务时，审计人员的责任是考虑管理层运用持续经营假设的适当性和披露的充分性。审计人员应当按照审计准则的要求，实施必要的审计程序，获取充分、适当的审计证据，确定可能导致对持续经营能力产生重大疑虑的事项或情况是否存在重大不确定性，并考虑对审计报告的影响。

（四）持续经营假设的审计目标

(1)确定被审计单位的持续经营假设是否合理。

(2)根据被审计单位的持续经营假设的情况，确定财务报表项目的分类和计价基础是否需要调整。

（五）持续经营假设的审计程序

(1)关注被审计单位在财务、经营等方面存在的持续经营假设不再合理的各种迹象。

(2)了解被审计单位管理层对于存在的持续经营假设不再合理的迹象计划采取的措施，并判断其能否缓解对持续经营假设的影响。

(3)与管理层分析、讨论最近的财务报表。

(4)与管理层分析和讨论现金流量预测、赢利预测及其他预测。

(5)审核影响持续经营能力的期后事项、财务承诺及或有事项。

(6)检查借款合同及债务契约条款等的履行情况。

(7)查阅股东大会、董事会会议及其他重要会议有关财务困境的记录。

(8)向被审计单位的法律顾问或律师询问有关诉讼、索赔的情况。

(9)检查有无改善措施及财务救助计划，并评估其合法性和可行性。

(10)向被审计单位管理层索取其关于持续经营假设的书面声明。

(11)对于应予披露的持续经营事项，验明是否已作恰当披露。

五、期后事项审计

审计人员在审计被审计单位某一会计年度的财务报表时，除了对所审计的会计年度之前发生和发现的事项实施必要的审计程序，还要考虑所审会计年度之后发生和发现的事项对财务报表和审计报告的影响，保证一个会计期间的财务报表的真实性和完整性。

（一）期后事项的含义和种类

1.期后事项的含义

期后事项是指资产负债表日至审计报告日之间发生的事项以及审计报告日至财务报表报出日之间发现的事实。

2. 期后事项的种类

审计人员在审计的过程中,必须注意两类期后事项:一是资产负债表日后调整事项,即对资产负债表日已经存在的情况提供了新的或进一步证据的事项,这类事项影响财务报表金额,需提请被审计单位管理层调整财务报表及与之相关的披露信息;二是资产负债表日后非调整事项,即表明资产负债表日后发生的情况的事项。这类事项虽然不影响财务报表的金额,但可能影响财务报表的正确理解,需提请被审计单位管理层在财务报表附注中作出适当披露。

(1)资产负债表日后调整事项。这类事项不但为被审计单位管理层确定资产负债表日账户余额提供信息,也为审计人员核实这些余额提供补充证据。如果账户金额重大,应提请被审计单位对本期财务报表及相关的账户金额进行调整。资产负债表日后调整事项主要有以下四项。

①资产负债表日后诉讼案件结案,法院判决证实了企业在资产负债表日已经存在现时义务,需要调整原先确认的与该诉讼案件相关的预计负债,或确认一项新负债;

②资产负债表日后取得确凿证据,表明某项资产在资产负债表日发生了减值或者需要调整该项资产原先确认的减值金额;

③资产负债表日后进一步确定了资产负债表日前购入资产的成本或售出资产的收入;

④资产负债表日后发现了财务报表舞弊或错误。

(2)资产负债表日后非调整事项。这类事项不影响资产负债表日财务状况,因此不需要调整被审计单位的本期财务报表。但如果被审计单位的财务报表因此可能受到误解,应当在财务报表附注中予以适当的披露。

①资产负债表日后发生重大诉讼、仲裁、承诺;

②资产负债表日后资产价格、税收政策、外汇汇率发生重大变化;

③资产负债表日后自然灾害导致资产发生重大损失;

④资产负债表日后发行股票和债券以及其他巨额举债;

⑤资产负债表日后资本公积转增资本;

⑥资产负债表日后发生巨额亏损;

⑦资产负债表日后发生企业合并或处置子公司;

⑧资产负债表日后企业利润分配方案中拟分配的以及经审议批准宣告发放的股利或利润。

根据期后事项的上述定义,期后事项可以按时段划分为三个时段:第一个时段是资产负债表日后至审计报告日,可以把在这一期间发生的事项称为“第一时段期后事项”;第二个时段是审计报告日后至财务报表报出日,可以把这一期间发生的事项称为“第二时段期后事项”;第三个时段是财务报表报出日后,可以把这一期间发生的事实称为“第三时段期后事项”。期后事项段表示如图 14-1 所示。

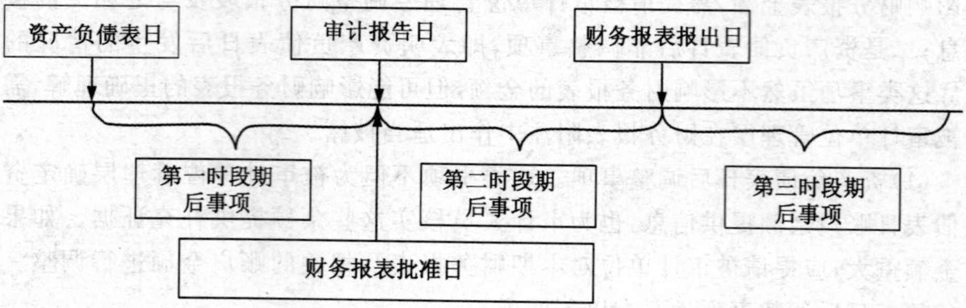

图 14-1 期后事项分段示意图

资产负债表日是指财务报表涵盖的最近期间的截止日期,财务报表批准日是指被审计单位董事会或类似机构批准财务报表报出的日期;财务报表报出日是指被审计单位对外披露已审计财务报表的日期。在实务中,审计报告日与财务报表批准日通常是相同的日期。

(二)截至审计报告日发生的期后事项

审计人员应当实施必要的审计程序,获取充分、适当的审计证据,以确定截至审计报告日发生的、需要在财务报表中调整或披露的事项是否均已得到识别。

资产负债表日至审计报告日之间发生的期后事项属于第一时段期后事项。对于这一时段的期后事项,审计人员负有主动识别的义务,应当设计专门的审计程序来识别这些期后事项,并根据这些事项的性质判断其对财务报表的影响,进而确定是进行调整还是披露。

审计人员应当尽量在接近审计报告日时,实施旨在识别需要在财务报表中调整或披露事项的审计程序。

(1)复核被审计单位管理层建立的用于确保识别期后事项的程序。

(2)取得并审阅股东大会、董事会和管理层的会计记录以及涉及诉讼的相关文件等,查明识别资产负债表日后发生的对本期财务报表产生重大影响的调整事项和非调整事项。

(3)在尽量接近审计报告日时,查阅股东会、董事会及其专门委员会在资产负债表日后举行会议的纪要,并在不能获取会议纪要时询问会议讨论的事项。

(4)在尽量接近审计报告日时,查阅最近的中期财务报表、主要财务报表项目、重要合同和会计凭证;如认为必要和适当,还应当查阅预算、现金流量预测及其他相关管理报告。

(5)在尽量接近审计报告日,查阅被审计单位与客户、供应商、监管部门等的往来信函。

(6)在尽量接近审计报告日,向被审计单位律师或法律顾问询问有关诉讼和索赔事项。

(7)在尽量接近审计报告日时,向管理层询问是否发生可能影响财务报表的期后事项。

(三)截至财务报表报出日前发现的事实

对于这一时段的期后事项,由于审计人员针对被审计单位的审计业务已经结束,要识别可能存在的期后事项比较困难,因此无法承担主动识别这一时段期后事项的审计责任。

但是,这一时段管理层有责任将发现的可能影响财务报表的事实告知审计人员。如果审计人员知悉可能对财务报表产生重大影响的事实,审计人员应当考虑是否需要修改财务报表,并与管理层讨论,同时根据具体情况采取适当措施。

1.管理层修改财务报表时的处理

如果管理层修改了财务报表,审计人员应当根据具体情况实施必要的审计程序,以验证管理层根据期后事项所作出的财务报表调整或披露是否符合企业会计准则和相关会计制度的规定,并根据修改后的财务报表出具新的审计报告和索取新的管理层声明书。新的审计报告日期不应早于董事会或类似机构批准修改后的财务报表日期。

2.管理层没有修改财务报表时的处理

审计人员认为应当修改财务报表而管理层没有修改,如果审计报告未提交时,审计人员应当按照审计准则的规定,出具保留意见或否定意见的审计报告;如果审计报告已经提交时,审计人员应当通知管理层不要将财务报表和审计报告向第三方报出,如果财务报表仍被报出,审计人员应当采取措施防止财务报表使用者信赖该审计报告。

(四)财务报表报出日后发现的事实

对于这一阶段的期后事项,审计人员没有义务针对财务报表作出查询。但是如果知悉在审计报告日已经存在、可能导致修改审计报告的事实,审计人员应当考虑是否需要修改财务报表，并与管理层讨论，并根据具体情况采取适当的措施。

1. 管理层修改财务报表时的处理

审计人员应当采取如下必要的措施：

(1)实施必要的审计程序。例如，查阅法院判决文件、复核会计处理或披露事项，确定管理层对财务报表的修改是否恰当。

(2)复核管理层采取的措施能否确保所有受到原财务报表和审计报告的人士了解这一情况。

(3)针对修改后的财务报表出具新的审计报告。新的审计报告应当增加强调事项段，提请财务报表使用者注意财务报表附注中对修改原财务报表原因的详细说明，以及审计人员出具的原审计报告。新的审计报告的日期不应早于董事会或类似机构批准修改后的财务报表的日期。审计人员也应当将用以识别期后事项的审计程序延伸至新的审计报告，以避免重大遗漏。

2. 管理层未采取任何行动时的处理

如果管理层没有采取任何行动确保所有收到原财务报表和审计报告的人士了解这一情况，也没有在审计人员认为需要修改的情况下修改财务报表，审计人员应当采取措施防止财务报表使用者信赖该审计报告，并将拟采取的措施通知治理层。

3. 临近公布下一期的财务报表时的处理

如果知悉此类期后事项已临近公布下一期财务报表或下一期财务报表已编制完成，且能够在下一期财务报表中进行充分披露，审计人员应当根据法律法规的规定确定是否仍有必要提请被审计单位修改财务报表，并出具新的审计报告。

第二节 终结审计

终结审计是审计的最后一个阶段，审计人员在完成财务报表各项目的审计测试和特殊项目审计后，汇总审计测试的结果，进行更具综合性的审计工作，主要包括取得被审计单位管理层和律师声明书、编制审计差异调整表和试算平衡表、复核审计工作底稿和财务报表。

一、管理层声明

管理层声明，是指被审计单位管理层向审计人员提供的关于财务报表的各项陈述。

(一)管理层声明的作用

管理层声明具有两个基本作用:一是明确管理层对财务报表的责任。被审计单位管理层在声明书中对提供给审计人员的有关资料的真实性、合法性和完整性作出正面陈述,并明确承认对财务报表负责。二是提供审计证据。被审计单位管理层声明书把管理层对审计人员的询问所做的答复以书面方式予以记录,可以作为书面证据。

(二)管理层对财务报表责任的认可

审计人员应当获取审计证据,以确定管理层认可其按照适用的会计准则和相关会计制度的规定编制财务报表的责任,并且已批准财务报表。向管理层获取书面声明是获取此类审计证据的一种方法,审计人员应当就下列事项获取书面声明:

(1)管理层认可其设计和实施内部控制以防止或发现并纠正错报的责任。

(2)管理层认可审计人员在审计过程中发现的未更正错报,无论是单独还是汇总起来考虑,对财务报表整体均不具有重大影响。未更正错报项目的概要应当包含在声明中或附于书面声明后。

(三)将管理层声明作为审计证据

1.将管理层声明作为审计证据的特定情形

如果审计人员合理预期不存在其他充分、适当的审计证据,就应当对财务报表具有重大影响的事项向管理层获取声明。比如涉及管理层的判断、意图以及仅限于管理层知悉实施的事项,可以合理预期除实施询问程序获得的证据外,不存在其他充分、适当的审计证据,在这种情况下,审计人员应当就询问的结果取得管理层的签字确认,获取书面声明。

审计人员要求管理层提供的书面声明可以仅限于单独或汇总起来对财务报表产生重大影响的事项,必要时,审计人员应将对声明事项重要性的理解告知管理层。

2.收集审计证据以支持管理层声明

由于管理层声明是来自于被审计单位内部的一种证据,较之外部独立来源的证据,不具有独立性,证明力较弱,其本身不能构成充分、适当的审计证据,并作为发表审计意见的基础。当管理层声明的事项对财务报表具有重大影响时,审计人员应当实施下列审计程序:

(1)从被审计单位内部或外部获取佐证证据。

(2)评价管理层声明是否合理并与获取的其他审计证据(包括其他声明)一致。

(3)考虑作出声明的人员是否熟知所声明的事项。

3.管理层声明不能替代其他审计证据

审计人员不应以管理层声明替代能够合理预期获取的其他审计证据。例如,审计人员不能以管理层承诺应收账款可以全部收回的声明,替代其他应当实施的审计程序,而是应当通过检查应收账款期后回收情况、分析应收账款的账龄和债务人的信用等级等因素,评价其可收回性。如果不能获取对财务报表具有或可能具有重大影响的事项的充分、适当的审计证据,而这些证据预期是可以获取的,即使已收到管理层就这些事项作出的声明,审计人员仍应将其视为审计范围受到限制。

4.管理层声明与其他审计证据相矛盾时的处理

如果管理层的某项声明与其他审计证据相矛盾,审计人员应当调查这种情况。必要时,重新考虑管理层作出的声明的可靠性。

(四)管理层声明书

管理层声明包括书面声明和口头声明。书面声明作为审计证据通常比口头声明可靠。

书面声明可采取下列形式:管理层声明书、审计人员提供的列示其对管理层声明的理解并经管理层确认的函、董事会及类似机构的相关会议纪要以及已签署的财务报表副本。

管理层声明书是列示管理层所作声明的书面文件。下面重点介绍管理层声明书的要点。

1.总体要求

当要求管理层提供声明书时,审计人员应当要求将声明书直接送审计人员本人。声明书应当包括要求列明的信息,标明适当的日期并经签署。

2.主要内容

管理层声明一般包括以下三个方面的内容:

(1)关于财务报表。管理层认可其对财务报表的编制责任;管理层认可其设计、实施和维护内部控制以防止或发现并纠正错误的责任;管理层认可审计人员在审计过程中发现的未更正错报,无论是单独还是汇总起来考虑,对财务报表整体均不具有重大影响。

(2)关于信息的完整性。所有财务信息和其他数据的可获得性;所有股东会和董事会会议记录的完整性和可获得性;就违反法规行为这一事项,被审计单位与监管机构沟通的书面文件的可获得性;涉及下列人员舞弊行为或舞弊嫌疑的信息可获得性：①管理层；②对内部控制产生重大影响的雇员；③对财务报表的编制具有重大影响的其他人员。

(3)关于确认、计量和列报。

①对资产或负债的确认或列报具有重大影响的计划或意图；

②关联方交易，以及涉及关联方的应收或应付款项；

③需要在财务报表中披露的违反法规行为；

④需要确认或披露的或有事项，对财务报表具有重大影响的承诺事项和需要偿付的担保等；

⑤对财务报表具有重大影响合同的遵循情况；

⑥对财务报表具有重大影响的重大不确定事项；

⑦被审计单位对资产的拥有或控制情况，以及抵押、质押或留置资产；

⑧持续经营假设的合理性；

⑨需要调整或披露的期后事项。

上述事项，因其复杂程度和重要程度不同，审计人员可以将其全部列入管理层声明书中，也可以就此向管理层获取专项声明。

3. 签署日期

管理层声明书表明的日期通常与审计报告日一致。但在某些情况下，审计人员也可能在审计过程中或审计报告日后就某些交易或事项获取单独的声明书。例如，如果审计人员在审计过程中就某些交易或事项单独获取了书面声明，那么在审计报告日审计人员还要获取一份补充声明书，说明交易或事项是否发生变化。

补充说明书通常就下列两个事项予以声明：

(1)管理层是否注意到任何事项使其认为前一声明书需要修改。

(2)在资产负债表日后是否发生任何事项导致需要对财务报表进行调整。

4. 签署人

管理层声明书通常由管理层中对被审计单位及其财务负主要责任的人员签署。在某些情况下，审计人员也可以向管理层中的其他人员获取管理层声明书。

5. 参考范例

管理层声明书

××会计师事务所并××审计人员：

本公司已委托贵事务所对本公司20×1年12月31日的资产负债表，20×1年度的利润表、现金流量表和股东权益变动表以及财务报表附注进行审计，并出具审计报告。

为配合贵事务所的审计工作，本公司就已知的全部事项作出如下声明：

1.本公司承诺，按照企业会计准则和《××会计制度》的规定编制财务报表是我们的责任。

2.本公司已按照企业会计准则和《××会计制度》的规定编制。

20×1年度财务报表，财务报表的编制基础与上年度保持一致，本公司管理层对上述财务报表的真实性、合法性和完整性承担责任。

3.设计、实施和维护内部控制，保证本公司资产安全和完整，防止或发现并纠正错报，是本公司管理层的责任。

4.本公司承诺财务报表符合适用的会计准则和相关会计制度的规定，公允反映本公司的财务状况、经营成果和现金流量情况，不存在重大错报，包括漏报。贵事务所在审计过程中发现的未更正错报，无论是单独还是汇总起来，对财务报表整体均不具有重大影响。未更正错报汇总表附后。

5.本公司已向贵事务所提供了：

(1)全部财务信息和其他数据；

(2)全部重要的决议、合同、章程、纳税申报表等相关资料；

(3)全部股东会和董事会的会议记录。

6.本公司所有经济业务均已按规定入账，不存在账外资产或未计负债。

7.本公司认为所有与公允价值计量相关的重大假设是合理的，恰当地反映了本公司的意图和采取特定措施的能力；用于确定公允价值的计量方法符合企业会计准则的规定，并在使用上保持了一贯性；本公司已在财务报表中对上述事项作出恰当披露。

8.本公司不存在导致重述比较数据的任何事项。

9.本公司已提供所有与关联方和关联方交易相关的资料，并已根据企业会计准则和《××会计制度》的规定识别和披露了所有重大关联方交易。

10.本公司已提供全部或有事项的相关资料。除财务报表附注中披露的或有事项外，本公司不存在其他应披露而未披露的诉讼、赔偿、承兑、担保等或有事项。

11.除财务报表附注披露的承诺事项外，本公司不存在其他应披露而未披露的承诺事项。

12.本公司不存在未披露的影响财务报表公允性的重大不确定事项。

13.本公司已采取必要措施防止或发现舞弊及其他违反法规行为，未发现：

(1)涉及管理层的任何舞弊行为或舞弊嫌疑的信息；

(2)涉及对内部控制产生重大影响的员工的任何舞弊行为或舞弊嫌疑的信息；

(3)涉及对财务报表的编制具有重大影响的其他人员的任何舞弊行为或舞弊嫌疑的信息。

14.本公司严格遵守了合同规定的条款，不存在因未履行合同而对财务报表产生重大影响的事项。

15.本公司对资产负债表上列示的所有资产均拥有合法权利，除已披露事项外，无其他被抵押、质押资产。

16.本公司编制财务报表所依据的持续经营假设是合理的，没有计划终止经营或破产清算。

17.本公司已提供全部资产负债表日后事项的相关资料，除财务报表附注中披露的资产负债表日后事项外，本公司不存在其他应披露而未披露的重大资产负债表日后事项。

18.本公司管理层确信：

(1)未收到监管机构有关调整或修改财务报表的通知。

(2)无税务纠纷。

19.其他事项

【审计人员认为重要而需声明的事项，或者管理层认为必要而声明的事项。例如：

1.本公司在银行存款或现金运用方面未受到任何限制。

2.本公司对存货均已按照企业会计准则的规定予以确认和计量；受托代销商品或不属于本公司的存货均未包括在会计记录内；在途物资或由代理商保管的货物均已确认为本公司存货。

3.本公司不存在未披露的大股东及关联方占用资金和担保事项。】

附件：未更正错报汇总表(略)

××公司(盖章)

法定代表人：(签名并盖章)

财务负责人：(签名并盖章)

20×2年×月×日

6.管理层拒绝提供声明时的措施

如果管理层拒绝提供审计人员认为必要的声明，审计人员应当将其视为审计范围受到限制，出具保留意见或无法表示意见的审计报告。例如，如果被审计单位房地产的用途发生改变，将自用房地产转换为投资性房地产，并采用公允价值模式计量，停止对其计提折旧，审计人员应就转换用途的目的或意图向管理层实施询问程序，并就询问结果获取管理层认可，取得书面声明。如果管理层拒绝就此提供声明，而停止计提折旧这一事项对本期财务报表的损益影响重大，则审计人员应将其视为审计范围受到限制，根据具体情况考虑出具保留意见或无法表示意见的审计报告。同时，审计人员应当评价审计过程中获取的管理层其他声明的可靠性，并考虑管理层拒绝提供声明是否可能对审计报告产生其他影响。

二、律师声明书

由于审计人员的专业限制，没有能力作出相关法律的判断。审计人员从管理层获取有关被审计单位期后事项和或有事项等相关信息后，通常会通过向被审计单位的法律顾问或律师进行函证，并获取律师声明书来证实这些信息是否完整可靠，被审计单位的法律顾问或律师的回复就是律师声明书。一般情况下，律师声明书通常可提供有力的证据，帮助审计人员解释并报告有关的期后事项和或有事项，从而减少审计人员误解上述事项的可能性，但其本身不足以对审计人员形成审计意见提供基本理由。

一般来说，审计人员会要求被审计单位向其法律顾问或者律师寄发询证函，询证函的内容应当包括被审计单位有关期后事项和或有事项等的陈述是否真实完整，并对管理层对有关期后事项、或有事项等情况的说明作出相应的评价。律师询证函的范例一般如下：

律师询证函

致：　　　　律师事务所
　　　　　　律师台鉴：

本公司已聘请湖北民生会计师事务有限责任公司对本公司2009年12月31日（以下简称资产负债表日）的资产负债表以及截止于资产负债表日的该年度利润及利润分配表和现金流量表进行审计。为配合该项审计，谨请贵律师基于受理本公司委托的工作（诸如常年法律顾问、专项咨询和诉讼代理等），提供下述资料，并函告湖北民生会计师事务有限责任公司。

回函地址：湖北省武汉市江岸区沿江大道134号长航大楼611室

邮编：430014 电话：(027)82767876 传真：(027)82767876 联系人：

一、请说明存在于资产负债表日并自该日起至本函回复日止本公司委托贵律师代理进行的任何未决诉讼。该说明中谨请包含以下内容：

1. 案件的简要事实经过与目前的发展进程；

2. 在可能范围内，贵律师对于本公司管理当局就上述案件所持看法及处理计划（如庭外和解设想）的了解，及您对可能发生结果的意见；

3. 在可能范围内，您对可能发生的损失或收益的可能性及金额的估计。

二、请说明存在于资产负债表日并自该日起至本函回复日止，本公司曾向贵律师咨询的其他诸如未决诉讼、追索债权、被追索债务以及政府有关部门对本公司进行调查等可能涉及本公司法律责任的事件。

三、请说明截止于资产负债表日，本公司与贵律师事务所律师服务费的结算情况（如有可能，请依服务项目区分）。

四、若无上述一、二事项，为节省您宝贵时间，烦请填写本函所附《律师询证函复函》并签章后，按前述地址寄至湖北民生会计师事务有限责任公司。

谢谢合作！

公司盖章：

公司负责人：

年　　月　　日

律师询证函复函

湖北民生会计师事务有限责任公司：

本律师于＿＿＿＿＿期间，除向＿＿＿＿＿＿＿＿公司提供一般性法律咨询服务，并未有接受委托，代理进行或咨询如前述一、二项所述之事宜。

另截止＿＿＿年＿＿月＿＿日止，该公司

□　未积欠本律师事务所任何律师服务费。

□　尚有本律师事务所服务费计人民币＿＿＿＿元，未予付清。

律师事务所盖章：

律师签章：

年　月　日

有时被审计单位的法律顾问或者律师可能出于保密或其他目的，对审计询证函所列示的内容全部拒绝或部分拒绝提供有关信息。一般情况下，审计人员会根据律师的职业条件和声誉情况来判断律师声明书的合理性。律师的复函可能只限于他作为聘任律师或法律顾问所关注的事项，或者就重要性而言与审计人员达成共识的事项，而且律师经常很难对未决诉讼结果作出判断。对于律师声明书应从整体上分析，以便确定它对审计询证函的总体反应，确定它与审计人员所知的情况是否矛盾。倘若律师声明书表明或暗示律师拒绝提供信息，或隐瞒信息，或对被审计单位叙述的情况应予修正而不加修正，审计人员一般应认为审计范围受到限制，就不能出具无保留意见的审计报告。

三、编制审计差异调整表

审计差异内容按是否需要调整账户记录可分为核算错误和重分类错误。核算错误是因企业对经济业务进行了不正确的会计核算而引起的错误，用审计重要性原则来衡量每一项核算错误，又可把这些核算错误区分为建议调整的不符事项和不建议调整的不符事项（未调整不符事项）；重分类错误是因企业未按企业会计准则列报财务报表而引起的错误。例如，企业在应收账款项目中反映的预收账款等。

无论是建议调整的不符事项、重分类错误还是未调整不符事项，在审计工作底稿中通常都是以会计分录的形式反映。由于审计中发现的错误往往不止一两项，为便于审计项目的各项负责人综合判断、分析和决定，也为了便于有效编制试算平衡表和代编经审计的财务报表，通常需要将这些建议调整的不符事项、重分类错误以及未调整不符事项分别汇总至“账项调整分录汇总表”、“重分类调整分录汇总表”与“未更正错误汇总表”。这三种汇总表的参考范例如表 14-1 至表 14-3 所示。

表 14-1 账项调整分录汇总表

序号	内容及说明	索引号	调整内容				影响利润表+(−)	影响资产负债表+(−)
			借方项目	借方金额	贷方项目	贷方金额		

与被审计单位的沟通：

参加人员：

被审计单位：______________________

审计项目组：______________________

被审计单位的意见：

____

____

____

____

结论：

是否同意上述审计调整：______________________

被审计单位授权代表签字：____________ 日期：____________

表 14-2 重分类调整分录汇总表

序号	内容及说明	索引号	调整内容			
			借方项目	借方金额	贷方项目	贷方金额

与被审计单位的沟通：

参加人员：

被审计单位：______________________

审计项目组：______________________

被审计单位的意见：______________________

结论：

是否同意上述审计调整：______________________

被审计单位授权代表签字：____________ 日期：____________

表 14-3　　未更正错报汇总表

序号	内容及说明	索引号	未调整内容				备注
			借方项目	借方金额	贷方项目	贷方金额	

未更正错报的影响：

项目__________金额__________百分比__________计划百分比__________

1.总资产__________

2.净资产__________

3.销售收入__________

4.费用总额__________

5.毛利__________

6.净利润__________

结论：

被审计单位授权代表签字：　　　　日期：

四、编制试算平衡表

试算平衡表是审计人员在被审计单位提供未审财务报表的基础上，考虑调整分录、重分类分录等内容以确认已审数与报表披露数的表式。有关资产负债表和利润表的试算平衡表的参考范例见表 14-4 至表 14-6。需要说明几点：

(1)试算平衡表中的"未审数"列，应根据被审计单位提供的未审计财务报表填列。

(2)试算平衡表中的"调整金额"列，应根据经被审计单位同意的"账项调整分录汇总表"填列。

(3)试算平衡表中的"重分类调整"列，应根据经被审计单位同意的"重分类调整分录汇总表"填列。

(4)在编制完试算平衡表后，应注意核对相应的勾稽关系。例如，资产负债表试算平衡表资产的"未审数"列合计数、"审定数"列合计数应分别等于其负债和权益相应各列合计数；资产负债表试算平衡表资产的"重分类调整"列中的借方合计数与贷方合计数之差等于负债和权益的"重分类调整"列中的贷方合计数与借方合计数之差；等等。

表 14-4　　资产负债项目试算平衡表(资产类)

200____年 12 月 31 日　　　　索引号：

单位名称：　　　　　　　　金额单位：

项目	期初余额	B	未审数	G	调整金额		重分类调整		审定数
					借方	贷方	借方	贷方	
流动资产：									
货币资金									
短期投资									
应收票据									
应收股利									
应收利息									
应收账款									
坏账准备									
其他应收款									
预付账款									
应收补贴款									
存货									
待摊费用									
一年内到期的长期债权投资									
其他流动资产									
流动资产合计									
长期投资：									
长期股权投资									
长期债券投资									
长期投资合计									
固定资产：									
固定资产原价									
减：累计折旧									
固定资产净值									
减：固定资产减值准备									
固定资产净额									
工程物资									

续表 14-4

项目	期初余额	B	未审数	G	调整金额		重分类调整		审定数
					借方	贷方	借方	贷方	
在建工程									
固定资产清理									
固定资产合计									
无形资产及其他资产：									
无形资产									
长期待摊费用									
其他长期资产									
无形资产及其他资产合计									
递延税项：									
递延税款借项									
资产合计									

编制人：　　　　日期：　　　　复核人：　　　　日期：

B：与上年结转数核对一致　　G：与总分类账核对一致

注：重要科目以▲表示

表 14-5　　资产负债项目试算平衡表（负债及权益）

200____年 12 月 31 日　　　　索引号：

单位名称：　　　　金额单位：

负债及权益	期初余额	B	未审数	G	调整金额		重分类调整		审定数
					借方	贷方	借方	贷方	
流动负债：									
短期借款									
应付票据									
应付账款									
预收账款									
应付工资									
应付福利费									
应付股利									
应交税金									
其他应交款									

续表 14-5

负债及权益	期初余额	B	未审数	G	调整金额		重分类调整		审定数
					借方	贷方	借方	贷方	
其他应付款									
预提费用									
预计负债									
一年内到期的长期负债									
其他流动负债									
流动负债合计									
长期负债：									
长期借款									
应付债券									
长期应付款									
专项应付款									
其他长期负债									
长期负债合计									
递延税项：									
递延税款贷项									
负债合计									
所有者权益：									
实收资本									
实收资本									
资本公积									
盈余公积									
其中：									
法定公益金									
未分配利润									
所有者权益合计									
负债和所有者权益合计									

编制人：　　　　日期：　　　　　复核人：　　　　日期：

B:与上年结转数核对一致　　G:与总分类账核对一致

注:重要科目以▲表示

表 14-6 **损益类项目试算平衡表**

200 年度 索引号：

单位名称： 单位：

项目	上年已审数	本年未审数	G	调整分录		审定数	F/S
				借方	贷方		
一、主营业务收入							
减：主营业务成本							
主营业务税金及附加							
二、主营业务利润							
加：其他业务利润							
减：营业费用							
管理费用							
财务费用							
三、营业利润（亏损以“－”号填列）							
加：投资收益（亏损以“－”号填列）							
营业外收入							
减：营业外支出							
四、利润总额（亏损以“－”号填列）							
减：所得税							
五、净利润（亏损以“－”号填列）							
加：年初未分配利润							
其他转入							
六、可供分配的利润							
减：提取法定盈余公积							
提取法定公益金							
可供投资者分配的利润							
减：提取任意盈余公积							
应付投资者利润							
七、未分配利润							

编制人： 日期： 复核人： 日期：

B：与上年结转数核对一致 G：与总分类账核对一致

注：重要科目以▲表示

五、复核审计工作底稿和财务报表

(一)对财务报表总体合理性实施分析程序

在审计结束或邻近结束时,审计人员需要运用分析程序,其目的是确定经过审计调整后的财务报表整体是否与对被审计单位的了解一致,是否具有合理性。

在运用分析程序进行总体复核时,如果识别出以前未识别的重大错报风险,审计人员应当重新考虑对全部或部分各类交易、账户余额、列报评估的风险是否恰当,并在此基础上重新评价之前计划的审计程序是否充分,是否有必要追加审计程序。

(二)评价审计结果

审计人员评价审计结果,主要为了确定审计意见类型以及整个审计工作是否遵循了审计准则。为此,审计人员必须完成两项工作:一是对重要性和审计风险进行最终的评价;二是对被审计单位已审财务报表形成审计意见并草拟审计报告。

1. 对重要性和审计风险进行最终评价

对重要性和审计风险进行最终评价,是审计人员决定发表何种类型审计意见的必要过程。该过程可通过以下两个步骤来完成。

(1)确定可能的错报金额。可能的错报金额包括已经识别的具体错报和推断误差。

(2)根据财务报表层次重要性水平,确定可能的错报金额的汇总数(可能错报总额)对整个财务报表的影响程度。应当注意的是:

这里的“财务报表层次的重要性水平”是指审计计划阶段确定的重要性水平,如果该重要性水平在审计过程中已作过修正,则应当按修正后的财务报表层次重要性水平进行比较。

这里的可能错报总额一般是指各财务报表项目可能的错报金额的汇总数,但也可能包括上一期间的任何未更正可能错报对本期财务报表的影响。上一期间的未更正可能错报与本期未更正可能错报累计起来,可能会导致本期财务报表产生重大错报。因此,审计人员估计本期的可能错报总额时,应当包括上一期间的未更正可能错报。

审计人员在审计计划阶段已经确定了审计风险的可接受水平。随着可能错报总额的增加,财务报表可能被严重错报的风险也会增加。如果审计人员得出结论,审计风险处在一个可接受的水平,则可以直接得出审计结果所支持的意见;如果审计人员认为审计风险不能接受，则应追加审计测试或者说服被审计单位作必要调整，以便将重要错报的风险降低到可接受的水平。否则，审计人员应慎重考虑该审计风险对审计报告的影响。

2.对被审计单位已审计的财务报表形成审计意见并草拟审计报告

在审计过程中，要实施各种测试。这些测试通常是由参与本次审计工作的审计项目组成员来执行的，而每个成员所执行的测试可能只限于某几个领域或账项，所以，在每个业务循环或报表项目的测试都完成之后，审计项目经理应汇总所有成员的审计结果。

在完成审计工作阶段，为了对财务报表整体发表适当的意见，必须将这些分散的审计结果加以汇总和评价，综合考虑在审计过程中收集到的全部证据。负责该审计的项目经理初步完成，然后再逐级交给部门经理和项目负责合伙人认真复核。

在对审计意见形成最后决定之前，会计师事务所通常要与被审计单位召开沟通会，在沟通会上，审计人员可以口头报告本次审计所发现的问题，并说明建议被审计单位作必要调整或表外披露的理由。当然，管理层也可以在会上申辩其立场。最后，通常会对需要被审计单位作出的改变达成协议。如达成了协议，审计人员一般就可以签发标准审计报告，否则审计人员可能发表其他类型的审计报告。关于审计报告的类型将在下一章详细讲述。

3.复核审计工作底稿

会计师事务所应当建立完善的审计工作底稿分级复核制度，对审计工作底稿的复核可以分为两个层次：项目组内部复核和独立的项目质量控制复核。

(1)项目组内部复核。项目组内部复核又分为两个层次：第一级是项目负责经理的现场复核，该级复核通常在审计现场完成，以便及时发现和解决问题，争取审计工作的主动；第二级是项目负责合伙人的复核，是项目组内部最高级别的复核，该复核既是对项目负责经理复核的再监督，也是对重要审计事项的把关。

(2)独立的项目质量控制复核。项目质量控制复核是指在出具报告前，对项目组作出的重大判断和在准备报告时形成的结论作出客观评价的过程，项目质量控制复核也称独立复核。按照《会计师事务所质量控制准则第5101号——业务质量控制》的要求，对包括上市公司财务报表审计在内的特定业务实施项目质量控制复核，并在出具报告前完成。

对审计工作底稿进行独立复核的意义：

第一，对审计工作结果实施最后质量控制。审计工作质量高低往往取决于形成审计意见的正确性，审计意见是审计人员在审计工作将工作结果和工作过程中的各种情况记录于审计工作底稿中，并据此形成审计意见，如果形成的审计意见与工作结果存在矛盾，审计人员的工作就会失去有效性。对出具审计报告前的审计工作底稿进行独立复核，是对审计工作结果实施的最后质量控制，能避免对重大审计问题的遗留或对具体审计工作理解不透彻等情况，从而形成与审计工作底稿结果相一致的审计意见。

第二，确认审计工作已达到会计师事务所的工作标准。会计师事务所对开展各项审计工作，都应有明确、统一的标准。但是在执行的过程中，不同审计人员的工作质量可能会有差异，甚至可能背离统一的标准，因此，通过独立复核，严格保持整体审计工作质量的一致性，确认该审计工作已达到会计师事务所的工作标准。

第三，消除妨碍审计人员判断的偏见。在审计工作中，通常需要审计人员对一些事项作出专业判断。审计人员可能期望在整个审计过程中保持客观，但是如果有大量问题需要解决而且又经过很长时间的审计，就容易丧失正确的判断能力，作出不符合事实的审计结论，通过独立复核，可以消除妨碍审计人员正确判断的偏见，作出符合事实的审计结论。

很多会计师事务所都备有详细的业务执行复核工作核对表，项目复核可以通过填列业务执行复核工作核对表的方式进行。表 14-7 是有关业务执行复核工作核对表的一个范例，供参考。

表 14-7　　业务执行复核工作核对表

一、项目负责经理复核

复核事项	是/否/不适用	备注
1.是否已复核已完成的审计计划，以及导致对审计计划作出重大修改的事项？		
2.是否已复核重要的财务报表项目？		
3.是否已复核特殊交易或事项，包括债务重组、关联方交易、非货币性交易、或有事项、期后事项、持续经营能力等？		
4.是否已复核重要会计政策、会计估计的变更？		
5.是否已复核重大事项概要？		
6.是否已复核建议调整事项？		
7.是否已复核管理层声明书，股东大会、董事会相关会议纪要，与客户的沟通记录及重要会谈记录，律师询证函复函？		
8.是否已复核审计小结？		
9.是否已复核已审计财务报表和拟出具的审计报告？		
10. 实施上述复核后，是否可以确定下列事项：		
(1)审计工作底稿提供了充分、适当的记录，作为审计报告的基础？		

续表 14-7

复核事项	是/否/不适用	备注
(2)已按照审计准则的规定执行了审计工作? (3)对重大错报风险的评估及采取的应对措施是恰当的,针对存在特别风险的审计领域,设计并实施了针对性的审计程序,且得出了恰当的审计结论? (4)作出的重大判断恰当合理? (5)提出的建议调整事项恰当,相关调整分录正确? (6)未更正错报无论是单独还是汇总起来对财务报表整体均不具有重大影响? (7)已审计财务报表的编制符合企业会计准则的规定,在所有重大方面公允反映了被审单位的财务状况、经营成果和现金流量? (8)拟出具的审计报告措辞恰当,已按照中国CPA审计准则的规定发表了恰当的审计意见?		

签字:____________日期:__________

二、项目负责合伙人复核

复核事项	是/否/不适用	备注
1.是否已复核完成的审计计划,以及导致对审计计划作出重大修改的事项? 2.是否已复核重大事项概要? 3.是否已复核存在特别风险的审计领域,以及项目组采取的应对措施? 4.是否已复核项目组作出的重大判断? 5.是否已复核建议调整事项? 6.是否已复核管理层声明书,股东大会、董事会相关会议纪要与客户的沟通记录及重要会谈记录,律师询证函复函? 7.是否已复核审计小结? 8.是否已复核已审计财务报表和拟出具的审计报告? 9.实施上述复核后,是否可以确定: (1)对项目负责经理实施的复核结果满意? (2)对重大错报风险的评估及采取的应对措施是恰当的,针对存在特别风险的审计领域,设计并实施了针对性的审计程序,且得出了恰当的审计结论? (3)项目组作出的重大判断恰当合理? (4)提出的建议调整事项恰当合理,未更正错报无论是单独还是汇总起来对财务报表整体均不具有重大影响?		

续表 14-7

复核事项	是/否/不适用	备注
(5)已审计财务报表的编制符合企业会计准则的规定，在所有重大方面公允反映了被审单位的财务状况、经营成果和现金流量？ (6)拟出具的审计报告措辞恰当，已按照审计准则的规定发表了恰当的审计意见？		

签字：______________ 日期：__________

三、项目质量控制复核

复核事项 （由独立的项目质量控制复核人员进行复核。 项目质量控制复核适用于上市公司财务报表审计或会计师事务所规定的其他类型审计业务。）	是/否/不适用	备注
1.项目质量控制复核之前进行的复核是否均已得到满意的执行？ 2.是否已复核项目组针对本业务对本所独立性作出的评价，并认为该评价是恰当的？ 3.是否已复核项目组在审计过程中识别的特别风险以及采取的应对措施，包括项目组对舞弊风险的评估及采取的应对措施，认为项目组作出的判断和应对措施是恰当的？ 4.是否已复核项目组作出的判断，包括关于重要性和特别风险的判断，认为这些判断恰当合理？ 5.是否确定项目组已就存在的意见分歧、其他疑难问题或争议事项进行适当咨询，且咨询得出的结论是恰当的？ 6.是否已复核项目组与管理层和治理层沟通的记录以及拟与其沟通的事项，对沟通情况表示满意？ 7.是否认为所复核的审计工作底稿反映了项目组针对重大判断执行的工作，能够支持得出的结论？ 8.是否已复核已审计财务报表和拟出具的审计报告，认为已审计财务报表符合企业会计准则的规定，拟出具的审计报告已按照审计准则的规定发表了恰当的审计意见？		

签字：______________ 日期：__________

思　考　题

1.对于发生于不同时段的期后事项，审计人员应当承担的责任、应采取的处理方法及对财务报表、审计报告的影响均有区别，请填列下表并进行比较。

不同时间段	审计人员的责任	审计人员的处理	对财务报表、审计报告的影响
资产负债表日至审计报告日			
审计报告日至财务报告公布日			
财务报告公布日后			

2.审计人员在什么情况下需要对期初余额进行审计？期初余额的审计目标是什么？

3.什么是管理层声明？它对审计人员搜集审计证据、发表审计意见有何影响？

4.对审计中发现的核算误差，如何运用审计重要性原则来划分建议调整的不符事项与未调整不符事项？

5.审计人员与被审计单位进行沟通的对象和事项有哪些？

第十五章 审计报告

本章导读

审计报告是注册会计师审计工作的最终成果。经历了审计计划阶段、实施阶段、完成阶段的工作之后，注册会计师最终形成了对被审计单位某一期间会计报表合法性、公允性的意见，注册会计师需要将该意见类型以恰当的形式表达出来，这种恰当的形式就是审计报告。本章着重讲述审计报告的作用与分类、审计报告的基本内容和编写规范、与财务报表审计业务有关的审计报告以及审计报告类型的决策等内容。

主要内容

- 审计报告概述
- 审计报告的基本内容
- 标准无保留意见审计报告
- 非标准审计报告
- 审计报告类型决策

第一节 审计报告概述

一、审计报告的含义与特征

（一）审计报告的含义

《中国注册会计师审计准则第 1501 号——审计报告》第三条指出，审计报告是指注册会计师根据中国注册会计师审计准则的规定，在实施审计工作的基础上对被审计单位财务报表发表审计意见的书面文件。

(二)审计报告的特征

审计报告是注册会计师在完成审计工作后向委托人提交的最终产品,具有以下特征:

(1)注册会计师应当按照中国注册会计师审计准则的规定执行审计工作。审计准则是用以规范注册会计师执行审计业务的标准,包括一般原则与责任、风险评估与应对、审计证据、利用其他主体的工作、审计结论与报告以及特殊领域审计六个方面的内容,涵盖了注册会计师执行审计业务的整个过程和各个环节。

(2)注册会计师在实施审计工作的基础上才能出具审计报告。注册会计师应当实施风险评估程序,以此作为评估财务报表层次和认定层次重大错报风险的基础。风险评估程序本身并不足以为发表审计意见提供充分、适当的审计证据,注册会计师还应当实施进一步审计程序,包括实施控制测试(必要时或决定测试时)和实质性程序。注册会计师通过实施上述审计程序,获取充分、适当的审计证据,得出合理的审计结论,作为形成审计意见的基础。

(3)注册会计师通过对财务报表发表意见履行业务约定书约定的责任。财务报表审计的目标是注册会计师通过执行审计工作,对财务报表的合法性和公允性发表审计意见。因此,在实施审计工作的基础上,注册会计师需要对财务报表形成审计意见,并向委托人提交审计报告。

(4)注册会计师应当以书面形式出具审计报告。审计报告具有特定的要素和格式,注册会计师只有以书面形式出具报告,才能清楚表达对财务报表发表的审计意见。

注册会计师应当在审计报告中清楚地表达对财务报表的意见,并对出具的审计报告负责。

注册会计师应当根据由审计证据得出的结论,清楚表达对财务报表的意见。财务报表是指对企业财务状况、经营成果和现金流量的结构化表述,至少应当包括资产负债表、利润表、所有者(股东)权益变动表、现金流量表和附注。无论是出具标准审计报告,还是非标准审计报告,注册会计师一旦在审计报告上签名并盖章,就表明对其出具的审计报告负责。

审计报告是注册会计师对财务报表合法性和公允性发表审计意见的书面文件,因此,注册会计师应当将已审计的财务报表附于审计报告之后,以便于财务报表使用者正确理解和使用审计报告,并防止被审计单位替换、更改已审计的财务报表。

二、审计报告的作用

注册会计师签发的审计报告，主要具有鉴证、保护和证明三方面的作用。

1. 鉴证作用

注册会计师签发的审计报告，不同于政府审计和内部审计的审计报告，是以超然独立的第三者身份，对被审计单位财务报表合法性、公允性发表意见。这种意见，具有鉴证作用，得到了政府及其各部门和社会各界的普遍认可。政府有关部门，如财政部门、税务部门等了解、掌握企业的财务状况和经营成果的主要依据是企业提供的财务报表。财务报表是否合法、公允，主要依据注册会计师的审计报告作出判断。股份制企业的股东主要依据注册会计师的审计报告来判断被投资企业的财务报表是否公允地反映了财务状况和经营成果，以进行投资决策等。

2. 保护作用

注册会计师通过审计，可以对被审计单位财务报表出具不同类型审计意见的审计报告，以提高或降低财务报表信息使用者对财务报表的信赖程度，能够在一定程度上对被审计单位的财产、债权人和股东的权益及企业利害关系人的利益起到保护作用。如投资者为了减少投资风险，在进行投资之前，必须要查阅被投资企业的财务报表和注册会计师的审计报告，了解被投资企业的经营情况和财务状况。投资者根据注册会计师的审计报告作出投资决策，可以降低其投资风险。

3. 证明作用

审计报告是对注册会计师审计任务完成情况及其结果所做的总结，它可以表明审计工作的质量并明确注册会计师的审计责任。因此，审计报告可以对审计工作质量和注册会计师的审计责任起证明作用。通过审计报告，可以证明注册会计师在审计过程中是否实施了必要的审计程序，是否以审计工作底稿为依据发表审计意见，发表的审计意见是否与被审计单位的实际情况相一致，审计工作的质量是否符合要求。通过审计报告，可以证明注册会计师审计责任的履行情况。

三、审计意见的形成过程

(一)审计意见形成过程

注册会计师对财务报表形成审计意见的基础是评价审计证据，进而得出审计结论。在对财务报表形成审计意见时，注册会计师应当根据已获取的审计证据，评价是否已对财务报表整体不存在重大错报获取合理保证。注册会计师应当获取充分、适当的审计证据，以得出合理的审计结论，作为形成审计意见的基础。注册会计师对审计结论的评价贯穿于审计的全过程。例如：

（1）注册会计师应当根据实施的审计程序和获取的审计证据，评价对认定层次重大错报风险的评估是否仍然适当。

（2）财务报表审计是一个累积和不断修正信息的过程。随着计划的审计程序的实施，如果获取的信息与风险评估时依据的信息有重大差异，注册会计师应当考虑修正风险评估结果，并据以修改原计划的其他审计程序的性质、时间和范围。

（3）在实施控制测试时，如果发现被审计单位控制运行出现偏差，注册会计师应当了解这些偏差及其潜在后果，并确定已实施的控制测试是否为信赖控制提供了充分、适当的审计证据，是否需要实施进一步的控制测试，或实施实质性程序以应对潜在的错报风险。

（4）注册会计师不应将审计中发现的舞弊或错误视为孤立发生的事项，而应当考虑其对评估的重大错报风险的影响。在完成审计工作前，注册会计师应当评价是否已将审计风险降至可接受的低水平，是否需要重新考虑已实施审计程序的性质、时间和范围。

（5）在形成审计意见时，注册会计师应当从总体上评价是否已经获取充分、适当的审计证据，以将审计风险降至可接受的低水平。注册会计师应当考虑所有相关的审计证据，包括能够印证财务报表认定的审计证据和与财务报表认定相矛盾的审计证据。

（二）评价财务报表合法性应当考虑的内容

《中国注册会计师审计准则第 1501 号——审计报告》第八条规定，在评价财务报表是否按照适用的会计准则和相关会计制度的规定编制时，注册会计师应当考虑下列内容：

（1）选择和运用的会计政策是否符合适用的会计准则和相关会计制度，并适合于被审计单位的具体情况。会计政策是被审计单位在会计确认、计量和报告中采用的原则、基础和会计处理方法。注册会计师在考虑被审计单位选用的会计政策是否适当时，应当关注重要的事项。重要事项包括重要项目的会计政策和行业惯例、重大和异常交易的会计处理方法、在新领域和缺乏权威性标准或共识的领域采用重要会计政策产生的影响、会计政策的变更等。

（2）管理层作出的会计估计是否合理。会计估计通常是指被审计单位以最近可利用的信息为基础对结果不确定的交易或事项所作的判断。由于会计估计的主观性、复杂性和不确定性，管理层作出的会计估计发生重大错报的可能性较大。因此，注册会计师应当判断管理层作出的会计估计是否合理，确定会计估计的重大错报风险是否是特别风险，是否采取了有效的措施予以应对。

(3)财务报表反映的信息是否具有相关性、可靠性、可比性和可理解性。财务报表反映的信息应当符合信息质量特征，具有相关性、可靠性、可比性和可理解性。注册会计师应当根据《企业会计准则——基本准则》的规定，考虑财务报表反映的信息是否符合信息质量特征。

(4)财务报表是否作出充分披露，使财务报表使用者能够理解重大交易和事项对被审计单位财务状况、经营成果和现金流量的影响。

(三)评价财务报表公允性应当考虑的内容

《中国注册会计师审计准则第 1501 号——审计报告》第九条规定，在评价财务报表是否作出公允反映时，注册会计师应当考虑下列内容：

(1)经管理层调整后的财务报表，是否与注册会计师对被审计单位及其环境的了解一致。在完成审计工作后，如果财务报表存在重大错报，注册会计师应当要求管理层进行调整。管理层作出调整或拒绝调整后，注册会计师可以确定已审计财务报表是否还存在重大错报，并形成恰当的审计意见。为了进一步确定已审计财务报表是否符合被审计单位的实际情况，注册会计师尚需对财务报表作出总体复核，并判断是否与其对被审计单位及其环境的了解一致。

(2)财务报表的列报、结构和内容是否合理。企业会计准则和相关会计制度中对财务报表的列报、结构和内容作了规定。注册会计师应当根据《企业会计准则第 30 号——财务报表列报》及其指南，考虑财务报表的列报、结构和内容是否合理。

(3)财务报表是否真实地反映了交易和事项的经济实质。

四、审计报告类型

(一)按审计目的分类

注册会计师审计的目的包括一般(通用)目的和特殊目的，因此按照审计的目的，审计报告可以分为通用目的审计报告和特殊目的审计报告。

注册会计师审计的一般目的是对被审计单位财务报表的合法性、公允性发表审计意见。所谓的合法性是指被审计单位财务报表的编制是否符合《企业会计准则》和国家其他有关财务会计法规的规定；公允性是指被审计单位的财务报表是否在所有重大方面公允地反映了被审计单位的财务状况、经营成果和现金流量变动情况。

特殊目的的审计是指注册会计师对被审计单位年度财务报表以外的其他特定事项进行的审计，并发表审计意见。特殊目的的审计业务主要包括：对按照特殊编制基础编制的财务报表进行审计；对财务报表的组成部分进行审计；对法规、合同所涉及的财务会计规定遵循情况的审计；对简要财务报表的审计。特殊目的的审计意见一般也包括合法性、公允性两个方面，但侧重点不同，并结合特定委托目的和特定审计对象范围来确定。

（二）按审计报告的格式分类

审计报告分为标准审计报告和非标准审计报告。当注册会计师出具的无保留意见的审计报告不附加说明段、强调事项段或任何修饰性用语时，该报告称为标准审计报告。标准审计报告包含的审计报告要素齐全，属于无保留意见，且不附加说明段、强调事项段或任何修饰性用语。否则，不能称为标准审计报告。

非标准审计报告，是指标准审计报告以外的其他审计报告，包括带强调事项段的无保留意见的审计报告和非无保留意见的审计报告。非无保留意见的审计报告包括保留意见的审计报告、否定意见的审计报告和无法表示意见的审计报告。

除此之外还有其他的分类办法，在此不再赘述。

第二节　审计报告的基本内容

一、审计报告的要素

审计报告应当包括九项要素：①标题；②收件人；③引言段；④管理层对财务报表的责任段；⑤注册会计师的责任段；⑥审计意见段；⑦注册会计师的签名和盖章；⑧会计师事务所的名称、地址及盖章；⑨报告日期。

二、标题

审计报告的标题应当统一规范为“审计报告”。考虑到这一标题已广为社会公众所接受，因此，我国注册会计师出具的审计报告中标题没有包含“独立”两个字，但注册会计师在执行财务报表审计业务时，应当遵守独立性的要求。

三、收件人

审计报告的收件人是指注册会计师按照业务约定书的要求致送审计报告的对象，一般是指审计业务的委托人。审计报告应当载明收件人的全称。注册会计师应当与委托人在业务约定书中约定致送审计报告的对象，以防止在此问题上发生分歧或审计报告被委托人滥用。针对整套通用目的财务报表出具的审计报告，审计报告的致送对象通常为被审计单位的全体股东或董事会。

四、引言段

审计报告的引言段应当说明被审计单位的名称和财务报表已经过审计，并包括下列内容：①指出构成整套财务报表的每张财务报表的名称；②提及财务报表附注；③指明财务报表的日期和涵盖的期间。

根据企业会计准则规定，整套财务报表的每张财务报表的名称分别为资产负债表、利润表、所有者（股东）权益变动表和现金流量表。此外，由于附注是财务报表不可或缺的重要组成部分，因此，也应提及财务报表附注。财务报表有反映时点的，有反映期间的，注册会计师应在引言段中指明财务报表的日期或涵盖的期间。

引言段举例如下：

“我们审计了后附的 ABC 股份有限公司（以下简称 ABC 公司）财务报表，包括 20×1 年 12 月 31 日的资产负债表，20×1 年度的利润表、股东权益变动表和现金流量表以及财务报表附注。”

五、管理层对财务报表的责任段

管理层对财务报表的责任段应当说明，按照适用的会计准则和相关会计制度的规定编制财务报表是管理层的责任，这种责任包括：①设计、实施和维护与财务报表编制相关的内部控制，以使财务报表不存在由于舞弊或错误而导致的重大错报；②选择和运用恰当的会计政策；③作出合理的会计估计。在审计报告中指明管理层的责任，有利于区分管理层和注册会计师的责任，降低财务报表使用者误解注册会计师责任的可能性。

管理层对财务报表的责任段举例如下：

“一、管理层对财务报表的责任

按照企业会计准则和《××会计制度》的规定编制财务报表是ABC公司管理层的责任。这种责任包括：①设计、实施和维护与财务报表编制相关的内部控制，以使财务报表不存在由于舞弊或错误而导致的重大错报；②选择和运用恰当的会计政策；③作出合理的会计估计。”

六、注册会计师的责任段

注册会计师的责任段应当说明下列内容：

(1)注册会计师的责任是在实施审计工作的基础上对财务报表发表审计意见。注册会计师按照中国注册会计师审计准则的规定执行了审计工作。中国注册会计师审计准则要求注册会计师遵守职业道德规范，计划和实施审计工作以对财务报表是否不存在重大错报获取合理保证。

(2)审计工作涉及实施审计程序，以获取有关财务报表金额和披露的审计证据。选择的审计程序取决于注册会计师的判断，包括对由于舞弊或错误导致的财务报表重大错报风险的评估。在进行风险评估时，注册会计师考虑与财务报表编制相关的内部控制，以设计恰当的审计程序，但目的并非对内部控制的有效性发表意见。审计工作还包括评价管理层选用会计政策的恰当性和作出会计估计的合理性，以及评价财务报表的总体列报。

(3)注册会计师相信已获取的审计证据是充分、适当的，为其发表审计意见提供了基础。

如果接受委托，结合财务报表审计对内部控制有效性发表意见，注册会计师应当省略第2项中“但目的并非对内部控制的有效性发表意见”的术语。

理解注册会计师的责任段内容时，应当注意以下几点：

第一段内容阐明注册会计师的责任、注册会计师执行审计业务的标准以及审计准则对注册会计师提出的核心要求。同时向财务报表使用者说明，注册会计师应当计划和实施审计工作以对财务报表是否不存在重大错报获取合理保证。不存在重大错报，是指注册会计师认为已审计的财务报表不存在影响财务报表使用者决策的错报。合理保证是指注册会计师通过不断修正的、系统的执业过程，获取充分、适当的审计证据，对财务报表整体发表审计意见，提供的是一种高水平但非百分之百的保证。

第二段内容阐明注册会计师执行审计工作的主要过程，包括运用职业判断实施风险评估程序、控制测试(必要时或决定测试时)以及实质性程序。同时向财务报表使用者说明，注册会计师的审计是建立在风险导向审计基础上的。在进行风险评估时，注册会计师考虑与财务报表编制相关的内部控制，以设计恰当的审计程序，但目的并非对内部控制的有效性发表意见。因此，审计报告对内部控制不提供任何保证。

第三段内容阐明注册会计师通过实施审计工作，获取了充分、适当的审计证据，具备了发表审计意见的基础。

注册会计师的责任段举例如下：

“二、注册会计师的责任

我们的责任是在实施审计工作的基础上对财务报表发表审计意见。我们按照中国注册会计师审计准则的规定执行了审计工作。中国注册会计师审计准则要求我们遵守职业道德规范，计划和实施审计工作以对财务报表是否不存在重大错报获取合理保证。

审计工作涉及实施审计程序，以获取有关财务报表金额和披露的审计证据。选择的审计程序取决于注册会计师的判断，包括对由于舞弊或错误导致的财务报表重大错报风险的评估。在进行风险评估时，我们考虑与财务报表编制相关的内部控制，以设计恰当的审计程序，但目的并非对内部控制的有效性发表意见。审计工作还包括评价管理层选用会计政策的恰当性和作出会计估计的合理性，以及评价财务报表的总体列报。

我们相信，我们获取的审计证据是充分、适当的，为发表审计意见提供了基础。”

七、审计意见段

审计意见段应当说明，财务报表是否按照适用的会计准则和相关会计制度的规定编制，是否在所有重大方面公允反映了被审计单位的财务状况、经营成果和现金流量。

财务报表审计的目标是注册会计师通过执行审计工作，对财务报表的下列方面发表审计意见：①财务报表是否按照适用的会计准则和相关会计制度的规定编制；②财务报表是否在所有重大方面公允反映了被审计单位的财务状况、经营成果和现金流量。因此，当注册会计师完成审计工作，获取了充分、适当的审计证据，应当就上述内容对财务报表发表审计意见。

出具审计报告时，注册会计师应当以“我们认为”作为意见段的开头，并使用“在所有重大方面”、“公允反映”等术语。审计报告的意见段举例如下（此处是无保留意见审计报告的审计意见格式）：

“三、审计意见

我们认为，ABC公司财务报表已经按照企业会计准则和《××会计制度》的规定编制，在所有重大方面公允反映了ABC公司20×1年12月31日的财务状况以及20×1年度的经营成果和现金流量。”

八、注册会计师的签名和盖章

审计报告应当由注册会计师签名并盖章。注册会计师在审计报告上签名并盖章，有利于明确法律责任。《财政部关于注册会计师在审计报告上签名盖章有关问题的通知》(财会[2001]1035号)明确规定：“一、会计师事务所应当建立健全全面质量控制政策与程序以及各审计项目的质量控制程序，严格按照有关规定和本通知的要求在审计报告上签名盖章。二、审计报告应当由两名具备相关业务资格的注册会计师签名盖章并经会计师事务所盖章方为有效。(一)合伙会计师事务所出具的审计报告，应当由一名对审计项目负最终复核责任的合伙人和一名负责该项目的注册会计师签名盖章。(二)有限责任会计师事务所出具的审计报告，应当由会计师事务所主任会计师或其授权的副主任会计师和一名负责该项目的注册会计师签名盖章。”

九、会计师事务所的名称、地址及盖章

审计报告应当载明会计师事务所的名称和地址，并加盖会计师事务所公章。根据《中华人民共和国注册会计师法》的规定，注册会计师承办业务，由其所在的会计师事务所统一受理并与委托人签订委托合同。因此，审计报告除了应由注册会计师签名并盖章外，还应载明会计师事务所的名称和地址，并加盖会计师事务所公章。

注册会计师在审计报告中载明会计师事务所地址时，标明会计师事务所所在的城市即可。在实务中，审计报告通常载于会计师事务所统一印刷的、标有该所详细通讯地址的信笺上，因此，无需在审计报告中注明详细地址。此外，根据国家工商行政管理部门的有关规定，在主管登记机关管辖区内，已登记注册的企业名称不得相同。因此在同一地区内不会出现重名的会计师事务所。

十、报告日期

审计报告应当注明报告日期。审计报告的日期不应早于注册会计师获取充分、适当的审计证据(包括管理层认可对财务报表的责任且已批准财务报表的证据),并在此基础上对财务报表形成审计意见的日期。

注册会计师在确定审计报告日期时,应当考虑:①应当实施的审计程序已经完成;②应当提请被审计单位调整的事项已经提出,被审计单位已经作出调整或拒绝作出调整;③管理层已经正式签署财务报表。

审计报告的日期非常重要。注册会计师对不同时段的资产负债表日后事项有着不同的责任,而审计报告的日期是划分时段的关键时点。在实务中,注册会计师在正式签署审计报告前,通常把审计报告草稿和已审计财务报表草稿一同提交给管理层。如果管理层批准并签署已审计财务报表,注册会计师即可签署审计报告。注册会计师签署审计报告的日期通常与管理层签署已审计财务报表的日期为同一天,或晚于管理层签署已审计财务报表的日期。在审计报告日期晚于管理层签署已审计财务报表日期时,注册会计师应当获取自管理层声明书日到审计报告日期之间的进一步审计证据,如补充的管理层声明书。下面是标准审计报告的示例:

审 计 报 告

ABC 股份有限公司全体股东:

我们审计了后附的 ABC 股份有限公司(以下简称 ABC 公司)财务报表,包括 20×1 年 12 月 31 日的资产负债表,20×1 年度的利润表、股东权益变动表和现金流量表以及财务报表附注。

一、管理层对财务报表的责任

按照企业会计准则和《××会计制度》的规定编制财务报表是 ABC 公司管理层的责任。这种责任包括:(1)设计、实施和维护与财务报表编制相关的内部控制,以使财务报表不存在由于舞弊或错误而导致的重大错报;(2)选择和运用恰当的会计政策;(3)作出合理的会计估计。

二、注册会计师的责任

我们的责任是在实施审计工作的基础上对财务报表发表审计意见。我们按照中国注册会计师审计准则的规定执行了审计工作。中国注册会计师审计准则要求我们遵守职业道德规范,计划和实施审计工作以对财务报表是否不存在重大错报获取合理保证。

审计工作涉及实施审计程序,以获取有关财务报表金额和披露的审计证据。选择的审计程序取决于注册会计师的判断,包括对由于舞弊或错误导致的财务报表重大错报风险的评估。在进行风险评估时,我们考虑与财务报表编制相关的内部控制,以设计恰当的审计程序,但目的并非对内部控制的有效性发表意见。审计工作还包括评价管理层选用会计政策的恰当性和作出会计估计的合理性,以及评价财务报表的总体列报。

我们相信，我们获取的审计证据是充分、适当的，为发表审计意见提供了基础。

三、审计意见

我们认为，ABC公司财务报表已经按照企业会计准则和《××会计制度》的规定编制，在所有重大方面公允反映了ABC公司20×1年12月31日的财务状况以及20×1年度的经营成果和现金流量。

××会计师事务所　　　　　　　　　　　　中国注册会计师：×××

（签名并盖章）

（盖章）　　　　　　　　　　　　中国注册会计师：×××

（签名并盖章）

中国××市　　　　　　　　　　　　二〇×二年×月×日

第三节　标准审计报告

当注册会计师出具的无保留意见的审计报告不附加说明段、强调事项段或任何修饰性用语时，该报告称为标准审计报告，又可称为标准无保留意见审计报告，属于无保留意见审计报告。

一、无保留意见审计报告

如果认为财务报表符合下列所有条件，注册会计师应当出具无保留意见的审计报告：

(1)财务报表已经按照适用的会计准则和相关会计制度的规定编制，在所有重大方面公允反映了被审计单位的财务状况、经营成果和现金流量。

(2)注册会计师已经按照中国注册会计师审计准则的规定计划和实施审计工作，在审计过程中未受到限制。

当出具无保留意见的审计报告时，注册会计师应当以“我们认为”作为意见段的开头，并使用“在所有重大方面”、“公允反映”等术语。

无保留意见的审计报告意味着，注册会计师通过实施审计工作，认为被审计单位财务报表的编制符合合法性和公允性的要求，合理保证财务报表不存在重大错报。无保留意见之外的审计意见被称为非无保留意见的审计报告。

二、无保留意见审计报告的分类

无保留意见的审计报告又可以分为两种类型：一是注册会计师出具的无保留意见的审计报告不附加说明段、强调事项段或任何修饰性用语，该报告称为标准无保留意见审计报告；当注册会计师出具的无保留意见的审计报告附加说明段、强调事项段或修饰性用语时，该报告称为非标准无保留意见审计报告，非标准无保留意见审计报告具体包括保留意见的审计报告、否定意见的审计报告和无法表示意见的审计报告。非标准无保留意见审计报告详见本章第四节。

三、标准无保留意见审计报告示例

标准审计报告包含的审计报告要素齐全，属于无保留意见，且不附加说明段、强调事项段或任何修饰性用语。下面是标准审计报告的示例。

审计报告

ABC 股份有限公司全体股东：

我们审计了后附的 ABC 股份有限公司（以下简称 ABC 公司）财务报表，包括 20×1 年 12 月 31 日的资产负债表，20×1 年度的利润表、股东权益变动表和现金流量表以及财务报表附注。

一、管理层对财务报表的责任

按照企业会计准则和《××会计制度》的规定编制财务报表是 ABC 公司管理层的责任。这种责任包括：(1)设计、实施和维护与财务报表编制相关的内部控制，以使财务报表不存在由于舞弊或错误而导致的重大错报；(2)选择和运用恰当的会计政策；(3)作出合理的会计估计。

二、注册会计师的责任

我们的责任是在实施审计工作的基础上对财务报表发表审计意见。我们按照中国注册会计师审计准则的规定执行了审计工作。中国注册会计师审计准则要求我们遵守职业道德规范，计划和实施审计工作以对财务报表是否不存在重大错报获取合理保证。

审计工作涉及实施审计程序，以获取有关财务报表金额和披露的审计证据。选择的审计程序取决于注册会计师的判断，包括对由于舞弊或错误导致的财务报表重大错报风险的评估。在进行风险评估时，我们考虑与财务报表编制相关的内部控制，以设计恰当的审计程序，但目的并非对内部控制的有效性发表意见。审计工作还包括评价管理层选用会计政策的恰当性和作出会计估计的合理性，以及评价财务报表的总体列报。

我们相信，我们获取的审计证据是充分、适当的，为发表审计意见提供了基础。

三、审计意见

我们认为，ABC 公司财务报表已经按照企业会计准则和《××会计制度》的规定编制，在所有重大方面公允反映了 ABC 公司 20×1 年 12 月 31 日的财务状况以及 20×1 年度的经营成果和现金流量。

××会计师事务所　　　　　　　　　　　　中国注册会计师：×××
　　　　　　　　　　　　　　　　　　　（签名并盖章）
（盖章）　　　　　　　　　　　　　　　中国注册会计师：×××
　　　　　　　　　　　　　　　　　　　（签名并盖章）
中国××市　　　　　　　　　　　　　　二○×二年×月×日

第四节 非标准审计报告

标准审计报告以外的其他审计报告，包括带强调事项段的无保留意见的审计报告和非无保留意见的审计报告通称为非标准审计报告。各种审计意见之间的关系如图 15-1 所示。

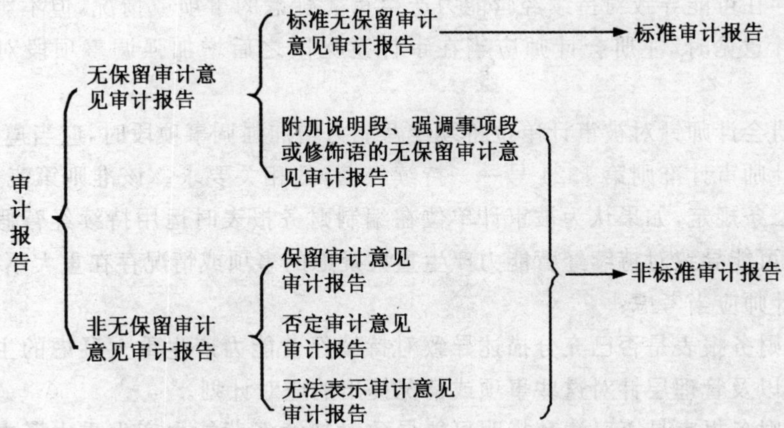

图 15-1 审计报告类型分类示意图

一、非标准无保留意见审计报告

当注册会计师出具的无保留意见的审计报告附加说明段、强调事项段或修饰性用语时，该报告称为非标准无保留意见审计报告。

(一)强调事项段的含义

审计报告的强调事项段是指注册会计师在审计意见段之后增加的对重大事项予以强调的段落。

强调事项应当同时符合下列条件：

(1)可能对财务报表产生重大影响，但被审计单位进行了恰当的会计处理，且在财务报表中作出充分披露。

(2)不影响注册会计师发表的审计意见。

从审计理论上讲，注册会计师在审计意见段之前增加说明段，用来说明发表保留意见、否定意见和无法表示意见的理由；而在意见段之后增加强调事项段，只是增加审计报告的信息含量，提高审计报告的有用性，不影响发表的审计意见。如果以强调事项段代替发表审计意见，就会导致审计报告类型出现混乱。

(二)增加强调事项段的情形

1. 对持续经营能力产生重大疑虑

当存在可能导致对持续经营能力产生重大疑虑的事项或情况，但不影响已发表的审计意见时，注册会计师应当在审计意见段之后增加强调事项段对此予以强调。

注册会计师针对被审计单位持续经营能力增加强调事项段时，应当遵守《中国注册会计师审计准则第 1324 号——持续经营》的相关要求。该准则第三十一条、第三十二条规定，如果认为被审计单位在编制财务报表时运用持续经营假设是适当的，但可能导致对持续经营能力产生重大疑虑的事项或情况存在重大不确定性，注册会计师应当考虑：

(1)财务报表是否已充分描述导致对持续经营能力产生重大疑虑的主要事项或情况，以及管理层针对这些事项或情况提出的应对计划。

(2)财务报表是否已清楚指明可能导致对持续经营能力产生重大疑虑的事项或情况存在重大不确定性，被审计单位可能无法在正常的经营过程中变现资产、清偿债务。

如果财务报表已作出充分披露，注册会计师应当出具无保留意见的审计报告，并在审计意见段之后增加强调事项段，强调可能导致对持续经营能力产生重大疑虑的事项或情况存在重大不确定性的事实，并提醒财务报表使用者注意财务报表附注中对有关事项的披露。

2.重大不确定事项

当存在可能对财务报表产生重大影响的不确定事项（持续经营问题除外），但不影响已发表的审计意见时，注册会计师应当考虑在审计意见段之后增加强调事项段对此予以强调。

不确定事项是指其结果依赖于未来行动或事项，不受被审计单位的直接控制，但可能影响财务报表的事项。

注册会计师在理解不确定事项时，应当把握以下特征：

(1)不确定事项的结果依赖于未来行动或事项。

(2)不确定事项不受被审计单位的直接控制，在管理层批准财务报表日，不可能获得更多信息消除该不确定事项。

(3)不确定事项可能影响财务报表，并且影响并不遥远，可以预计在未来时日得到解决。

例如，被审计单位受到其他单位起诉，指控其侵犯专利权，要求其停止侵权行为并赔偿造成的损失，法院已经受理但尚未审理。该诉讼事项是一种不确定事项。因为诉讼事项的结果依赖于法院的判决或原告采取的行动，不受被审计单位直接控制，也不以被审计单位的意志为转移。但该诉讼事项一旦被法院审理判决，可能给被审计单位带来损失。

3.其他审计准则规定增加强调事项段的情形

除上述两种情形以及其他审计准则规定的增加强调事项段的情形外，注册会计师不应在审计报告的审计意见段之后增加强调事项段或任何解释性段落，以免财务报表使用者产生误解。

有关增加强调事项段的其他审计准则包括：

《中国注册会计师审计准则第 1324 号——持续经营》第三十五条第二款规定，如果认为管理层选用的其他编制基础是适当的，且财务报表已作出充分披露，注册会计师可以出具无保留意见的审计报告，并考虑在审计意见段之后增加强调事项段，提醒财务报表使用者关注管理层选用的其他编制基础。

《中国注册会计师审计准则第 1332 号——期后事项》第十七条规定，如果管理层修改了财务报表，注册会计师应当根据具体情况实施必要的审计程序，复核管理层采取的措施能否确保所有收到原财务报表和审计报告的人士了解这一情况，并针对修改后的财务报表出具新的审计报告。第十八条规定，新的审计报告应当增加强调事项段，提请财务报表使用者注意财务报表附注中对修改原财务报表原因的详细说明，以及注册会计师出具的原审计报告。

《中国注册会计师审计准则第 1511 号——比较数据》第十条规定，当以前针对上期财务报表出具的审计报告为非无保留意见的审计报告时，如果导致非无保留意见的事项虽已解决，但对本期仍很重要，注册会计师可在审计报告中增加强调事项段提及这一情况。

另外，《中国注册会计师审计准则第 1511 号——比较数据》第十一条规定，注册会计师在对本期财务报表进行审计时，可能注意到影响上期财务报表的重大错报，而以前未就该重大错报出具非无保留意见的审计报告。如果上期财务报表未经更正，也未重新出具审计报告，但比较数据已在财务报表中恰当重述和充分披露，注册会计师可以在审计报告中增加强调事项段，说明这一情况。

《中国注册会计师审计准则第 1521 号——含有已审计财务报表的文件中的其他信息》第十三条第一款规定，如果需要修改其他信息而被审计单位拒绝修改，注册会计师应当考虑在审计报告中增加强调事项段说明该重大不一致，或采取其他措施。

由于增加强调事项段是为了提醒财务报表使用者关注某些事项，并不影响注册会计师的审计意见，为了使财务报表使用者明确这一点，注册会计师应当在强调事项段中指明，该段内容仅用于提醒财务报表使用者关注，并不影响已发表的审计意见。

带强调事项段的无保留意见的审计报告示例：

审计报告

ABC 股份有限公司全体股东：

我们审计了后附的 ABC 股份有限公司（以下简称 ABC 公司）财务报表，包括 20×1 年 12 月 31 日的资产负债表，20×1 年度的利润表、股东权益变动表和现金流量表以及财务报表附注。

一、管理层对财务报表的责任

按照企业会计准则和《××会计制度》的规定编制财务报表是 ABC 公司管理层的责任。这种责任包括：(1)设计、实施和维护与财务报表编制相关的内部控制，以使财务报表不存在由于舞弊或错误而导致的重大错报；(2)选择和运用恰当的会计政策；(3)作出合理的会计估计。

二、注册会计师的责任

我们的责任是在实施审计工作的基础上对财务报表发表审计意见。我们按照中国注册会计师审计准则的规定执行了审计工作。中国注册会计师审计准则要求我们遵守职业道德规范，计划和实施审计工作以对财务报表是否不存在重大错报获取合理保证。

审计工作涉及实施审计程序，以获取有关财务报表金额和披露的审计证据。选择的审计程序取决于注册会计师的判断，包括对由于舞弊或错误导致的财务报表重大错报风险的评估。在进行风险评估时，我们考虑与财务报表编制相关的内部控制，以设计恰当的审计程序，但目的并非对内部控制的有效性发表意见。审计工作还包括评价管理层选用会计政策的恰当性和作出会计估计的合理性，以及评价财务报表的总体列报。

我们相信，我们获取的审计证据是充分、适当的，为发表审计意见提供了基础。

三、审计意见

我们认为，ABC公司财务报表已经按照企业会计准则和《××会计制度》的规定编制，在所有重大方面公允反映了ABC公司20×1年12月31日的财务状况以及20×1年度的经营成果和现金流量。

四、强调事项

我们提醒财务报表使用者关注，如财务报表附注×所述，ABC公司在20×1年发生亏损×万元，在20×1年12月31日，流动负债高于资产总额×万元。ABC公司已在财务报表附注×充分披露了拟采取的改善措施，但其持续经营能力仍然存在重大不确定性。本段内容不影响已发表的审计意见。

××会计师事务所　　　　　　　　　　中国注册会计师：×××
　　　　　　　　　　　　　　　　　　（签名并盖章）
（盖章）　　　　　　　　　　　　　　中国注册会计师：×××
　　　　　　　　　　　　　　　　　　（签名并盖章）
中国××市　　　　　　　　　　　　　二〇×二年×月×日

二、非无保留意见审计报告

(一)影响出具非无保留意见的情形

1.注册会计师与管理层的分歧

注册会计师与管理层在会计政策选用方面的分歧，主要体现在以下方面：一是管理层选用的会计政策不符合适用的会计准则和相关会计制度的规定；二是管理层选用的会计政策不符合具体情况的需要（相应地，财务报表整体列报与注册会计师获得的对被审计单位及其环境的了解不一致）；三是由于管理层选用了不适当的会计政策，导致财务报表在所有重大方面未能公允反映被审计单位的财务状况、经营成果和现金流量；四是管理层选用的会计政策没有按照适用的会计准则和相关会计制度的要求得到一贯运用，即没有一贯地运用于不同期间相同的或者相似的交易和事项。

注册会计师与管理层在会计估计方面的分歧，主要体现在以下方面：一是管理层没有对所有应当进行会计估计的项目作出会计估计；二是管理层没有识别出可能影响作出会计估计的相关因素；三是管理层没有充分收集作出会计估计所依赖的相关数据；四是没有正确提出会计估计依据的假设；五是管理层没有依据数据、假设和其他因素对事项的金额作出正确估计；六是管理层没有按照适用的会计准则和相关会计制度的规定作出充分披露。

注册会计师与管理层在财务报表披露方面的分歧，主要体现在：管理层没有按照适用的会计准则和相关会计制度的要求披露所有的信息，或者没有充分、清晰地披露所有信息，使财务报表使用者不能了解重大交易和事项对被审计单位财务状况、经营成果和现金流量的影响。

2. 审计范围受到限制

审计范围可能受到下列两方面的限制：

(1)客观环境造成的限制。例如，由于被审计单位存货的性质或位置特殊等原因导致注册会计师无法实施存货监盘等。在客观环境造成限制的情况下，注册会计师应当考虑是否可能实施替代审计程序，以获取充分、适当的审计证据。

(2)管理层造成的限制。例如，管理层不允许注册会计师观察存货盘点，或者不允许对特定账户余额实施函证等。在管理层造成限制的情况下，注册会计师应当提请管理层放弃限制。如果管理层不配合，注册会计师应当考虑这一事项对风险评估的影响以及是否可能实施替代审计程序，以获取充分、适当的审计证据。

(二)保留意见的审计报告

如果认为财务报表整体是公允的，但还存在下列情形之一，注册会计师应当出具保留意见的审计报告：

(1)会计政策的选用、会计估计的作出或财务报表的披露不符合适用的会计准则和相关会计制度的规定，虽影响重大，但不至于出具否定意见的审计报告。

(2)因审计范围受到限制，不能获取充分、适当的审计证据，虽影响重大，但不至于出具无法表示意见的审计报告。

当出具保留意见的审计报告时，注册会计师应当在审计意见段中使用“除……的影响外”等术语。如果因审计范围受到限制，注册会计师还应当在注册会计师的责任段中提及这一情况。

应当指出的是，只有当注册会计师认为财务报表就其整体而言是公允的，但还存在对财务报表产生重大影响的情形，才能出具保留意见的审计报告。如果注册会计师认为所报告的情形对财务报表产生的影响极为严重，则应出具否定意见的审计报告或无法表示意见的审计报告。因此，保留意见的审计报告被视为注册会计师在不能出具无保留意见的审计报告情况下最不严厉的审计报告。

如果会计政策的选用、会计估计的作出或财务报表的披露不符合适用的会计准则和相关会计制度的规定，注册会计师在判断其影响是否重大时，应当考虑该影响所涉及的金额或性质并与确定的重要性水平进行比较。

注册会计师因审计范围受到限制而出具保留意见的审计报告，取决于无法实施的审计程序对形成审计意见的重要性。注册会计师在判断重要性时，应当考虑有关事项潜在影响的性质和范围以及在财务报表中的重要程度。当注册会计师因审计范围受到限制而出具保留意见的审计报告时，意见段的措辞应当表明保留意见是针对审计范围对财务报表可能产生的影响而不是针对审计范围限制本身。

保留意见的审计报告（审计范围受到限制）示例：

审 计 报 告

ABC股份有限公司全体股东：

我们审计了后附的ABC股份有限公司（以下简称ABC公司）财务报表，包括20×1年12月31日的资产负债表，20×1年度的利润表、股东权益变动表和现金流量表以及财务报表附注。

一、管理层对财务报表的责任

按照企业会计准则和《××会计制度》的规定编制财务报表是ABC公司管理层的责任。这种责任包括：(1)设计、实施和维护与财务报表编制相关的内部控制，以使财务报表不存在由于舞弊或错误而导致的重大错报；(2)选择和运用恰当的会计政策；(3)作出合理的会计估计。

二、注册会计师的责任

我们的责任是在实施审计工作的基础上对财务报表发表审计意见。除本报告"三、导致保留意见的事项"所述事项外，我们按照中国注册会计师审计准则的规定执行了审计工作。中国注册会计师审计准则要求我们遵守职业道德规范，计划和实施审计工作以对财务报表是否不存在重大错报获取合理保证。

审计工作涉及实施审计程序，以获取有关财务报表金额和披露的审计证据。选择的审计程序取决于注册会计师的判断，包括对由于舞弊或错误导致的财务报表重大错报风险的评估。在进行风险评估时，我们考虑与财务报表编制相关的内部控制，以设计恰当的审计程序，但目的并非对内部控制的有效性发表意见。审计工作还包括评价管理层选用会计政策的恰当性和作出会计估计的合理性，以及评价财务报表的总体列报。

我们相信，我们获取的审计证据是充分、适当的，为发表审计意见提供了基础。

三、导致保留意见的事项

ABC公司20×1年12月31日的应收账款余额×万元，占资产总额的×%。由于ABC公司未能提供债务人地址，我们无法实施函证以及其他替代审计程序，以获取充分、适当的审计证据。

四、审计意见

我们认为，除了前段所述未能实施函证可能产生的影响外，ABC公司财务报表已经按照企业会计准则和《××会计制度》的规定编制，在所有重大方面公允反映了ABC公司20×1年12月31日的财务状况以及20×1年度的经营成果和现金流量。

××会计师事务所　　中国注册会计师：×××

（签名并盖章）

（盖章）　　中国注册会计师：×××

（签名并盖章）

中国××市　　二〇×二年×月×日

(三)否定意见的审计报告

如果认为财务报表没有按照适用的会计准则和相关会计制度的规定编制，未能在所有重大方面公允反映被审计单位的财务状况、经营成果和现金流量，注册会计师应当出具否定意见的审计报告。

当出具否定意见的审计报告时，注册会计师应当在审计意见段中使用“由于上述问题造成的重大影响”、“由于受到前段所述事项的重大影响”等术语。

应当指出的是，只有当注册会计师认为财务报表存在重大错报会误导使用者，以致财务报表的编制不符合适用的会计准则和相关会计制度的规定，未能从整体上公允反映被审计单位的财务状况、经营成果和现金流量，注册会计师才出具否定意见的审计报告。

否定意见的审计报告示例：

审计报告

ABC 股份有限公司全体股东：

我们审计了后附的 ABC 股份有限公司（以下简称 ABC 公司）财务报表，包括 20×1 年 12 月 31 日的资产负债表，20×1 年度的利润表、股东权益变动表和现金流量表以及财务报表附注。

一、管理层对财务报表的责任

按照企业会计准则和《××会计制度》的规定编制财务报表是 ABC 公司管理层的责任。这种责任包括：(1)设计、实施和维护与财务报表编制相关的内部控制，以使财务报表不存在由于舞弊或错误而导致的重大错报；(2)选择和运用恰当的会计政策；(3)作出合理的会计估计。

二、注册会计师的责任

我们的责任是在实施审计工作的基础上对财务报表发表审计意见。我们按照中国注册会计师审计准则的规定执行了审计工作。中国注册会计师审计准则要求我们遵守职业道德规范，计划和实施审计工作以对财务报表是否不存在重大错报获取合理保证。

审计工作涉及实施审计程序，以获取有关财务报表金额和披露的审计证据。选择的审计程序取决于注册会计师的判断，包括对由于舞弊或错误导致的财务报表重大错报风险的评估。在进行风险评估时，我们考虑与财务报表编制相关的内部控制，以设计恰当的审计程序，但目的并非对内部控制的有效性发表意见。审计工作还包括评价管理层选用会计政策的恰当性和作出会计估计的合理性，以及评价财务报表的总体列报。

我们相信，我们获取的审计证据是充分、适当的，为发表审计意见提供了基础。

三、导致否定意见的事项

如财务报表附注×所述，ABC 公司的长期股权投资未按企业会计准则的规定采用权益法核算。如果按权益法核算，ABC 公司的长期投资账面价值将减少×万元，净利润将减少×万元，从而导致 ABC 公司由盈利×万元变为亏损×万元。

四、审计意见

我们认为，由于受到前段所述事项的重大影响，ABC公司财务报表没有按照企业会计准则和《××会计制度》的规定编制，未能在所有重大方面公允反映ABC公司20×1年12月31日的财务状况以及20×1年度的经营成果和现金流量。

××会计师事务所　　　　中国注册会计师：×××

（签名并盖章）

（盖章）　　　　中国注册会计师：×××

（签名并盖章）

中国××市　　　　二〇×二年×月×日

(四)无法表示意见的审计报告

如果审计范围受到限制可能产生的影响非常重大和广泛，不能获取充分、适当的审计证据，以至于无法对财务报表发表审计意见，注册会计师应当出具无法表示意见的审计报告。

当出具无法表示意见的审计报告时，注册会计师应当删除注册会计师的责任段，并在审计意见段中使用"由于审计范围受到限制可能产生的影响非常重大和广泛"、"我们无法对上述财务报表发表意见"等术语。

只有当审计范围受到限制可能产生的影响非常重大和广泛，不能获取充分、适当的审计证据，以至于无法确定财务报表的合法性与公允性时，注册会计师才应当出具无法表示意见的审计报告。无法表示意见不同于否定意见，它通常仅仅适用于注册会计师不能获取充分、适当的审计证据。如果注册会计师发表否定意见，必须获得充分、适当的审计证据。无论是无法表示意见还是否定意见，都只有在非常严重的情形下才采用。

无法表示意见的审计报告示例：

审 计 报 告

ABC股份有限公司全体股东：

我们接受委托，审计后附的ABC股份有限公司（以下简称ABC公司）财务报表，包括20×1年12月31日的资产负债表，20×1年度的利润表、股东权益变动表和现金流量表以及财务报表附注。

一、管理层对财务报表的责任

按照企业会计准则和《××会计制度》的规定编制财务报表是ABC公司管理层的责任。这种责任包括：①设计、实施和维护与财务报表编制相关的内部控制，以使财务报表不存在由于舞弊或错误而导致的重大错报；②选择和运用恰当的会计政策；③作出合理的会计估计。

二、导致无法表示意见的事项

ABC公司未对20×1年12月31日的存货进行盘点，金额为×万元，占期末资产总额的40%。我们无法实施存货监盘，也无法实施替代审计程序，以对期末存货的数量和状况获取充分、适当的审计证据。

三、审计意见

由于上述审计范围受到限制可能产生的影响非常重大和广泛，我们无法对ABC公司财务报表发表意见。

××会计师事务所　　　　　　　　　　中国注册会计师：×××

（签名并盖章）

（盖章）　　　　　　　　　　中国注册会计师：×××

（签名并盖章）

中国××市　　　　　　　　　　二〇×二年×月×日

(五)审计报告的说明段

当出具非无保留意见的审计报告时，注册会计师应当在注册会计师的责任段之后、审计意见段之前增加说明段，清楚地说明导致所发表意见或无法发表意见的所有原因，并在可能的情况下，指出其对财务报表的影响程度。

审计报告的说明段是指审计报告中位于审计意见段之前用于描述注册会计师对财务报表发表保留意见、否定意见或无法表示意见理由的段落。

第五节 审计报告类型决策

一、审计意见类型决策的标准

审计意见类型决策应该考虑两个问题：①审计范围是否受到限制；②被审计单位的财务报表是否符合会计准则和会计制度。如果审计范围没有受到限制且被审计单位的财务报表符合会计准则和会计制度，则应该出具无保留意见审计报告。

(一)审计范围是否受到限制

若审计人员不能实施必要的审计程序或实施了必要的替代程序后仍不能获取充分适当的审计证据，审计范围就会受到限制。审计范围受到限制可能是委托人或被审计单位强加的,也有可能是客观环境造成的。

委托人或被审计单位强加限制的常见情形有:①审计人员无法获取与审计有关的基础性的会计记录、其他来源的资料、与重要会计政策的选择或重大会计估计的作出等有关的会计判断的依据、假设等信息,或管理当局拒绝全部提供;②管理当局拒绝签署有关书面声明书,或拒绝作出有关重要解释;③不准人员执行应收账款函证、存货监盘等重要的审计程序对第三方进行函证;④拒绝接受专家或其他会计师的工作等。

客观环境造成的审计范围受到限制的常见情形有:①地理位置影响,被审计单位的经营地域的固有限制,如不能对境外承包工程项目进行有效的审计;②天气影响,如由于恶劣的天气而导致注册会计师无法对深山里、水中、地下的矿产或养殖品等重要存货进行监盘,同时也无其他合理替代程序;③人员方面,如审计中无法聘请到外部专家,或无法与其他注册会计师取得联系,使利用他人的工作受到客观的限制;④时间影响,如无法对重要期初存货进行监盘,或因约定的审计工作时间不足,导致对重要项目无法实施必要的审计程序;⑤政治原因,如被审计单位会计记录或其他有关会计资料被政府有关部门查封,或重要海外子公司所在国家发生政变,导致有关信息不够完整;⑥其他不可抗力影响,如被审计单位会计记录或其他有关会计资料被盗,或被火灾、水灾破坏,或被政府有关部门查封,导致有关信息不够完整。

如果审计范围受到限制,审计人员应视限制的重要程度而决定出具何种类型的审计报告,限制的重要程度取决于因范围限制而无法实施的审计程序对发表审计意见的重要性,即由于审计范围受到限制,审计人员未能实施必要的审计程序的重要性的估计、存在问题的潜在后果的性质和数量、对会计报表的影响程度。如果限制的程度不重要,审计人员应出具无保留意见审计报告;如果限制的程度重要,但还不至于无法表示意见时,审计人员应当出具保留意见的审计报告;如果审计范围受到限制的程度非常重要,审计人员应当出具无法表示意见的审计报告。

(二)财务报表的编制是否符合会计准则和会计制度

如果被审计单位的财务报表编制不符合企业会计准则和会计制度,审计人员应该视其情节的重要程度而决定出具何种类型的审计报告。如果被审计单位的财务报表编制不符合企业会计准则和会计制度的程度不重要,审计人员应出具无保留意见审计报告;如果被审计单位的财务报表编制不符合企业会计准则和会计制度的程度重要,审计人员应当出具保留意见的审计报告;如果被审计单位的财务报表编制不符合企业会计准则和会计制度的程度非常重要,审计人员应当出具否定意见的审计报告。

审计人员因会计报表中存在问题的重要性程度不同所需发表的不同审计报告类型在表 15-1 进行概括。审计意见类型的决策过程如图 15-2 所示。

表 15-1　　重要性程度与审计意见类型

情况		范围受限	偏离会计准则
重要性程度	不重要	无保留意见	无保留意见
	重要	保留意见	保留意见
	非常重要	无法表示意见	否定意见

资料来源：陈汉文. 审计学. 2 版. 厦门：厦门大学出版社，2006.

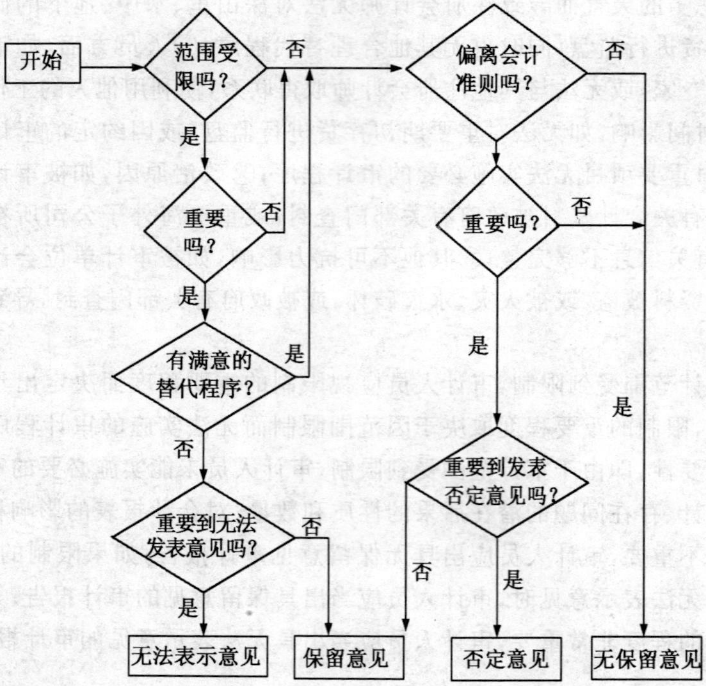

图 15-2　审计意见类型的决策过程

资料来源：陈汉文. 审计学. 2 版. 厦门：厦门大学出版社，2006.

二、重要程度的判断

注册会计师在出具保留意见、否定意见和无法表示意见的审计报告时，要判断财务报表错报金额或因审计范围受到限制的影响是否重大，往往离不开重要性水平。在其他条件相同的情况下，重要性水平是考虑审计报告类型的重要依据。如果某项错报金额或审计范围受到限制对被审计单位财务报表并不重要，预计也不会对未来各期财务报表产生重要影响，注册会计师就可出具无保留意见的审计报告。

(一)错报金额与重要性水平的比较

根据《中国注册会计师审计准则第1221号——重要性》的规定，重要性取决于在具体环境下对错报金额和性质的判断，如果一项错报单独或连同其他错报可能影响财务报表使用者依据财务报表作出的经济决策，则该项错报是重大的。注册会计师对重要性水平的评估取决于被审计单位及其环境、财务报表项目的性质和自身的职业判断。重要性水平的判断基础通常包括资产总额、净资产、营业收入、净利润等。例如，注册会计师可以采用资产总额的0.5%～1%、净资产的1%、营业收入的0.5%～1%或净利润的5%～10%等来确定重要性水平。验证重要性水平是否合适的方法是将其纳入财务指标体系的计算中，观察其对财务指标的影响。测试时，运用的财务指标既涉及资产负债表又涉及利润表和其他财务资料时更有用，如净资产收益率。

下面将错报金额或审计范围受到限制的影响与重要性水平进行比较，以判断出具审计报告的类型。

(1)错报金额或审计范围受到限制的影响不重要。当被审计单位会计政策的选用、会计估计的作出或财务报表的披露不符合适用的会计准则和相关会计制度的规定，或因审计范围受到限制，无法获取充分、适当的审计证据，但所涉金额不大，远远低于重要性水平，不至于影响财务报表使用者的决策，因而注册会计师认为该金额是不重要的，就可以出具无保留意见的审计报告。例如，被审计单位办公用品直接作为制造费用，因其金额很小，错报就不重要，可以出具无保留意见的审计报告。

(2)错报金额或审计范围受到限制的影响重要，但就财务报表整体而言是公允的。当被审计单位会计政策的选用、会计估计的作出或财务报表的披露不符合适用的会计准则和相关会计制度的规定，或因审计范围受到限制，无法获取充分、适当的审计证据，所涉金额超过重要性水平，在某些方面影响财务报表使用者的决策，但对财务报表整体仍然是公允的，注册会计师可以出具保留意见的审计报告。例如，被审计单位在资产负债表日拥有的存货金额较大(超过重要性水平)，已将其用作商业银行贷款抵押品，但没有在财务报表附注中进行披露。如果其他商业银行利用该财务报表进行贷款决策，因不了解存货已作抵押就会受到一定影响。但这一错报并不影响现金、应收账款和其他财务报表项目以及整个财务报表，因此，注册会计师可以考虑出具保留意见的审计报告。

(3)错报金额重要或审计范围受到重要限制且影响广泛，以致财务报表整体公允性存在问题。当被审计单位会计政策的选用、会计估计的作出或财务报表的披露不符合适用的会计准则和相关会计制度的规定，或因审计范围受到限制，无法获取充分、适当的审计证据，金额超过重要性水平且影响广泛，将会全面影响财务报表使用者的决策，注册会计师应当出具否定意见或无法表示意见的审计报告。例如，被审计单位在资产负债表日拥有的存货金额很大，远远超过重要性水平。如果存货出现错报，对财务报表许多项目乃至整个财务报表都会产生影响。因此，注册会计师需要考虑存货错报对净资产、流动资产、营运资本、资产总额、销售成本、利润总额、所得税、税后净利润的综合影响。在判断综合影响时，必须考虑该项目对财务报表其他项目的影响程度，亦即牵扯性(Pervasiveness)。现金和应收账款之间的分类不当会影响这两个账户，因此并无牵扯性；而一项重要的销售业务没有入账则会影响应收账款、流动资产、资产总额、销售收入、所得税、利润总额、净利润、留存收益等，因此牵扯性很广。一项错报金额或审计范围受到限制所涉及的影响牵扯性越广，注册会计师出具否定意见或无法表示意见审计报告的可能性就越大。例如，注册会计师可能对现金与应收账款的分类不当出具保留意见的审计报告，而对相同金额的销售业务没有入账出具否定意见的审计报告。

错报金额或审计范围受到限制与审计报告类型的关系如表 15-2 所示。

表 15-2　　审计意见决策表

对财务报表的影响程度 / 导致非无保留意见事项	重 要	重要且广泛
错报金额	保留意见	否定意见
审计范围受到限制	保留意见	无法表示意见

(二)错报的性质

错报性质的不同对财务报表使用人的决策产生的影响也不一样，对注册会计师出具审计报告类型的影响也不一样。从性质上看，以下列举的错报通常认为是严重的：

(1)非法交易或舞弊。

(2)对当期影响不大，但对将来各期影响重大。

(3)具有心理效应(如小额利润相对于小额亏损;存款结余相对于透支)。

(4)根据合同责任判断影响重大(违反合同某一条款导致银行收回贷款)。

(5)对遵守国家有关法律、法规和规章影响重大(如商业银行的资本充足率、首次发行股票公司的净资产收益率)。

考虑错报的性质是否重要,参见《中国注册会计师审计准则第1221号——重要性》及其指南。

思考题

1.什么叫审计报告?它具有什么作用?

2.审计报告的基本要素有哪些?

3.审计报告的类型有哪些?它们之间有什么关系?

4.保留意见、否定意见和无法表示意见之间的区别?对审计报告的格式和内容有哪些影响?

5.审计人员在范围受到限制的情况下,可能表示哪些种类的意见?在不符合企业会计准则和相关会计制度规定时,又可能表示哪些种类的意见?

6.审计人员应在何种情况下签署带强调事项的审计报告?

第十六章 其他相关业务

本章导读

新颁布的中国注册会计师执业准则对注册会计师的业务范围重新进行了界定，将注册会计师的业务分为鉴证业务和相关服务。新准则所界定的注册会计师业务范围与国际审计与鉴证准则委员会（IAASB）2004 年所划分的注册会计师的业务范围基本一致，但又没有完全照搬国际准则，体现了中国特色。对被审计单位的财务报表发表审计意见，是注册会计师提供的主要鉴证服务。但除此之外，注册会计师还提供其他类型的鉴证服务，包括特殊目的审计、验资、财务报表审阅和预测性财务信息审核等。

主要内容

- 特殊审计领域
- 财务报表审阅业务
- 预测性财务信息的审核
- 相关服务业务

第一节 特殊审计领域

一、对特殊目的审计业务出具审计报告

所谓特殊目的审计业务，是指注册会计师接受委托，对下列财务信息进行审计并出具审计报告的业务：①按照企业会计准则和相关会计制度以外的其他基础（简称特殊基础）编制的财务报表；②财务报表的组成部分，包括财务报表特定项目、特定账户或特定账户的特定内容；③合同的遵守情况；④简要财务报表。由于特殊目的审计业务在审计目的、范围等方面与一般审计业务不同，《中国注册会计师审计准则第 1601 号——对特殊目的审计业务出具审计报告》对其作出了明确规定。

(一)总体要求

1. 承接业务的一般要求

在执行特殊目的审计业务时，审计人员实施的审计程序的性质、时间和范围因业务具体情况的不同而存在差异。在承接特殊目的审计业务前，审计人员应当与委托人就业务性质、审计报告的格式和内容等达成一致意见。

2. 了解所审计信息的用途及可能的使用者

在计划审计工作时，审计人员应当清楚了解所审计信息的用途及可能的使用者。特殊目的审计业务所审计财务信息一般是为了满足特定使用者的特定需要，具有特定用途。例如，按计税基础编制的财务报表，是为了满足向税务机关申报纳税需要，其特定使用者为被审计单位管理层和税务机关；按监管机构的报告要求编制的财务报表，是为了满足监管机构的监管要求，其特定使用者为被审计单位管理层和相关监管机构。审计人员在计划审计工作时，应当通过与委托人的沟通，详细了解所审计财务信息的用途和可能的使用者。

3. 说明审计报告分发和使用的限制

由于特殊目的审计业务所审计财务信息是满足特定使用者的特定需求的，因此，审计人员对特殊目的审计业务出具的审计报告也只能为特定使用者用于该特定用途。为了避免审计报告被用于非预定目的，审计人员可以在审计报告的审计意见段之后，增加说明出具审计报告的目的，以及在分发和使用上的限制。

4. 审计报告的要素

除对简要财务报表出具的审计报告外，对其他特殊目的审计业务出具的审计报告应当包括下列要素：

(1)标题。标题中应当包含表明业务性质的“审计”一词，通常用“审计报告”。

(2)收件人。审计报告的收件人是指审计人员按照业务约定书的要求致送审计报告的对象，一般是指审计业务的委托人。审计报告应当载明收件人的全称。

(3)引言段。引言段应当详细说明所审计财务信息的编制基础和所包括的全部内容，被审计单位管理层的责任和审计人员的责任。还应当说明，编制所审计的财务信息是被审计单位管理层的责任；注册会计师的责任是在实施审计工作的基础上对这些财务信息发表审计意见。

(4)范围段。范围段应当说明执行特殊目的审计业务依据的审计准则和审计人员已实施的工作。

对审计人员已实施工作的说明应当包括：审计准则要求注册会计师遵守职业道德规范，计划和实施审计工作以对财务信息是否不存在重大错报获取合理保证；

审计工作涉及实施审计程序，以获取有关财务信息金额和披露的证据；注册会计师相信，已获取的审计证据是充分、适当的，为其发表审计意见提供了基础。

(5)审计意见段。意见段应当清楚地说明对财务信息发表的审计意见。

(6)注册会计师的签名和盖章。审计报告应当由注册会计师签名并盖章。

(7)会计师事务所的名称、地址及盖章。审计报告应当载明会计师事务所的名称和地址，并加盖会计师事务所公章。

(8)报告日期。审计报告应当注明报告日期。审计报告的日期不应早于审计人员获取充分、适当的审计证据，并在此基础上对财务信息形成审计意见的日期。

5.审计报告格式被指定时的处理

如果委托方要求按照指定格式出具审计报告，审计人员应当考虑指定格式报告的实质要求及措辞。必要时，应当修改指定格式报告的措辞，或另附一份报告，以符合本准则的规定。如果委托人指定格式报告的实质要求及措辞与本准则规定不一致，审计人员应当通过修改指定格式报告的措辞，以使其符合本准则的规定；或者另附一份按照本准则要求编制的审计报告。

6.所审计信息是基于某项合同条款的考虑

如果所审计的信息基于某项合同的条款，审计人员应当考虑管理层在编制信息时是否已对所依据的合同作出重要解释。如果采用另一合理的解释将会对所编制财务信息产生重大差异，则该项解释就是重要的。同时，审计人员应当考虑对合同作出的重要解释是否已在财务信息中得到清晰的披露，并考虑是否有必要在审计报告中提醒信息使用者注意财务信息附注中对这些解释的描述。

(二)对按照特殊基础编制的财务报表出具的审计报告

1.特殊基础的主要类型

特殊基础是指除企业会计准则和相关会计制度以外的其他基础。按照特殊基础编制的财务报表，是为了满足特定使用者的财务信息需求。这些特定使用者的信息需求决定了适用的财务报告框架。特殊基础通常包括下列基础：

(1)计税基础。计税基础即按照国家税法的规定编制财务报表。由于税法明确规定了收入、费用的确认和计量标准，且与企业会计准则和相关会计制度的规定存在差异，因而按计税基础编制的财务报表与按企业会计准则和相关会计制度编制的财务报表存在差异。按照计税基础编制的财务报表通常用于企业向税务部门进行纳税申报，其特定使用者为被审计单位管理层和税务部门。

(2)收付实现制基础。收付实现制基础是以款项的实际收付为标准来处理经济业务、确定本期收入和费用、计算本期盈亏的会计处理基础。企业会计准则规定，企业会计核算和财务报表编制应当以权责发生制为基础。按收付实现制基础编制的财务报表通常提供给企业的贷款人，以便于他们了解企业的现金流量信息，其特定使用者为被审计单位管理层和被审计单位贷款人。

(3)监管机构的报告要求。监管机构可能对企业报送的财务报表提出特殊要求。按监管机构的报告要求编制的财务报表通常提供给特定的监管部门，以便于他们对企业进行某方面监管的需要，其特定使用者为被审计单位管理层和相应的监管机构。

2.出具审计报告的特殊考虑

(1)对引言段的特殊考虑。对按照特殊基础编制的财务报表，审计人员应当在审计报告的引言段中指明财务报表编制的基础，或提醒财务报表使用者注意财务信息附注中对编制基础作出的说明。

(2)对审计意见段的特殊考虑。审计意见应当说明财务报表是否按照指定的特殊基础编制。

3.对财务报表标题或附注的考虑

审计人员应当考虑按照特殊基础编制的财务报表的标题或附注是否清楚表明，该财务报表并非按照企业会计准则和相关会计制度的规定编制。如果按照特殊基础编制的财务报表未能冠以适当的标题，或特殊基础未得到充分披露，审计人员应当出具恰当的非无保留意见的审计报告。

(三)对财务报表组成部分出具的审计报告

1.承接业务的要求

审计人员可能应委托人的要求对财务报表的一个或多个组成部分发表审计意见。这种类型的业务可以作为一项独立的业务予以承接，也可以连同财务报表审计一起承接。所谓财务报表的组成部分是相对于整套财务报表而言的，可能是指：

(1)单个财务报表，如资产负债表、利润表、现金流量表、资产减值明细表、股东权益变动表、利润分配表、不包括股东权益的资产和负债表、收入和费用表、现金收入和支出表。

(2)财务报表特定项目，如应收账款、存货、长期投资或主营业务收入等。

(3)特定账户，如库存商品、现金、银行存款等。

(4)特定账户的特定内容，如对某一具体客户的应收账款、主营业务收入中的某产品销售收入、其他业务收入中的租金收入、专利权收入等。

2.确定审计范围应当考虑的因素

在确定财务报表组成部分的审计范围时，审计人员应当考虑与所审计的财务报表组成部分相互关联，且可能对其具有重大影响的其他财务报表项目。由于财务报表项目是相互关联的，如销售与应收款项、存货与应付款项。因此，对营业收入进行审计，审计人员就应当考虑现销时的现金收入和赊销时的应收账款和应收票据等；对物资采购业务进行审计，审计人员就应当同时考虑现购时的现金支出和赊购时的应付账款和应付票据等。

3. 对重要性概念的考虑

审计人员应当从对财务报表组成部分出具审计报告的角度考虑重要性概念。由于仅对财务报表组成部分出具审计报告，因此，与对整套财务报表进行审计相比，在确定其重要性水平时运用的判断基础不同，所确定的重要性相对较低。这意味着，与对整套财务报表出具报告时对该组成部分的审计相比，审计人员通常要实施更广泛的审计程序，收集更多的审计证据。

4. 出具审计报告的特殊考虑

(1)审计报告不应后附整套财务报表。审计报告后附的信息通常被认为与审计报告相关。为避免信息使用者误认为对财务报表组成部分出具的审计报告与整套财务报表相关，审计人员应当提请委托人不应将整套财务报表附于审计报告后。

(2)对引言段的特殊考虑。对财务报表组成部分出具审计报告时，审计人员应当在审计报告中指明财务报表组成部分的编制基础，或提及规定编制基础的协议。

(3)对审计意见段的特殊考虑。审计意见应当说明财务报表组成部分是否按照指定的编制基础编制。

(4)已对财务报表整体出具审计报告的特殊考虑。如果已对整套财务报表出具否定意见或无法表示意见的审计报告，只有在组成部分并不构成财务报表的主要部分时，审计人员才可以对组成部分出具审计报告。否则，会对整套财务报表的审计报告产生影响。

(四)对合同的遵守情况出具的审计报告

1. 合同遵守情况的业务类型

审计人员可能应委托人的要求对合同的遵守情况出具审计报告。常见的合同遵守情况包括：

(1)贷款合同遵守情况。通常，贷款人为保障其权益，要求借款人提供抵押、担保或其他保证，如确保资产负债率不高于某一百分比、流动比率不低于某一百分比、确保用于抵押的资产的安全完整、在贷款未偿还完毕之前利润分配率不得高于某一百分比等。

(2)专利技术转让协议遵守情况。在专利技术转让协议中，可能要求专利技术使用人按照该专利技术生产或销售产品的数量或收入的一定比例支付专利技术使用费，或者双方按照一定比例分享该专利技术所生产产品实现的利润或毛利等，专利技术使用人有义务按照该专利技术转让协议的规定进行核算，并向专利技术所有人支付使用费或利润。商标使用权转让协议遵守情况也类似。

在上述这些合同或协议中，签约双方可能约定：专利技术使用人不仅应当提交经审计人员审计的财务报表，还应当聘请审计人员对其遵守合同中约定的有关财务与会计事项的情况进行审计，并根据审计意见评价客户遵守合同的情况。

2. 承接业务的要求

只有当合同遵守情况的总体方面与会计和财务事项相关，且在审计人员专业胜任能力范围内时，审计人员才能承接该项业务。如果该项业务的某些方面超越审计人员的专业胜任能力，审计人员应当考虑利用专家的工作。

3. 出具审计报告的特殊考虑

(1)对引言段的特殊考虑。审计人员应当在审计报告的引言段中指明已经对合同所涉及的财务与会计事项的遵守情况进行了审计。

(2)对审计意见段的特殊考虑。审计意见应当说明被审计单位是否遵守了合同的特定条款。

(3)审计报告的使用规定。为防止审计报告被滥用，审计人员应当在审计意见段之后增加对审计报告使用规定的强调事项段，指明审计报告仅供被审计单位与签订该合同的另一方使用，不得作为其他用途。

(五)对简要财务报表出具的审计报告

1. 对简要财务报表出具审计报告的情形

为满足某些财务报表使用者对被审计单位财务状况和经营成果主要情况的了解，被审计单位可能依据年度已审计财务报表编制一份简要财务报表。只有对简要财务报表所依据的财务报表发表了审计意见，审计人员才可对简要财务报表出具审计报告。

2. 简要财务报表的审计程序

为了对简要财务报表发表审计意见，审计人员应当实施下列程序：

(1)评价简要财务报表是否充分披露其简化性质，并指出其所依据的财务报表。

(2)当简要财务报表不是附于其所依据的财务报表之后时，评价简要财务报表是否清楚地说明了可从哪些途径获得其所依据的财务报表。

(3)比较简要财务报表和其所依据的财务报表中的相关信息，确定简要财务报表是否与其所依据的财务报表中的相关信息一致，或者能够从所依据的财务报表中的相关信息重新计算得到。

(4)评价简要财务报表是否包括了必要的信息，以使其在特定环境中不会产生误导。

根据所实施的上述审计程序，审计人员对简要财务报表是否与其所依据的已审计财务报表一致发表意见。

3. 审计报告的要素

对简要财务报表出具的审计报告应当包括下列要素：

(1)标题。

(2)收件人。收件人是指审计人员按照业务约定书的要求致送审计报告的对象，一般是指审计业务的委托人。审计报告应当载明收件人的全称。通常，简要财务报表审计报告的收件人与其所依据的财务报表审计报告的收件人相同。

(3)指出简要财务报表所依据的已审计财务报表。

(4)提及对已审计财务报表出具的审计报告的日期和意见类型。如对简要财务报表所依据的财务报表发表了非无保留意见，还应指明发表该意见的理由及其影响。

(5)审计意见段。审计意见段应当说明，简要财务报表中的信息是否在所有重大方面与其依据的已审计财务报表一致。如果对已审计财务报表出具了非无保留意见的审计报告，即使对简要财务报表的编制表示满意，审计人员仍应在对简要财务报表出具的审计报告中指出，简要财务报表依据的已审计财务报表已被审计人员出具非无保留意见的审计报告。

(6)强调事项段。强调事项段应当指出，为了更好地理解被审计单位的财务状况、经营成果以及审计人员实施审计工作的范围，简要财务报表应当与已审计财务报表以及审计报告一并阅读；或提醒财务报表使用者注意财务信息附注中对上述事项的说明。

(7)注册会计师的签名和盖章。

(8)会计师事务所的名称、地址及盖章。

(9)报告日期。简要财务报表的审计报告日期不应早于审计人员获取充分、适当的审计证据(包括管理层完成了简要财务报表编制的证据，以及管理层对其承担责任的证据)，并在此基础上形成审计意见的日期。简要财务报表的审计报告日期不应当早于其依据的已审计财务报表的审计报告日期。

4. 出具审计报告的特殊考虑

(1)简要财务报表的标题。简要财务报表应当冠以适当的标题，以指明其所依据的已审计财务报表。如“根据以 20×5 年 12 月 31 日为会计期间截止日的已审计财务报表编制的简要财务报表”、“简要资产负债表”、“简要利润表”、“简要现金流量表”等。

(2)审计报告的术语限制。由于简要财务报表并未包含年度已审计财务报表中的所有信息。审计人员在对简要财务报表发表审计意见时,不应使用“在所有重大方面”、“公允反映”等术语。否则,预期使用者可能会认为简要财务报表包括了企业会计准则和相关会计制度所要求的所有披露。同时,审计人员应提醒使用者,为更好地理解被审计单位财务状况和经营成果,简要财务报表应当与最近已审计财务报表(包含了所要求的所有披露)一并阅读。

二、验资

(一)验资概述

1. 验资的概念和意义

《中国注册会计师审计准则第 1602 号——验资》指出,验资是指注册会计师依法接受委托,对被审验单位注册资本的实收情况或注册资本及实收资本的变更情况进行审验,并出具验资报告。此定义主要明确了以下五个问题:

(1)验资是注册会计师的法定业务。《中华人民共和国注册会计师法》第十四条明确规定,“验证企业资本,出具验资报告”是注册会计师的法定业务之一。其他法律法规也有对注册会计师承办验资业务作出规定的,如《中华人民共和国公司法》等。

(2)验资是一种受托业务。注册会计师必须接受委托人的委托,由其所在会计师事务所与委托人签订业务约定书,方可执行验资业务。

(3)验资是一项鉴证业务。注册会计师的审验意见旨在提高被审验单位的注册资本实收情况或注册资本及实收资本变更情况的可信赖程度,满足公司登记机关登记注册资本和实收资本及被审验单位向出资者签发出资证明的需要。

(4)验资的内容包括对被审验单位注册资本的实收情况或注册资本及实收资本的变更情况进行审验。被审验单位注册资本的实收情况是指被审验单位实际收到出资者缴纳注册资本的情况。被审验单位注册资本及实收资本的变更情况是指被审验单位注册资本和实收资本的增减变动情况。

(5)审计人员完成审验工作后,应对被审验单位注册资本的实收情况或注册资本及实收资本的变更情况发表审验意见,出具验资报告。

验资作为注册会计师的重要业务领域,在验证企业资本数额的同时,明确了企业的产权关系，有利于企业正确划分经营决策权和收益分配权，保护投资者的权益，从而发挥了维护社会经济秩序的作用。因此，验资是一项十分重要和严肃的工作。

2. 验资的类型

验资一般分为设立验资和变更验资两种。

(1)设立验资。设立验资是指注册会计师对被审验单位申请设立登记时的注册资本实收情况进行的审验。需要注册会计师进行设立验资的情况主要包括：被审验单位向公司登记机关申请设立登记时全体股东的一次性全部出资和分次出资的首次出资；公司新设合并、分立，新设立的公司向公司登记机关申请设立登记。

设立验资的目的是验证被审验单位注册资本是否符合法律法规的要求，各投资方是否按照合同、协议或章程规定的出资比例、出资方式和出资期限足额缴纳资本。因此，设立验资的审验范围主要是实收资本和相关的资产、负债等。

(2)变更验资。变更验资是指注册会计师对被审验单位申请变更登记时的注册资本及实收资本的变更情况进行的审验。需要注册会计师进行变更验资的情况主要包括：被审验单位出资者(包括原出资者和新出资者)新投入资本，增加注册资本及实收资本；分次出资的非首次出资，增加实收资本，但注册资本不变；被审验单位以资本公积、盈余公积、未分配利润转增注册资本及实收资本；被审验单位因吸收合并变更注册资本及实收资本；被审验单位因派生分立、注销股份或依法收购股东的股权等减少注册资本及实收资本；被审验单位整体改制，包括由非公司制企业变更为公司制企业或由有限责任公司变更为股份有限公司时，以净资产折合实收资本。

变更验资的主要目的是验证被审验单位注册资本的变更事宜是否符合法定程序，注册资本的增减是否真实，相关的会计处理是否正确。因此，变更验资的审验范围主要包括实收资本以及相关的资产、负债等，也可能包括所有者权益项目及相关的资产、负债等。

(二)验资的计划阶段

在验资的计划阶段，审计人员要做好以下四个方面的工作。

1. 了解被审验单位基本情况

审计人员在接受委托前，应当了解被审验单位基本情况，实地查看被审验单位的住所和主要经营场所，考虑自身独立性和专业胜任能力，初步评估验资风险，以确定是否接受委托。

2.与委托人的沟通

审计人员应当就委托目的、出资者和被审验单位的责任以及审计人员的责任、审验范围、时间要求、验资收费、报告分发和使用的限制等主要事项与委托人沟通，并达成一致意见。沟通的目的，是避免双方对验资业务的理解产生分歧。如果委托人不是被审验单位，在签订业务约定书前，审计人员应当与委托人、被审验单位就验资业务约定相关条款进行充分沟通，并达成一致意见。

3.签订业务约定书

如果接受委托，审计人员应当与委托人就双方达成一致的事项签订业务约定书。验资业务约定书的具体内容可能因被审验单位的不同、验资类型的不同而存在差异，但至少应包括：业务范围与委托目的、双方的责任与义务、验资收费、验资报告的用途及使用责任、业务约定书的有效期间、约定事项的变更及违约责任等条款。

4.编制验资计划

审计人员应当编制验资计划，对验资工作作出合理安排。验资计划包括总体验资计划和具体验资计划。总体验资计划是审计人员对验资业务作出的总体安排，通常包括验资类型、委托目的、审验范围、以往的验资和审计情况、重点审验领域、验资风险评估、对专家工作的利用、验资工作进度及收费预算、人员分工、质量控制安排等内容。具体验资计划是审计人员对拟实施审验程序的性质、时间和范围作出的具体安排，通常包括与各审验项目有关的审验目标、审验程序、执行人及完成工作日期等内容。

(三)验资的实施阶段

验资实施是整个验资业务的关键性阶段和实质性阶段。审计人员应当实施必要的验资程序，取得充分、适当的验资证据，并将验资业务的执行过程形成验资工作底稿。

1.审验范围

设立验资的审验范围一般限于与被审验单位注册资本实收情况有关的事项，包括出资者、出资币种、出资金额、出资时间、出资方式和出资比例等。

变更验资的审验范围一般限于与被审验单位注册资本及实收资本增减变动情况有关的事项。增加注册资本及实收资本时，审验范围包括与增资相关的出资者、出资币种、出资金额、出资时间、出资方式、出资比例和相关会计处理，以及增资后的出资者、出资金额和出资比例等。减少注册资本及实收资本时，审验范围包括与减资相关的减资者、减资币种、减资金额、减资时间、减资方式、债务清偿或债务担保情况、相关会计处理,以及减资后的出资者、出资金额和出资比例等。

2.审验程序

(1)审验方法及要求。审计人员应当关注出资者的出资金额、出资时间、出资方式、出资比例等内容是否符合法律法规以及协议、章程的规定。对于出资者投入的资本及其相关的资产、负债,审计人员应当分别采用下列方法进行审验:

以货币出资的,应当在检查被审验单位开户银行出具的收款凭证、对账单及银行询证函回函等的基础上,审验出资者的实际出资金额,并关注全体股东的货币出资额占注册资本的比例是否符合法定要求。对于股份有限公司向社会公开募集的股本,还应当检查证券公司承销协议、募股清单和股票发行费用清单等。

以实物出资的,应当观察、检查实物,审验其权属转移情况,并按照国家有关规定在资产评估的基础上审验其价值。如果被审验单位是外商投资企业,审计人员应当按照国家有关外商投资企业的规定,审验实物出资的价值。

以知识产权、土地使用权等无形资产出资的,应当审验其权属转移情况,并按照国家有关规定在资产评估的基础上审验其价值。如果被审验单位是外商投资企业,审计人员应当按照国家有关外商投资企业的规定,审验无形资产出资的价值。

以净资产折合实收资本的,或以资本公积、盈余公积、未分配利润转增注册资本及实收资本的,应当在审计的基础上按照国家有关规定审验其价值。

以货币、实物、知识产权、土地使用权以外的其他财产出资的,审计人员应当审验出资是否符合国家有关规定。

外商投资企业的外方出资者以前面所述方式出资的,审计人员还应当关注其是否符合国家外汇管理有关规定,向企业注册地的外汇管理部门发出外方出资情况询证函,并根据外方出资者的出资方式附送银行询证函回函、资本项目外汇业务核准件及进口货物报关单等文件的复印件,以询证上述文件内容的真实性、合规性。

(2)对非货币财产作价出资的审验要求。对于出资者以实物、知识产权和土地使用权等非货币财产作价出资的,审计人员应当在出资者依法办理财产权转移手续后予以审验。

这里需要注意,无论是设立验资还是变更验资,对出资者以实物、知识产权、土地使用权等非货币财产出资的,审计人员都应当检查上述出资财产办理财产权转移手续的证明文件,验证其出资前是否归属于出资者,出资后是否归属于被审验单位。

(3)审计人员应当关注的特殊事项。对于设立验资,如果出资者分次缴纳注册资本,审计人员应当关注全体出资者的首次出资额和出资比例是否符合国家有关规定。这里需要关注以下两种情形。一是关注有限责任公司全体股东的首次出资额是否不低于公司注册资本的20%，且不低于法定的注册资本最低限额。二是关注发起设立的股份有限公司全体发起人的首次出资额是否不低于公司注册资本的20%。

对于变更验资，审计人员应当关注被审验单位以前的注册资本实收情况，主要是通过查阅前期验资报告；关注前期出资的非货币财产是否办理财产权转移手续；关注被审验单位与其关联方的有关往来款项有无明显异常情况；查阅近期财务报表和审计报告，关注被审验单位是否存在由于严重亏损而导致增资前的净资产小于实收资本的情况。同时，审计人员应当关注出资者是否按照规定的期限缴纳注册资本，主要是关注出资者首次出资后，其余部分是否由出资者自公司成立之日起两年内缴足，其中投资公司在五年内缴足。

(4)利用专家工作。审计人员在审验过程中利用专家协助工作时，应当考虑其专业胜任能力和客观性，并对利用专家工作结果所形成的审验结论负责。

(5)获取验资事项声明。审计人员应当向出资者和被审验单位获取与验资业务有关的重大事项的书面声明。声明通常包括下列内容：出资者及被审验单位的责任、非货币财产的评估和价值确认情况、出资者对出资财产在出资前拥有的权利、是否未设定担保及已办理财产权转移手续、净资产折合实收资本情况及相关手续办理情况、验资报告的使用及其他对验资产生重大影响的事项。验资事项声明书标明的日期通常与验资报告日一致。

(6)编制验资工作底稿。审计人员应当对验资过程及结果进行记录，形成验资工作底稿。验资工作底稿一般分为综合类工作底稿、业务类工作底稿和备查类工作底稿。审计人员应当按照《中国注册会计师审计准则第1131号——审计工作底稿》的要求，编制和归档验资工作底稿。

(四)验资的报告阶段

审计人员应当评价根据审验证据得出的结论，形成审验意见，出具验资报告。验资报告是注册会计师验资工作的最终产品，是具有法律效力的证明文件。验资报告的基本内容包括：

(1)标题。验资报告的标题应当统一规范为“验资报告”。

(2)收件人。收件人是指审计人员按照业务约定书的要求致送验资报告的对象，一般是指验资业务的委托人。验资报告应当载明收件人的全称。

(3)范围段。范围段应当说明审验范围、出资者和被审验单位的责任、注册会计师的责任、审验依据和已实施的主要审验程序等。

审验范围是指注册会计师所验证的被审验单位截至特定日期止的注册资本实收情况或注册资本及实收资本变更情况。出资者和被审验单位的责任是按照法律法规以及协议、合同、章程的要求出资,提供真实、合法、完整的验资资料,保护资产的安全、完整。注册会计师的责任是按照本准则的规定,对被审验单位注册资本的实收情况或注册资本及实收资本的变更情况进行审验,出具验资报告。审验依据是《中国注册会计师审计准则第 1602 号——验资》。已实施的主要审验程序通常包括检查记录或文件、检查有形资产、观察、询问、函证、重新计算等。

(4)意见段。意见段应当说明已审验的被审验单位注册资本的实收情况或注册资本及实收资本的变更情况。

对于设立验资,审计人员应在意见段中说明被审验单位申请登记的注册资本金额、约定的出资时间,并说明截至特定日期止,被审验单位已收到全体出资者缴纳的注册资本情况,包括实收注册资本金额(实收资本),各种出资方式的出资金额。

对于变更验资,审计人员应在意见段中说明原注册资本及实收资本金额,增资或减资的依据,申请增加或减少注册资本及实收资本金额,约定的增资或减资的时间,变更后的注册资本金额。并说明截至特定日期止被审验单位注册资本及实收资本变更情况,包括实际收到或实际减少的注册资本及实收资本金额,各种出资方式的增资金额或减资方式的减资金额。

(5)说明段。说明段应当说明验资报告的用途、使用责任及审计人员认为应当说明的其他重要事项。对于变更验资,还应说明对以前注册资本实收情况审验的会计师事务所名称及其审验情况,并说明变更后的累计注册资本实收金额。

验资报告具有法定证明效力,供被审验单位申请设立登记或变更登记及据以向出资者签发出资证明时使用。验资报告不应被视为对被审验单位验资报告日后资本保全、偿债能力和持续经营能力等的保证。委托人、被审验单位及其他第三方因使用验资报告不当所造成的后果,与审计人员及其所在的会计师事务所无关。

审计人员认为应当说明的其他重要事项包括:已设立公司尚未对注册资本的实收情况或注册资本及实收资本的变更情况作出相关会计处理;被审验单位由于严重亏损而导致增资前的净资产小于注册资本及实收资本;验资截止日至验资报告日期间审计人员发现的影响审验结论的重大事项;审计人员发现的前期出资不实的情况以及明显的抽逃出资迹象等。

(6)附件。附件应当包括已审验的注册资本实收情况明细表或注册资本、实收资本变更情况明细表和验资事项说明等。验资事项说明主要包括基本情况、申请的注册资本及出资规定、审验结果及其他审计人员认为应当说明的重要事项。

(7)注册会计师的签名和盖章。验资报告应当由两名注册会计师签名并盖章。合伙会计师事务所出具的验资报告,应当由一名对验资项目负最终复核责任的合伙人和一名负责该项目的注册会计师签名并盖章。有限责任会计师事务所出具的验资报告,应当由会计师事务所主任会计师或其授权的副主任会计师和一名负责该项目的注册会计师签名并盖章。

(8)会计师事务所的名称、地址及盖章。

(9)报告日期。验资报告日期是指审计人员完成审验工作的日期。

验资报告参考格式如例 16-1 所示。

【例 16-1】验资报告参考格式

(1)设立验资报告参考格式(适用于拟设立有限责任公司股东一次全部出资)。

验 资 报 告

××有限责任公司(筹):

我们接受委托,审验了贵公司(筹)截至××年×月×日止申请设立登记的注册资本实收情况。按照法律法规以及协议、章程的要求出资,提供真实、合法、完整的验资资料,保护资产的安全、完整是全体股东及贵公司(筹)的责任。我们的责任是对贵公司(筹)注册资本的实收情况发表审验意见。我们的审验是依据《中国注册会计师审计准则第 1602 号——验资》进行的。在审验过程中,我们结合贵公司(筹)的实际情况,实施了检查等必要的审验程序。

根据协议、章程的规定,贵公司(筹)申请登记的注册资本为人民币××元,由全体股东于××年×月×日之前一次缴足。经我们审验,截至××年×月×日止,贵公司(筹)已收到全体股东缴纳的注册资本(实收资本),合计人民币××元(大写)。各股东以货币出资××元,实物出资××元。

[如果存在需要说明的重大事项增加说明段]

……

本验资报告供贵公司(筹)申请办理设立登记及据以向全体股东签发出资证明时使用,不应被视为是对贵公司(筹)验资报告日后资本保全、偿债能力和持续经营能力等的保证。因使用不当造成的后果,与执行本验资业务的注册会计师及本会计师事务所无关。

附件:1.注册资本实收情况明细表

2.验资事项说明

××会计师事务所　　　　中国注册会计师:×××

(主任会计师/副主任会计师)

(盖章)　　　　(签名并盖章)

中国注册会计师:×××

(签名并盖章)

中国××市　　　　年　月　日

（2）变更验资报告参考格式（适用于有限责任公司增资）。

验资报告

××有限责任公司：

我们接受委托，审验了贵公司截至××年×月×日止新增注册资本的实收情况。按照法律法规以及协议、章程的要求出资，提供真实、合法、完整的验资资料，保护资产的安全、完整是全体股东及贵公司的责任。我们的责任是对贵公司新增注册资本及实收资本情况发表审验意见。我们的审验是依据《中国注册会计师审计准则第1602号——验资》进行的。在审验过程中，我们结合贵公司的实际情况，实施了检查等必要的审验程序。

贵公司原注册资本为人民币××元，实收资本为人民币××元。根据贵公司××股东会决议和修改后的章程规定，贵公司申请增加注册资本人民币××元，由××（以下简称甲方）、××（以下简称乙方）于××年×月×日之前一次缴足，变更后的注册资本为人民币××元。经我们审验，截至××年×月×日止，贵公司已收到甲方、乙方缴纳的新增注册资本（实收资本）合计人民币××元（大写）。各股东以货币出资××元，实物出资××元，知识产权出资××元。

［如果存在需要说明的重大事项增加说明段］

……

同时我们注意到，贵公司本次增资前的注册资本人民币××元，实收资本人民币××元，已经××会计师事务所审验，并于××年×月×日出具××［文号］验资报告。截至××年×月×日止，变更后的累计注册资本人民币××元，实收资本××元。

本验资报告供贵公司申请办理注册资本及实收资本变更登记及据以向全体股东签发出资证明时使用，不应被视为是对贵公司验资报告日后资本保全、偿债能力和持续经营能力等的保证。因使用不当造成的后果，与执行本验资业务的注册会计师及本会计师事务所无关。

附件：1.新增注册资本实收情况明细表

2.注册资本及实收资本变更前后对照表

3.验资事项说明

××会计师事务所 中国注册会计师：×××

（主任会计师/副主任会计师）

（盖章） （签名并盖章）

中国注册会计师：×××

（签名并盖章）

中国××市 年 月 日

（3）变更验资报告参考格式（适用于股份有限公司减资）

验资报告

××股份有限公司：

我们接受委托，审验了贵公司截至××年×月×日止减少注册资本及实收资本（股本）的情况。按照法律法规以及协议、章程的要求出资，提供真实、合法、完整的验资资料，保护资产的安全、完整是全体股东及贵公司的责任。我们的责任是对贵公司减少注册资本及实收资本（股本）情况发表审验意见。我们的审验是依据《中国注册会计师审计准则第1602号——验资》进行的。在审验过程中，我们结合贵公司的实际情况，实施了检查等必要的审验程序。

贵公司原注册资本为人民币××元，实收资本（股本）为人民币××元。其中，××（以下简称甲方）出资××元，占原注册资本的×％；××（以下简称乙方）出资××元，占原注册资本的×％；××（以下简称丙方）出资××元，占原注册资本的×％。根据××协议、××股东大会决议和修改后的章程规定，贵公司申请减少注册资本人民币××元，其中减少甲方出资××元、减少乙方出资××元，变更后的注册资本为人民币××元。经我们审验，截至××年×月×日止，贵公司已减少股本人民币××元，其中减少甲方出资人民币××元，减少乙方出资人民币××元。

[如果存在需要说明的重大事项增加说明段]

……

同时我们注意到，贵公司本次减资前的注册资本人民币××元，实收资本（股本）人民币××元，已经××会计师事务所审验，并于××年×月×日出具××[文号]验资报告。截至××年×月×日止，变更后的注册资本人民币××元、实收资本（股本）人民币××元。

本验资报告供贵公司申请办理注册资本及实收资本变更登记及据以向全体股东签发出资证明时使用，不应被视为是对贵公司验资报告日后资本保全、偿债能力和持续经营能力等的保证。因使用不当造成的后果，与执行本验资业务的注册会计师及本会计师事务所无关。

附件：1. 注册资本及实收资本（股本）减少情况明细表

2. 注册资本及实收资本（股本）变更前后对照表

3. 验资事项说明

××会计师事务所　　中国注册会计师：×××

（主任会计师/副主任会计师）

（盖章）　　（签名并盖章）

中国注册会计师：×××

（签名并盖章）

中国××市　　年　月　日

第二节　财务报表审阅业务

对历史财务信息进行鉴证，除了审计外，还有审阅。相对审计而言，审阅的成本较低。为了降低成本，小企业可能聘请注册会计师对年度财务报表进行审阅。此外，有些国家的证券监管机构可能要求上市公司聘请注册会计师对中期财务报表进行审阅，以提高季报中披露的信息可信度，或者提高年报中披露的季度信息的可靠性。

一、财务报表审阅的目标

按照《中国注册会计师审阅准则第 2101 号——财务报表审阅》准则的规定，财务报表审阅的目标是指注册会计师在实施审阅程序的基础上，说明是否注意到某些事项，使其相信财务报表没有按照适用的会计准则和相关会计制度的规定编制，未能在所有重大方面公允反映被审阅单位的财务状况、经营成果和现金流量。

在财务报表审阅业务中，要求注册会计师将审阅风险降至该业务环境下可接受的水平（高于财务报表审计中可接受的低水平），对审阅后的财务报表提供低于高水平的保证（即有限保证），在审阅报告中对财务报表采用消极方式提出结论。

二、财务报表审阅的特点

与财务报表审计相比较，财务报表审阅主要具有以下特点：

（1）审阅范围比审计范围小。财务报表审阅的目标是在实施审阅程序的基础上，说明审计人员是否注意到某些事项使其相信财务报表没有按照适用的会计准则和相关会计制度的规定编制，未能在所有重大方面公允反映被审阅单位的财务状况、经营成果和现金流量。在执行财务报表审阅业务时，审计人员对财务报表合法性和公允性的关注程度，是停留在“是否注意到”的程度上，形成结论的基础是“审阅程序”而不是“审计程序”。

（2）实施的程序有限。与审计相比，审阅在证据收集程序的性质、时间、范围等方面是有意识地加以限制的。审计人员通常无须执行在审计业务中执行的某些程序，例如对内部控制进行测试，对存货进行监盘，对应收款项实施函证等，审计人员只是对财务报表实施以询问和分析程序为主的程序。只有在有理由相信财务报表可能存在重大错报的情况下，审计人员才会实施追加的或更为广泛的程序。

（3）审阅报告的保证程度较低。由于审阅程序有限，审计人员通常不能获取足以支持较高程度保证（即合理保证）的证据，而只能获取支持有限保证的证据。在财务报表审阅业务中，审计人员提供的保证水平低于在财务报表审计业务中提供的保证水平。但审计人员实施的证据收集程序至少应当足以获取有意义的保证水平，作为以消极方式提出结论的基础。

三、财务报表审阅的实施

注册会计师应当遵守相关的职业道德规范，恪守独立、客观、公正的原则，保持专业胜任能力和应有的关注，并对执业过程中获知的信息保密。

（一）签订业务约定书

审计人员应当与被审阅单位就业务约定条款达成一致意见，并签订业务约定书。业务约定书应当包括下列内容：

(1)审阅业务的目标。

(2)管理层对财务报表的责任。

(3)审阅范围。应提及按照《中国注册会计师审阅准则第 2101 号——财务报表审阅》准则的规定执行审阅工作。

(4)审计人员不受限制地接触审阅业务所要求的记录、文件和其他信息。

(5)预期提交的报告样本。

(6)说明不能依赖财务报表审阅揭示错误、舞弊和违反法规行为。

(7)说明没有实施审计，因此审计人员不发表审计意见，不能满足法律法规或第三方对审计的要求。

（二）计划审阅工作

充分的审阅计划对审计人员顺利完成审阅工作和控制审阅风险具有重要意义，有助于审计人员关注重点审阅领域、及时发现和解决潜在的问题，恰当地组织和管理审阅工作，以使审阅工作更加有效。

在计划审阅工作时，审计人员应当了解被审阅单位及其环境，或更新以前了解的内容，包括考虑被审阅单位的组织结构、会计信息系统、经营管理情况以及资产、负债、收入和费用的性质等，从而使审计人员能够有针对性地进行询问和设计适当的程序，并对作出的答复与获取的其他信息作出评价。审计人员在确定审阅程序的性质、时间和范围时，应当考虑下列因素：

(1)以前期间执行财务报表审计或审阅所了解的情况。

(2)对被审阅单位及其环境的了解，包括适用的会计准则和相关会计制度、行业惯例。

(3)会计信息系统。

(4)管理层的判断对特定项目的影响程度。

(5)各类交易和账户余额的重要性。

与审计业务类似，在执行审阅业务时也需要考虑重要性水平问题。尽管由于审阅程序有限，保证程度较低，未能发现重大错报的风险大于审计业务中的同类风险，但对于重要性水平，审计人员判断的依据是错报是否影响到信息使用者根据财务报表所作出的决策，而不是所提供的保证程度。因此，在财务报表审阅中审计人员采用的重要性水平应当与对财务报表执行审计业务时相同。

(三)实施审阅程序

财务报表审阅主要实施询问和分析程序，通常包括：

(1)了解被审阅单位及其环境。

(2)询问被审阅单位采用的会计准则和相关会计制度、行业惯例。

(3)询问被审阅单位对交易和事项的确认、计量、记录和报告的程序。

(4)询问财务报表中所有重要的认定。

(5)实施分析程序，以识别异常关系和异常项目。

(6)询问股东会、董事会以及其他类似机构决定采取的可能对财务报表产生影响的措施。

(7)阅读财务报表，以考虑是否遵循指明的编制基础。

(8)获取其他注册会计师对被审阅单位组成部分财务报表出具的审计报告或审阅报告。

在实施询问程序时，审计人员应当向负责财务会计事项的人员特别询问下列事项：

(1)所有交易是否均已记录。

(2)财务报表是否按照指明的编制基础编制。

(3)被审阅单位业务活动、会计政策和行业惯例的变化。

(4)在实施审阅程序时所发现的问题。

此外，审计人员应当询问在资产负债表日后发生的、可能需要在财务报表中调整或披露的期后事项。但审计人员没有责任实施程序以识别审阅报告日后发生的事项。如果审计人员有理由相信所审阅的财务报表可能存在重大错报，应当实施追加的或更为广泛的程序，以便能够以消极方式提出结论或确定是否出具非无保留结论的报告。

四、财务报表审阅结论和报告

在完成财务报表的审阅后，审计人员应当复核与评价根据审阅证据得出的结论，即评估在审阅过程中获知的信息是否表明财务报表没有按照适用的会计准则和相关会计制度的规定编制，未能在所有重大方面公允反映被审阅单位的财务状况、经营成果和现金流量，出具审阅报告。审阅报告应能清楚表达有限保证的结论。

(一)审阅报告的要素

审阅报告应当包括以下基本要素：

(1)标题。审阅报告的标题应当统一规范为“审阅报告”。

(2)收件人。收件人是审阅报告的致送对象。审阅报告的收件人应当为审阅业务的委托人。审阅报告应当载明收件人的全称。

(3)引言段。审阅报告的引言段应当说明：①所审阅财务报表的名称，例如某一时点的资产负债表、某一期间的利润表和现金流量表，以及相关的财务报表附注等；②管理层的责任和注册会计师的责任。财务报表的编制是公司管理层的责任，注册会计师的责任是在实施审阅工作的基础上对这些财务报表出具审阅报告。

(4)范围段。审阅报告的范围段应当说明审阅的性质，包括下列内容：①审阅业务所依据的准则；②审阅主要限于询问和实施分析程序，提供的保证程度低于审计；③没有实施审计，因而不发表审计意见。范围段中应当清楚说明财务报表审阅业务与审计业务的差异。由于财务报表审阅的范围一般限于实施询问和分析程序，提供的保证程度与审计相比较低，审计人员有必要在审阅报告中予以说明，以提示委托人和审阅报告的其他使用者，避免不恰当地使用或者依赖审阅报告。

(5)结论段。审计人员应当根据实施审阅程序的情况，在审阅报告的结论段中提出下列之一的结论：

①根据审计人员的审阅，如果没有注意到任何事项使其相信财务报表没有按照适用的会计准则和相关会计制度的规定编制，未能在所有重大方面公允反映被审阅单位的财务状况、经营成果和现金流量，审计人员应当提出无保留结论。

②如果注意到某些事项使其相信财务报表没有按照适用的会计准则和相关会计制度的规定编制，未能在所有重大方面公允反映被审阅单位的财务状况、经营成果和现金流量，审计人员应当在审阅报告的结论段前增设说明段，说明这些事项对财务报表的影响，并提出保留结论。如果这些事项对财务报表的影响非常重大和广泛，以至于认为仅提出保留结论不足以揭示财务报表的误导性或不完整性，审计人员应当对财务报表提出否定结论，即财务报表没有按照适用的会计准则和相关会计制度的规定编制，未能在所有重大方面公允反映被审阅单位的财务状况、经营成果和现金流量。

③如果存在重大的范围限制，审计人员应当在审阅报告中说明，假定范围不受限制，审计人员可能发现需要调整财务报表的事项，因而提出保留结论。如果范围

限制的影响非常重大和广泛，以至于审计人员认为不能提供任何程度的保证时，不应提供任何保证。

(6)注册会计师的签名和盖章。审阅报告应当由注册会计师签名并盖章。

(7)会计师事务所的名称、地址及盖章。审阅报告应当载明会计师事务所的名称和地址，并加盖会计师事务所公章。

(8)报告日期。审阅报告的日期是指审计人员完成审阅工作的日期，不应早于管理层批准财务报表的日期。

(二)审阅结论的类型

审计人员应当根据实施审阅程序的情况，在审阅报告的结论段中提出下列之一的结论：

1. 无保留结论

审计人员对所审阅财务报表提出无保留结论，应当同时满足以下条件：

(1)审计人员没有注意到任何事项使其相信财务报表没有按照适用的会计准则和相关会计制度的规定编制，未能在所有重大方面公允反映被审阅单位的财务状况、经营成果和现金流量。

(2)审计人员已经按照审阅准则的规定计划和实施审阅工作，在审阅过程中未受到限制。

2. 保留结论

审计人员对所审阅财务报表提出保留结论适用于以下两种情况：

(1)审计人员注意到某些事项使其相信财务报表没有按照适用的会计准则和相关会计制度的规定编制，未能在所有重大方面公允反映被审阅单位的财务状况、经营成果和现金流量。这些事项虽然影响重大，但其影响尚未达到“非常重大和广泛”的程度，尚不足以导致审计人员提出否定结论。

(2)审计人员的审阅存在重大的范围限制。该范围限制虽然影响重大，但其影响尚未达到“非常重大和广泛”的程度，尚不足以导致审计人员无法提供任何保证。

在上述第(2)种情况下，审计人员还需要在审阅报告的范围段中提及审阅范围受限制的情况，典型的措辞如：“除下段(注：即说明段)所述事项外，我们按照《中国注册会计师审阅准则第2101号——财务报表审阅》的规定执行了审阅业务”。

在提出保留结论的情况下，审阅报告的结论段中需使用“除了上述……所造成的影响外”等术语。

3. 否定结论

如果审计人员注意到某些事项使其相信财务报表没有按照适用的会计准则和相关会计制度的规定编制，未能在所有重大方面公允反映被审阅单位的财务状况、经营成果和现金流量，且这些事项对财务报表的影响非常重大和广泛，以至于审计人员认为仅提出保留结论不足以揭示财务报表的误导性或错报的严重程度，审计人员应当对财务报表提出否定结论，即财务报表没有按照适用的会计准则和相关会计制度的规定编制，未能在所有重大方面公允反映被审阅单位的财务状况、经营成果和现金流量。

在提出否定结论时，审计人员应使用"由于受到前段所述事项的重大影响"、"财务报表未能按照企业会计准则和《××会计制度》的规定编制"等术语。

4. 无法提供任何保证

如果存在重大的范围限制且该范围限制的影响非常重大和广泛，以至于审计人员认为不能提供任何程度的保证时，不应提供任何保证。

在无法提供任何保证的审阅报告中，审计人员应当删除引言段中对于审计人员责任的表述，删除范围段，在说明段中说明审阅范围受限的情况，并在结论段中使用"由于受到前段所述事项的重大影响"、"我们无法对财务报表提供任何保证"等术语。

审阅报告参考格式如例16-2所示。

【例16-2】审阅报告参考格式

(1)无保留结论的审阅报告。

审　阅　报　告

ABC股份有限公司全体股东：

我们审阅了后附的ABC股份有限公司(以下简称ABC公司)财务报表，包括20×8年12月31日的资产负债表，20×8年度的利润表、股东权益变动表和现金流量表以及财务报表附注。这些财务报表的编制是ABC公司管理层的责任，我们的责任是在实施审阅工作的基础上对这些财务报表出具审阅报告。

我们按照《中国注册会计师审阅准则第2101号——财务报表审阅》的规定执行了审阅业务。该准则要求我们计划和实施审阅工作，以对财务报表是否不存在重大错报获取有限保证。审阅主要限于询问公司有关人员和对财务数据实施分析程序，提供的保证程度低于审计。我们没有实施审计，因而不发表审计意见。

根据我们的审阅，我们没有注意到任何事项使我们相信财务报表没有按照企业会计准则和《××会计制度》的规定编制，未能在所有重大方面公允反映被审阅单位的财务状况、经营成果和现金流量。

××会计师事务所　　　　　　　　　　　中国注册会计师：×××
　　　　　　　　　　　　　　　　　　　　（签名并盖章）
（盖章）　　　　　　　　　　　　　　　　中国注册会计师：×××
　　　　　　　　　　　　　　　　　　　　（签名并盖章）
中国××市　　　　　　　　　　　　　　　二〇×九年×月×日

(2)保留结论的审阅报告。

审阅报告

ABC股份有限公司全体股东：

(第一段和第二段与无保留结论的审阅报告相同)

ABC公司管理层告知我们，存货以高于可变现净值的成本计价。由ABC公司管理层编制并经过我们审阅的计算表显示，如果根据企业会计准则规定的成本与可变现净值孰低法计价，存货的账面价值将减少××元，净利润和股东权益将减少××元。

根据我们的审阅，除了上述存货价值高估所造成的影响外，我们没有注意到任何事项使我们相信财务报表没有按照适用的会计准则和相关会计制度的规定编制，未能在所有重大方面公允反映被审阅单位的财务状况、经营成果和现金流量。

××会计师事务所　　　　中国注册会计师：×××

（签名并盖章）

(盖章)　　　　中国注册会计师：×××

（签名并盖章）

中国××市　　　　二○×九年×月×日

(3)否定结论的审阅报告。

审阅报告

ABC股份有限公司全体股东：

(第一段和第二段与无保留结论的审阅报告相同)

如财务报表附注所述，ABC公司在编制财务报表时对各合营企业的长期股权投资以成本法核算。根据企业会计准则的规定，ABC公司应当对各合营企业的长期股权投资采用权益法核算。

根据我们的审阅，由于受到前段所述事项的重大影响，财务报表未能按照企业会计准则和《××会计制度》的规定编制。

××会计师事务所　　　　中国注册会计师：×××

（签名并盖章）

(盖章)　　　　中国注册会计师：×××

（签名并盖章）

中国××市　　　　二○×九年×月×日

(4)无法提供任何保证的审阅报告。

审阅报告

ABC股份有限公司全体股东：

我们接受委托，对后附的ABC股份有限公司(以下简称ABC公司)财务报表(包括20×8年

12 月 31 日的资产负债表，20×8 年度的利润表、股东权益变动表和现金流量表以及财务报表附注）进行审阅。这些财务报表的编制是 ABC 公司管理层的责任。

为了审阅的需要，我们向 ABC 公司管理层及有关人员就若干重大事项进行了询问，但 ABC 公司管理层及有关人员拒绝对我们的询问作出回答。我们的审阅范围受到了严重限制，我们无法确定该事项对 ABC 公司财务报表整体合法性的影响程度。

由于受到前段所述事项的重大影响，我们无法对财务报表提供任何保证。

××会计师事务所　　　　　　　　　　　　中国注册会计师：×××

（签名并盖章）

（盖章）　　　　　　　　　　　　　　　　中国注册会计师：×××

（签名并盖章）

中国××市　　　　　　　　　　　　　　　二〇×九年×月×日

第三节　预测性财务信息的审核

在经济决策中，除了历史财务信息外，还经常需要面向未来的预测性信息。例如，在对一项投资进行可行性研究时需要该项投资的未来的现金流量信息；按照证券发行相关信息披露规范的要求，在招股说明书、募集说明书中向潜在投资者提供关于发行人未来发展前景的信息；申请贷款时向银行提供未来现金流量的预测等。只有可靠的预测性财务信息对决策者而言是有用的，注册会计师接受委托对预测性财务信息实施审核并出具报告，可增强该信息的可信赖程度。

一、预测性财务信息概述

（一）预测性财务信息的概念

按照《中国注册会计师其他鉴证业务准则第 3111 号——预测性财务信息的审核》的规定，预测性财务信息是指被审核单位依据对未来可能发生的事项或采取的行动的假设而编制的财务信息。

预测性财务信息可能包括财务报表整体或财务报表的一项或多项要素。对于那些以一套完整的财务报表形式出现的预测性财务信息，通常称为预测性财务报表。在列报预测性财务报表时，一般需要在附注中提供编制该预测性财务报表所依据的重要假设和会计政策。预测性财务信息所涵盖的期间可以有一部分是历史期间，但不能全部是历史期间，必须至少有一部分属于未来期间。由于预测性财务信息所涉及的是截至目前尚未发生的事项,因此不可避免地带有高度的主观性,并且在编制过程中需要作出大量的估计和判断。这是预测性财务信息的一项重要特征。

(二)预测性财务信息的种类

预测性财务信息可以表现为预测、规划或两者的结合,可能包括财务报表或财务报表的一项或多项要素。

1. 预测

预测是指管理层在最佳估计假设的基础上编制的预测性财务信息。最佳估计假设是指截至编制预测性财务信息日,管理层对预期未来发生的事项和采取的行动作出的假设。盈利预测是一种最典型的预测,是指被审核单位(如证券发行人)的管理层在对未来经营业绩所作最佳估计假设的基础上编制的预测性财务信息。

2. 规划

规划是指管理层基于推测性假设,或同时基于推测性假设和最佳估计假设编制的预测性财务信息。推测性假设是指管理层对未来事项和采取的行动作出的假设,该事项或行动预期在未来未必发生。

规划信息多见于"如果……那么……"的分析中,即在给定的推测性假设下估算相关财务指标的可能结果。例如,假定市场占有率分别为5%、10%和20%,在此基础上分别推算各种情况下可能获得的净利润。这时,假定的市场占有率数据属于推测性假设,所预测的财务信息属于规划。

3. 预测与规划的结合

在很多情况下,预测性财务信息可以表现为预测和规划的结合。例如,管理层可以编制2006年度的预测和2007—2011年各年度的规划,并在同一份文件中同时列报。

二、预测性财务信息审核的总体要求

预测性财务信息审核的目标是对被审核的预测性财务信息所依据的基本假设、信息的编制基础和列报及选用的会计政策进行审核,并出具审核报告。审计人员应当在了解被审核单位的情况以及预测性财务信息涵盖期间的基础上,实施相应的审核程序,获取充分、适当的审核证据,作为形成审核结论和发表审核意见的基础。

1. 对基本假设进行审核

审核基本假设是预测性财务信息审核要解决的首要问题,即管理层编制预测性财务信息所依据的最佳估计假设并非不合理,在依据推测性假设的情况下,推测性假设与信息的编制目的是否相适应。

2. 对信息的编制基础进行审核

审计人员审核预测性财务信息的第二个目的，是确定信息是否在前述假设的基础上恰当编制。

3. 对信息的列报进行审核

主要是确定预测性财务信息是否已恰当列报，所有重大假设是否已充分披露，包括说明采用的是推测性假设还是最佳估计假设。

4. 对选用的会计政策进行审核

主要是判定预测性财务信息的编制基础是否与历史财务报表相一致，并选用了恰当的会计政策。

三、预测性财务信息审核的保证程度

对预测性财务信息进行鉴证的难度较大，因而对注册会计师责任的界定要严格而清楚。编制预测性财务信息，包括识别和披露预测性财务信息所依据的基本假设，是管理层的责任。注册会计师接受委托对预测性财务信息实施审核并出具报告，可增强该信息的可信赖程度。

（一）不对预测性财务信息的结果能否实现发表意见

预测性财务信息是被审核单位管理层对未来所作的预计和测算，在很大程度上受到主观判断的影响，所涉及的事项和行动通常并非如所预期的那样发生，并且变动可能重大，实际结果可能与预测性财务信息存在差异。因此，审计人员不应对预测性财务信息的结果能否实现发表意见。

（二）对管理层采用假设的合理性提供有限保证

鉴证业务的保证程度分为合理保证和有限保证，有限保证的保证程度低于合理保证。审计人员在对预测性财务信息所依据假设的合理性进行评价时，由于根据所能获取的支持性证据不能从正面断定假设的合理性，而只能判断有无任何证据表明假设不合理。因此，当对管理层采用的假设的合理性发表意见时，审计人员仅提供有限保证。

（三）提供合理保证的事项

在预测性财务信息审核业务中，审计人员需要对预测性财务信息是否依据假设恰当编制,并按照适用的会计准则和相关会计制度的规定进行列报发表意见。对这一事项,审计人员通常提供合理保证。

四、预测性财务信息审核的实施

注册会计师在执行预测性财务信息审核业务时,应保持应有的职业谨慎,执行必要的审核程序,实现审核目标。

(一)接受业务委托

在承接预测性财务信息审核业务前,审计人员应当考虑下列因素:信息的预定用途;信息是广为分发还是有限分发;假设的性质,即假设是最佳估计假设还是推测性假设;信息中包含的要素以及信息涵盖的期间。

(二)了解被审核单位情况

审计人员应当充分了解被审核单位情况,以评价管理层是否识别出编制预测性财务信息所要求的全部重要假设。审计人员还应当通过考虑下列事项,熟悉被审核单位编制预测性财务信息的过程:

(1)与编制预测性财务信息相关的内部控制,以及负责编制预测性财务信息人员的专业技能和经验;

(2)支持管理层作出假设的文件的性质;

(3)运用统计、数学方法及计算机辅助技术的程度;

(4)形成和运用假设时使用的方法;

(5)以前期间编制预测性财务信息的准确性,及其与实际情况出现重大差异的原因。

审计人员应当考虑被审核单位编制预测性财务信息时依赖历史财务信息的程度是否合理,应当了解被审核单位的历史财务信息,以评价预测性财务信息与历史财务信息的编制基础是否一致,并为考虑管理层假设提供历史基准。审计人员应当确定相关历史财务信息是否已经审计或审阅,是否选用了恰当的会计政策。如果对上期历史财务信息出具了非标准审计报告或非标准审阅报告,或被审核单位尚处于营业初期,审计人员应当考虑各项相关的事实及其对预测性财务信息审核的影响。

(三)实施审核程序

实施审核程序的目标是获取充分、适当的审核证据,出具审核报告,增强所审核的预测性财务信息的可信赖程度。审计人员应当通过确定和实施恰当的审核程序来实现这一目标。在确定审核程序的性质、时间和范围时,审计人员应当考虑各种因素,如预测性财务信息存在重大错报的可能性、以前期间执行业务所了解的情况、管理层编制预测性财务信息的能力、预测性财务信息受管理层判断影响的程度及基础数据的恰当性和可靠性等。

1.基本假设的审核

审计人员应当评估支持管理层作出最佳估计假设的证据的来源和可靠性。审计人员可以从内部或外部来源获取支持这些假设的充分、适当的证据,包括根据历史财务信息考虑这些假设,以及评价这些假设是否依据被审核单位有能力实现的计划。当使用推测性假设时,审计人员应当确定这些假设的所有重要影响是否已得到考虑。对推测性假设,审计人员不需要获取支持性的证据,但应当确定这些假设与编制预测性财务信息的目的相适应,并且没有理由相信这些假设明显不切合实际。

2.编制过程的审核

审计人员应当通过检查数据计算准确性和内在一致性等,确定预测性财务信息是否依据管理层确定的假设恰当编制。所谓内在一致性是指管理层拟采取的各项行动相互之间不存在矛盾,以及根据共同的变量确定的金额之间不存在不一致。审计人员应当关注对变化特别敏感的领域,并考虑该领域影响预测性财务信息的程度。当接受委托审核预测性财务信息的一项或多项要素时,审计人员应当考虑该要素与财务信息其他要素之间的关联关系。如果预测性财务信息包括本期部分历史信息,审计人员还应当考虑对历史信息实施必要的审核程序。

3.列报的审核

在评价预测性财务信息的列报(包括披露)时,审计人员除考虑相关法律法规的具体要求外,还应当考虑下列事项:

(1)预测性财务信息的列报是否提供有用信息且不会产生误导。

(2)预测性财务信息的附注中是否清楚地披露会计政策。

(3)预测性财务信息的附注中是否充分披露所依据的假设,是否明确区分最佳估计假设和推测性假设;对于涉及重大且具有高度不确定性的假设,是否已充分披露该不确定性以及由此导致的预测结果的敏感性。

(4)预测性财务信息的编制日期是否得以披露,管理层是否确认截至该日期止,编制该预测性财务信息所依据的各项假设仍然适当。

(5)当预测性财务信息的结果以区间表示时,是否已清楚说明在该区间内选取若干点的基础,该区间的选择是否不带偏见或不产生误导。

(6)从最近历史财务信息披露以来,会计政策是否发生变更、变更的原因及其对预测性财务信息的影响。

4.会计政策的审核

主要是检查预测性财务信息的编制基础是否与历史财务报表一致,并选用了恰当的会计政策。还应当向管理层获取书面声明,以明确预测性财务信息的预定用途和管理层作出的重大假设的完整性以及对预测性财务信息编制责任的认可。

审计人员应当对预测性财务信息的审核过程加以记录,形成审核工作底稿。

五、预测性财务信息审核报告

注册会计师在完成审核工作后,应复核审核工作底稿,出具审核报告,表示审核意见。审核意见与审计意见不同,审核意见要说明预测性财务信息的编制是否符合有关法律、法规的要求,所使用的假设是否合理,会计政策的运用是否与历史财务信息的编制相一致,而且以消极保证的形式表示审核意见。报告中必须告诫使用者实际情况与预测性信息会有差异,甚至是重大的差异。

(一)审核报告的要素

注册会计师对预测性财务信息出具的审核报告应当包括下列内容:

(1)标题。标题一般统一规范为“审核报告”。

(2)收件人。收件人是审计人员致送审核报告的对象。一般为审核业务约定书中的委托人,也可能是审核业务约定书中指明的其他致送对象。审核报告应当载明收件人的全称。

(3)指出所审核的预测性财务信息。即对预测性财务信息作出的界定与描述。应特别注意的是,审核报告中提及的预测性财务信息的各项识别特征(如报表或者所涉及项目的名称、日期、涵盖期间等)应与后附的管理层签署的预测性财务信息一致。

(4)提及审核预测性财务信息时依据的准则。

(5)说明管理层对预测性财务信息(包括编制该信息所依据的假设)负责。

(6)适当时提及预测性财务信息的使用目的和分发限制。指明预测性财务信息仅限于已经明确识别的特定主体使用,或者仅限用于在业务约定书中明确的用途。

(7)以消极方式说明假设是否为预测性财务信息提供合理基础。

(8)对预测性财务信息是否依据假设恰当编制,并按照适用的会计准则和相关会计制度的规定进行列报发表意见。

(9)对预测性财务信息的可实现程度作出适当警示。

(10)注册会计师的签名及盖章。

(11)会计师事务所的名称、地址及盖章。

(12)报告日期。报告日期应为完成审核工作的日期。报告日期不应早于被审核单位管理层批准和签署预测性财务信息的日期。

如果认为预测性财务信息的列报不恰当,审计人员应当对预测性财务信息出具保留或否定意见的审核报告,或解除业务约定。如果认为一项或者多项重大假设不能为依据最佳估计假设编制的预测性财务信息提供合理基础,或在给定的推测性假设下,一项或者多项重大假设不能为依据推测性假设编制的预测性财务信息提供合理基础,审计人员应当对预测性财务信息出具否定意见的审核报告,或解除业务约定。如果审核范围受到限制,导致无法实施必要的审核程序,审计人员应当解除业务约定,或出具无法表示意见的审核报告,并在报告中说明审核范围受到限制的情况。

(二)审核报告中应提出的结论

审计人员在预测性财务信息的审核报告中应当说明:

(1)根据对支持假设的证据的检查,审计人员是否注意到任何事项,导致其认为这些假设不能为预测性财务信息提供合理基础。此项结论应采用消极方式表述。

(2)对预测性财务信息是否依据这些假设恰当编制,并按照适用的会计准则和相关会计制度的规定进行列报发表意见。此项结论应当采用积极方式表述。

(三)对信息使用者的警示

为了防止对审核报告和经审核的预测性财务信息的不恰当依赖和不恰当使用,审计人员在审核报告中应当对信息使用者作出如下警示:

(1)由于预期事项通常并非如预期那样发生,并且变动可能重大,实际结果可能与预测性财务信息存在差异;同样,当预测性财务信息以区间形式表述时,对实际结果是否处于该区间内不提供任何保证。

(2)在审核规划的情况下,编制预测性财务信息是为了特定目的(列明具体目的)。在编制过程中运用了一整套假设,包括有关未来事项和管理层行动的推测性假设,而这些事项和行动预期在未来未必发生。因此,提醒信息使用者注意,预测性财务信息不得用于该特定目的以外的其他目的。

预测性财务信息审核报告参考格式如例 16-3 所示。

【例 16-3】预测性财务信息审核报告参考格式

(1)无保留意见审核报告(以预测为基础)。

审 核 报 告

ABC股份有限公司：

我们审核了后附的ABC股份有限公司(以下简称ABC公司)编制的预测(列明预测涵盖的期间和预测的名称)。我们的审核依据是《中国注册会计师其他鉴证业务准则第3111号——预测性财务信息的审核》。ABC公司管理层对该预测及其所依据的各项假设负责。这些假设已在附注×中披露。

根据我们对支持这些假设的证据的审核,我们没有注意到任何事项使我们认为这些假设没有为预测提供合理基础。而且,我们认为,该预测是在这些假设的基础上恰当编制的,并按照××编制基础的规定进行了列报。

由于预期事项通常并非如预期那样发生,并且变动可能重大,实际结果可能与预测性财务信息存在差异。

××会计师事务所　　　　　　　　中国注册会计师：×××

（签名并盖章）

（盖章）　　　　　　　　中国注册会计师：×××

（签名并盖章）

中国××市　　　　　　　　二〇×九年×月×日

(2)无保留意见审核报告(以规划为基础)。

审 核 报 告

ABC股份有限公司：

我们审核了后附的ABC股份有限公司(以下简称ABC公司)编制的规划(列明规划涵盖的期间和规划的名称)。我们的审核依据是《中国注册会计师其他鉴证业务准则第3111号——预测性财务信息的审核》。ABC公司管理层对该规划及其所依据的各项假设负责。这些假设已在附注×中披露。

ABC公司编制规划是为了××目的。由于ABC公司尚处于营业初期,在编制规划时运用了一整套假设,包括有关未来事项和管理层行动的推测性假设,而这些事项和行动预期在未来未必发生。因此,我们提醒信息使用者注意,该规划不得用于××目的以外的其他目的。

根据我们对支持这些假设的证据的审核,在推测性假设(列明推测性假设)成立的前提下,我们没有注意到任何事项使我们认为这些假设没有为规划提供合理基础。我们认为,该规划是在这些假设的基础上恰当编制的,并按照××编制基础的规定进行了列报。

即使在推测性假设中所涉及的事项发生,但由于预期事项通常并非如预期那样发生,并且变动可能重大,因此实际结果仍然可能与预测性财务信息存在差异。

××会计师事务所　　　　　　　　中国注册会计师：×××

（签名并盖章）

（盖章）　　　　　　　　中国注册会计师：×××

（签名并盖章）

中国××市　　　　　　　　二〇××年×月×日

第四节　相关服务业务

一、对财务信息执行商定程序

商定程序业务自20世纪80年代初开始在国外大量出现。近年来,我国注册会计师承办商定程序业务的范围也在日益扩大。为了规范注册会计师执行商定程序业务,中国注册会计师协会发布了《中国注册会计师相关服务准则第4101号——对财务信息执行商定程序》,对此类业务作出了明确规范。

(一)执行商定程序的含义

对财务信息执行商定程序,是指注册会计师对特定财务数据、单一财务报表或整套财务报表等财务信息执行与特定主体商定的具有审计性质的程序,并就执行的商定程序及其结果出具报告。

上述目标可从以下三个方面加以理解:

(1)商定程序业务执行的程序是与特定主体协商确定的。审计人员执行商定程序业务的前提是与特定主体协商需要执行哪些程序,以达到某一特定的目的。与审计业务的明显差别是,审计中执行的程序是由审计人员按照审计准则的要求和职业判断确定的,为实现审计目标,审计人员可以使用各种审计程序。而商定程序业务中执行的程序,是由审计人员与特定主体协商确定的。

(2)执行商定程序的对象是财务信息。财务信息涉及的范围很广,通常包括特定财务数据、单一财务报表或整套财务报表等。特定财务数据通常包括财务报表特定项目、特定账户或特定账户的特定内容。特定财务数据可能直接出现在财务报表或其附注中,也可能是通过分析、累计、汇总等计算间接得出的,还可能直接取自会计记录。

(3)审计人员就执行的程序及其结果出具报告。商定程序业务报告只报告所执行的商定程序及其结果,不发表任何鉴证意见。

(二)执行商定程序对独立性的要求

由于商定程序业务不以提供保证为目的,不属于鉴证业务,因此不对商定程序业务提出独立性要求;但如果业务约定书或委托目的对注册会计师的独立性提出要求,注册会计师应当从其规定。如果注册会计师不具有独立性，应当在商定程序业务报告中说明这一事实。

(三)商定程序业务的实施

1. 签订业务约定书

鉴于商定程序业务的特点，在接受业务委托前，审计人员应当与特定主体就拟执行的程序、相关责任等业务约定事项进行沟通，协商拟执行程序的性质、时间和范围等，确保双方都已经清楚地了解拟执行的商定程序。如果执行商定程序的报告除提供给委托人外，还要提供给其他的业务约定书中指明的致送对象，审计人员还应当与这些报告使用人沟通。

2. 计划、程序与记录

执行商定程序业务与执行审计业务一样也应编制工作计划。审计人员可以参照相关审计准则的要求，对工作作出合理安排，以有效执行商定程序。执行商定程序业务运用的程序通常包括：询问和分析；重新计算、比较和其他核对方法；观察；检查和函证等。

审计人员执行的商定程序与审计程序基本相同。但需要注意的是，实际执行商定程序业务时，可能仅执行上述程序中的一种或几种或某种程序中的一部分，究竟执行哪些程序取决于审计人员与特定主体商定的结果。但是，虽然审计人员执行商定程序的性质、时间和范围取决于与特定主体商定的结果，但在与特定主体协商时，审计人员不应同意执行过于主观并可能因此产生多种理解的程序。

当执行商定程序受到客观条件的限制时，审计人员应当征得特定主体的同意来修改程序。如果得不到特定主体的同意，审计人员应在报告中说明执行程序所受到的限制，或者解除业务约定。

审计人员应当记录支持商定程序业务报告的重大事项，并记录按照相关准则的规定和业务约定书的要求执行商定程序的证据。

(四)执行商定程序的报告

商定程序业务报告应当包括下列内容：

(1)标题。

(2)收件人。

(3)说明执行商定程序的财务信息。

(4)说明执行的商定程序是与特定主体协商确定的。

(5)说明已按照相关准则的规定和业务约定书的要求执行了商定程序。

(6)当审计人员不具有独立性时,说明这一事实。

(7)说明执行商定程序的目的。

(8)列出所执行的具体程序。

(9)说明执行商定程序的结果,包括详细说明发现的错误和例外事项。

(10)说明所执行的商定程序并不构成审计或审阅,审计人员不提出鉴证结论。

(11)说明如果执行商定程序以外的程序,或执行审计或审阅,审计人员可能得出其他应报告的结果。

(12)说明报告仅限于特定主体使用。

(13)在适用的情况下,说明报告仅与执行商定程序的特定财务数据有关,不得扩展到财务报表整体。

(14)注册会计师的签名和盖章。

(15)会计师事务所的名称、地址及盖章。

(16)报告日期。

对财务信息执行商定程序的报告参考格式如例 16-4 所示。

【例 16-4】对财务信息执行商定程序的报告参考格式(以对应收账款明细表执行商定程序为例)

注册会计师执行商定程序的报告

ABC 公司:

我们接受委托,对 Y 公司 20×8 年 12 月 31 日的应收账款明细表执行了与贵公司商定的程序。这些程序经贵公司同意,其充分性和适当性由贵公司负责。我们的责任是按照《中国注册会计师相关服务准则第 4101 号——对财务信息执行商定程序》和业务约定书的要求执行商定程序,并报告执行程序的结果。本业务的目的仅是为了协助贵公司评价 Y 公司应收账款记录的正确性。现将执行的程序及得出的结果报告如下:

一、执行的程序

1. 取得 Y 公司编制的 20×8 年 12 月 31 日的应收账款明细表,验算合计数,并与总分类账核对是否相符。

2. 从应收账款明细表中抽取 50 家客户,检查对应的销售发票与主营业务收入明细账是否相符。抽取方法是从第 10 家客户开始,每隔 20 家抽取 1 家。

3. 对应收账款明细表中余额较大的前 200 家客户进行函证。

4. 对未回函的客户,检查销售发票、发运凭证和订货单是否相符。

5. 对回函金额不符的客户,取得 Y 公司编制的差异调节表,并检查差异调节是否适当。

二、执行程序的结果

1. 执行第 1 项程序,我们发现应收账款明细表合计数正确,并与总分类账核对相符。

2. 执行第 2 项程序,我们发现销售发票与主营业务收入明细账相符,抽取余额占应收账款明细表合计数的10.5%。

3.执行第3项程序，我们对应收账款明细表中余额较大的前200家客户发出询证函，函证余额占应收账款明细表合计数的比例为80%。收到180家客户的回函，回函金额××元，差异××元(其中正差××元，负差××元)，其余20家客户未回函。

4.执行第4项程序，我们发现未回函的20家客户的销售发票、发运凭证和订货单相符。

5.执行第5项程序，我们发现除以下回函金额不符外，其他差异通过差异调节表调节消失(列出回函金额不符的应收账款)。

上述已执行的商定程序并不构成审计或审阅，因此我们不对上述应收账款明细表发表审计或审阅意见。如果执行商定程序以外的程序、或执行审计或审阅，我们可能得出其他应报告的结果。

本报告仅供贵公司用于第一段所述目的，不应用于其他目的及分发给其他单位或个人。本报告仅与上述特定财务数据有关，不应将其扩大到Y公司财务报表整体。

××会计师事务所　　中国注册会计师：×××

（签名并盖章）

（盖章）　　中国注册会计师：×××

（签名并盖章）

中国××市　　二〇×九年×月×日

二、代编财务信息

(一)代编财务信息的性质

代编财务信息，是指注册会计师运用会计而非审计的专业知识和技能，代客户编制一套完整或非完整的财务报表，或代为收集、分类和汇总其他财务信息。注册会计师执行代编业务使用的程序并不旨在、也不能对财务信息提出任何鉴证结论。代编业务既非审计业务也非审阅业务，不包含任何保证成分，因此不属于鉴证业务。在代编业务中，不对注册会计师的独立性提出要求。但如果注册会计师不具有独立性，应当在代编业务报告中说明这一事实。

(二)代编财务信息业务的实施

1.签订业务约定书

审计人员应当在代编业务开始前，与客户就代编业务约定条款达成一致意见，并签订业务约定书，以避免双方对代编业务的理解产生分歧。具体地说，审计人员应当在代编业务开始前与客户就以下事项进行沟通：委托目的；代编业务的性质；客户责任；编制基础；代编信息的预期用途、分发范围和代编业务报告。

审计人员与客户就沟通事项达成一致意见之后，应当签订业务约定书，以明确双方对委托事项的理解和达成的约定，保护双方的利益。业务约定书应当包括以下主要内容：①业务的性质；②说明不能依赖代编业务揭露可能存在的错误、舞弊以及违反法规行为；③客户提供的信息的性质；④说明客户管理层应当对提供给审计人员的信息的真实性和完整性负责，以保证代编财务信息的真实性和完整性；⑤说明代编财务信息的编制基础，并说明将在代编财务信息和出具的代编业务报告中对该编制基础以及任何重大背离予以披露；⑥代编财务信息的预期用途和分发范围；⑦如果注册会计师的姓名与代编的财务信息相联系，说明注册会计师出具的代编业务报告的格式；⑧业务收费；⑨违约责任；⑩解决争议的方法；⑪签约双方法定代表人或其授权代表的签字盖章，以及签约双方加盖的公章。

2.计划、程序与记录

审计人员在与客户签订业务约定书之后，应当制定代编业务计划，详细计划代编业务的程序、时间和人员安排等事项，以便能够将资源合理分配到代编业务的重要领域，有效完成代编业务。代编业务计划随着委托项目的规模、复杂程度、审计人员与客户的交往经验以及对客户业务的熟悉程度的不同而不同。

审计人员首先应当了解客户的业务和经营情况，熟悉其所处行业的会计政策和惯例，以及与具体情况相适应的财务信息的形式和内容。审计人员还应当了解客户业务交易的性质、会计记录的形式和财务信息的编制基础。在此基础上，阅读代编的财务信息，并考虑形式是否恰当，是否不存在明显的重大错报。

审计人员应当记录重大事项，以证明其已按照相关规定执行代编业务。重大事项通常包括：①业务约定书；②代编业务计划；③执行的代编程序；④发现的重大错报；⑤客户管理层声明书；⑥代编财务信息的最终成果；⑦出具的代编业务报告（如果适用）。

（三）代编业务报告

通常，注册会计师是作为鉴证服务提供者出现在信息使用者面前的。因此，如果注册会计师的名字与某项财务信息发生联系，便可能让人产生误解，以为审计人员对代编的财务信息提供了某种程度的保证。一份措辞适当的代编业务报告，有助于说明审计人员在代编业务中所扮演的角色，避免陷入不必要的责任纠纷中。因此，在任何情况下，如果注册会计师的姓名与代编的财务信息相联系，注册会计师应当出具代编业务报告。代编业务报告应当包括以下内容：

(1)标题。

(2)收件人。

(3)说明注册会计师已按照相关准则的规定执行代编业务。

(4)当注册会计师不具有独立性时，说明这一事实。

(5)指出财务信息是在管理层提供信息的基础上代编的，并说明代编财务信息的名称、日期或涵盖的期间。

(6)说明管理层对注册会计师代编的财务信息负责。

(7)说明执行的业务既非审计，也非审阅，因此不对代编的财务信息提出鉴证结论。

(8)必要时，应当增加一个段落，提醒注意代编财务信息对采用的编制基础的重大背离。

(9)注册会计师的签名及盖章。

(10)会计师事务所的名称、地址及盖章。

(11)报告日期。

代编业务报告参考格式如例16-5所示。

【例16-5】代编业务报告参考格式

(1)代编财务报表业务报告，无任何附加说明。

代编财务报表业务报告

(收件人名称)：

在ABC公司管理层提供信息的基础上，我们按照《中国注册会计师相关服务准则第4111号——代编财务信息》的规定，代编了ABC公司20××年12月31日的资产负债表，20××年度的利润表、股东权益变动表和现金流量表以及财务报表附注。管理层对这些财务报表负责。我们未对这些财务报表进行审计或审阅，因此不对其提出鉴证结论。

××会计师事务所　　　　中国注册会计师：×××
(盖章)　　　　(签名并盖章)
中国××市　　　　二○××年×月×日

(2)代编财务报表业务报告，增加段落以引起对背离编制基础的关注。

代编财务报表业务报告

(收件人名称)：

在ABC公司管理层提供信息的基础上并根据20××年×月×日签订的代编业务约定书中约定的代编基础——企业会计准则和《××会计制度》，我们按照《中国注册会计师相关服务准则第4111号——代编财务信息》的规定，代编了ABC公司20××年12月31日的资产负债表，20××年度的利润表、股东权益变动表和现金流量表以及财务报表附注。管理层对这些财务报表负责。我们未对这些财务报表进行审计或审阅，因此不对其提出鉴证结论。

我们提请注意，如财务报表附注×所述，管理层对融资租赁的机器设备未予资本化，该事项不符合企业会计准则和《××会计制度》的规定。

××会计师事务所　　　　　　　　　　　　　　　　中国注册会计师：×××

（盖章）　　　　　　　　　　　　　　　　　　　　（签名并盖章）

中国××市　　　　　　　　　　　　　　　　　　二〇××年×月×日

思 考 题

1. 对特殊目的审计业务出具审计报告有哪些方面的总体要求？
2. 什么是验资？验资主要包括哪些类型？
3. 验资分为几个阶段？在每个阶段需要做好哪些工作？
4. 财务报表审阅有何主要特点？财务报表审阅报告的基本要素有哪些？
5. 预测性财务信息审核报告包括哪些内容？
6. 如何实施商定程序业务？商定程序业务报告包括哪些内容？
7. 如何实施代编财务信息业务？代编业务报告包括哪些内容？

参 考 文 献

[1] American Accounting Association(美). A Statement of Basic Auditing Concepts(by Committee on Basic Auditing Concepts),1973.
[2] COSO(美). 企业风险管理——应用技术. 张宜霞,译. 大连:东北财经大学出版社,2006.
[3] COSO(美). 企业风险管理——整合框架. 方红星,译. 大连:东北财经大学出版社,2005.
[4] 查尔斯·W·尚德尔(美). 审计理论. 汤云为,译. 北京:中国财政经济出版社,1992.
[5] 弗雷德里克·L·琼斯(美)、达撒拉撒·V·拉玛(美). 会计信息系统:商务过程与方法. 甄阜铭,译. 北京:经济科学出版社,2006.
[6] 莫茨(美),夏拉夫(埃). 审计理论结构. 北京:中国商业出版社,1990.
[7] 文森特·M·奥莱利等(美). 蒙哥马利审计学. 北京:中信出版社,1996.
[8] 财政部. 关于印发《中国注册会计师协会关于加强会计师事务所业务质量控制制度建设的意见》的通知. 会协[2010] 8 号.
[9] 蔡春. 审计理论结构研究. 大连:东北财经大学出版社,2009.
[10] 陈汉文. 审计学. 厦门:厦门大学出版社,2006.
[11] 冯均科. 审计关系契约论. 北京:中国财政经济出版社,2004.
[12] 冯均科,陈淑芳. 审计学. 西安:西安交通大学出版社,2004.
[13] 高莹. 审计学原理与实务. 北京:清华大学出版社. 2005.
[14] 耿建新,宋常. 审计学. 北京:中国人民大学出版社,2007.
[15] 李若山. 审计理论结构. 审计研究,1995(03).
[16] 李若山,刘大贤. 审计学——案例与教学. 北京:经济科学出版社,2004.
[17] 刘兵. 审计理论研究的逻辑起点及审计理论体系. 审计研究,1995(04).
[18] 刘明辉. 审计. 大连:东北财经大学出版社,2007.
[19] 秦江萍. 上市公司会计舞弊:国外相关研究综述与启示. 会计研究. 2005(06).
[20] 宋英慧,安亚人. 审计基本理论研究. 北京:中国物价出版社,2003.
[21] 孙晶. 审计基础与实务. 北京:中国人民大学出版社,2009.
[22] 王光远. 管理审计理论. 北京:中国人民大学出版社,1996.
[23] 王光远. 内部审计思想史. 北京:中国时代经济出版社,2006.
[24] 王文彬,林钟高. 审计. 上海三联书店,1994.
[25] 王泽霞. 管理舞弊导向审计研究. 北京:电子工业出版社,2005.
[26] 文硕. 世界审计史. 北京:中国审计出版社,1990.
[27] 萧英达,张继勋,刘志远. 国际比较审计. 上海:立信会计出版社,2000.
[28] 闫金锷,林炳发. 审计理论研究的新起点——审计理论结构探讨. 审计研究,1996(03).
[29] 杨寿疆. 最高审计机关国际组织. 北京:中国审计出版社,1989.
[30] 叶陈刚. 审计理论与实务. 北京:中信出版社,2009.

[31] 余玉苗.审计学.北京:清华大学出版社,2008.
[32] 张继勋.审计学.北京:清华大学出版社,2008.
[33] 张永国,叶忠明.审计学.2版.北京:首都经贸大学出版社,2002.
[34] 中国会计学会.中国会计研究文献摘编——审计卷.大连:东北财经大学出版社,2002.
[35] 中国内部审计协会(内部资料).国际内部审计理论与实务(专题讲座集粹).2003.
[36] 中国内部审计协会.内部审计理论与实务. 北京:中国石化出版社,2004.
[37] 中国注册会计师协会.财务报表审计工作底稿编制指南.北京:经济科学出版社,2007.
[38] 中国注册会计师协会.审计.北京:经济科学出版社,2010.
[39] 中国注册会计师协会.中国注册会计师执业准则.北京:经济科学出版社,2006.
[40] 朱荣恩.审计学.北京:高等教育出版社,2004.
[41] 2010年4月26日财政部、证监会、审计署等联合发布.内部控制配套指引.
[42] 2008年5月22日财政部、证监会、审计署等联合发布.企业内部控制基本规范.
[43] 2002年1月7日国家证券监督委员会1号令发布.上市公司治理准则.
[44] 2003年2月10日审计署审计长会议通过.审计署关于内部审计工作的规定.
[45] 2005年10月27日第十届全国人大十八次会议颁布.中华人民共和国公司法.
[46] 2006年2月28日第十届全国人民代表大会常务委员会第二十次会议修订颁布.中华人民共和国审计法.
[47] 2010年2月2日国务院第100次常务会议修订颁布.中华人民共和国审计法实施条例.
[48] 2005年10月27日第十届全国人民代表大会常务委员会第十八次会议修订颁布.中华人民共和国证券法.
[49] 1993年10月31日第八届全国人民代表大会常务委员会第四次会议修订颁布.中华人民共和国注册会计师法.
[50] 2006年6月20日国务院国有资产监督管理委员会发布.中央企业全面风险管理指引.
[51] 财政部.中国注册会计师执业准则及相关指南,2006.
[52] 财政部.中华人民共和国主席令第四十二号.中华人民共和国公司法,2005年10月.
[53] 财政部.内部会计控制规范——采购与付款,2008.
[54] 财政部.内部会计控制规范——货币资金,2008.
[55] 第十届全国人民代表大会常务委员会.中华人民共和国审计法,2006.
[56] 第八届全国人民代表大会常务委员会.中华人民共和国注册会计师法,1993.
[57] 中华人民共和国国务院令第571号.中华人民共和国审计法实施条例,2010.
[58] 中华人民共和国主席令第四十三号.中华人民共和国证券法,2005年10月.
[59] 中华人民共和国主席令第八十三号.中华人民共和国刑法,1997年3月.